U0895884

2017

国家统计局河南调查总队　编

Compiled by Survey Office of the National Bureau of Statistics in Henan

中国统计出版社
China Statistics Press

图书在版编目（CIP）数据

河南调查年鉴 = Henan Survey Yearbook. 2017 / 国家统计局河南调查总队编. -- 北京 : 中国统计出版社, 2017.12
ISBN 978-7-5037-8427-9

Ⅰ. ①河… Ⅱ. ①国… Ⅲ. ①统计资料—河南—2017—年鉴 Ⅳ. ①C832.61-54

中国版本图书馆 CIP 数据核字（2017）第 290253 号

河南调查年鉴-2017

作　　者 / 国家统计局河南调查总队
责任编辑 / 郭　栋
封面设计 / 李雪燕
出版发行 / 中国统计出版社
通信地址 / 北京市丰台区西三环南路甲 6 号　邮政编码 /100073
电　　话 / 邮购（010）63376909　书店（010）68783171
网　　址 /http://www.zgtjcbs.com
印　　刷 / 河北鑫兆源印刷有限公司
经　　销 / 新华书店
开　　本 /880mm×1230mm　1/16
字　　数 /820 千字
印　　张 /25　彩页 0.25 印张
版　　别 /2017 年 12 月第 1 版
版　　次 /2017 年 12 月第 1 次印刷
定　　价 /280.00 元

本书附同版本 CD-ROM 一张，光盘内容以书面文字为准。
如有印装差错，由本社发行部调换。

《河南调查年鉴 -2017》编委会和编辑人员

编者说明

一、《河南调查年鉴—2017》是一部全面反映河南省经济社会发展情况的抽样调查资料年刊。本书收录了全省和市、县（区）2016年经济和社会发展有关方面大量的调查统计数据，以及重要历史年份的全省主要调查统计数据。

二、本年鉴正文内容分为11个部分，即1. 综合；2. 农业；3. 畜牧业；4. 规下工业和规下服务业；5. 消费价格；6. 生产价格；7. 农产品价格；8. 人民生活；9. 县域经济；10. 城市经济；11. 全国及分省（市、区）指标。主要篇末附有《主要统计指标解释》。

三、资料中所使用的度量衡单位均采用国际统一标准计量单位。

四、本年鉴部分数据合计数或相对数，由于单位取舍不同产生的计算误差未作机械调整。

五、本年鉴各表中，有关对全表的注解均在该表上方，对表中部分指标的注解则在该表下方。凡带续表的资料，对部分指标的注解一律在最后续表的下方。

六、本年鉴表中的符号使用说明："空格"表示该项统计指标数据不详或无该项数据；"#"表示其中的主要项。

七、本年鉴的编辑出版，得到了国家统计局和河南省统计局的大力支持和帮助，值此出版之际，特致谢忱！

八、由于编者水平所限，加之编辑时间仓促，本年鉴中不当之处，敬请读者批评指正。

河南调查年鉴编辑部

二〇一七年十月

目　录

一、综　合

二、农　业

三、畜牧业

四、规下工业和规下服务业

五、消费价格

六、生产价格

七、农产品价格

八、人民生活

九、县域经济

十、城市经济

十一、全国及分省（市、区）指标

综　　合

资料整理：赵　宝

1-1 全省行政区划(2016年底)

单位：个

市	市			县	市辖区	镇	乡	街道办事处	居民委员会	村民委员会
		省辖市	县级市							
全省	**38**	**17**	**21**	**85**	**52**	**1120**	**682**	**633**	**4743**	**46831**
郑州市	6	1	5	1	6	74	15	85	741	2304
开封市	1	1		4	5	31	48	37	221	2304
洛阳市	2	1	1	8	6	100	30	58	433	2750
平顶山市	3	1	2	4	4	53	33	56	229	2563
安阳市	2	1	1	4	4	61	30	43	237	3268
鹤壁市	1	1		2	3	14	5	23	166	811
新乡市	3	1	2	6	4	75	43	35	232	3532
焦作市	3	1	2	4	4	33	19	56	178	1826
濮阳市	1	1		5	1	38	37	13	102	2969
许昌市	3	1	2	2	2	57	20	26	360	2078
漯河市	1	1		2	3	38	10	3	78	1261
三门峡市	3	1	2	2	2	29	33	12	134	1343
南阳市	2	1	1	10	2	148	56	39	348	4540
商丘市	2	1	1	6	2	93	76	27	211	4631
信阳市	1	1		8	2	82	87	40	417	2900
周口市	2	1	1	8	1	93	75	35	235	4752
驻马店市	1	1		9	1	90	65	40	349	2546
济源市	1		1			11		5	72	453

1-2 各市、县(市、区)名称(2016年底)

市	县(市、区)数(个)	市辖县	市辖区	县级市
郑州市	12	中牟	中原区、二七区、管城回族区、金水区、上街区、惠济区	巩义市、荥阳市、新郑市、登封市、新密市
开封市	9	杞县、通许、尉氏、兰考	龙亭区、顺河回族区、鼓楼区、禹王台区、祥符区	
洛阳市	15	孟津、新安、栾川、嵩县、汝阳、宜阳、洛宁、伊川	老城区、西工区、瀍河回族区、涧西区、吉利区、洛龙区	偃师市
平顶山市	10	宝丰、叶县、鲁山、郏县	新华区、卫东区、湛河区、石龙区	汝州市、舞钢市
安阳市	9	安阳、汤阴、滑县、内黄	文峰区、北关区、殷都区、龙安区	林州市
鹤壁市	5	浚县、淇县	鹤山区、山城区、淇滨区	
新乡市	12	新乡、获嘉、原阳、延津、封丘、长垣	红旗区、卫滨区、凤泉区、牧野区	卫辉市、辉县市
焦作市	10	修武、博爱、武陟、温县	解放区、中站区、马村区、山阳区	沁阳市、孟州市
濮阳市	6	清丰、南乐、范县、台前、濮阳	华龙区	
许昌市	6	鄢陵、襄城	魏都区、建安区	禹州市、长葛市
漯河市	5	舞阳、临颍、	源汇区、郾城区、召陵区	
三门峡市	6	渑池、卢氏	湖滨区、陕州区	义马市、灵宝市
南阳市	13	南召、方城、西峡、镇平、内乡、淅川、社旗、唐河、新野、桐柏	卧龙区、宛城区	邓州市
商丘市	9	虞城、民权、宁陵、睢县、夏邑、柘城	梁园区、睢阳区	永城市
信阳市	10	息县、淮滨、潢川、光山、固始、商城、罗山、新县	浉河区、平桥区	
周口市	10	扶沟、西华、商水、太康、鹿邑、郸城、淮阳、沈丘	川汇区	项城市
驻马店市	10	确山、泌阳、遂平、西平、上蔡、汝南、平舆、新蔡、正阳	驿城区	
济源市	1			济源市

1-3 自然资源

项 目	2005	2010	2015	2016
地理位置				
东经	110°21′～116°391′	110°21′～116°391′	110°21′～116°391′	110°21′～116°391′
北纬	31°23′～36°23′	31°23′～36°23′	31°23′～36°23′	31°23′～36°23′
矿产资源(保有储量)				
煤炭(亿吨)	260.00	279.74	346.58	374.55
铁矿(矿石,亿吨)	10.60	16.35	20.70	20.22
铝矿(铝土矿矿石,亿吨)	4.59	7.84	10.70	10.89
钼矿(钼,万吨)	374.60	365.05	575.85	526.63
金矿(金,吨)	353.58	379.15	641.99	650.45
炼镁白云岩(矿石 亿吨)	0.32	1.45	3.31	3.31
钨矿(VO3 万吨)	56.63	43.86	27.39	28.90
蓝晶石(万吨)	416.60	355.26	376.65	376.40
红柱石(万吨)	1016.89	995.38	995.38	995.38
天然碱(矿物,万吨)	8384.90	8830.11	13498.67	14539.01

1-4　河南省主要统计指标居全国位次

指　　标	2000	2005	2010	2015	2016
生产总值	5	5	5	5	5
生产总值增速	14	5	21	13	9
固定资产投资	11	6	4	3	3
#房地产开发	18	15	10	5	5
居民消费价格指数	26	9	13	20	10
一般公共预算收入	9	8	9	8	8
一般公共预算支出	7	7	5	5	5
规模以上工业增加值增速	17	4	14	7	7
社会消费品零售总额	5	5	5	5	5
进出口总额	18	16	16	11	10
出口	14	13	17	11	10
居民可支配收入				24	24
城镇				24	25
农村				17	18
在岗职工平均工资	30	30	26	31	31

注：2010年以前固定资产投资为城镇口径；居民可支配收入为城乡一体化调查结果(下表同)。

1-5　河南省主要统计指标占全国比重

单位：%

指　　标	1952	1978	1990	2000	2010	2015	2016
生产总值	5.3	4.4	5.0	5.0	5.6	5.4	5.4
第一产业	6.6	6.4	6.5	7.9	8.1	6.9	6.7
第二产业	5.8	4.0	4.3	5.0	6.7	6.4	6.5
第三产业	2.8	3.2	4.5	4.0	3.9	4.3	4.4
人均生产总值		60.3	65.6	68.6	79.6	78.4	78.9
固定资产投资		3.1(1980年)	3.8	3.6	5.8	6.3	6.7
#房地产开发			1.4	1.6	4.4	5.0	6.0
一般公共预算收入	2.5	3.5	4.3	3.8	3.4	3.6	3.6
一般公共预算支出	1.0	4.7	4.3	4.3	4.6	4.5	4.6
粮食产量	6.3	6.9	7.4	8.9	9.9	9.8	9.6
社会消费品零售总额	3.9	4.6	3.8	4.8	5.1	5.2	5.3
进出口总额	0.1(1957年)	0.6	0.9	0.5	0.6	1.9	1.9
#出口	0.3(1957年)	1.0	1.4	0.6	0.7	1.9	2.0
居民可支配收入						78.0	77.4
城镇						82.0	81.0
农村						95.0	94.6

1-6 国民经济和社会发展

指　　标	1978	2000	2010	2012	2015	2016
人口与就业						
人口(万人)						
年底总人口	7067	9488	10437	10543	10722	10788
#城镇人口	963	2201	4052	4473	5023	5232
常住人口			9405	9406	9480	9532
就业(万人)						
年底从业人员	2807	5572	6042	6288	6636	6726
#在岗职工	420	718	723	850	1077	1096
城镇登记失业人数	15.74	21.40	38.20	38.27	42.46	43.58
宏观经济						
国民核算						
生产总值(亿元)	162.92	5052.99	23222.91	29797.13	37278.20	40471.79
第一产业	64.86	1161.58	3192.40	3692.49	4209.56	4286.21
第二产业	69.45	2294.15	12930.83	16063.24	18156.04	19275.82
第三产业	28.61	1597.26	7099.68	10041.40	14912.60	16909.76
人均生产总值(元)	232	5450	24585	31709	39414	42575
固定资产投资(亿元)						
#固定资产投资		1176.76	13338.05	20558.61	34951.28	39753.93
#工业投资		446.77	6800.63	11024.18	17023.35	18536.63
#房地产开发投资		77.87	2114.08	3035.29	4818.93	6179.13
#基础设施投资		509.22	2007.31	2755.72	5246.64	6770.19
#民间投资		443.84	10323.20	16622.00	29659.05	31414.73
对外贸易						
进出口总额(亿元)	1.99	188.36	1204.40	3260.27	4600.19	4714.70
进口额	0.27	64.71	491.27	1390.56	1916.16	1879.35
出口额	1.72	123.65	713.13	1869.71	2684.03	2835.34
利用外资(万美元)						
实际利用外商直接投资		53999	624670	1211777	1608637	1699312
能源(万吨标准煤)						
能源生产总量	4434	6591	17438	12224	11231	9705
能源消费总量	3353	7919	18594	20920	23161	23117
财政(亿元)						
一般公共预算收入	33.73	246.47	1381.32	2040.33	3016.05	3153.48
一般公共预算支出	27.67	445.53	3416.14	5006.40	6799.35	7453.74
物价总指数(以上年为100)						
居民消费价格总指数	100.1	99.2	103.5	102.5	101.3	101.9
工业生产者出厂价格指数		104.0	107.8	99.4	95.4	99.0
工业生产者购进价格指数		105.1	110.2	99.2	95.4	99.2
人民生活						
居民可支配收入(元)			9520	12772	17125	18443
城镇			15463.00	19843	25576	27233
农村			5846.00	7963	10853	11697
居民消费支出(元)					11835	12712
城镇					17154	18088
农村					7887	8587
在岗职工平均工资(元)	590	6930	30303	37958	45920	50028

总量和速度指标

2016年为以下各年%					年均增长速度(%)			
1978	2000	2010	2012	2015	1979-2016	2001-2016	2011-2016	2013-2016
152.7	113.7	103.4	102.3	100.6	1.1	0.8	0.6	0.6
543.3	237.7	129.1	117.0	104.2	4.6	5.6	4.4	4.0
		101.4	101.3	100.5			0.2	0.3
239.6	120.7	111.3	107.0	101.4	2.3	1.2	1.8	1.7
261.0	152.7	151.6	129.0	101.8	2.6	2.7	7.2	6.6
276.8	203.6	114.1	113.9	102.6	2.7	4.5	2.2	3.3
5178.0	539.6	171.4	139.0	108.1	10.9	11.1	9.4	8.6
788.5	213.1	127.6	117.9	104.2	5.6	4.8	4.1	4.2
10104.4	707.9	175.0	138.7	107.3	12.9	13.0	9.8	8.5
9640.0	537.9	183.9	147.3	110.3	12.8	11.1	10.7	10.2
3760.5	526.9	170.5	137.6	107.6	10.0	10.9	9.3	8.3
	3378.3	298.0	193.4	113.7		26.1	21.6	19.2
	4149.0	272.6	168.1	108.9		29.0	21.1	15.5
	7934.7	292.3	203.6	128.2		33.8	19.6	19.2
	1329.5	337.3	245.7	129.0		16.7	20.5	23.4
	7077.9	304.3	189.0	105.9		33.5	23.2	20.0
236965.4	2503.0	391.5	144.6	102.5	22.7	22.3	25.5	9.7
693962.9	2904.4	382.6	135.2	98.1	26.2	23.4	25.1	7.8
164960.7	2293.0	397.6	151.6	105.6	21.5	21.6	25.9	11.0
	3146.9	272.0	140.2	105.6		24.1	18.2	8.8
218.9	147.3	55.7	79.4	86.4	2.1	2.4	-9.3	-5.6
689.4	291.9	124.3	110.5	99.8	5.2	6.9	3.7	2.5
9349.2	1279.5	228.3	154.6	104.6	12.7	17.3	14.7	11.5
26938.0	1673.0	218.2	148.9	109.6	15.9	19.3	13.9	10.5
		193.7	144.4	107.7			11.7	9.6
		176.1	137.2	106.5			9.9	8.2
		200.1	146.9	107.8			12.3	10.1
				107.4				
				105.4				
				108.9				
1657.3	522.3	154.1	131.8	108.9	7.7	10.9	9.8	6.7

1-6 续表 1

指　　标	1978	2000	2010	2012	2015	2016
城市概况						
供水总量(万立方米)		191706	179122	188538	196709	203936
排水管道长度(公里)		6070	14733	17292	20467	21376
城市煤气、天然气家庭用量(万立方米)		30100	63663	76325	110929	113516
公共汽(电)车总数(标台)		12514	18912	21852	27355	29615
道路长度(公里)		4920	9413	10798	12318	13042
公园绿地面积(公顷)		6286	18361	21202	25201	25428
产　　业						
农林牧渔业						
主要农产品产量						
粮食(万吨)	2097.40	4101.50	5437.10	5638.60	6067.10	5946.60
棉花(万吨)	22.42	70.38	44.72	25.69	12.64	10.10
油料(万吨)	24.16	392.55	540.72	569.51	599.74	619.09
烟叶(万吨)	29.95	27.60	28.75	30.68	28.85	28.26
园林水果(万吨)	47.11	364.73	795.99	870.43	915.76	922.73
年底大牲畜存栏头数(万头)	515.03	1445.73	1044.80	942.34	955.31	899.88
年底生猪存栏头数(万头)	1724.90	3787.69	4547.00	4587.28	4376.00	4284.10
年底羊存栏只数(万只)	989.70	2961.40	1895.40	1827.70	1926.00	1858.59
肉类(万吨)	45.64	517.00	638.40	677.35	711.10	697.00
工业						
规模以上工业增加值增速(%)		11.6	19.0	14.6	8.6	8.0
主要工业产品产量						
原煤(万吨)	5845	7578	21349	18058	13548	11905
原油(万吨)	167.44	562.18	497.90	476.56	412.05	315.74
发电量(亿千瓦小时)	130.68	694.93	2283.84	2626.90	2615.00	2622.50
生铁(万吨)	109.72	508.88	2073.92	2216.00	2903.60	2862.93
粗钢(万吨)	54.22	404.84	2327.35	2215.78	2897.41	2849.45
水泥(万吨)	352.85	3723.00	11479.73	14805.09	16565.00	15604.21
汽车(万辆)		0.79	23.52	40.40	52.98	58.47
手机(万台)			2.20	6853.56	19841.85	25919.46
主营业务收入(亿元)		3297.78	36163.12	52276.00	73365.96	79657.15
利润总额(亿元)		139.97	3302.22	4016.00	4900.60	5240.61
建筑业						
建筑业总产值(亿元)		357.34	4400.61	6009.08	8047.65	8807.99
施工房屋面积(万平方米)		5308.29	28677.13	38328.73	53132.48	55784.03
竣工房屋面积(万平方米)		2629.33	13156.03	16397.59	18026.91	19425.80
交通运输、仓储、邮政业						
客运量(万人)	11177	83912	167804	208094	126812	122342
#铁路	4319	4727	8399	9628	13068	14525
公路	6781	79017	158630	197785	112535	106415
货运量(万吨)	18206	60678	202470	272240	192715	205385
#铁路	6722	10172	14224	12779	9802	9562
公路	11321	50133	183291	251772	172431	184255
邮电业务总量(亿元)	0.71	130.06	486.11	661.36	1317.28	2065.90
批发和零售业、住宿和餐饮业						
社会消费品零售总额(亿元)	71.79	1869.80	8004.15	10915.62	15740.43	17618.4

2016年为以下各年%					年均增长速度(%)			
1978	2000	2010	2012	2015	1979-2016	2001-2016	2011-2016	2013-2016
	106.4	113.9	108.2	103.7		0.4	2.2	2.0
	352.2	145.1	123.6	104.4		8.2	6.4	5.4
	377.1	178.3	148.7	102.3		8.7	10.1	10.4
	236.7	156.6	135.5	108.3		5.5	7.8	7.9
	265.1	138.6	120.8	105.9		6.3	5.6	4.8
	404.5	138.5	119.9	100.9		9.1	5.6	4.6
283.5	145.0	109.4	105.5	98.0	2.8	2.3	1.5	1.3
54.0	17.2	27.1	39.3	79.9	-1.6	-10.4	-19.6	-20.8
2562.5	157.7	114.5	108.7	103.2	8.9	2.9	2.3	2.1
94.4	102.4	98.3	92.1	98.0	-0.2	0.1	-0.3	-2.0
1958.7	253.0	115.9	106.0	100.8	8.1	6.0	2.5	1.5
174.7	62.2	86.1	95.5	94.2	1.5	-2.9	-2.5	-1.1
248.4	113.1	94.2	93.4	97.9	2.4	0.8	-1.0	-1.7
187.8	62.8	98.1	101.7	96.5	1.7	-2.9	-0.3	0.4
1527.2	134.8	109.2	102.9	98.0	7.4	1.9	1.5	0.7
	1146.6	199.9	145.8	108.0		16.5	12.2	9.9
203.7	157.1	55.8	65.9	87.9	1.9	2.9	-9.3	-9.9
188.6	56.2	63.4	66.3	76.6	1.7	-3.5	-7.3	-9.8
2006.8	377.4	114.8	99.8	100.3	8.2	8.7	2.3	0.0
2609.3	562.6	138.0	129.2	98.6	9.0	11.4	5.5	7.9
5255.3	703.8	122.4	128.6	98.3	11.0	13.0	3.4	6.5
4422.3	419.1	135.9	105.4	94.2	10.5	9.4	5.2	1.3
	7398.5	248.6	144.7	110.4		30.9	16.4	9.7
		1178157.2	378.2	130.6			377.0	39.5
	2415.5	220.3	152.4	108.6		22.0	14.1	11.1
	3744.0	158.7	130.5	106.9		25.4	8.0	6.5
	2464.9	200.2	146.6	109.4		22.2	12.3	10.0
	1050.9	194.5	145.5	105.0		15.8	11.7	9.8
	1585.0	316.8	118.5	231.2		18.9	21.2	4.3
2215.6	294.3	137.8	58.8	96.5	8.5	7.0	5.5	2.7
336.3	307.3	172.9	150.9	111.1	3.2	7.3	9.6	10.8
3360.8	288.4	134.0	53.8	94.6	9.7	6.8	5.0	1.8
1729.3	518.0	183.8	75.4	106.6	7.8	10.8	10.7	8.1
142.2	94.0	67.2	74.8	97.5	0.9	-0.4	-6.4	-7.0
2629.7	593.8	195.0	73.2	106.9	9.0	11.8	11.8	9.2
667538.1	4468.3	385.4	312.4	156.8	26.1	26.8	25.2	32.9
24541.5	942.3	220.1	161.4	111.9	15.6	15.0	14.1	12.7

1-6 续表 2

指　标	1978	2000	2010	2012	2015	2016
金融业(亿元)						
金融机构人民币年底存款余额	45.71	4753.41	23148.83	31970.43	47629.91	53977.62
金融机构人民币年底贷款余额	99.99	4356.94	15871.32	20301.72	31432.62	36501.17
租赁和商务服务业						
接待入境旅游者人数(万人次)		32.50	146.84	190.77	268.29	293.95
旅游外汇收入(万美元)		12390	49877	61141	84948	89541.94
科学研究、技术服务和地质勘查业						
研究与试验发展(R&D)						
经费内部支出(亿元)		24.80	211.38	310.78	435.04	494.19
技术市场成交额(亿元)		21.16	27.69	40.21	45.56	59.24
三种专利授权量(项)		2766	16539	26833	47766	49145
水利、环境和公共设施管理业						
水资源总量(亿立方米)		669.95	534.89	265.50	287.17	337.35
环境污染治理投资总额(亿元)		8.06	132.25	178.21	360.16	455.08
教育						
专任教师数(万人)						
高等学校	0.54	2.02	7.75	8.60	9.80	10.27
普通中学	29.34	30.86	38.10	38.97	42.87	43.63
小学	42.88	45.93	49.04	49.69	47.21	47.42
在校学生数(万人)						
高等学校	2.73	26.24	145.67	155.90	176.69	187.48
普通中学	521.62	638.14	661.56	646.42	599.12	615.43
小学	1140.26	1130.63	1070.53	1079.20	937.05	965.59
卫生、社会保障和社会福利业						
卫生机构床位数(万张)	10.20	19.86	32.76	39.39	48.96	52.16
#医院、卫生院	9.73	18.34	30.44	36.57	45.65	48.74
卫生技术人员数(万人)	11.44	26.84	37.28	42.88	51.96	54.67
#医生	4.38	11.11	15.48	16.77	19.86	20.68
文化						
文化产业增加值(亿元)			**367.13**	**670.00**	**1111.87**	**1212.80**
图书出版总印数(万册)		35077	20150	22919	23224	24608
期刊出版总印数(万册)		10721	8524	9566	8602	8166
报纸出版总印数(万份)		129104	214158	215265	204783	192659

注：1. 本表价值量指标除邮电业务总量2001年以来为2000年不变价，1990-2000年按1990年不变价格计算，以前年度按1980年不变价格计算，其他价值量指标均按当年价格计算。(下同)。 生产总值、工业增加值、邮电业务总量、在岗职工平均工资发展(增长)速度均按可比价格计算。
2. 2005年以后生产总值相关数据已按新的行业划分办法和第三次经济普查数据调整(下同)。
3. 1994年始财政收入为分税制后新口径数据(下同),发展(增长)速度按可比口径计算。

2016年为以下各年%					年均增长速度(%)			
1978	2000	2010	2012	2015	1979-2016	2001-2016	2011-2016	2013-2016
118094.4	1135.6	233.2	168.8	113.3	20.5	16.4	15.2	14.0
36503.3	837.8	230.0	179.8	116.1	16.8	14.2	14.9	15.8
	904.4	200.2	154.1	109.6		14.8	12.3	11.4
	722.7	179.5	146.5	105.4		13.2	10.2	10.0
	1992.5	233.8	159.0	113.6		20.6	15.2	12.3
	279.9	213.9	147.3	130.0		6.6	13.5	10.2
	1776.8	297.1	183.2	102.9		19.7	19.9	16.3
	50.4	63.1	127.1	117.5		-4.2	-7.4	6.2
	5649.5	344.1	255.4	126.4		28.7	22.9	26.4
1901.9	508.4	132.5	119.4	104.8	8.1	10.7	4.8	4.5
148.7	141.4	114.5	112.0	101.8	1.0	2.2	2.3	2.9
110.6	103.2	96.7	95.4	100.4	0.3	0.2	-0.6	-1.2
6867.4	714.5	128.7	120.3	106.1	11.8	13.1	4.3	4.7
118.0	96.4	93.0	95.2	102.7	0.4	-0.2	-1.2	-1.2
84.7	85.4	90.2	89.5	103.0	-0.4	-1.0	-1.7	-2.7
511.4	262.6	159.2	132.4	106.5	4.4	6.2	8.1	7.3
500.9	265.8	160.1	133.3	106.8	4.3	6.3	8.2	7.4
477.9	203.7	146.6	127.5	105.2	4.2	4.5	6.6	6.3
472.1	186.1	133.6	123.3	104.1	4.2	4.0	4.9	5.4
		330.3	**181.0**	**109.1**			**22.0**	**16.0**
	70.2	122.1	107.4	106.0		-2.2	3.4	1.8
	76.2	95.8	85.4	94.9		-1.7	-0.7	-3.9
	149.2	90.0	89.5	94.1		2.5	-1.7	-2.7

4. 在岗职工、工资1997年及以前年度为职工口径(下同)。
5. 进出口总额1992年及以后年度为海关数，其他为有关部门数(下同)。
6. 2008-2012年客货运输量为公路水路运输量专项调查数据，2013年、2015年客货运输量按交通部新统计方法测算(下同)。
7. 从2013年起，国家统计局开展了城乡一体化住户收支与生活状况调查，本表及以下相关表格数据来源于此调查，与2013年前的分城镇和农村住户调查的调查范围、方法和口径有所不同。

1-7　国民经济和社会发展结构指标

单位：%

指　　标	2000	2005	2010	2015	2016
人口					
城乡结构					
市镇	23.2	30.7	38.8	46.9	48.5
乡村	76.8	69.3	61.2	53.2	51.5
性别结构					
男	51.6	51.6	51.8	51.8	51.7
女	48.4	48.4	48.2	48.2	48.3
就业					
从业人员产业结构					
第一产业	64.0	55.4	44.9	39.0	38.4
第二产业	17.5	22.1	29.0	30.8	30.6
第三产业	18.5	22.5	26.1	30.2	31.0
国民核算					
生产总值产业结构					
第一产业	23.0	17.3	13.7	11.3	10.6
第二产业	45.4	51.9	55.7	48.7	47.6
第三产业	31.6	30.8	30.6	40.0	41.8
固定资产投资					
固定资产投资产业结构					
第一产业			4.4	4.2	4.9
第二产业			51.1	48.6	46.6
第三产业			44.5	47.1	48.5
#重点行业占工业投资比重					
#五大主导产业				48.7	47.7
#传统产业				35.4	35.4
#高耗能工业				25.4	26.2
能源					
能源生产总量结构					
原煤	83.7	91.3	92.4	89.3	88.9
原油	12.2	5.0	4.1	5.2	4.6
天然气	2.8	1.8	0.5	0.5	0.5
水电	1.4	1.9	3.0	5.0	6.0
财政					
一般公共预算收入结构					
#各项税收	79.1	68.0	73.6	68.1	68.4
一般公共预算支出结构					
#农林水事务	7.7	7.4	11.7	11.6	10.8
教科文卫	24.3	24.2	28.7	32.0	31.1
#科学技术	1.5	1.2	1.3	1.2	1.3

1-7　续表

单位：%

指　标	2000	2005	2010	2015	2016
生活					
城镇居民消费结构					
食品烟酒				28.1	28.0
衣着				10.5	9.7
居住				19.8	20.8
生活用品及服务				8.1	7.9
交通通信				10.9	11.0
教育文化娱乐				11.6	11.5
医疗保健				8.0	8.4
其他用品和服务				3.1	2.7
农村居民消费结构					
食品烟酒				29.2	28.5
衣着				8.3	7.9
居住				20.8	20.6
生活用品及服务				7.1	6.8
交通通信				12.3	14.1
教育文化娱乐				10.8	11.0
医疗保健				9.7	9.3
其他用品和服务				1.7	1.7
工业					
增加值重点行业比重					
#五大主导产业				44.0	44.4
#传统产业				45.3	44.5
#高技术产业				8.8	8.7
运输业					
货运量运输方式结构					
#铁　路	16.8	18.8	7.0	5.1	4.7
公　路	82.6	79.5	90.5	89.5	89.7
水　运	0.6	1.7	2.4	5.4	5.6
客运量运输方式结构					
#铁　路	5.6	6.0	5.0	10.3	11.9
公　路	94.2	93.7	94.5	88.7	87.0
水　运	0.1	0.1	0.2	0.2	0.2
批发零售贸易、住宿和餐饮业					
社会消费品零售总额结构					
批发零售和贸易业	84.9	84.0	84.9	86.1	86.0
住宿和餐饮业	11.7	13.9	13.8	13.9	14.0
环境					
工业企业污染防治投资结构					
#治理废水		49.2	35.4	13.4	4.7
治理废气		34.2	60.4	70.9	84.7
治理固体废物		11.7	0.7	2.4	0.2
治理噪声		0.2	0.4	0.0	0.0

1-8 国民经济和社会发展比例和效益指标

本表价值量指标均按当年价格计算。

指　　标	2000	2010	2015	2016
人口				
出生率(‰)	13.07	11.52	12.70	13.26
死亡率(‰)	5.93	6.57	7.05	7.11
自然增长率(‰)	7.14	4.95	5.65	6.15
就业				
城镇户均就业人口(人)	1.94	1.95	1.76	1.66
城镇登记失业率(%)	2.60	3.38	3.00	3.00
国民核算				
经济增长贡献率(%)				
第一产业	10.2	4.7	5.8	5.9
第二产业	62.6	68.0	53.1	43.5
第三产业	27.2	27.2	41.1	50.7
全社会劳动生产率(元/人.年)	9377	38734	56671	60575
第一产业	3382	11657	16071	16582
第二产业	24282	75442	89926	94066
第三产业	15827	46012	76880	82602
对外经济贸易和国际旅游				
进出口总额相当于生产总值比例(%)	3.7	5.2	12.3	11.6
境外每一来豫游客支出(美元)	381	340	317	305
能源				
能源生产弹性系数		0.20		
能源消费弹性系数	0.77	0.68	0.14	
单位GDP能耗降低率(%)		-3.53	-6.57	-7.64
单位GDP电耗降低率(%)		0.80	-8.98	-3.95
单位工业增加值能耗降低率(%)		-10.75	-11.54	-10.98

1-8 续表 1

指　标	2000	2010	2015	2016
财政				
一般公共预算收入占GDP比重(%)	4.9	5.9	8.1	7.8
家庭				
少儿抚养系数(%)		29.7	30.7	31.0
老年抚养系数(%)		11.8	13.9	14.4
生活				
城乡居民收入比例				
(农民人均可支配收入为1)	2.40	2.90	2.36	2.33
农业				
每公顷播种面积农产量(千克)				
粮食	4542	5582	5912	5781
棉花	903	957	1053	1010
油料	2630	3457	3747	3810
工业				
成本费用利润率(%)	4.5	10.2	7.2	7.0
资产负债率(%)	66.4	55.2	47.0	47.7
总资产贡献率(%)	8.6	22.4	13.9	13.1
产品销售率(%)	98.0	98.7	98.2	97.9
劳动生产率(元/人)	33643	206596	229637	232740
建筑业				
劳动生产率(元/人)		183639	287604	322917
技术装备率(元/人)	5302	10173	13294	12652

1-8 续表 2

指　　标	2000	2010	2015	2016
金融				
金融机构存款相当于				
生产总值比例 (%)	94.1	99.7	127.8	133.4
金融机构贷贷比(存款=100)	91.7	68.6	66.0	67.6
科技				
研究与试验发展经费内部支出				
与国内生产总值之比(%)	0.5	0.91	1.17	1.22
教育				
小学学龄儿童净入学率(%)	99.8	99.9	100.0	100.0
初中毕业生升学率(%)	41.4	79.5	90.0	87.7
高中阶段毛入学率(%)			90.3	90.4
九年义务教育巩固率			94.0	94.1
高中阶段毛入学率			90.3	90.4
高中升学率			81.2	84.4
高等教育毛入学率			36.5	38.8
每万人拥有大学生(含研究生)(人)	28	149	228	234
卫生				
每万人拥有卫生机构院床位(张)	20.9	34.8	51.6	54.7
每万人拥有执业医师(人)	11.7	16.5	21.0	21.7

主要统计指标解释

行政区划　指国家对行政区域的划分。根据有关法规规定，我国的行政区域划分如下：（1）全国分为省、自治区、直辖市；（2）省、自治区分为自治州、县、自治县、市；（3）自治州分为县、自治县、市；（4）自治区、自治州、自治县都是民族自治的地方；县、自治县分为乡、民族乡、镇；（5）直辖市和较大的市分为区、县；（6）国家在必要时设立的特别行政区。

可比价格　指计算各种总量指标所采用的扣除了价格变动因素的价格，可进行不同时期总量指标的对比。按可比价格计算总量指标有两种方法：一种是直接用产品产量乘某一年的不变价格计算；另一种是用价格指数进行缩减。

不变价格　指以同类产品某年的平均价格作为固定价格，用于计算各年的产品价值。按不变价格计算的产品价值消除了价格变动因素，不同时期对比可以反映生产的发展速度。新中国成立后，随着工农业产品价格水平的变化，国家统计局先后五次制定了全国统一的工业产品不变价格和农业产品不变价格。从 1952 年到 1957 年使用 1952 年工（农）业产品不变价格，从 1957 年到 1970 年使用 1957 年不变价格，从 1971 年到 1980 年使用 1970 年不变价格，从 1981 年到 1990 年使用 1980 年不变价格，从 1991 年开始使用 1990 年不变价格。

平均增长速度　平均增长速度表明社会经济现象在一个较长的时期内逐期平均增长变化的程度，它不能根据各个环比增长速度直接求得，但与平均发展速度之间存在着一定的数量关系：平均增长速度＝平均发展速度－1。

平均发展速度是一种根据环比发展速度计算的序时平均数，由于各时期对比的基础不同，所以计算平均发展速度不能采用一般的序时平均数的计算方法，计算方法分为水平法和累计法。水平法，又称几何平均法，即将环比发展速度按连乘法用几何平均数公式计算。累计法，也称方程法，根据一段时期内各年发展水平总和与基期水平的关系，列出方程式计算平均发展速度。水平法着重考虑最后一年所达到的发展水平；累计法着重考虑整个时期累计发展水平的总量。

本《年鉴》内所列的平均增长速度，除固定资产投资用“累计法”计算外，其余均用“水平法”计算。从某年到某年平均增长速度的年份，均不包括基期年在内。如建国四十三年以来的平均增长速度是以 1949 年为基期计算的，则写为 1950-1992 年平均增长速度，其余类推。

国民经济行业分类　自 2012 年定期报表开始使用新的《国民经济行业分类》（GB/T4754-2011）。该分类是由国家统计局组织修订，国家质量监督检验检疫总局和中国国家标准化管理委员会于 2011 年 4 月 29 日发布。这次修订是在 2002 年分类标准的基础上，参照联合国《全部经济活动的国际标准产业分类》（ISIC/Rev.4）进行的。修订后的《国民经济行业分类》（GB/T4754-2012）共有门类 20 个，大类 96 个，中类 432 个，小类 1094 个。

农　　业

资料整理：贾世云　汪　清

2-1 农村基本情况(年底数)

指　　标	2000年	2010年	2011年	2012年	2013年	2014年	2015年	2016年
农村基层组织(个)								
乡镇	2129	1878	1863	1841	1840	1821	1808	1802
#镇	844	949	1011	1014	1085	1103	1105	1120
村民委员会	48206	47311	47347	47140	46997	46938	46115	46831
农村基础设施（个)								
自来水受益村数	13252	26329	28214	29882	31284	33797	36528	38098
通有线电视村数						43194	43591	44001
通宽带村数						45764	46079	46252
乡村户数(万户)	1972	2061	2062	2066	2049	2039	2046	2089
乡村劳动力资源数(万人)	5069	5338	5353	5367	5334	5309	5307	5356
乡村从业人员(万人)	4712	4915	4911	4905	4851	4807	4798	4803
#男	2493	2630	2626	2066	2591	2570	2567	2591
女	2220	2285	2285	2281	2261	2237	2231	2212
#农业	3559	2698	2655	2611	2541	2621	2553	2553

注：乡镇个数、镇个数、村民委员会个数为民政部门数据。

2-2 各市农村基本情况(2016年底)

地区	乡村户数(万户)	乡村劳动力资源数(万人)	男	女	乡村从业人员(万人)	男	女	#农业
省辖市								
郑州市	108.31	270.51	146.59	123.92	236.93	129.05	107.88	91.75
开封市	101.01	272.17	143.83	128.34	243.96	129.62	114.34	133.17
洛阳市	128.13	327.49	174.25	153.24	288.69	155.33	133.35	148.49
平顶山市	105.59	271.34	144.98	126.36	244.26	132.01	112.26	155.02
安阳市	124.95	308.26	165.76	142.50	277.75	152.02	125.73	127.98
鹤壁市	28.88	74.82	41.33	33.50	60.40	34.24	26.15	30.68
新乡市	111.43	279.52	150.02	129.50	247.73	134.71	113.03	120.66
焦作市	66.29	166.94	88.74	78.20	148.23	79.05	69.18	71.34
濮阳市	76.32	200.32	109.22	91.11	174.55	98.53	76.02	102.48
许昌市	83.83	224.01	119.31	104.70	202.91	107.12	95.79	117.47
漯河市	54.78	143.38	76.26	67.12	129.43	68.78	60.66	76.29
三门峡市	45.10	105.73	56.36	49.37	93.85	50.50	43.35	62.30
南阳市	245.84	630.17	340.85	289.32	559.24	306.17	253.07	327.44
商丘市	197.82	477.26	261.82	215.44	441.39	241.33	200.06	217.98
信阳市	188.41	453.14	246.69	206.45	405.66	217.17	188.49	220.49
周口市	229.84	597.54	313.56	283.98	553.12	294.53	258.59	298.96
驻马店市	180.50	522.35	274.45	247.90	468.04	246.42	221.62	227.64
济源市	12.46	31.23	16.60	14.63	26.37	14.04	12.32	14.70
省直管县								
巩义市	16.27	36.47	20.52	15.95	33.39	18.74	14.65	11.48
兰考县	16.95	49.84	26.16	23.68	46.45	24.49	21.96	18.69
汝州市	23.27	60.93	31.95	28.97	54.14	28.74	25.40	32.94
滑县	33.09	75.85	38.11	37.74	68.41	35.17	33.25	32.93
长垣县	14.73	36.83	20.68	16.16	33.10	18.86	14.24	8.70
邓州市	37.09	98.72	53.00	45.72	80.68	43.72	36.97	54.33
永城市	34.71	81.99	53.29	28.70	76.29	49.59	26.70	24.11
固始县	40.32	92.45	51.80	40.65	79.19	40.83	38.37	33.74
鹿邑县	27.60	65.25	33.85	31.40	64.28	33.36	30.92	18.03
新蔡县	22.89	67.98	34.66	33.32	67.95	34.65	33.30	19.39

注：省辖市的数据包含省直管县的数据。

2-3 历年农业生产情况

年 份	播种面积(千公顷)	#粮食	#棉花	#油料	粮食产量(万吨)	#小麦	棉花产量(万吨)	油料产量(万吨)	园林水果产量(万吨)
1978	10966.70	9123.30	612.00	465.33	2097.40	868.18	22.42	24.16	47.11
1979	10917.00	9066.70	555.33	632.67	2134.50	969.00	19.84	36.87	52.37
1980	10788.20	8858.90	626.67	710.00	2148.68	890.37	40.62	46.20	43.55
1981	11013.00	9029.30	641.33	744.67	2314.50	1083.50	35.50	55.99	52.30
1982	11076.00	8923.30	754.00	709.33	2217.10	1220.10	32.04	44.16	46.63
1983	11326.70	9286.70	794.00	607.33	2904.00	1455.75	63.24	51.52	58.67
1984	11432.70	8996.70	1162.00	579.33	2893.50	1653.00	86.89	52.50	41.01
1985	11685.30	9029.30	814.30	793.70	2710.53	1528.23	54.73	96.18	53.33
1986	11819.50	9372.20	619.33	921.33	2545.67	1567.90	39.86	98.99	61.23
1987	11952.90	9365.20	717.33	977.33	2948.41	1626.00	57.00	136.57	77.84
1988	11930.20	9053.80	916.03	952.84	2663.00	1520.95	63.71	96.17	74.81
1989	11999.40	9262.00	836.15	915.43	3149.44	1695.13	52.72	118.48	76.75
1990	11889.70	9316.10	823.00	876.40	3303.66	1639.86	67.61	152.29	63.92
1991	12001.90	9040.40	1193.20	896.00	3010.30	1554.28	94.77	127.62	63.67
1992	11936.30	8804.70	1247.90	908.60	3109.61	1650.67	65.85	133.63	87.79
1993	12068.00	8969.00	974.00	1075.00	3639.21	1922.13	66.01	204.50	125.12
1994	12087.70	8810.90	966.70	1242.00	3253.80	1798.42	62.81	225.00	170.54
1995	12136.80	8810.00	1000.10	1271.50	3466.50	1754.18	77.00	298.00	211.66
1996	12257.40	8965.30	933.30	1181.10	3839.90	2026.76	73.57	278.46	247.26
1997	12276.74	8879.90	868.30	1208.50	3894.66	2372.35	79.00	276.66	269.26
1998	12567.05	9101.98	800.00	1235.90	4009.61	2073.53	72.84	312.13	312.60
1999	12659.90	9032.30	733.30	1316.10	4253.25	2291.46	70.73	349.25	349.42
2000	13136.91	9029.60	779.33	1492.54	4101.50	2235.95	70.38	392.55	364.73
2001	13127.70	8822.79	858.20	1443.97	4119.88	2299.71	82.77	362.49	399.12
2002	13359.80	8975.10	793.10	1537.00	4209.98	2248.39	76.49	420.68	427.01
2003	13684.40	8923.30	926.67	1569.90	3569.47	2292.50	37.67	309.91	430.38
2004	13805.69	8970.07	951.80	1554.96	4260.00	2480.93	66.67	408.75	507.07
2005	13922.63	9153.41	781.47	1605.83	4582.00	2577.69	67.70	449.60	555.69
2006	13995.39	9455.80	748.20	1489.10	5112.30	2936.50	81.00	460.07	591.78
2007	14087.84	9468.03	700.00	1497.41	5245.22	2980.21	75.00	483.98	663.49
2008	14181.67	9600.00	606.00	1518.32	5365.48	3051.00	66.37	505.34	714.09
2009	14196.59	9683.61	537.33	1541.22	5389.00	3056.00	51.75	532.98	755.90
2010	14248.69	9740.17	467.30	1564.12	5437.10	3082.22	44.72	540.72	795.99
2011	14258.61	9859.87	396.67	1578.91	5542.50	3123.00	38.24	532.36	833.58
2012	14262.17	9985.15	256.67	1573.63	5638.60	3177.35	25.69	569.51	870.43
2013	14323.54	10081.81	186.67	1589.93	5713.69	3226.44	18.97	589.08	888.30
2014	14378.34	10209.82	153.33	1598.21	5772.30	3329.00	14.70	584.33	896.00
2015	14424.94	10267.15	120.00	1600.80	6067.10	3501.00	12.64	599.74	915.76
2016	14472.25	10286.15	100.00	1624.76	5946.60	3466.00	10.10	619.09	922.73

2-4 主要农作物播种面积

单位：千公顷

指　　标	2000年	2010年	2012年	2013年	2014年	2015年	2016年
农作物总播种面积	**13136.91**	**14248.69**	**14262.17**	**14323.54**	**14378.34**	**14424.94**	**14472.25**
粮食作物	**9029.60**	**9740.17**	**9985.15**	**10081.81**	**10209.82**	**10267.15**	**10286.15**
夏收粮食	4997.97	5306.67	5366.67	5393.33	5433.33	5452.33	5492.33
秋收粮食	4031.63	4433.50	4618.48	4688.48	4776.49	4814.82	4793.82
谷物	7743.72	8920.89	9152.78	9276.11	9408.47	9499.13	9521.13
稻谷	459.59	628.00	648.16	641.33	649.67	656.00	655.00
小麦	4922.33	5280.00	5340.00	5366.66	5406.67	5425.66	5465.66
玉米	2201.33	2946.00	3100.00	3203.33	3283.86	3343.86	3316.86
谷子	80.33	36.37	35.37	35.53	35.68	35.68	40.68
高粱	12.87	3.85	2.58	2.59	5.93	11.26	16.26
其他谷物	67.27	26.67	26.67	26.67	26.66	26.67	26.67
#大麦	67.27	26.67	26.67	26.67	26.66	26.67	26.67
豆类	683.43	513.40	520.45	503.78	453.67	413.67	415.67
大豆	564.73	452.98	460.52	443.85	399.7	366.04	368.04
绿豆	90.39	53.31	55.29	54.07	48.69	43.94	44.18
红薯(按折粮薯类计算)	602.45	305.88	311.92	301.92	347.68	354.35	349.35
油料	**1492.54**	**1564.12**	**1573.63**	**1589.93**	**1598.21**	**1600.8**	**1624.76**
花生	984.80	989.49	1007.11	1037.27	1058.32	1074.61	1128.17
油菜籽	248.30	393.26	380.42	371.33	361.62	348.17	324.38
芝麻	254.93	175.96	180.67	175.80	172.57	172.00	166.30
棉花	**779.33**	**467.30**	**256.67**	**186.67**	**153.33**	**120.00**	**100.00**
麻类	**16.52**	**7.44**	**8.1**	**6.54**	**4.68**	**4.56**	**4.11**
黄红麻	15.26	7.35	6.6	6.54	4.66	4.22	3.88
甘蔗	**5.20**	**3.92**	**3.96**	**3.95**	**3.86**	**3.54**	**3.41**
烟叶	**166.35**	**122.15**	**125.42**	**137.15**	**123.80**	**114.27**	**109.21**
烤烟叶	163.29	122.07	125.42	137.15	123.80	114.27	106.45
药材类	**60.55**	**121.87**	**122.73**	**121.20**	**118.81**	**113.58**	**99.85**
蔬菜(含菜用瓜)	**1189.20**	**1704.06**	**1730.28**	**1745.78**	**1725.62**	**1751.65**	**1772.53**
瓜果类(果用瓜)	**305.39**	**341.75**	**330.62**	**336.39**	**326.42**	**325.45**	**351.44**
西瓜	254.66	284.56	276.59	282.01	274.16	270.10	291.14
甜瓜	27.86	49.46	49.02	49.07	46.98	48.82	52.42
草莓		4.80	5.01	5.31	5.29	6.53	7.88
其他农作物	**92.23**	**175.91**	**127.09**	**114.12**	**117.78**	**123.96**	**120.80**
#青饲料	4.25	7.51	4.18	4.19	4.03	3.16	3.31
花卉		83.93	71.17	70.97	77.43	47.91	58.24

注：本表2006年及以后数据已与农普数据衔接(2－5、2－6、2－7表同此)。

2-5 主要农作物播种面积构成

单位：%

指　　标	2000年	2010年	2012年	2013年	2014年	2015年	2016年
农作物总播种面积	**100.0**	**100.0**	**100.0**	**100.0**	**100.0**	**100.0**	**100.0**
粮食作物	**68.7**	**68.4**	**70.0**	**70.4**	**71.0**	**71.2**	**71.1**
夏收粮食	38.0	37.2	37.6	37.7	37.8	37.8	38.0
秋收粮食	30.7	31.1	32.4	32.7	33.2	33.4	33.1
谷物	58.9	62.6	64.2	64.8	65.4	65.9	65.8
稻谷	3.5	4.4	4.5	4.5	4.5	4.5	4.5
小麦	37.5	37.1	37.4	37.5	37.6	37.6	37.8
玉米	16.7	20.7	21.7	22.4	22.8	23.2	22.9
谷子	0.6	0.3	0.2	0.2	0.2	0.2	0.3
高粱	0.1	0.0	0.0	0.0	0.0	0.1	0.1
其他谷物	0.5	0.2	0.2	0.2	0.2	0.2	0.2
#大麦	0.5	0.2	0.2	0.2	0.2	0.2	0.2
豆类	5.2	3.6	3.6	3.5	3.2	2.9	2.9
大豆	4.3	3.2	3.2	3.1	2.8	2.5	2.5
绿豆	0.7	0.4	0.3	0.4	0.3	0.3	0.3
红薯(按折粮薯类计算)	4.6	2.1	2.2	2.1	2.4	2.5	2.4
油料	**11.3**	**11.0**	**11.0**	**11.1**	**11.1**	**11.1**	**11.2**
花生	7.5	6.9	7.1	7.2	7.4	7.4	7.8
油菜籽	1.9	2.8	2.7	2.6	2.5	2.4	2.2
芝麻	1.9	1.2	1.3	1.2	1.2	1.2	1.1
棉花	**5.9**	**3.3**	**1.8**	**1.3**	**1.1**	**0.8**	**0.7**
生麻	**0.1**	**0.1**	**0.1**	**0.0**	**0.0**	**0.0**	**0.0**
黄红麻	0.1	0.1	0.0	0.0	0.0	0.0	0.0
甘蔗				0.0	0.0	0.0	0.0
烟叶(未加工烟草)	**1.3**	**0.9**	**0.9**	**1.0**	**0.9**	**0.8**	**0.8**
烤烟叶	1.2	0.9	0.9	1.0	0.9	0.8	0.8
药材类	**0.5**	**0.9**	**0.9**	**0.8**	**0.8**	**0.8**	**0.7**
蔬菜及食用菌	**9.1**	**12.0**	**12.1**	**12.2**	**12.0**	**12.1**	**12.2**
瓜果类(果用瓜)	**2.3**	**2.4**	**2.3**	**2.3**	**2.3**	**2.3**	**2.4**
西瓜	1.9	2.0	1.9	2.0	1.9	1.9	2.0
甜瓜	0.2	0.3	0.3	0.3	**0.3**	**0.3**	**0.4**
其他农作物		**1.2**	**0.9**	**0.8**	**0.8**	**0.9**	**0.8**
#青饲料		0.0	0.0	0.0	0.0	0.0	0.0
花卉		0.6	0.5	0.5	0.5	0.3	0.4

2-6 主要农作物产品产量

单位：万吨

指　标	2000年	2010年	2012年	2013年	2014年	2015年	2016年
粮食作物	**4101.50**	**5437.10**	**5638.60**	**5713.69**	**5772.30**	**6067.10**	**5946.60**
夏收粮食	2268.05	3090.70	3186.00	3235.19	3339.00	3511.80	3476.80
秋收粮食	1833.45	2346.40	2452.60	2478.50	2433.30	2555.30	2469.80
谷物	3669.73	5207.14	5431.43	5522.72	5604.60	5902.56	5779.02
稻谷	318.82	471.19	492.55	485.80	528.60	531.52	542.15
小麦	2235.95	3082.22	3177.35	3226.44	3329.00	3501.00	3466.00
玉米	1074.97	1634.79	1747.75	1796.50	1732.05	1853.65	1752.97
谷子	7.86	10.11	4.91	4.97	4.36	4.47	5.39
高粱	2.00	0.35	0.22	0.26	0.59	1.12	1.71
其他谷物	30.13	8.48	8.65	8.75	10.00	10.80	10.80
#大麦	30.13	8.48	8.65	8.75	10.00	10.80	10.80
豆类	140.13	93.34	84.56	78.83	59.00	53.75	54.50
大豆	115.78	86.37	78.13	72.94	54.59	49.90	50.61
绿豆	13.11	6.42	6.01	5.42	4.05	3.62	3.66
红薯(按折粮薯类计算)	291.64	136.62	122.61	112.14	108.70	110.79	113.08
油料	**392.55**	**540.72**	**569.51**	**589.08**	**584.33**	**599.74**	**619.09**
花生	335.88	427.61	454.03	471.37	471.29	485.31	509.19
油菜籽	33.76	88.87	87.61	89.80	86.39	86.10	81.67
芝麻	21.99	23.22	26.76	26.86	25.88	27.34	27.23
棉花	**70.38**	**44.72**	**25.69**	**18.97**	**14.70**	**12.64**	**10.10**
生麻	**3.64**	**3.88**	**3.67**	**3.65**	**2.87**	**2.86**	**2.71**
黄红麻	3.29	3.84	3.67	3.65	2.87	2.68	2.59
甘蔗	**32.57**	**26.12**	**26.88**	**28.31**	**27.27**	**24.33**	**23.47**
烟叶(未加工烟草)		**28.75**	**30.67**	**34.65**	**29.99**	**28.85**	**28.26**
烤烟叶	27.18	28.74	30.67	34.65	29.67	23.34	27.61
蔬菜及食用菌	**3981.78**	**6624.26**	**7011.68**	**7112.51**	**7272.46**	**7456.52**	**7807.61**
瓜果类(果用瓜)	**1093.55**	**1598.01**	**1664.61**	**1711.37**	**1664.23**	**1749.33**	**1948.53**
西瓜	919.42	1389.19	1467.76	1508.00	1467.54	1565.62	1716.13
甜瓜	79.98	185.79	182.00	188.55	182.42	165.67	211.16
草莓		12.68	14.85	14.82	14.27	18.04	21.23

2-7 主要农作物单位面积产量

单位：公斤/公顷

指　标	2000年	2010年	2012年	2013年	2014年	2015年	2016年
粮食作物	**4542**	**5582**	**5647**	**5667**	**5654**	**5909**	**5781**
夏收粮食	4538	5824	5937	5999	6146	6441	6330
秋收粮食	4548	5292	5310	5286	5094	5307	5152
谷物	4739	5837	5934	5954	5957	6213	6070
稻谷	6937	7504	7599	7575	8136	8102	8277
小麦	4542	5838	5950	6012	6158	6453	6341
玉米	4883	5549	5638	5608	5276	5543	5285
谷子	978	2780	1388	1399	1222	1253	1325
高粱	1554	909	853	1004	995	995	1052
其他谷物	4479	3180	3243	3281	3751	4049	4049
#大麦	4479	3180	3243	3281	3751	4049	4049
豆类	2050	1819	1625	1565	1300	1299	1311
大豆	2050	1907	1697	1643	1365	1363	1375
绿豆	1450	1204	1087	1002	832	824	828
红薯(按折粮薯类计算)	4841	4466	3931	3714	3126	3127	3237
油料	**2630**	**3457**	**3619**	**3705**	**3656**	**3747**	**3810**
花生	3411	4322	4508	4544	4453	4516	4513
油菜籽	1360	2260	2303	2418	2389	2473	2518
芝麻	863	1320	1481	1528	1500	1590	1637
棉花	**903**	**957**	**1001**	**1016**	**959**	**1053**	**1010**
生麻	**2203**	**5218**	**5552**	**5582**	**6132**	**6272**	**6600**
黄红麻	2156	5221	5562	5582	6159	6351	6682
甘蔗	**62635**	**66622**	**67709**	**71678**	**70648**	**68729**	**68866**
烟叶(未加工烟草)	**1659**	**2353**	**2446**	**2527**	**2422**	**2525**	**2588**
烤烟叶	1665	2353	2446	2526	2397	2043	2594
蔬菜及食用菌	**26641**	**38873**	**40523**	**40741**	**42144**	**42569**	**44048**
瓜果类(果用瓜)	**35808**	**46759**	**50348**	**50874**	**50984**	**53751**	**55444**

2-8　各市农作物播种面积和产量(2016年)

地　区	农作物总播种面积(千公顷)	粮食作物			夏收粮食		
		播种面积(千公顷)	总产量(万吨)	公顷产量(公斤)	播种面积(千公顷)	总产量(万吨)	公顷产量(公斤)
省辖市							
郑州市	457.29	341.02	161.04	4722	169.16	81.80	4836
开封市	813.88	494.01	283.93	5748	299.06	185.14	6191
洛阳市	698.73	521.24	231.44	4440	250.13	114.32	4571
平顶山市	541.54	424.94	206.80	4867	214.55	110.71	5160
安阳市	763.58	580.34	364.05	6273	320.31	206.30	6441
鹤壁市	193.78	170.95	119.57	6995	87.78	63.84	7273
新乡市	807.43	653.46	418.88	6410	357.13	248.99	6972
焦作市	355.13	280.24	204.76	7307	145.98	112.53	7708
濮阳市	497.48	388.89	262.41	6748	214.10	154.79	7230
许昌市	571.69	442.03	284.17	6429	217.69	157.48	7234
漯河市	365.66	269.17	176.92	6573	141.73	103.41	7297
三门峡市	243.49	168.30	66.79	3968	79.47	33.14	4170
南阳市	1904.62	1200.62	638.39	5317	677.10	386.41	5707
商丘市	1378.10	1019.13	672.32	6597	583.68	425.28	7286
信阳市	1254.85	844.55	576.73	6829	317.34	150.00	4727
周口市	1727.26	1245.33	805.79	6471	680.02	507.15	7458
驻马店市	1714.78	1247.11	745.61	5979	715.33	469.46	6563
济源市	54.29	42.84	22.36	5221	20.87	11.57	5546
省直管县							
巩义市	48.68	42.94	15.81	3682	22.43	8.43	3757
兰考县	123.51	94.20	52.50	5573	57.72	33.82	5858
汝州市	117.03	96.89	46.97	4848	46.91	24.63	5250
滑　县	259.51	190.54	144.57	7587	118.36	89.24	7540
长垣县	121.80	97.59	65.37	6698	54.49	40.57	7446
邓州市	339.89	213.28	117.21	5496	134.68	79.13	5875
永城市	237.99	205.85	132.01	6413	108.08	79.74	7377
固始县	240.76	157.47	116.66	7408	41.38	18.62	4500
鹿邑县	174.27	134.31	90.51	6738	70.38	53.20	7559
新蔡县	184.13	141.44	83.26	5887	83.54	54.12	6479

注：省辖市的数据包含省直管县的数据。

2-8 续表 1

地　区	秋收粮食			谷物合计			稻谷		
	播种面积(千公顷)	总产量(万吨)	公顷产量(公斤)	播种面积(千公顷)	总产量(万吨)	公顷产量(公斤)	播种面积(千公顷)	总产量(万吨)	公顷产量(公斤)
省辖市									
郑州市	171.87	79.24	4611	320.90	151.31	4715			
开封市	194.95	98.79	5068	461.01	270.92	5877	7.09	4.54	6397
洛阳市	271.10	117.12	4320	461.23	209.46	4541	1.95	1.29	6608
平顶山市	210.40	96.09	4567	396.49	194.87	4915	1.44	0.83	5800
安阳市	260.03	157.75	6067	567.69	357.51	6298	0.31	0.28	8821
鹤壁市	83.17	55.73	6702	167.92	118.17	7037			
新乡市	296.33	169.90	5733	633.44	405.00	6394	17.93	14.56	8120
焦作市	134.26	92.23	6870	274.24	202.07	7368	4.95	3.89	7870
濮阳市	174.79	107.62	6157	374.29	255.57	6828	35.12	24.23	6900
许昌市	224.33	126.69	5647	390.35	264.84	6785			
漯河市	127.44	73.50	5767	242.96	169.17	6963			
三门峡市	88.82	33.64	3788	139.65	58.12	4162			
南阳市	523.53	251.98	4813	1079.59	593.85	5501	36.48	27.44	7522
商丘市	435.46	247.04	5673	947.68	649.41	6853	0.35	0.35	9847
信阳市	527.21	426.73	8094	812.09	564.39	6950	464.01	394.30	8498
周口市	565.30	298.64	5283	1108.02	762.67	6883	0.23	0.21	9000
驻马店市	531.78	276.15	5193	1199.03	725.28	6049	30.15	17.90	5937
济源市	21.97	10.79	4913	40.63	21.61	5318	0.05	0.03	6234
省直管县									
巩义市	20.51	7.38	3600	41.70	15.38	3689			
兰考县	36.47	18.68	5123	90.48	50.55	5587	0.28	0.22	8094
汝州市	49.98	22.34	4470	91.71	44.98	4905	0.03	0.01	3500
滑县	72.18	55.33	7665	189.35	143.63	7585	0.24	0.22	9037
长垣县	43.11	24.80	5753	93.66	63.79	6811	1.94	1.93	9969
邓州市	78.60	38.08	4845	195.36	111.55	5710	0.46	0.28	6185
永城市	97.76	52.28	5348	171.58	122.60	7145			
固始县	116.09	98.04	8445	155.60	115.36	7414	111.22	94.53	8499
鹿邑县	63.94	37.31	5835	118.29	84.16	7115			
新蔡县	57.90	29.14	5033	136.27	81.41	5974	3.99	2.09	5248

2-8 续表 2

地　区	小麦			玉米		
	播种面积(千公顷)	总产量(万吨)	公顷产量(公斤)	播种面积(千公顷)	总产量(万吨)	公顷产量(公斤)
省辖市						
郑州市	169.15	81.80	4836	150.87	69.30	4593
开封市	299.06	185.14	6191	154.82	81.22	5246
洛阳市	250.12	114.32	4571	193.09	88.15	4565
平顶山市	214.44	110.68	5162	180.31	83.26	4618
安阳市	320.29	206.30	6441	241.16	148.86	6173
鹤壁市	87.78	63.84	7273	79.21	54.10	6830
新乡市	357.09	248.96	6972	257.81	141.31	5481
焦作市	145.98	112.53	7708	123.24	85.63	6948
濮阳市	214.10	154.79	7230	124.67	76.35	6124
许昌市	217.69	157.48	7234	172.57	107.31	6219
漯河市	141.72	103.41	7297	101.24	65.77	6496
三门峡市	79.47	33.14	4170	59.00	24.61	4172
南阳市	673.13	385.12	5721	368.21	180.81	4911
商丘市	583.15	424.97	7287	363.72	223.71	6151
信阳市	316.57	149.80	4732	30.73	20.09	6536
周口市	680.02	507.15	7458	427.55	255.23	5970
驻马店市	711.93	468.28	6578	453.36	237.76	5244
济源市	20.87	11.57	5546	19.70	10.00	5077
省直管县						
巩义市	22.43	8.43	3757	19.02	6.92	3636
兰考县	57.72	33.82	5858	32.44	16.48	5081
汝州市	46.91	24.63	5250	44.68	20.32	4548
滑县	118.34	89.24	7541	70.73	54.16	7657
长垣县	54.45	40.54	7447	37.19	21.26	5717
邓州市	133.79	78.81	5891	61.11	32.45	5309
永城市	108.08	79.74	7377	63.50	42.86	6750
固始县	41.38	18.62	4500	3.00	2.21	7365
鹿邑县	70.38	53.20	7559	47.84	30.93	6465
新蔡县	83.54	54.12	6479	48.74	25.19	5168

2-8 续表 3

地　区	豆类合计			大豆		
	播种面积（千公顷）	总产量（万吨）	公顷产量（公斤）	播种面积（千公顷）	总产量（万吨）	公顷产量（公斤）
省辖市						
郑州市	9.00	1.54	1713	7.08	1.37	1932
开封市	13.90	4.12	2967	13.33	3.98	2984
洛阳市	30.03	4.40	1466	22.47	3.44	1533
平顶山市	13.12	4.24	3231	11.90	4.03	3390
安阳市	4.89	1.32	2700	4.41	1.23	2791
鹤壁市	1.66	0.48	2895	1.41	0.45	3204
新乡市	12.56	3.58	2849	12.26	3.52	2867
焦作市	3.73	1.06	2838	3.68	1.04	2820
濮阳市	10.34	3.15	3050	9.86	3.03	3078
许昌市	24.16	5.34	2209	23.88	5.31	2223
漯河市	18.44	3.80	2060	18.43	3.79	2057
三门峡市	22.14	4.60	2077	17.05	3.66	2146
南阳市	69.13	14.40	2083	52.37	10.74	2052
商丘市	54.72	16.28	2975	52.75	13.95	2644
信阳市	14.57	1.45	999	11.95	1.23	1027
周口市	106.30	27.32	2570	97.79	25.97	2656
驻马店市	27.81	8.17	2936	25.83	6.73	2606
济源市	1.49	0.33	2230	1.39	0.32	2273
省直管县						
巩义市	0.46	0.03	752	0.23	0.02	701
兰考县	1.81	0.55	3019	1.63	0.52	3168
汝州市	1.22	0.20	1666	0.88	0.16	1843
滑　县	0.35	0.13	3701	0.32	0.12	3772
长垣县	3.09	0.81	2626	3.04	0.80	2626
邓州市	14.80	3.63	2452	10.89	2.66	2445
永城市	32.28	9.09	2815	32.13	7.69	2394
固始县	0.67	0.26	3868	0.60	0.25	4077
鹿邑县	14.47	4.86	3356	13.93	4.70	3377
新蔡县	2.12	0.50	2379	1.52	0.34	2250

2-8　续表 4

地　区	红薯			油料合计			花　生		
	播种面积（千公顷）	总产量（万吨）	公顷产量（公斤）	播种面积（千公顷）	总产量（万吨）	公顷产量（公斤）	播种面积（千公顷）	总产量（万吨）	公顷产量（公斤）
省辖市									
郑州市	11.13	8.19	7359	40.90	14.72	3599	33.19	13.46	4057
开封市	19.10	8.89	4652	108.75	48.59	4468	102.78	46.92	4565
洛阳市	29.98	17.58	5864	43.74	12.75	2916	25.23	8.81	3490
平顶山市	15.33	7.69	5017	46.23	13.94	3015	25.33	9.54	3765
安阳市	7.76	5.23	6737	59.54	27.08	4548	53.74	25.94	4826
鹤壁市	1.37	0.93	6767	10.71	2.96	2764	9.86	2.85	2892
新乡市	7.46	6.96	9338	76.25	34.63	4541	72.08	33.49	4647
焦作市	2.27	1.63	7193	22.19	12.61	5680	21.13	12.35	5845
濮阳市	4.25	3.69	8686	32.21	14.47	4492	31.49	14.21	4514
许昌市	27.52	14.00	5086	20.08	6.22	3097	10.92	3.94	3611
漯河市	7.78	3.95	5077	12.21	3.51	2873	6.45	2.30	3562
三门峡市	6.51	4.07	6257	15.14	3.52	2324	4.50	1.28	2843
南阳市	51.90	30.13	5806	363.09	145.87	4018	254.18	121.20	4768
商丘市	16.73	6.63	3963	75.80	35.05	4623	66.57	31.96	4801
信阳市	17.90	10.89	6085	230.74	67.91	2943	67.44	30.33	4497
周口市	31.02	15.80	5095	115.33	48.17	4177	71.07	38.35	5397
驻马店市	20.28	12.17	6001	314.95	129.55	4113	235.62	114.74	4870
济源市	0.71	0.42	5954	0.93	0.27	2908	0.67	0.21	3101
省直管县									
巩义市	0.78	0.39	5032	2.81	0.42	1490	1.62	0.25	1527
兰考县	1.91	1.41	7369	17.37	7.54	4340	16.73	7.37	4408
汝州市	3.97	1.79	4499	8.99	3.18	3536	6.15	2.68	4355
滑　县	0.83	0.81	9686	26.94	13.21	4902	26.66	13.14	4928
长垣县	0.85	0.77	9001	13.32	5.08	3813	10.90	4.33	3975
邓州市	3.12	2.04	6525	67.97	29.24	4302	51.61	25.93	5025
永城市	0.99	0.33	3379	1.48	0.51	3454	0.35	0.14	3901
固始县	1.20	1.04	8700	44.70	12.32	2757	11.80	4.69	3974
鹿邑县	1.55	1.49	9611	6.09	1.77	2909	1.61	0.65	4042
新蔡县	3.05	1.35	4425	23.32	7.09	3041	12.67	5.70	4500

2-8 续表 5

地区	油菜籽			芝麻			棉花		
	播种面积（千公顷）	总产量（万吨）	公顷产量（公斤）	播种面积（千公顷）	总产量（万吨）	公顷产量（公斤）	播种面积（千公顷）	总产量（万吨）	公顷产量（公斤）
省辖市									
郑州市	6.76	1.14	1693	0.94	0.11	1149	2.26	0.22	984
开封市	5.29	1.51	2852	0.59	0.13	2236	14.89	1.79	1203
洛阳市	11.67	2.97	2548	4.02	0.75	1867	4.07	0.52	1265
平顶山市	17.19	3.85	2237	3.67	0.54	1479	1.76	0.19	1071
安阳市	5.34	1.08	2028	0.41	0.05	1270	5.40	0.78	1445
鹤壁市	0.74	0.10	1397	0.12	0.01	557	0.87	0.06	708
新乡市	4.06	1.12	2748	0.11	0.02	1605	2.53	0.47	1464
焦作市	0.97	0.24	2515	0.07	0.01	1378	0.51	0.06	1248
濮阳市	0.65	0.22	3378	0.06	0.03	5000	2.93	0.30	1014
许昌市	8.65	2.20	2550	0.51	0.07	1380	1.08	0.11	1006
漯河市	4.58	1.08	2352	1.19	0.14	1145	4.50	0.38	835
三门峡市	6.74	1.40	2078	1.11	0.16	1453	1.45	0.14	972
南阳市	51.46	14.29	2777	57.46	10.38	1807	15.51	1.44	929
商丘市	8.55	2.92	3415	0.69	0.17	2462	15.01	1.99	1295
信阳市	148.62	35.77	2407	14.68	1.81	1233	1.77	0.16	901
周口市	7.61	2.75	3614	36.65	7.07	1929	9.39	1.29	1372
驻马店市	35.33	9.03	2557	44.00	5.77	1312	1.72	0.16	929
济源市	0.11	0.02	1411	0.06	0.00	804	0.41	0.05	1133
省直管县									
巩义市	0.93	0.15	1567	0.26	0.03	981	0.62	0.07	1062
兰考县	0.64	0.16	2571	0.00	0.00	4000	2.49	0.31	1233
汝州市	2.49	0.46	1856	0.35	0.04	1040	0.71	0.07	993
滑县	0.28	0.07	2403	0.00	0.00	3000	1.32	0.17	1318
长垣县	2.41	0.74	3080				0.53	0.07	1236
邓州市	4.26	1.31	3075	12.10	2.00	1650	2.30	0.21	931
永城市	1.09	0.37	3360	0.04	0.01	2100	0.30	0.09	1467
固始县	30.40	7.20	2368	2.50	0.43	1728	0.15	0.01	967
鹿邑县	2.42	0.85	3510	2.06	0.27	1320	2.76	0.29	1053
新蔡县	2.65	0.67	2525	8.00	0.72	900	0.72	0.06	900

2-8 续表 6

地区	烟叶(未加工烟草)			烤烟			蔬菜及食用菌		
	播种面积(千公顷)	总产量(万吨)	公顷产量(公斤)	播种面积(千公顷)	总产量(万吨)	公顷产量(公斤)	播种面积(千公顷)	总产量(万吨)	公顷产量(公斤)
省辖市									
郑州市	0.76	0.16	2086	0.76	0.16	2086	62.53	259.65	41527
开封市							151.08	712.20	47140
洛阳市	23.62	5.78	2447	23.62	5.78	2447	67.11	283.06	42180
平顶山市	13.12	3.26	2486	13.12	3.26	2486	48.51	235.23	48493
安阳市							102.39	585.09	57141
鹤壁市							10.88	40.88	37578
新乡市							57.09	292.46	51228
焦作市							35.05	196.95	56197
濮阳市							66.18	253.80	38350
许昌市	10.59	2.94	2778	10.59	2.94	2778	44.35	169.59	38236
漯河市	7.90	1.40	1773	7.90	1.40	1773	60.01	182.99	30496
三门峡市	17.73	4.36	2461	17.73	4.36	2461	31.10	110.87	35651
南阳市	22.48	6.50	2892	22.48	6.50	2892	241.32	1047.89	43424
商丘市	2.27	0.83	3653	2.27	0.83	3653	205.40	996.60	48519
信阳市	0.55	0.18	3245	0.55	0.18	3245	124.76	398.34	31929
周口市	2.79	1.12	4015	2.79	1.12	4015	253.72	1003.27	39543
驻马店市	6.36	1.50	2352	6.36	1.50	2352	116.99	451.54	38596
济源市	1.05	0.24	2250	1.05	0.24	2250	5.92	28.33	47847
省直管县									
巩义市							2.11	5.96	28235
兰考县							7.44	25.64	34479
汝州市	1.69	0.41	2407	1.69	0.41	2407	7.76	35.09	45243
滑县							35.11	196.90	56089
长垣县							8.41	55.79	66301
邓州市	2.43	1.04	4292	2.43	1.04	4292	44.52	221.78	49817
永城市							27.37	143.54	52449
固始县							27.40	103.92	37926
鹿邑县	1.23	0.39	3157	1.23	0.39	3157	27.17	101.29	37287
新蔡县							11.65	45.26	38863

2-8 续表 7

地　区	瓜果类(果用瓜)			西瓜			甜瓜		
	播种面积(千公顷)	总产量(万吨)	公顷产量(公斤)	播种面积(千公顷)	总产量(万吨)	公顷产量(公斤)	播种面积(千公顷)	总产量(万吨)	公顷产量(公斤)
省 辖 市									
郑 州 市	8.75	35.24	40258	7.80	32.52	41702	0.20	0.53	26121
开 封 市	43.80	228.14	52088	40.99	217.10	52962	2.79	10.99	39447
洛 阳 市	7.42	18.71	25210	5.89	16.09	27305	1.25	2.25	18008
平顶山市	5.41	21.40	39573	4.44	19.10	42995	0.78	2.11	26966
安 阳 市	13.58	87.41	64377	8.44	55.91	66283	5.05	31.19	61785
鹤 壁 市	0.36	1.37	38150	0.30	1.20	39472	0.05	0.16	31038
新 乡 市	4.81	26.30	54663	3.73	21.19	56799	1.06	5.04	47586
焦 作 市	3.74	15.09	40361	3.50	14.19	40557	0.16	0.63	38554
濮 阳 市	6.95	28.79	41436	5.28	21.50	40699	1.29	6.00	46544
许 昌 市	2.65	11.90	44883	2.14	9.87	46173	0.44	1.83	41355
漯 河 市	11.67	42.02	35991	7.80	31.85	40820	3.64	9.73	26705
三门峡市	3.52	8.99	25529	3.00	7.89	26324	0.39	0.85	22081
南 阳 市	28.61	161.87	56580	22.81	145.90	63974	5.34	15.32	28704
商 丘 市	48.39	252.41	52165	42.26	227.25	53776	4.86	20.62	42416
信 阳 市	25.17	112.66	44763	19.00	91.61	48221	3.93	15.90	40444
周 口 市	75.45	436.14	57804	61.82	382.25	61829	12.95	52.96	40911
驻马店市	22.10	125.57	56826	17.78	106.55	59941	3.44	15.58	45229
济 源 市	0.07	0.24	33571	0.05	0.21	38662	0.01	0.01	18924
省直管县									
巩 义 市	0.15	0.42	27997	0.14	0.39	27857	0.00	0.01	31231
兰 考 县	1.95	8.57	43945	1.81	8.18	45241	0.14	0.37	27571
汝 州 市	0.81	2.95	36532	0.62	2.28	36790	0.15	0.66	44128
滑 县	4.80	30.90	64371	2.20	13.91	63135	2.55	16.85	66055
长 垣 县	1.95	13.51	69298	1.23	9.57	77739	0.72	3.94	54815
邓 州 市	4.85	23.58	48668	3.73	20.78	55702	0.98	2.61	26575
永 城 市	2.99	22.19	74131	2.89	21.41	74201	0.07	0.65	90859
固 始 县	6.48	34.34	52966	4.65	27.70	59580	1.08	5.18	48174
鹿 邑 县	1.82	8.41	46245	1.22	6.80	55764	0.57	1.58	27761
新 蔡 县	6.50	33.19	51038	4.55	21.64	47569	1.56	8.99	57750

2-9 茶叶、水果产量和面积

项 目	2000年	2010年	2012年	2013年	2014年	2015年	2016年
面 积							
茶园面积(千公顷)	20.68	65.15	87.63	97.69	105.47	114.00	118.29
果园面积(千公顷)	355.90	455.26	466.70	475.70	458.40	455.63	447.54
苹果园	206.97	177.63	178.84	176.65	171.95	170.21	156.54
梨园	30.87	47.28	51.99	52.32	52.97	54.73	54.57
葡萄园	16.75	29.90	29.60	32.39	33.94	36.25	37.87
猕猴桃园		9.20	10.24	10.30	10.82	10.99	11.16
桃园	29.11	73.90	76.27	76.39	70.01	73.82	78.61
柑桔园	4.88	10.85	10.99	11.54	11.75	11.60	11.60
其他果园	67.30	106.50	108.77	116.11	106.96	98.03	97.18
产 量							
茶叶产量(吨)	9163	42732	51374	55891	61119	64855	68571
园林水果产量(万吨)	364.73	795.99	870.43	888.30	895.95	915.76	922.73
苹果	238.90	408.96	436.70	443.15	441.74	449.65	438.58
梨	33.30	94.66	104.39	107.73	112.91	114.83	117.48
葡萄	20.83	48.41	55.20	55.67	58.39	63.78	68.27
鲜枣	17.78	39.19	40.60	41.55	35.64	32.42	32.76
柿	15.88	44.38	54.26	54.63	54.33	51.98	50.91
桃	26.63	101.74	110.61	110.12	113.32	119.35	127.80
柑桔	2.12	4.17	4.04	4.81	4.67	4.94	4.79
其他园林水果	9.29	74.48	64.63	70.64	74.95	78.81	82.14
食用坚果产量(吨)							
核桃	17143	55407	109716	130428	107018	165925	180303
板栗	85650	206517	220885	242671	176993	283562	281000

2-10　各市水果产量(2016年)

单位：吨

地　区	水果总产量	#苹果	#梨	#葡萄	#枣	#柿	#桃
省辖市							
郑州市	272616	54515	20012	41344	57934	8411	43072
开封市	540923	303576	36663	33620	6699	12366	135904
洛阳市	888221	489589	48999	110964	20085	68014	69567
平顶山市	141223	14741	20045	39148	1726	16131	47085
安阳市	714718	279765	63812	39511	121962	56370	121190
鹤壁市	36970	12554	6914	5858	1854	3738	5966
新乡市	205019	47567	30915	12108	3957	7251	100589
焦作市	137827	36562	20449	15331	3617	10793	45621
濮阳市	289542	193406	29442	13854	9611	4706	17396
许昌市	69950	20227	9033	16894	2709	1819	17401
漯河市	91846	3545	16237	50439	245	867	19390
三门峡市	2360618	1893901	47679	65433	38393	136963	103221
南阳市	907004	44035	67550	19330	23104	44944	170523
商丘市	1778801	927476	579657	108305	9378	27009	100049
信阳市	130870	1186	41023	29015	3017	17971	33346
周口市	529857	88913	92661	62507	21448	83589	173788
驻马店市	142975	2046	44664	20459	4231	6216	62287
济源市	32195	10628	6958	1249	43	4266	6159
省直管县							
巩义市	30704	16522	2554	6601	180	2029	1460
兰考县	169560	132013	14594	7244	846	185	10978
汝州市	40292	8977	2235	5203	657	10985	12235
滑县	168692	72245	34849	14187	7659	12556	27196
长垣县	13779	2596	1702	3788	2370	40	2563
邓州市	29472	1305	4734	3005	376	490	18696
永城市	265783	58022	157431	12560			21457
固始县	27689	185	9631	4585	586	5215	5063
鹿邑县	10631	1950	5110	1767	95	320	1380
新蔡县	18740	1090	5320	3630	240	2170	6290

注：省辖市的数据包含省直管县的数据。

2-11 各市果园面积(2016年)

单位：千公顷

地 区	果园总面积	#苹果园面 积	#梨园面积	#葡萄园面 积	#柑橘园面 积	#猕猴桃园面 积	#桃园面积
省辖市							
郑州市	22.69	4.17	1.04	2.21	0.00	0.02	3.17
开封市	25.06	14.06	1.52	2.14	0.00	0.00	5.07
洛阳市	46.57	22.78	3.38	4.40		0.06	3.00
平顶山市	12.39	1.11	1.70	1.29		0.02	5.03
安阳市	38.37	9.97	2.52	1.76			4.87
鹤壁市	2.06	0.37	0.27	0.16			0.21
新乡市	13.66	3.41	1.89	1.15		0.03	4.86
焦作市	6.45	1.42	0.82	0.63		0.01	2.23
濮阳市	11.69	6.50	1.03	0.61			1.32
许昌市	4.99	1.21	0.34	1.06		0.00	1.08
漯河市	2.85	0.12	0.54	1.47		0.02	0.60
三门峡市	67.45	52.87	1.39	2.42		0.03	3.33
南阳市	82.88	9.31	12.50	2.34	11.39	10.86	18.39
商丘市	51.08	26.23	9.48	6.50	0.00	0.01	7.29
信阳市	16.72	0.26	3.68	3.91	0.21	0.10	5.76
周口市	22.15	3.33	5.55	3.01			4.98
驻马店市	20.17	0.31	6.88	2.91		0.01	7.19
济源市	2.31	0.41	0.28	0.08	0.00		0.50
省直管县							
巩义市	2.20	1.27	0.12	0.31	0.00	0.00	0.17
兰考县	6.29	4.31	0.42	0.29			0.38
汝州市	5.02	0.65	0.19	0.42			2.54
滑县	4.83	1.87	0.94	0.38			0.96
长垣县	1.38	0.09	0.14	0.20			0.11
邓州市	5.02	0.43	0.94	0.41	0.87		1.63
永城市	5.42	1.43	1.62	1.02			1.12
固始县	1.66	0.09	0.34	0.45	0.10		0.44
鹿邑县	0.59	0.08	0.18	0.05			0.12
新蔡县	2.76	0.13	0.72	0.71			0.63

注：省辖市的数据包含省直管县的数据。

2-12 林业生产情况

项目	单位	2000年	2010年	2012年	2013年	2014年	2015年	2016年
营林情况								
当年造林面积	千公顷	241.32	277.11	228.29	253.91	260.00	200.01	133.49
#竹林面积	千公顷	0.82						
退耕还林面积	千公顷	32.83						
按造林方式分								
人工造林面积	千公顷	206.45	210.92	205.97	201.21	201.25	154.75	97.65
飞机播种造林面积	千公顷	34.87						
按造林用途分								
用材林	千公顷	56.77	69.10	45.51	55.70	67.18	55.39	25.82
速生丰产林		18.97	17.30					
经济林	千公顷	69.10	37.12	34.54	41.44	49.00	37.37	18.01
防护林	千公顷	113.80	170.64	147.82	156.77	143.08	105.23	89.53
薪炭林	千公顷	0.50						
特种用材林	千公顷	1.10						
迹地更新面积	千公顷	10.50						
封山育林面积	千公顷	475.50	367.46	347.38	362.78	388.34	425.82	403.46
零星(四旁)植树	万株	25806	27328	21919	22948	20768	18921	14012
幼林抚育作业面积	千公顷次	978.00	973.16	514.66	400.73	349.13	217.07	300.39
成林抚育面积	千公顷	694.80	951.21	768.51	323.95	264.57		
当年苗木产量	万株	225347	153503	206152	239485	253022	268911	279005
育苗面积	千公顷	18.20	34.94	36.51	42.55	53.66	59.15	65.83
本年新育面积	千公顷	13.30						
主要林产品产量								
生漆	吨	569	2034	2100	2209	2103	2111	2092
油桐籽	吨	57054	120701	96241	83830	84397	79182	81155
油茶籽	吨	3270	20823	25799	17460	18439	24324	29213
乌桕籽	吨	1157	11631	10052	10825	9765	8235	7869
五倍子	吨	934	3986	4131	4181	4163	4173	4072
竹木采伐								
#村及村以下								
木材	万立方米	306.00	149.67	278.45	243.13	228.81	228.88	273.99
竹材	万根	158.00	76.50	159.79	125.85	151.44	153.89	153.5

2-13 主要农产品产量与历史最高年份比较

指 标	单位	2016年	建国以来历史最高年		2016年为建国以来最高的%
			年份	产量	
农产品					
粮食总产量	万吨	5946.60	2015	6067.10	98.0
夏收粮食	万吨	3476.80	2015	3511.80	99.0
#小麦	万吨	3466.00	2015	3501.00	99.0
秋收粮食	万吨	2469.80	2015	2555.30	96.7
#稻谷	万吨	542.15	2016	542.15	100.0
红薯	万吨	113.08	1973	478.50	23.6
玉米	万吨	1752.97	2015	1853.65	94.6
大豆	万吨	50.61	1981	154.00	32..9
棉花	万吨	10.10	1991	94.77	10.7
油料总产量	万吨	619.09	2016	619.09	100.0
油菜籽	万吨	81.67	2008	97.07	84.1
花生	万吨	509.19	2016	509.19	100.0
芝麻	万吨	27.23	2002	27.64	98.5
生麻	万吨	2.71	1985	43.85	6.2
甘蔗	万吨	23.47	2000	32.57	72.1
烟叶(未加工烟草)	万吨	28.26	1988	51.98	54.4
茶叶	万吨	6.86	2016	6.86	100.0
桑蚕茧	万吨	1.75	2008	2.19	79.9
柞蚕茧	万吨	0.65	2010	0.72	90.2
水果总产量	万吨	922.73	2016	922.73	100.0
苹果	万吨	438.58	2015	449.65	97.5
梨	万吨	117.48	2015	117.48	100.0
葡萄	万吨	68.27	2015	68.27	100.0
鲜枣	万吨	32.76	2013	41.55	78.8
柿子	万吨	50.91	2013	54.63	93.2
畜产品					
大牲畜存栏头数	万头	899.88	2005	1508.80	59.6
牛	万头	887.30	2005	1447.00	61.3
猪存栏头数	万头	4284.10	2012	4587.28	93.4
羊存栏只数	万只	1858.59	2005	3988.00	46.6
山羊	万只	1741.30	2005	3509.00	49.6
绵羊	万只	117.29	2005	479.00	24.5
水产品					
水产品总量	万吨	128.35	2016	128.35	100.0
水产品养殖产量	万吨	121.29	2016	121.29	100.0

2-14 历年农业生产条件

年份	乡村从业人员（万人）	#农、林、牧、渔业	耕地面积（千公顷）	农用机械总动力（万千瓦）	农田有效灌溉面积（千公顷）	化肥施用折纯量（万吨）	农村用电量（亿千瓦小时）	农药施用实物量（万吨）	农用塑料薄膜使用量（万吨）
1979	2429	2300	7138.70	1079.30	3636.00	60.05	14.59		
1980	2505	2365	7128.10	1178.00	3536.23	72.52	17.23		
1981	2576	2457	7121.30	1262.10	3388.00	81.90	20.85		
1982	2669	2515	7109.30	1356.30	3265.33	105.50	22.76		
1983	2711	2537	7100.70	1405.90	3210.00	130.67	23.50		
1984	2819	2565	7079.30	1507.00	3278.67	140.16	25.83		
1985	2932	2558	7033.20	1590.00	3189.97	143.58	28.33		
1986	2998	2561	6998.90	1737.90	3212.71	148.73	33.30		
1987	3096	2583	6972.60	1865.90	3250.07	135.58	37.29		
1988	3212	2636	6956.40	2004.20	3358.76	150.57	40.81		
1989	3284	2706	6944.40	2153.40	3438.00	184.25	45.20		
1990	3424	2820	6933.20	2264.00	3550.09	213.18	46.93	3.31	2.75
1991	3511	2913	6920.00	2330.40	3676.59	239.74	52.06	3.88	3.15
1992	3601	2947	6887.80	2424.40	3779.72	251.13	59.58	4.76	3.45
1993	3658	2902	6871.00	2624.00	3868.33	288.21	61.10	5.44	3.84
1994	3717	2859	6830.00	2780.50	3931.30	292.47	70.54	6.53	4.87
1995	3773	2808	6805.80	3115.40	4044.19	322.21	85.07	7.56	5.32
1996	3848	2816	6786.30	4256.40	4191.05	345.33	103.66	8.33	6.17
1997	4015	2903	6773.40	4337.90	4333.06	355.31	118.27	8.49	6.95
1998	4067	2940	6834.00	4764.40	4513.86	382.80	121.21	9.10	7.49
1999	4311	3299	6825.90	5342.90	4648.78	399.85	122.54	9.61	7.94
2000	4712	3559	6875.25	5780.60	4725.31	420.71	125.80	9.55	9.19
2001	4688	3472	6907.30	6078.70	4766.00	441.73	134.61	9.85	9.41
2002	4691	3393	7262.80	6548.20	4802.36	468.83	141.36	10.20	9.86
2003	4695	3321	7187.20	6953.20	4792.22	467.89	144.59	9.87	9.88
2004	4718	3235	7177.50	7519.59	4808.31	493.16	157.69	10.12	10.16
2005	4752	3128	7201.18	7934.23	4864.33	518.14	172.15	10.51	10.84
2006	4777	3039	7202.38	8309.31	4918.80	540.43	188.81	11.16	11.84
2007	4815	2910	7201.87	8718.71	4955.84	569.68	223.89	11.80	12.66
2008	4859	2837	7202.20	9429.30	4989.20	601.68	237.36	11.91	13.07
2009	4882	2754	8192.01	9817.90	5033.00	628.67	257.76	12.14	14.14
2010	4915	2698	8177.45	10195.94	5081.00	655.15	269.41	12.49	14.70
2011	4911	2655	8161.90	10515.80	5150.44	673.71	281.82	12.87	15.16
2012	4905	2611	8156.76	10872.73	5205.63	684.43	290.03	12.83	15.52
2013	4851	2541	8140.71	11150.00	4969.11	696.37	305.42	13.01	16.78
2014	4807	2621	8126.06	11476.81	5101.74	705.75	313.23	12.99	16.35
2015	4798	2553	8105.93	11710.08	5333.90	716.09	321.01	12.87	16.20
2016	4803	2545	8111.01	9858.82	5360.30	735.24	317.23	14.37	16.31

注：1. 耕地面积：2008年及以前年份耕地面积为年底常用耕地面积，2009年数据为第二次全省土地调查数据，2010年以后数据已按2009年数据口径进行了调整。
2. 灌溉面积：2013年及以前年份的数据为农田有效灌溉面积。
3. 农业机械总动力：2015年及以前数据中包含农用运输车和三轮运输车，从2016年开始，不再包含在内。

2-15 主要农业机械和农产品加工机械年末拥有量

指　标	单位	2000年	2010年	2011年	2012年	2013年	2014年	2015年	2016年
农业机械总动力	**万千瓦**	**5780.60**	**10195.94**	**10515.79**	**10872.73**	**11149.96**	**11476.81**	**11710.08**	**9858.82**
柴油发动机动力	万千瓦	4859.20	9029.20	9310.60	9635.65	9887.13	10186.96	10405.41	8547.35
汽油发动机动力	万千瓦	107.90	56.29	58.63	64.37	66.77	69.59	71.71	71.54
电动发动机动力	万千瓦	812.40	1110.30	1146.56	1172.67	1196.01	1220.26	1232.96	1239.14
大中型拖拉机(混合台)	万台	6.62	27.44	31.07	33.85	35.78	37.81	40.23	43.27
	万千瓦	216.80	969.55	1129.08	1283.47	1387.54	1505.01	1639.38	1816.21
小型(包括手扶)拖拉机	万台	224.67	358.61	355.76	353.94	351.32	346.26	339.62	328.95
	万千瓦	2317.70	3797.50	3721.70	3830.16	3801.52	3756.09	3704.77	3594.92
大中型拖拉机配套农具	万部	11.87	64.26	73.20	80.22	84.99	89.61	94.83	100.74
小型拖拉机配套农具	万部	357.32	666.42	673.46	679.87	675.21	670.99	661.37	640.70
机引犁	万台	196.23	318.33	319.57	322.28	323.46	322.07	320.51	316.80
机引耙	万台	110.17	214.60	215.63	220.46	215.62	219.01	214.62	211.09
旋耕机	万台	4.08	18.38	20.23	21.92	23.41	24.07	26.33	27.91
农用排灌动力机械	万台	125.58	160.05	163.63	164.89	165.58	168.67	168.61	168.22
	万千瓦	905.90	1147.75	1229.28	1238.11	1181.04	1191.39	1194.69	1192.53
柴油机	万台	47.52	54.00	53.98	54.73	54.68	54.58	54.10	52.62
	万千瓦	458.70	525.50	527.30	529.14	529.45	529.94	526.74	512.72
电动机	万台	78.06	106.06	108.61	109.36	110.05	112.96	113.36	113.52
	万千瓦	447.20	622.25	637.09	642.12	647.37	658.33	664.19	665.53
节水灌溉机械	万套		17.37	17.98	19.73	20.81	21.30	21.56	21.83
农用水泵	万台	175.89	216.29	223.79	222.87	223.63	223.44	223.34	219.68
联合收割机	台	26900	143760	157738	177106	200232	221261	241473	265476
机动插秧机	部		1250	2069	2377	2636	2924	3978	5048
机动割晒机	万台	28.38	8.28	7.76	6.69	6.20	5.90	5.80	5.34
机动脱粒机	万台	79.15	55.73	54.23	53.67	54.61	54.64	54.59	54.08
谷物烘干机	台	100	646	577	646	873	1097	1348	1790
种子加工机械	台	110	643	828	1172	1214	1270	1322	1335
机动喷雾(粉)机	万部	15.58	26.19	26.36	27.66	28.58	29.43	29.53	29.66
	万千瓦	24.90	50.15	49.93	53.45	54.61	55.55	55.49	55.93
饲草料加工机械	万台	11.53	16.92	18.07	18.25	18.44	18.64	18.71	18.74
农产品加工动力机械	万台	67.76	80.24	81.63	82.71	83.19	84.36	85.57	85.45
	万千瓦	466.80	582.70	582.91	594.05	598.77	605.37	611.00	609.41
柴油机	万台	11.44	15.74	16.29	16.28	16.20	16.25	16.28	16.09
	万千瓦	118.70	156.71	147.85	153.31	153.75	154.51	154.84	152.27
电动机	万台	53.46	64.50	63.08	66.21	66.87	67.87	68.98	68.90
	万千瓦	348.10	426.04	432.79	439.83	443.16	447.26	452.71	452.30
农产品加工作业机械	万台	43.18	50.82	52.14	54.47	55.72	56.95	57.59	57.68
粮食加工机	万台	32.31	34.80	35.11	34.99	35.28	35.65	35.83	35.46
棉花加工机	万台	3.87	4.94	4.72	4.51	4.49	4.49	4.48	4.43
油料加工机	万台	6.82	8.88	9.03	8.89	9.22	9.27	9.35	9.32

注：2015年及以前“农业机械总动力”数据中包含农用运输车和三轮运输车，从2016年开始，不再包含在内。

2-16 各市农业机械和农产品加工机械年末拥有量(2016年)

地区	大中型拖拉机配套农具(部)	小型拖拉机配套农具(万部)	耕整地及种植机械(万台)					
			机引犁	机引耙	旋耕机	机引播种机	化肥深施机	秸秆粉碎还田机
省辖市								
郑州市	34356	16.00	7.98	6.82	1.28	2.87	0.24	1.03
开封市	38625	31.67	18.09	10.66	1.34	5.41	1.11	1.11
洛阳市	22128	29.89	14.51	9.79	2.51	6.02	0.20	0.32
平顶山市	50867	19.22	9.72	4.93	1.50	6.70	0.08	0.85
安阳市	41429	25.68	11.30	8.71	1.35	5.35	0.47	1.16
鹤壁市	20328	19.52	7.54	7.22	0.30	4.22	0.40	0.44
新乡市	45893	28.22	11.70	9.73	1.61	7.63	0.30	1.55
焦作市	31607	6.30	2.86	0.91	0.82	3.58		1.21
濮阳市	27805	16.64	6.72	4.60	0.84	3.92	1.47	1.31
许昌市	23177	8.48	5.81	1.83	0.81	3.11	0.79	0.74
漯河市	17537	19.57	7.03	6.77	0.65	4.74	0.38	0.87
三门峡市	7841	6.05	2.73	1.29	0.46	0.79	0.09	0.10
南阳市	138562	167.79	86.59	60.48	3.30	21.22	0.94	0.99
商丘市	71661	31.53	15.36	3.06	2.69	10.22	1.97	2.13
信阳市	39085	28.79	15.90	9.71	2.28	1.00	0.63	0.21
周口市	56793	53.98	35.64	17.45	2.84	11.07	1.07	1.50
驻马店市	328843	128.13	56.33	46.62	2.84	39.83	0.95	2.90
济源市	10870	4.05	0.99	0.50	0.48	1.10	0.01	0.19
省直管县								
巩义市	3785	1.69	0.86	0.43	0.15	0.37	0.02	0.07
兰考县	4285	2.80	1.23	0.96	0.19	0.54	0.11	0.12
汝州市	8400	5.41	2.45	0.87	0.50	2.12	0.00	0.15
滑县	8476	18.59	7.87	7.27	0.33	3.80	0.22	0.37
长垣县	7099	6.27	3.08	1.73	0.19	2.05	0.05	0.20
邓州市	32207	17.06	10.48	5.31	1.01	1.58	0.33	0.24
永城市	10550	7.66	2.44	0.71	0.44	2.13	0.12	0.21
固始县	5980	4.37	2.64	1.78	0.39	0.01	0.01	
鹿邑县	8700	2.40	0.95	0.85	0.59	0.78	0.02	0.19
新蔡县	33800	13.21	5.31	4.11	0.48	2.72	0.04	0.24

注：省辖市的数据包含省直管县的数据。

2-16 续表 1

地　区	电动机 (万台)	电动机 (万千瓦)	农用水泵 (万台)	节水灌溉机械 (万套)	联合收割机 (台)	联合收割机 (万千瓦)	水稻插秧机 (台)
省辖市							
郑州市	7.53	62.00	9.32	1.23	10681.00	73.23	
开封市	9.50	46.84	14.36	3.17	14723.00	81.02	117
洛阳市	5.03	43.08	3.97	1.44	6410.00	33.34	
平顶山市	5.43	30.42	9.34	0.62	9798.00	47.72	4
安阳市	11.44	82.65	17.00	0.06	17583.00	97.93	
鹤壁市	3.18	21.65	4.64	0.14	8783.00	41.62	
新乡市	10.61	50.28	16.99	0.29	20244.00	109.59	83
焦作市	7.63	42.87	7.09	0.04	8828.00	46.76	22
濮阳市	7.35	47.93	15.01	0.15	9641.00	62.10	49
许昌市	8.86	35.91	9.83	0.01	10589.00	57.95	
漯河市	1.82	9.75	6.29	0.29	8125.00	46.28	
三门峡市	1.07	10.44	1.55	0.46	2161.00	10.14	
南阳市	7.00	41.20	21.41	2.10	18172.00	103.83	153
商丘市	10.92	42.05	14.67	2.48	32458.00	171.92	
信阳市	2.51	25.39	9.20	0.40	18387.00	96.04	4611
周口市	7.58	27.71	38.02	1.52	34039.00	199.08	
驻马店市	4.63	33.66	19.78	7.43	33056.00	202.71	8
济源市	1.42	11.69	1.19	0.02	1798.00	9.94	1
省直管县							
巩义市	0.43	4.81	0.44	0.01	898.00	4.29	
兰考县	1.41	7.69	2.37	0.28	3465.00	21.24	1
汝州市	1.96	13.59	3.70	0.00	2972.00	12.50	
滑　县	4.57	28.22	6.08	0.00	6109.00	32.94	
长垣县	0.89	3.99	1.98	0.11	2679.00	15.47	
邓州市	0.61	3.73	5.32	0.29	4196.00	26.48	
永城市	0.60	3.84	2.18	0.71	5627.00	27.13	
固始县	0.62	5.61	2.38	0.01	2783.00	15.60	2004
鹿邑县	2.62	4.89	3.61	0.20	4050.00	28.55	
新蔡县	0.24	1.76	1.49	1.28	3119.00	17.98	2

2-16 续表 2

地　区	机　动 割晒机 (台)	机动脱粒机 (台)	机动喷雾 (粉)机 (台)	饲草料加工机械 (台)	机　动 烘干机 (台)
省辖市					
郑州市	3558	32519	10720	7798	62
开封市	335	41559	6852	12856	408
洛阳市	23880	102250	13596	8570	56
平顶山市	1712	17795	5929	11395	19
安阳市		49632	19447	5746	124
鹤壁市	173	5498	4601	1387	9
新乡市	4682	14688	8843	16545	37
焦作市		11709	7062	5372	70
濮阳市	3294	20173	11867	4289	62
许昌市		5172	7078	16805	72
漯河市		14145	2101	660	62
三门峡市	685	24765	8179	4991	35
南阳市	2083	45199	54571	13420	229
商丘市	1680	63810	38277	22364	33
信阳市	1200	14494	14028	6790	187
周口市	3902	41800	21635	17024	126
驻马店市	5300	30541	58032	26411	131
济源市	899	5042	3771	4946	68
省直管县					
巩义市	44	10586	469	1495	3
兰考县		8498		1170	10
汝州市	1712	11264	3640	6340	2
滑　县		10470	10490	2373	14
长垣县		2233	1355	588	25
邓州市		2006	12966	1658	20
永城市	1680	7834	6883	5595	
固始县		177	3550	1255	27
鹿邑县			2050	1250	
新蔡县		5180	7045	6052	12

2-16 续表 3

地 区	农田基本建设机械		农产品加工动力机械		#柴油机		#电动机	
	(台)	(万千瓦)	(万台)	(万千瓦)	(万台)	(万千瓦)	(万台)	(万千瓦)
省辖市								
郑州市	2715	21.53	4.62	36.98	0.08	1.03	4.54	35.95
开封市	1967	9.55	5.52	37.57	2.30	13.12	3.22	24.44
洛阳市	2041	12.43	7.44	54.50	1.14	12.29	6.30	42.17
平顶山市	929	5.52	3.82	25.05	0.31	2.80	3.48	21.99
安阳市	1064	6.02	3.57	23.30	0.14	1.37	3.42	21.93
鹤壁市	62	0.40	1.06	6.94	0.03	0.78	1.03	6.16
新乡市	1370	7.95	5.67	40.06	1.07	5.53	4.60	33.93
焦作市	1140	3.21	1.78	11.44	0.01	0.15	1.77	11.28
濮阳市	752	4.19	2.28	19.69	0.22	1.67	2.05	17.95
许昌市	831	4.40	4.82	30.93	0.39	4.74	4.41	25.19
漯河市	136	0.81	1.38	10.37	0.35	4.13	0.99	6.10
三门峡市	467	3.26	2.07	13.90	0.31	2.84	1.75	11.06
南阳市	1801	11.44	9.98	71.62	1.35	14.10	8.53	57.02
商丘市	1193	5.25	9.18	69.93	2.86	27.19	6.27	41.48
信阳市	948	5.03	8.34	52.99	2.26	23.37	5.97	28.99
周口市	513	2.83	6.66	49.52	1.23	15.00	5.43	34.42
驻马店市	1366	9.68	6.72	51.07	2.03	22.13	4.65	28.72
济源市	405	3.87	0.51	3.55	0.00	0.01	0.51	3.54
省直管县								
巩义市	225	2.01	1.05	5.92	0.00	0.01	1.05	5.91
兰考县	210	0.79	0.87	5.71	0.14	1.49	0.73	4.21
汝州市	281	1.59	1.82	13.66	0.14	1.39	1.65	12.01
滑县	298	1.75	1.03	6.58			1.03	6.58
长垣县	235	1.29	0.49	3.99	0.12	1.26	0.36	2.73
邓州市	360	2.04	1.35	13.45	0.05	0.79	1.29	12.66
永城市	139	0.80	1.29	8.35	0.44	2.93	0.85	5.41
固始县	239	1.27	0.72	7.32	0.30	2.95	0.42	4.37
鹿邑县	120	1.07	0.41	3.02			0.41	3.02
新蔡县	208	1.37	0.79	6.90	0.15	1.67	0.64	5.23

2-16 续表 4

地区	农产品加工作业机械（万台）	粮食加工机械	棉花加工机械	油料加工机械
省辖市				
郑州市	2.92	2.34	0.20	0.36
开封市	3.06	1.30	0.57	0.64
洛阳市	4.51	3.24	0.61	0.66
平顶山市	2.68	2.10	0.19	0.39
安阳市	2.96	2.17	0.26	0.48
鹤壁市	0.76	0.57	0.10	0.07
新乡市	2.65	1.97	0.19	0.39
焦作市	1.09	0.86	0.08	0.15
濮阳市	1.83	1.30	0.14	0.38
许昌市	2.22	1.69	0.27	0.26
漯河市	0.74	0.52	0.10	0.12
三门峡市	0.95	0.72	0.06	0.12
南阳市	5.99	3.50	0.39	1.46
商丘市	4.63	3.18	0.38	1.04
信阳市	8.90	3.27	0.17	0.62
周口市	6.72	3.00	0.48	1.15
驻马店市	4.76	3.46	0.24	1.01
济源市	0.31	0.29	0.01	0.01
省直管县				
巩义市	0.49	0.47	0.01	0.01
兰考县	0.32	0.19	0.03	0.10
汝州市	0.62	0.51	0.04	0.07
滑县	0.54	0.41	0.00	0.12
长垣县	0.36	0.26	0.02	0.07
邓州市	0.54	0.39	0.01	0.14
永城市	0.68	0.50	0.06	0.12
固始县	0.73	0.52	0.02	0.19
鹿邑县	2.37	0.19	0.03	0.07
新蔡县	0.51	0.41	0.01	0.09

2-17　农业机械化、能源、主要物资消耗及水利建设情况

指　　标	2000年	2010年	2012年	2013年	2014年	2015年	2016年
农业机械化情况							
当年实际机耕面积(千公顷)	5607	8260	8971	8987	9084	9104	9176
当年机械播种面积(千公顷)	4648	9063	9617	9621	10205	10399	10538
为农作物播种面积%	35.4	63.6	67.4	67.2	71.0	72.1	72.8
当年机械收获面积(千公顷)	4250	7374	8749	9251	9429	9789	10165
为农作物播种面积(%)	32.4	51.8	61.3	64.6	65.6	67.9	70.24
农村能源情况							
农村用电量(亿千瓦小时)	125.80	269.41	290.03	305.42	313.23	321.01	317.23
农业主要物资消耗情况							
农用化肥施用折纯量(万吨)	420.71	655.15	684.43	696.37	705.75	716.09	735.24
农用塑料薄膜使用量(万吨)	9.19	14.6979	15.52	16.78	16.35	16.20	16.31
农药施用实物量(万吨)	9.55	12.4867	12.83	13.01	12.99	12.87	14.37
农用柴油使用量(万吨)	79.56	107.92	112.25	113.43	115.95	114.70	112.44
农田水利建设情况							
灌溉面积(千公顷)	4785.59	5172.01	5026.93	5088.5	5521.62	5333.90	5360.30
#耕地灌溉面积(千公顷)	4725.31	5080.96	4922.72	4969.11	5101.74	5210.64	5244.50
林地灌溉面积(千公顷)	11.21	33.07	56.72	59.91	61.23	63.58	65.36
园地灌溉面积(千公顷)	46.43	51.4	33	44.66	45.3	46.39	50.15
#节水灌溉面积(千公顷)	949.61	1536.64	1174.31	1295.84	1476.53	1672.16	1806.60
节水灌溉面积占灌溉面积比重(%)	19.8	29.7	23.4	25.5	28.3	31.4	33.7
农业灌溉供水量(万立方米)	1355863	1162144	1382641	1426240	1174899	1106313	1111394

2-18 各市气候情况(2016年)

城 市	年平均气 温(摄氏度)	年极端最高气温(摄氏度)	年极端最低气温(摄氏度)	年平均相对湿度(%)	全年日照时 数(小时)	全 年降水量(毫米)
省辖市						
郑 州	16.4	38.3	-9.3	63.0	1915.8	833.0
开 封	16.0	37.3	-11.5	63.0	1863.4	655.6
安 阳	15.1	38.2	-13.0	60.0	1736.6	917.1
新 乡	15.9	37.2	-13.1	60.0	2039.5	994.3
焦 作	16.8	39.2	-9.9	57.0	2224.6	682.9
濮 阳	14.7	37.6	-16.9	68.0	2241.5	539.5
许 昌	14.8	37.4	-13.2	74.0	1739.1	795.0
漯 河	15.7	37.9	-10.9	73.0	2000.4	684.2
三门峡	14.9	39.6	-11.9	61.0	2076.9	590.2
南 阳	16.0	37.8	-13.5	69.0	1851.3	782.9
商 丘	14.7	37.4	-16.0	73.0	1708.9	785.7
信 阳	16.6	38.6	-7.2	72.0	1578.9	1317.8
周 口	16.7	38.4	-9.3	67.0	1671.0	799.2
驻马店	15.6	38.0	-11.7	75.0	1551.4	970.7
济 源	15.6	37.3	-10.5	64.0	2041.6	684.7
省直管县						
巩 义	15.7	37.6	-10.7	63.0	1788.5	619.8
兰 考	15.5	37.9	-13.4	66.0	1838.6	657.6
汝 州	16.0	38.5	-9.2	64.0	1882.7	666.6
滑 县	15.1	38.2	-15.0	67.0	2070.3	728.2
长 垣	15.7	38.2	-12.4	64.0	2014.9	558.1
邓 州	16.8	38.5	-8.8	73.0	1765.6	689.0
永 城	16.2	38.0	-12.2	73.0	1634.4	860.9
固 始	16.6	38.6	-9.1	75.0	1953.2	1154.5
鹿 邑	15.6	37.4	-11.9	73.0	1951.1	819.4
新 蔡	16.0	37.5	-10.2	75.0	1703.5	1132.9

注：因撤站，故无洛阳、平顶山、鹤壁三市资料。

2-19　各月份气候情况(2016年)

单位：气温：摄氏度；降水量：毫米；日照：小时

站名	项目	1月	2月	3月	4月	5月	6月	7月	8月	9月	10月	11月	12月	全年
郑州市	平均气温	0.5	5.5	12.2	18.6	22.1	27.0	28.9	27.6	24.4	16.6	8.6	5.2	16.4
	最高气温	18.8	20.5	25.7	33.4	33.8	37.5	38.3	36.0	36.1	31.5	26.3	20.7	38.3
	最低气温	-9.3	-9.2	0.5	8.4	10.6	18.4	20.3	18.1	13.4	5.7	-6.2	-4.4	-9.3
	相对湿度	52.0	40.0	44.0	59.0	55.0	61.0	77.0	77.0	61.0	76.0	79.0	70.0	63.0
	降水量	4.0	21.8	0.3	42.4	57.2	125.1	243.7	95.0	62.9	116.8	39.0	24.8	833.0
	日照时数	102.1	191.8	156.8	168.9	204.2	227.9	189.4	151.0	164.1	107.5	133.2	118.9	1915.8
开封市	平均气温	-0.1	5.4	11.9	18.0	21.3	26.4	28.2	27.1	24.1	16.0	8.5	4.8	16.0
	最高气温	16.2	19.6	23.4	30.6	32.0	37.3	36.6	36.5	35.6	30.0	25.0	19.8	37.3
	最低气温	-11.5	-7.3	0.4	9.6	11.9	17.8	19.0	19.0	11.2	6.4	-4.7	-3.7	-11.5
	相对湿度	56.0	42.0	47.0	64.0	56.0	63.0	75.0	75.0	61.0	75.0	74.0	68	63.0
	降水量	2.1	17.8	0.2	39.0	47.3	65.2	226.9	69.3	48.6	89.0	20.9	29.3	655.6
	日照时数	94.8	190.6	192.9	177.7	189.2	223.9	153.9	140.6	180.2	95.5	104.3	119.8	1863.4
安阳市	平均气温	-1.3	4.2	11.1	18.1	21.0	26.0	26.7	25.8	23.1	15.5	7.7	3.7	15.1
	最高气温	14.5	20.5	27.4	35.2	34.2	38.2	36.2	35.0	35.2	34.1	23.4	18.5	38.2
	最低气温	-13.0	-7.0	-2.0	8.1	10.4	17.1	18.9	17.2	10.3	4.7	-4.3	-5.7	-13.0
	相对湿度	53.0	39.0	39.0	51.0	52.0	59.0	78.0	78.0	61.0	73.0	70.0	68.0	60.0
	降水量	1.2	21.7	0.7	10.4	28.2	84.8	536.4	118.3	6.3	82.0	14.9	12.2	917.1
	日照时数	84.9	167.3	163.5	194.5	200.3	195.4	120.7	143.0	155.4	112.7	115.4	83.5	1736.6
新乡市	平均气温	-0.4	4.7	11.6	18.3	21.4	26.5	28.3	27.4	23.8	16.3	8.3	4.3	15.9
	最高气温	16.2	19.4	25.0	33.4	33.0	37.2	37.0	36.1	35.3	32.4	23.9	18.2	37.2
	最低气温	-13.1	-7.6	-2.5	8.4	10.5	18.1	19.9	18.2	12.1	6.3	-4.4	-4.2	-13.1
	相对湿度	51.0	41.0	42.0	52.0	51.0	55.0	76.0	74.0	64.0	74.0	73.0	70.0	60.0
	降水量	0.7	25.0	1.5	27.1	28.7	136.7	552.3	95.9	32.0	66.4	13.1	14.9	994.3
	日照时数	87.8	192.2	188.2	210.0	216.8	231.2	188.2	185.0	184.1	115.6	123.2	117.2	2039.5
焦作市	平均气温	0.7	6.2	12.4	19.2	22.5	27.3	28.9	28.2	25.0	17.0	8.9	5.6	16.8
	最高气温	16.8	20.0	26.1	34.3	33.4	39.2	38.0	36.8	36.1	33.1	26.0	18.3	39.2
	最低气温	-9.9	-7.9	1.2	10.3	13.7	18.7	20.7	19.8	12.5	6.5	-5.9	-2.8	-9.9
	相对湿度	51.0	35.0	39.0	52.0	49.0	57.0	71.0	70.0	58.0	71.0	72.0	64.0	57.0
	降水量	1.6	14.6	1.1	14.9	33.4	164.0	211.0	100.2	22.3	73.9	32.1	13.8	682.9
	日照时数	113.5	206.5	208.3	210.9	229.6	243.4	215.4	213.0	195.4	123.3	133.5	131.8	2224.6

注：因撤站，故无洛阳、平顶山、鹤壁三市资料。

2-19 续表 1

单位：气温：摄氏度；降水量：毫米；日照：小时

站名	项目	1月	2月	3月	4月	5月	6月	7月	8月	9月	10月	11月	12月	全年
濮阳市	平均气温	-1.9	3.2	10.2	17.1	20.1	25.7	27.5	26.4	22.7	15.5	7.2	3.0	14.7
	最高气温	14.5	18.8	24.1	31.0	32.7	37.6	36.0	35.2	35.2	31.3	22.2	17.4	37.6
	最低气温	-16.9	-10.8	-4.7	7.8	7.9	16.3	18.8	14.3	12.1	5.9	-6.7	-6.0	-16.9
	相对湿度	61.0	49.0	51.0	66	64.0	65.0	80.0	79.0	69.0	78.0	77.0	77.0	68.0
	降水量	0.9	22.0	0.0	16.2	43.3	94.4	182.0	59.6	21.7	65.8	16.7	16.9	539.5
	日照时数	101.4	209.8	227.3	208.8	241.0	263.6	211.5	216.9	196.3	105.3	127.6	132.0	2241.5
许昌市	平均气温	-0.6	4.0	10.0	16.5	19.9	25.2	27.2	26.1	22.2	15.4	7.8	3.9	14.8
	最高气温	14.5	20.4	23.6	30.2	32.4	37.4	36.1	34.9	35.2	30.9	22.6	18.3	37.4
	最低气温	-13.2	-10.9	-3.4	7.4	7.3	15.8	18.8	14.5	10.3	5.1	-10.3	-5.6	-13.2
	相对湿度	64.0	51.0	60.0	78.0	68.0	73.0	84.0	87.0	76.0	85.0	85.0	79.0	74.0
	降水量	3.4	14.2	4.0	34.9	66.5	149.3	178.0	116.4	45.7	123.3	32.7	26.6	795.0
	日照时数	111.4	177.2	148.6	158.6	186.9	179.3	180.6	178.7	172.3	55.0	87.3	103.2	1739.1
漯河市	平均气温	0.4	5.1	11.3	17.6	20.8	25.8	27.9	27.1	23.4	15.8	8.6	4.9	15.7
	最高气温	15.9	20.4	24.1	31.4	31.8	37.7	37.2	37.9	36.2	31.4	24.1	18.4	37.9
	最低气温	-10.9	-9.1	-0.4	7.9	9.9	17.0	19.3	15.0	11.2	6.3	-5.0	-4.8	-10.9
	相对湿度	68.0	52.0	60.0	75.0	66.0	71.0	81.0	82.0	69.0	86.0	83.0	77.0	73.0
	降水量	5.0	22.5	26.4	39.5	71.5	59.7	133.5	62.7	68.5	128.8	34.4	31.7	684.2
	日照时数	112.7	198.2	183.3	185.9	201.5	208.8	212.8	186.5	198.8	76.1	108.3	127.5	2000.4
三门峡市	平均气温	-0.7	3.8	10.6	17.4	19.9	25.5	27.0	26.9	21.9	15.0	7.3	3.7	14.9
	最高气温	11.6	20.1	27.9	33.1	32.9	39.6	37.7	36.9	34.1	33.0	19.9	14.8	39.6
	最低气温	-11.9	-8.6	-3.6	6.9	8.4	16.1	20.0	16.2	12.9	4.1	-6.7	-4.3	-11.9
	相对湿度	50.0	37.0	42.0	57.0	55.0	63.0	72.0	70.0	68.0	74.0	72.0	66.0	61.0
	降水量	0.2	8.6	3.2	50.9	62.5	95.3	114.9	55.2	63.9	83.1	37.9	14.5	590.2
	日照时数	138.9	202.7	190.3	203.9	185.4	194.4	202.6	231.7	149.4	98.9	132.4	146.3	2076.9
南阳市	平均气温	0.9	6.1	11.2	17.9	20.8	25.2	27.5	27.6	24.2	16.1	9.0	5.7	16.0
	最高气温	13.0	22.1	22.8	30.6	31.9	36.8	36.4	37.8	37.3	31.3	20.2	18.2	37.8
	最低气温	-13.5	-7.2	-0.2	9.9	9.0	15.7	20.7	17.2	12.7	6.0	-4.1	-2.9	-13.5
	相对湿度	66.0	49.0	58.0	72.0	61.0	70.0	79.0	74.0	61.0	79.0	81.0	74.0	69.0
	降水量	1.2	18.2	33.2	56.3	68.4	53.6	250.8	51.5	79.1	132.4	24.7	13.5	782.9
	日照时数	86.3	167.1	146.4	167.2	166.4	210.5	212.7	243.0	179.9	74.5	87.5	109.8	1851.3

2-19 续表 2

单位：气温：摄氏度；降水量：毫米； 日照：小时

站名	项 目	1月	2月	3月	4月	5月	6月	7月	8月	9月	10月	11月	12月	全年
商丘市	平均气温	-1.3	3.1	10.2	16.6	19.7	25.1	27.4	26.2	22.1	15.5	7.6	3.7	14.7
	最高气温	14.5	18.6	23.0	29.0	31.5	37.4	35.9	35.5	34.9	29.8	22.8	17.7	37.4
	最低气温	-16.0	-11.2	-3.3	4.6	8.2	12.6	18.4	12.4	9.8	4.8	-12.3	-6.3	-16.0
	相对湿度	68.0	54.0	57.0	74	67.0	70.0	80.0	83.0	76.0	83.0	81.0	78.0	73.0
	降水量	5.1	10.9	6.5	22.1	48.5	72.0	219.3	103.8	80.8	154.0	26.5	36.2	785.7
	日照时数	84.7	182.5	186.8	151.8	190.6	169.3	165.9	141.0	173.5	49.5	106.6	106.7	1708.9
信阳市	平均气温	2.1	7.2	12.2	18.6	20.7	24.8	28.3	27.9	24.4	16.0	9.8	6.9	16.6
	最高气温	16.8	21.4	23.5	29.9	31.3	35.3	37.3	38.6	35.6	30.5	24.6	20.1	38.6
	最低气温	-7.2	-6.7	2.2	10.7	12.4	16.5	21.2	18.0	14.0	7.1	-4.7	-2.1	-7.2
	相对湿度	73.0	54.0	60.0	71.0	69.0	75.0	78.0	77.0	66.0	85.0	80.0	72.0	72.0
	降水量	27.2	28.8	48.0	121.4	151.4	247.2	301.1	43.9	38.0	231.3	48.0	31.5	1317.8
	日照时数	81.1	138.8	138.3	151.6	138.6	160.6	196.1	157.9	162.4	48.6	96.3	108.6	1578.9
周口市	平均气温	1.1	6.3	12.5	18.7	21.5	26.4	28.8	28.3	25.0	16.6	9.4	6.2	16.7
	最高气温	15.8	21.4	24.6	31.6	32.2	37.9	38.4	38.0	36.4	30.6	23.5	18.6	38.4
	最低气温	-9.3	-6.2	1.4	9.6	12.2	17.1	20.3	18.5	12.3	7.4	-4.2	-2.0	-9.3
	相对湿度	65.0	47.0	53.0	70.0	62.0	68.0	76.0	75.0	60.0	81.0	78.0	71.0	67.0
	降水量	3.9	5.7	22.5	38.8	99.5	91.7	82.3	172.3	61.7	159.9	23.4	37.5	799.2
	日照时数	96.6	172.2	154.3	126.4	177.1	177.5	178.6	160.3	176.4	44.3	96.8	110.5	1671.0
驻马店市	平均气温	0.6	5.2	10.8	17.2	20.4	25.1	27.3	26.7	22.9	15.8	9.3	5.6	15.6
	最高气温	16.2	20.3	24.9	32.0	31.1	36.2	37.1	38.0	35.7	30.3	23.9	19.8	38.0
	最低气温	-11.7	-10.5	-1.3	6.4	9.1	13.7	18.5	14.0	11.8	5.6	-4.4	-2.2	-11.7
	相对湿度	73.0	56.0	66.0	78.0	68.0	75.0	85.0	85.0	69.0	86.0	81.0	77.0	75.0
	降水量	12.2	26.6	44.3	65.5	107.5	117.9	166.1	77.8	96.9	177.8	40.2	37.9	970.7
	日照时数	88.8	166.8	134.0	144.6	150.4	167.0	166.0	152.4	162.7	35.2	91.4	92.1	1551.4
济源市	平均气温	-0.1	4.9	11.0	17.9	21.0	26.4	27.9	26.7	23.1	16.2	8.4	4.3	15.6
	最高气温	18.2	21.6	26.9	33.8	32.4	37.3	36.3	35.5	36.9	32.2	25.7	19.9	37.3
	最低气温	-10.5	-9.1	-3.1	8.2	8.5	16.4	21.1	16.3	10.8	4.7	-3.9	-5.1	-10.5
	相对湿度	56.0	40.0	48.0	61.0	56.0	63.0	76.0	79.0	71.0	75.0	77.0	71.0	64.0
	降水量	0.6	11.4	4.8	39.8	40.6	124.4	164.3	80.1	78.6	102.8	25.2	12.1	684.7
	日照时数	114.1	206.8	184.6	199.2	208.7	235.3	174.8	171.4	178.8	114.6	128.9	124.4	2041.6

2-20 104个粮食大县

地 区	乡村户数(万户)	乡村人口(万人)	全年粮食		夏收粮食		秋收粮食	
			播种面积(千公顷)	总产量(万吨)	播种面积(千公顷)	总产量(万吨)	播种面积(千公顷)	总产量(万吨)
郑州市								
中牟县	10.43	42.59	31.30	18.40	12.56	7.21	18.74	11.19
荥阳市	13.30	49.10	59.60	33.00	31.19	17.59	28.41	15.41
新密市	15.89	60.94	56.20	21.10	27.65	11.39	28.55	9.71
新郑市	10.91	41.72	50.50	26.80	25.35	13.74	25.15	13.06
开封市								
杞县	27.17	101.79	113.70	66.20	65.37	41.22	48.33	24.98
通许县	13.13	54.90	62.30	37.30	38.69	24.82	23.61	12.48
尉氏县	19.09	84.56	101.80	58.90	63.07	39.22	38.73	19.68
祥符区	18.15	72.50	101.90	58.20	63.41	39.67	38.49	18.53
洛阳市								
孟津县	10.92	39.76	54.50	24.50	28.50	13.72	26.00	10.78
新安县	11.60	44.18	48.30	20.50	23.26	9.53	25.04	10.97
嵩县	13.13	49.53	51.80	20.80	19.86	8.04	31.94	12.76
宜阳县	14.65	59.78	88.70	37.10	42.10	18.25	46.60	18.85
洛宁县	10.52	42.14	63.60	25.60	30.27	13.21	33.33	12.39
伊川县	17.10	70.98	79.50	36.90	38.48	17.92	41.02	18.98
偃师市	14.18	53.43	43.80	25.00	22.82	12.40	20.98	12.60
平顶山市								
宝丰县	11.75	43.46	48.80	23.70	25.76	14.03	23.04	9.67
叶县	20.34	76.49	112.10	60.60	56.78	31.60	55.33	29.00
鲁山县	19.21	76.88	58.90	20.90	29.94	10.92	28.96	9.98
郏县	14.08	53.45	58.40	31.60	30.21	17.01	28.19	14.59
安阳市								
安阳县	22.78	82.08	107.50	64.80	49.99	31.46	57.51	33.34
汤阴县	10.45	39.65	70.50	44.00	36.81	24.05	33.69	19.95
内黄县	17.85	69.20	89.30	52.20	60.08	36.59	29.22	15.61
林州市	25.87	89.02	81.20	36.00	35.13	13.58	46.07	22.42
鹤壁市								
浚县	15.98	66.40	100.50	73.70	53.71	40.66	46.79	33.04
淇县	6.05	25.16	42.10	29.70	20.53	15.00	21.57	14.70
新乡市								
新乡县	7.64	34.52	37.10	26.60	19.43	14.82	17.67	11.78
获嘉县	9.61	41.54	49.70	32.80	22.30	15.66	27.40	17.14
原阳县	14.72	61.37	119.40	73.20	65.40	41.96	54.00	31.24
延津县	10.47	43.53	73.80	46.00	48.71	33.35	25.09	12.65
封丘县	16.38	66.18	99.00	65.30	56.23	42.76	42.77	22.54
卫辉市	10.71	41.61	56.94	35.60	29.36	19.87	27.58	15.73
辉县市	19.08	73.16	92.24	56.13	46.48	29.74	45.76	26.40
焦作市								
修武县	5.51	21.94	30.20	21.00	15.13	10.74	15.08	10.26

粮食生产情况(2016年)

主要粮食品种播种面积(千公顷)				主要粮食品种总产量(万吨)			
稻谷	小麦	玉米	大豆	稻谷	小麦	玉米	大豆
	12.60	16.20	1.20		7.20	9.60	0.30
	31.20	26.10	0.50		17.60	14.40	0.10
	27.70	24.40	1.70		11.40	8.20	0.30
	25.30	23.00	0.80		13.70	12.00	0.20
	65.40	39.00	4.40		41.20	20.90	1.30
	38.70	20.50	1.40		24.80	10.90	0.50
	63.10	31.10	3.20		39.20	16.50	1.00
4.20	63.40	27.10	2.00	2.80	39.70	14.00	0.50
1.00	28.50	21.50	0.40	0.80	13.70	8.40	
	22.50	20.20	1.70		10.00	8.30	0.20
	23.30	19.80	2.80		9.50	8.70	0.40
0.30	42.10	30.00	3.40	0.10	18.30	12.90	0.50
	30.30	17.00	8.80		13.20	7.80	1.30
0.60	38.50	24.50	2.10	0.40	17.90	12.30	0.10
	22.80	19.60	0.30		12.40	12.00	0.10
	25.80	22.50	0.20		14.00	9.50	
	56.80	49.30	4.30		31.60	25.10	2.30
0.60	29.80	25.10	0.60	0.40	10.90	8.50	0.10
	30.20	17.60	3.90		17.00	10.50	1.00
	50.00	55.50	0.40		31.50	32.00	0.10
	36.80	32.00	0.70		24.00	19.20	0.30
	60.10	28.10	0.20		36.60	14.90	0.10
0.10	35.10	34.50	2.80	0.10	13.60	17.80	0.70
	53.70	45.10	1.20		40.70	32.40	0.40
	20.50	21.10			15.00	14.20	
	19.40	15.20	2.30		14.80	10.60	0.70
4.30	22.30	20.50	2.50	3.10	15.70	13.40	0.70
11.70	65.40	39.40	2.20	9.50	42.00	18.00	0.70
	48.70	23.30	0.30		33.30	11.90	0.10
0.10	56.20	39.00	1.10		42.80	17.90	0.20
	29.36	26.74	0.36		19.87	14.87	0.11
	46.48	43.99	0.12		29.74	25.88	0.04
	15.10	14.50	0.50		10.70	10.10	0.10

2-20 续表 1

地　区	乡村户数（万户）	乡村人口（万人）	全年粮食		夏收粮食		秋收粮食	
			播种面积（千公顷）	总产量（万吨）	播种面积（千公顷）	总产量（万吨）	播种面积（千公顷）	总产量（万吨）
博爱县	8.44	32.77	27.30	20.00	13.38	10.65	13.92	9.35
武陟县	14.58	62.33	68.00	52.20	35.82	28.72	32.19	23.48
温　县	10.64	40.67	39.60	30.70	21.83	17.71	17.78	12.99
沁阳市	9.56	39.87	46.20	33.70	22.60	17.66	23.60	16.04
孟州市	8.61	32.85	38.90	29.20	22.11	16.93	16.79	12.27
濮阳市								
清丰县	15.85	63.31	140.40	92.90	77.30	54.58	63.10	38.32
南乐县	11.10	38.83	76.00	55.50	47.11	35.84	28.89	19.66
范　县	11.65	44.00	61.60	45.30	33.13	25.77	28.47	19.53
濮阳县	23.48	92.91	54.20	34.30	26.42	17.27	27.78	17.03
许昌市								
许昌县	18.45	71.51	102.60	66.60	51.69	38.57	50.91	28.03
鄢陵县	12.10	39.78	76.40	53.90	41.17	31.12	35.23	22.78
襄城县	16.50	59.97	87.30	55.30	41.87	31.29	45.43	24.01
禹州市	22.32	85.83	96.10	53.60	44.59	27.56	51.51	26.04
长葛市	14.45	52.38	78.20	54.00	37.70	28.48	40.50	25.52
漯河市								
郾城区	8.36	34.15	42.90	28.00	23.35	17.11	19.55	10.89
召陵区	9.29	38.02	43.10	28.30	24.12	17.25	18.98	11.05
舞阳县	14.23	54.25	83.60	53.60	40.90	28.93	42.70	24.67
临颍县	17.00	67.05	74.90	51.10	40.73	30.95	34.17	20.15
三门峡市								
灵宝市	15.68	62.49	56.40	22.30	26.31	10.98	30.09	11.32
南阳市								
宛城区	10.99	45.45	71.50	42.30	41.99	27.36	29.51	14.94
卧龙区	15.45	60.45	65.20	31.20	35.15	16.75	30.05	14.45
方城县	25.86	97.97	126.50	61.50	66.19	34.83	60.31	26.67
镇平县	23.26	89.40	98.00	50.30	51.70	27.38	46.30	22.92
内乡县	15.83	56.18	65.10	31.80	29.51	15.33	35.59	16.47
淅川县	14.62	56.71	63.80	25.00	35.33	13.40	28.47	11.60
社旗县	15.66	63.71	91.90	52.50	52.98	32.01	38.92	20.49
唐河县	29.87	119.51	227.70	128.00	134.67	87.74	93.03	40.26
新野县	17.06	70.63	78.70	50.10	50.95	36.25	27.75	13.85
桐柏县	9.60	36.14	44.90	23.90	20.35	8.85	24.55	15.05
商丘市								
梁园区	8.98	38.18	56.80	37.00	40.03	29.05	16.77	7.95
睢阳区	17.29	67.47	77.40	51.60	48.27	34.75	29.13	16.85
民权县	19.43	75.97	98.30	66.20	68.33	49.20	29.97	17.00
睢　县	21.51	77.30	97.20	63.80	58.40	42.05	38.80	21.75
宁陵县	15.56	60.99	68.80	45.90	43.40	31.38	25.40	14.52
柘城县	20.66	76.45	109.00	74.10	63.77	47.06	45.23	27.04
虞城县	24.99	94.47	129.10	85.70	73.07	53.48	56.03	32.22
夏邑县	29.81	109.13	155.90	104.00	80.33	59.05	75.57	44.96

主要粮食品种播种面积(千公顷)				主要粮食品种总产量(万吨)			
稻谷	小麦	玉米	大豆	稻谷	小麦	玉米	大豆
	13.40	13.20	0.40		10.60	9.00	0.10
4.90	35.80	25.40	1.30	3.90	28.70	18.60	0.40
	21.80	17.10	0.10		17.70	12.60	
	22.60	22.00	1.10		17.70	15.30	0.30
	22.10	16.50	0.10		16.90	12.20	
19.00	77.30	37.80	4.40	12.80	54.60	22.30	1.30
	47.10	27.80	0.40		35.80	18.90	0.20
	33.10	27.30	0.30		25.80	18.60	0.10
15.80	26.40	10.30	1.40	11.10	17.30	5.30	0.40
	51.70	32.30	16.00		38.60	23.40	3.20
	41.20	34.80	0.30		31.20	22.50	0.10
	41.90	26.10	3.50		31.30	15.20	0.90
	44.60	40.90	1.60		27.60	21.40	0.30
	37.70	38.10	1.90		28.30	24.70	0.60
	23.40	13.70	5.70		17.10	9.50	1.30
	24.10	15.40	3.20		17.20	10.40	0.50
	40.90	38.60	1.70		28.90	23.20	0.40
	40.70	22.30	7.30		31.00	16.20	1.50
	26.30	22.00	4.60		11.00	9.30	0.80
0.90	41.80	22.30	3.50	0.70	27.30	12.50	0.90
1.10	35.00	22.60	1.90	0.70	16.70	10.90	0.50
0.10	66.00	41.50	10.90		34.80	21.30	1.90
0.50	51.20	42.60	0.70	0.30	27.20	21.40	0.20
0.80	29.50	28.90	0.20	0.50	15.30	12.60	
2.60	34.30	18.20	0.10	2.40	13.10	6.90	
	52.90	23.30	9.40		32.00	14.30	2.30
5.10	134.10	68.20	7.20	3.60	87.50	27.20	1.00
	51.00	23.30	2.10		36.20	12.20	0.60
16.60	20.30	2.30	3.50	13.00	8.80	1.00	0.40
	29.40	27.30	0.20		21.20	15.50	0.10
	48.30	23.00	3.90		34.80	14.90	1.00
0.40	68.30	25.00	1.60	0.30	49.20	14.30	1.10
	58.40	32.30	3.80		42.00	19.80	0.70
	43.40	21.60	1.60		31.40	13.20	0.50
	63.70	43.40	1.20		47.00	26.20	0.40
	73.10	52.50	2.10		53.50	31.00	0.60
	80.20	65.00	6.20		59.00	41.80	1.80

2-20 续表 2

地 区	乡村户数(万户)	乡村人口(万人)	全年粮食		夏收粮食		秋收粮食	
			播种面积(千公顷)	总产量(万吨)	播种面积(千公顷)	总产量(万吨)	播种面积(千公顷)	总产量(万吨)
信阳市								
平桥区	17.86	66.93	74.70	50.30	31.80	14.06	42.90	36.24
罗山县	17.49	67.59	97.20	71.30	27.80	11.66	69.40	59.64
光山县	16.73	71.52	73.50	56.90	18.03	7.62	55.48	49.28
商城县	16.95	67.06	44.80	32.10	10.69	4.44	34.11	27.66
潢川县	17.39	69.82	99.60	68.80	37.00	15.87	62.60	52.93
淮滨县	15.59	63.76	100.70	57.90	53.98	27.49	46.72	30.41
息 县	27.36	98.16	162.20	96.30	91.05	48.31	71.15	47.99
周口市								
扶沟县	16.31	66.23	91.70	59.60	59.78	44.61	31.92	14.99
西华县	20.37	86.61	119.40	74.20	67.92	50.86	51.48	23.34
商水县	26.44	106.50	152.30	101.10	73.79	54.97	78.51	46.13
沈丘县	26.49	114.32	134.70	88.20	67.60	50.40	67.10	37.80
郸城县	26.50	112.02	151.90	98.60	82.01	60.89	69.89	37.71
淮阳县	29.65	123.83	145.80	98.60	73.21	54.32	72.59	44.28
太康县	31.59	134.00	174.00	112.10	100.70	74.92	73.30	37.18
项城市	20.83	89.18	125.60	80.50	69.68	51.38	55.92	29.12
驻马店市								
驿城区	11.50	43.51	86.90	47.10	45.80	27.24	41.10	19.86
西平县	19.61	78.96	140.90	93.90	70.68	51.23	70.22	42.67
上蔡县	30.19	120.75	169.60	104.80	91.56	65.02	78.04	39.78
平舆县	19.53	79.82	124.90	77.90	72.29	50.90	52.61	27.00
正阳县	18.03	65.35	149.90	85.70	110.40	65.39	39.50	20.31
确山县	11.69	43.12	95.40	54.00	51.17	31.88	44.23	22.12
泌阳县	16.56	68.29	117.50	63.20	65.72	37.46	51.78	25.74
汝南县	18.50	73.29	121.50	75.80	75.03	51.95	46.47	23.85
遂平县	11.99	47.85	99.00	59.90	49.14	34.27	49.86	25.63
济源市	**12.46**	**48.69**	**42.80**	**22.40**	**20.87**	**11.57**	**21.94**	**10.83**
省直管县								
兰考县	16.95	68.20	94.20	52.50	57.72	33.82	36.48	18.68
汝州市	23.27	94.24	96.90	47.00	46.91	24.63	49.99	22.37
滑 县	33.09	109.55	190.50	144.60	118.36	89.24	72.14	55.36
长垣县	14.73	61.22	97.60	65.40	54.49	40.57	43.11	24.83
邓州市	37.09	159.45	213.30	117.20	134.68	79.13	78.62	38.07
永城市	34.71	126.14	205.80	132.00	108.08	79.74	97.72	52.26
固始县	40.32	148.65	157.50	116.70	41.38	18.62	116.12	98.08
鹿邑县	27.60	107.94	134.30	90.50	70.38	53.20	63.92	37.30
新蔡县	22.89	97.11	141.40	83.30	83.54	54.12	57.86	29.18

主要粮食品种播种面积(千公顷)				主要粮食品种总产量(万吨)			
稻谷	小麦	玉米	大豆	稻谷	小麦	玉米	大豆
34.40	31.60	4.20	1.90	32.10	14.00	2.50	0.20
65.60	27.60	0.10	2.00	58.50	11.60	0.10	0.20
52.20	18.00		2.00	48.30	7.60		0.20
31.50	10.70	0.10	1.80	27.00	4.40		0.10
61.40	36.90	0.10	0.60	52.60	15.80	0.10	
34.00	53.80	5.30	2.70	24.10	27.40	3.30	0.20
48.10	90.90	17.70	2.40	34.40	48.30	11.70	0.20
0.20	59.80	21.80	9.60	0.20	44.90	11.80	2.60
	67.90	40.40	9.90		50.90	20.80	1.80
	73.80	58.10	15.70		55.00	38.50	5.20
	67.60	55.80	6.70		50.40	32.80	2.40
	82.00	46.50	8.60		62.50	27.90	2.10
	76.10	57.80	6.30		59.90	34.00	1.30
	100.70	61.50	8.70		74.90	33.60	2.30
	69.70	35.50	17.30		51.40	23.80	3.40
0.50	45.60	37.90	1.00	0.20	27.20	18.50	0.20
	70.70	69.90	0.20		51.20	42.50	0.10
	91.60	69.00	8.10		65.00	35.90	2.30
	72.30	42.50	7.10		50.90	23.80	1.70
15.60	108.40	20.50	2.10	9.50	65.00	9.40	0.50
5.20	51.20	36.50	0.20	3.30	31.90	17.20	0.10
3.30	65.70	41.70	1.50	1.70	37.40	20.60	0.30
1.60	74.20	40.00	2.90	1.10	51.40	20.60	1.00
	48.80	46.70	1.10		34.10	24.00	0.30
	20.90	**19.70**	**1.40**		**11.60**	**10.00**	**0.30**
0.30	57.70	32.40	1.60	0.20	33.80	16.50	0.50
	46.90	44.70	0.90		24.60	20.30	0.20
0.20	118.30	70.70	0.30	0.20	89.20	54.20	0.10
1.90	54.40	37.20	3.00	1.90	40.50	21.30	0.80
0.50	133.80	61.10	10.90	0.30	78.80	32.40	2.70
	108.10	63.50	32.10		79.70	42.90	7.70
111.20	41.40	3.00	0.70	94.50	18.60	2.20	0.30
	70.40	47.80	13.90		53.20	30.30	3.80
4.00	83.50	48.70	1.50	2.10	54.10	25.20	0.30

主要统计指标解释

乡（镇）政府 是指我国农村体制改革后设立的基层政府组织。根据宪法规定,它除执行本级人民代表大会的决议和上级国家行政机关的决定和命令外,还负责管理本行政区域内的行政工作。

村民委员会 根据宪法规定农村按居住地区设立的基层群众性的自治组织叫村民委员会。它主要负责办理本居住地区的公共事务和公益事业,调解民间纠纷,协助维护社会治安,并向人民政府反映群众的意见、要求和建议。村民委员会的下设组织叫村民小组。

乡村户数 是指户口在农村的常住户数,包括全部从事农林牧渔业生产并从中直接获取实物、现金收入和从承包的生产任务中获取实物、现金收入的农业家庭户数。还包括从事乡村工业、建筑、交通运输、贸易业、饮食、服务业生产和从事乡村文教卫生事业等非农产业的农业户。

乡村人口 是指乡村户数中的常住人口。包括常住人口中外出的民工、工厂的合同工及户口在家的在外学生。但不包括户口在家领取工资的国家职工。

乡村从业人员 指乡村人口中16岁以上实际参加生产经营活动并取得实物或货币收入的人员，既包括劳动年龄内经常参加劳动的人员，也包括超过劳动年龄但经常参加劳动的人员。但不包括户口在家的在外学生、现役军人和丧生劳动能力的人，也不包括待业人员和家务劳动者。从业人员年龄为16岁以上。从业人员按从事主业的时间最长（时间相同按收入）分为农业从业人员、工业从业人员、建筑业从业人员、交通仓储及邮电通讯业从业人员、批零贸易及餐饮业从业人员、其它从业人员。

农林牧渔业劳动力 指直接参加农林牧渔生产劳动的劳动力和直接从事采集、捕猎、农户家庭兼营（即以农业为主，利用农闲时间进行的）工业生产劳动的劳动力。

农作物总播种面积 是指全年各季各种农作物播种面积的总和。现行农业统计报表制度规定全年农作物总播种面积是指应该在本日历年度内收获农产品的作物的播种面积之和。其计算公式为：

本年农作物总播种面积＝上年秋冬播种作物面积＋本年春播作物面积＋本年夏播作物面积

或：本年农作物总播种面积＝本年夏收作物播种面积＋本年秋收作物播种面积

复种指数 指年内耕地上农作物总播种面积与耕地面积之比。它说明耕地在一年内平均种植的次数反映复种程度的高低。计算公式为：

复种指数=农作物总播种面积/耕地面积×100%

粮食产量 指全社会的产量。包括全民所有制经营的、集体统一经营的和农民家庭经营的粮食产量。粮食除包括稻谷、小麦、玉米、高粱、谷子及其它杂粮外还包括薯类和大豆。其产量的计算方法：豆类按去豆荚后的干豆计算;薯类按五公斤鲜薯折粮一公斤计算。其他粮食一律按脱粒后的原粮计算。

油料产量 指全部油料作物的生产量。包括花生、油菜籽、芝麻、向日葵籽、胡麻籽（亚麻籽）和其它油料。不包括大豆也不包括木本油料和野生油料。花生以带壳干花生计算。

有林地面积 指生长着乔木和竹林，郁闭度在0.3以上（不含0.3）的林地面积，即有林地面积。它是反映森林资源总面积的重要指标。有林地面积包括天然林面积和人工林面积。但不包括灌木林面积和疏林面积。

造林面积 是指报告期内在荒山、荒地、沙丘等一切可以造林的土地上采用人工播种、植苗、飞机播种等方法新植的成片乔木林和灌木林经过检查验收符合《森林法实施细则》第十五条规定成活率达85%（含85%）以上的面积。四旁植树如一侧在四行以上连续面积一亩以上应统计在造林面积内。

在造林面积中不包括补植面积、治沙种草面积、经济林垦复面积、迹地更新面积和低产林改造面积。

造林成活率 指同一片造林面积上已成活的树木株数与种植的树木株数之比。其计算公式如下：

造林成活率(%)=成活的树木株数/种植的树木株数×100%

育苗面积　指培育苗木所实际占用的苗圃面积。包括临时性的灌溉排水设施和苗床间步道等。不包括苗圃休闲地固定性或永久性的灌溉排水设施和道路、建筑物等面积。育苗面积包括本年新育面积、留床面积和移植面积三部分。育苗面积按实际占用的土地面积计算。

封山育林面积　是指对水土流失严重的荒山秃岭、河流两岸和近年内不准备进行人工造林的荒山荒地封禁以免人畜破坏使杂草、幼树得以繁殖兹长改善地面复被状况以减免水土的流失和为造林创造条件以及将采伐迹地、火烧迹地加以封禁使其残留的母树林能天然下种繁殖幼树残留的竹木根株能自然发芽蔓延生长的面积。包括当年新封及历年封禁至本年末尚未开放的面积不包括为保护新造幼林的生长而临时封禁的面积。

四旁（零星）植树　是指在村旁、路旁、宅旁、水旁等地零星栽植的林木和竹木株数。同时包括农田林网、农桐间作、农枣间作栽植的林木株数。不包括农田零星栽植的水果树、茶树、桑树和灌木丛。

林产品产量　指从人工栽培的竹木林上不经砍伐竹、木的根本而取得的各种林产品数量。包括生漆、棕片、五倍子、松脂、笋干、油桐籽、乌桕子、核桃、板栗等各种林木籽实以及修剪竹木所得的枝叶（荆条、柳条、蒲葵叶）等等林产品产量中包括林木种子采集量。但不包括竹木采伐量。

水产品产量　指本年度内捕捞的水产品产量。包括人工养殖并捕捞的水产品产量和捕捞天然生长的水产品产量。包括海水鱼类、虾蟹类、贝类、藻类以及淡水鱼类、虾蟹类和贝类不包括淡水水生植物。

年末耕地总资源　指能够种植农作物的田地。包括当年实际耕种的熟地；新开荒且已种植的地；“沿海”、“沿湖”地区已围垦利用三年以上的“海涂”、“、湖田”；弃耕、休闲不满三年，随时可以复耕的地；因灾害或其他因素，虽然当年内未种植农作物但仍可复耕的地；以种植农作物为主，附带种植桑树、果树和其它林的地；年年进行耕耘种草的地；南方小于 1 米、北方小于 2 米宽的沟、渠、路、田埂。不包括：因灾害或其他因素，已不能复耕的地；弃耕、休闲满三年的地，或虽不满三年但已成为荒地的土地；不进行耕耘，种植牧草已成为永久性草地的土地；专业性的桑园、茶园、果园、果木苗圃地、芦苇地、天然草场等；以混凝土等铺设的温室、玻璃室，导致栽培的植物体与地面隔绝的基地。

有效灌溉面积　指灌溉工程或设备已基本配套，有一定水源，　土地比较平整，在一般年景可以进行正常灌溉的耕地面积。一般为水田与水浇地之和。

当年实际机耕地面积　指本年度内利用拖拉机或其他动力机械耕过的耕地面积。机耕面积应该按实际翻耕过的耕地面积计算，即同一公顷耕地上一年内不论翻几次，仍按一公顷计算。

农业机械总动力　指主要用于农林牧渔业的各种动力机械的动力总和。包括耕作机械、排灌机械、收获机械、农产品加工机械、运输机械、植物保护机械、牧业机械、林业机械、渔业机械和其他农业机械（内燃机按引擎马力折成瓦数计算）。不包括专门用于乡办工业、基本建设、非农业运输、科学试验和教学等非农业生产方面的动力机械与作业机械。

农村用电量　指本年度内，扣除在农村的全民所有制工业、交通、基建单位的用电量以外的农村生产上和生活上的全年用电总量（按全年累计数统计）。

农用化肥施用量　指本年度实际用于农业生产的化肥数量，包括氮肥、磷肥、钾肥和复合肥。

主要化肥折纯量　指在化肥原施用实物量的基础上进行按含量多少折纯。就是氮肥含氮量、磷肥含磷量、钾肥含氧化钾量等。

畜牧业

资料整理：王庆先

3-1 主要畜产品产量

指　标	单位	2000年	2005年	2010年	2012年	2013年	2014年	2015年	2016年
猪牛羊出栏头数									
肉猪出栏头数	万头	4180.00	5568.00	5390.50	5711.25	5996.87	6310.00	6171.18	6004.56
占年初存栏头数比重	%	117.5	142.1	119.0	125.0	130.7	142.5	139.6	137.22
肉用牛出栏头数	万头	578.00	702.64	551.90	534.65	535.50	546.00	548.60	550.25
占年初存栏头数比重	%	43.1	50.3	52.8	56.0	59.2	60.3	59.7	58.9
肉用羊出栏只数	万只	2903.80	4225.00	2114.70	2027.45	2032.40	2088.00	2126.00	2168.52
占年初存栏头数比重	%	104.2	114.5	105.9	108.7	111.2	114.1	112.7	112.6
肉用禽出栏只数	万只			85101.70	94358.70	94332.10	90087.00	91550.00	93420.00
占年初存栏只数比重	%			138.8	146.0	138.3	132.3	133.7	133.4
肉类总产量	万吨	517.00	689.00	638.40	677.35	699.05	719.00	711.1	697.00
#猪肉产量	万吨	337.90	441.20	408.30	432.50	454.13	478.00	467.96	450.65
牛肉产量	万吨	83.00	102.75	83.00	80.44	80.56	82.10	82.60	83.01
羊肉产量	万吨	32.00	47.38	25.20	24.75	24.76	25.40	25.90	26.44
驴肉产量	万吨	2.30	1.96	2.49	2.19	2.15	1.49	1.33	0.96
骡肉产量	万吨	1.10	0.80	0.51	0.42	0.33	0.34	0.28	0.21
马肉产量	万吨	1.50	1.13	1.09	1.16	1.09	1.23	1.05	0.63
禽肉产量	万吨	55.00	87.51	105.80	122.21	122.32	118.00	120.00	122.50
兔肉产量	万吨	4.20	5.66	8.40	9.56	8.99	8.32	8.05	8.51
平均每头肉猪产肉量	公斤/头	80.80	79.20	75.74	75.73	75.72	75.75	75.83	75.05
平均每头肉牛产肉量	公斤/头	144.70	146.20	150.39	150.46	150.51	150.37	150.57	150.87
平均每只肉羊产肉量	公斤/只	11.00	11.20	11.91	12.21	12.20	12.16	12.18	12.19
其他畜产品产量									
奶类总产量	万吨	20.20	108.50	307.9	330.43	328.77	342.40	352.30	336.60
牛奶产量	万吨	16.10	104.00	290.90	316.10	316.42	332.00	342.20	326.80
羊奶产量	万吨	4.10	4.50	17.00	14.33	12.35	10.40	10.10	9.80
羊毛总产量	吨	10844	14335	14165	14288	14476	13028	10755	9370
山羊毛产量	吨	2858	2873	5235	5849	6213	5663	3863	3657
绵羊毛产量	吨	7986	11462	8930	8439	8263	7365	6892	5713
羊绒产量	吨	277	433	933	868	887	847	767	706
蜂蜜产量	吨	23105	27441	100914	99607	99053	95383	93986	87823
禽蛋产量	万吨	270.00	375.30	388.60	404.17	410.23	404.00	410.00	422.50

3-2 主要畜禽年末存栏数量

指　标	单位	2000年	2005年	2010年	2012年	2013年	2014年	2015年	2016年
大牲畜总头数	**万头**	**1445.70**	**1508.80**	**1044.80**	**942.34**	**936.80**	**943.85**	**955.31**	**899.88**
#从事农事劳役的头数	万头	482.80	412.90	290.20	216.71	204.96	188.40	175.75	167.47
牛	万头	1340.20	1447.00	1010.20	908.21	905.11	918.20	934.00	887.30
肉牛	万头	282.80	514.06		602.68	610.11	626.60	650.41	620.83
乳牛	万头	6.70	31.22		100.60	100.70	103.20	107.84	99.00
马	万头	29.30	17.29	13.10	12.20	11.23	9.89	8.10	4.61
驴	万头	49.50	29.60	16.10	17.38	16.70	12.48	10.48	6.41
骡	万头	26.80	14.91	5.40	4.55	3.76	3.27	2.72	1.55
猪	万头	3787.70	4439.00	4547.05	4587.28	4426.74	4420.00	4376.00	4284.10
#能繁殖的母猪	万头	365.00	517.00	474.27	490.37	491.00	482.00	460.79	433.61
羊	万只	2961.40	3988.00	1895.40	1827.70	1830.30	1886.00	1926.00	1858.59
山羊	万只	2730.10	3509.00	1794.90	1751.05	1752.60	1808.00	1844.00	1741.30
绵羊	万只	231.30	479.00	100.50	76.65	77.70	78.00	82.00	117.29
家禽	万只	42529.00	61958.00	62104.00	68197.31	68100.20	68460.00	70020.00	71450.00

3-3 各市主要畜禽出栏数量和畜产品产量(2016年)

地　区	猪出栏头数(万头)	牛出栏头数(万头)	羊出栏只数(万只)	家禽出栏只数(万只)
郑州市	231.74	13.23	51.93	3799.37
开封市	373.76	33.33	198.42	3100.07
洛阳市	233.44	21.91	63.74	2144.71
平顶山市	356.10	30.99	113.46	3584.98
安阳市	228.56	4.31	82.60	6353.97
鹤壁市	123.73	2.72	24.76	6509.25
新乡市	355.89	17.57	78.96	5237.17
焦作市	172.41	8.46	32.64	3084.66
濮阳市	180.98	13.32	108.25	7640.79
许昌市	384.39	10.10	84.88	2744.79
漯河市	342.62	7.13	25.09	2499.19
三门峡市	104.13	15.33	33.30	684.64
南阳市	625.45	93.94	316.08	5710.91
商丘市	455.67	31.62	313.77	7240.09
信阳市	423.45	8.02	87.05	14298.50
周口市	643.02	42.81	334.14	12356.39
驻马店市	799.41	66.24	188.30	5623.22
济源市	62.99	1.01	6.26	223.81

3-3 续表

地　区	肉类总产量(吨)		禽蛋产量(吨)	奶类总产量(吨)
		猪肉(吨)		
郑州市	254473	178718	201267	326496
开封市	407715	286526	297995	312400
洛阳市	253634	179339	162188	307015
平顶山市	385128	264413	169185	220573
安阳市	269866	169731	208889.8	54179.5
鹤壁市	185074	94028	111026	58608
新乡市	373836	263646	288320	310211
焦作市	187340	127810	112073	185062
濮阳市	268254	134238	302241	82150
许昌市	354671	292681	174618	46030
漯河市	292103	247736	130189	70720
三门峡市	113125	78483	55188	45443
南阳市	737897	472734	367199	335605
商丘市	519829	339055	304024	243131
信阳市	621763	336510	299157	1335
周口市	744228	487268	335252	136588
驻马店市	826912	606708	358364	45759
济源市	52290	46751	22895	38100

3-4 各市主要畜禽存栏数量(2016年)

地　区	猪年末头数(万头)	牛年末头数(万头)	羊年末只数(万只)	家禽年末只数(万只)
郑州市	146.52	12.94	36.09	2101.34
开封市	267.72	47.82	168.41	4444.43
洛阳市	168.74	48.20	79.84	2481.93
平顶山市	245.08	25.90	115.46	2619.69
安阳市	164.48	8.25	67.83	3596.64
鹤壁市	88.28	3.07	25.81	2059.39
新乡市	249.82	21.12	63.02	3060.80
焦作市	129.71	8.42	30.49	1300.68
濮阳市	129.13	12.16	79.65	3594.15
许昌市	232.42	12.03	67.01	1939.45
漯河市	216.83	7.71	23.05	2194.89
三门峡市	74.30	24.67	44.03	729.84
南阳市	452.84	113.97	263.51	6583.31
商丘市	325.12	39.65	240.90	6180.51
信阳市	297.95	15.73	81.98	6843.30
周口市	469.64	34.80	285.46	6474.13
驻马店市	581.88	85.55	178.98	5553.29
济源市	44.94	2.48	6.01	181.70

3-5 生猪大县生产情况

地 区	年末生猪存栏(万头)										
	2006年	2007年	2008年	2009年	2010年	2011年	2012年	2013年	2014年	2015年	2016年
杞 县	66.35	73.78	80.00	81.00	78.12	79.00	72.68	73.50	76.55	78.34	77.12
通许县					44.36	45.69	45.74	46.11	46.02	46.94	46.25
尉氏县	62.24	69.21	75.00	75.80	74.20	74.50	75.50	69.99	70.13	69.63	69.84
开封县					50.88	52.41	52.46	53.68	54.62	54.44	54.18
叶 县	58.41	72.12	77.50	79.50	81.62	82.40	81.41	86.00	85.02	84.31	83.60
汝州市	52.51	60.31	66.77	68.50	70.21	70.46	71.60	72.82	71.73	71.33	70.45
林州市					63.24	65.14	65.14	64.36	61.71	60.63	60.28
浚 县					38.55	39.71	39.83	40.10	38.35	38.52	38.04
封丘县					44.22	45.55	45.64	47.28	47.83	48.64	48.27
卫辉市	49.13	41.95	44.05	44.80	45.40	46.00	46.40	45.24	46.58	46.51	46.84
辉县市	58.57	62.72	72.00	73.80	71.10	72.50	71.78	72.60	71.14	69.91	69.10
许昌县	49.65	53.46	62.00	62.30	64.55	64.20	60.41	61.10	56.23	55.00	54.62
鄢陵县	47.85	51.51	60.00	60.50	56.80	56.90	56.60	56.00	56.35	55.69	55.27
襄城县	57.56	49.54	50.70	52.00	51.40	51.60	51.70	49.99	51.28	50.76	50.19
禹州市	38.06	40.97	50.74	51.50	52.10	52.50	51.61	52.20	52.43	52.07	51.44
长葛市	34.93	37.60	44.44	45.60	44.50	44.80	43.59	44.00	43.42	43.07	42.37
郾城区	38.19	33.78	41.38	42.00	42.66	42.60	43.00	43.60	43.25	43.10	42.51
召陵区	50.27	40.07	41.11	41.80	41.00	41.50	41.40	42.00	41.14	40.23	39.60
舞阳县					44.72	46.06	46.11	45.60	45.80	45.61	45.14
临颍县	44.41	46.89	56.00	56.50	56.20	56.20	55.80	56.20	54.28	53.22	52.62
内乡县	46.79	42.48	46.92	48.50	49.20	51.20	51.97	58.46	55.31	55.71	65.89
社旗县					50.53	52.05	52.10	52.80	53.00	53.15	52.16
唐河县	71.28	75.39	81.00	82.10	82.20	82.50	82.60	83.01	82.80	82.20	80.80
邓州市	93.54	101.47	103.00	104.26	108.80	106.80	106.98	107.62	105.12	104.70	104.20
睢阳区					43.74	45.05	45.10	46.00	46.10	46.05	45.30
睢 县					29.82	30.72	30.81	30.04	30.34	30.35	29.87
柘城县					28.49	29.34	29.40	30.66	30.01	30.92	30.41
夏邑县					49.27	50.75	50.80	51.20	52.85	53.96	53.93
固始县	57.93	61.63	71.00	72.00	72.10	72.20	70.54	72.00	72.53	72.42	71.49
潢川县		30.40	37.41	48.15	48.63	49.12	51.00	50.34	49.19	49.51	49.00
西华县	49.71	56.16	64.00	65.80	64.40	64.35	64.60	64.80	66.22	66.32	65.69
商水县	52.15	57.86	65.50	65.80	68.80	68.90	67.38	64.35	65.20	64.83	65.97
沈丘县	49.18	45.08	48.61	50.00	50.60	51.30	52.00	53.35	54.19	54.62	54.06
淮阳县	62.88	51.35	54.54	55.80	55.98	56.80	57.10	56.36	57.02	56.80	56.64
太康县	59.00	62.52	69.00	70.10	72.20	72.25	73.20	68.44	68.63	68.48	67.28
鹿邑县		47.8	53.55	58.15	58.73	59.08	59.40	57.97	57.86	57.56	56.36
西平县	86.12	88.55	90.55	92.20	95.85	96.90	97.60	93.50	92.74	91.90	90.32
上蔡县	61.34	61.73	66.37	68.00	68.50	68.90	64.08	64.14	66.23	67.16	66.49
平舆县					49.29	50.77	50.82	49.04	46.54	46.59	46.92
正阳县	90.29	93.92	108.00	111.00	114.65	114.80	107.91	103.38	104.74	105.44	106.90
确山县	47.72	53.05	57.79	58.00	58.68	58.58	53.89	53.95	54.26	54.41	54.36
汝南县	58.66	62.29	67.55	68.50	66.65	67.00	68.00	65.82	66.16	65.74	65.14
遂平县	55.10	59.73	67.00	68.10	70.25	70.50	70.48	70.62	70.22	69.60	69.31
新蔡县	58.83	62.46	69.00	71.50	70.80	72.00	68.40	65.53	65.78	65.90	65.29
济源市					36.02	37.10	37.17	35.05	33.89	33.63	32.99

3-5 续表 1

地 区	#能繁殖母猪(万头)										
	2006年	2007年	2008年	2009年	2010年	2011年	2012年	2013年	2014年	2015年	2016年
杞 县	5.04	6.87	8.10	8.16	7.99	8.30	8.31	8.36	8.63	8.43	8.07
通许县					4.91	5.00	5.01	5.40	5.41	5.28	5.12
尉氏县	4.72	6.44	7.50	7.51	7.48	7.70	8.00	8.60	8.51	8.20	7.86
开封县					5.45	5.55	5.56	5.66	5.69	5.53	5.34
叶 县	4.78	7.72	8.80	8.88	9.18	9.25	8.98	9.22	9.20	8.83	8.43
汝州市	2.95	5.95	7.10	7.18	7.06	7.10	7.20	7.28	7.08	6.87	6.66
林州市					8.04	8.20	8.20	7.80	7.46	7.02	6.80
浚 县					4.69	4.79	4.80	4.60	4.48	4.31	4.24
封丘县					4.40	4.49	4.50	5.40	5.35	5.27	5.11
卫辉市	2.56	3.22	4.50	4.70	4.80	4.80	4.94	5.01	5.11	4.94	4.83
辉县市	4.62	6.93	8.30	8.31	8.11	8.10	8.10	8.00	7.89	7.51	7.23
许昌县	3.94	5.75	5.86	5.91	6.12	6.60	6.43	6.41	5.99	5.68	5.52
鄢陵县	4.01	5.85	6.61	6.67	6.55	6.68	6.64	6.10	6.05	5.81	5.66
襄城县	4.32	4.74	5.20	5.40	5.45	5.46	5.50	5.51	5.64	5.43	5.35
禹州市	2.57	3.73	4.50	6.00	5.96	6.00	5.83	5.76	5.85	5.68	5.52
长葛市	2.69	3.92	4.70	4.75	4.72	4.80	4.71	4.70	4.52	4.36	4.29
郾城区	6.90	3.81	4.23	4.40	4.50	4.50	4.54	4.50	4.40	4.25	4.09
召陵区	4.71	4.86	4.98	5.10	4.80	4.95	4.90	4.68	4.69	4.59	4.39
舞阳县					4.70	4.80	4.80	4.82	4.73	4.61	4.51
临颍县	3.96	5.77	6.72	6.73	6.89	6.85	6.40	6.20	6.24	6.02	5.79
内乡县	2.85	7.10	8.50	6.58	6.25	6.34	6.41	7.20	7.01	6.94	8.08
社旗县					5.48	5.59	5.60	5.60	5.63	5.53	5.41
唐河县	7.69	6.68	7.03	7.73	7.84	8.2	8.34	8.40	8.48	8.21	7.87
邓州市	5.25	7.81	9.20	9.28	9.62	10.2	10.39	12.80	12.42	12.11	11.66
睢阳区					4.91	5.00	5.01	5.00	4.98	4.80	4.67
睢 县					3.52	3.59	3.60	3.60	3.53	3.43	3.33
柘城县					3.52	3.59	3.60	3.55	3.36	3.33	3.26
夏邑县					5.97	6.09	6.10	6.02	6.15	6.00	5.87
固始县	4.02	4.68	6.00	6.05	6.26	6.90	6.76	7.10	7.22	7.01	6.79
潢川县		2.90	3.92	4.90	4.95	5.09	5.18	5.20	5.00	4.95	4.78
西华县	3.61	5.50	6.50	6.55	6.33	6.60	6.50	6.52	6.69	6.57	6.38
商水县	5.32	6.87	7.89	7.95	7.85	8.00	7.90	7.20	7.14	6.88	6.67
沈丘县	5.23	3.66	5.18	5.56	5.80	6.00	6.20	6.10	6.21	6.07	5.93
淮阳县	8.20	5.77	6.30	6.45	6.46	6.50	6.70	6.40	6.50	6.30	6.14
太康县	4.12	6.01	7.20	7.21	7.11	7.30	7.50	7.50	7.52	7.36	7.10
鹿邑县		4.43	5.28	5.62	5.68	5.83	5.94	6.10	6.14	5.92	5.80
西平县	7.62	9.41	9.76	9.88	9.76	10.02	9.91	9.90	9.72	9.38	8.93
上蔡县	4.60	5.22	6.29	6.87	7.40	7.42	7.50	7.40	7.62	7.47	7.20
平舆县					5.09	5.19	5.20	5.26	5.01	4.85	4.73
正阳县	7.91	11.70	13.50	13.51	13.66	14.00	14.00	12.00	11.99	11.76	11.27
确山县	5.37	6.06	6.29	6.42	6.12	6.26	6.26	6.10	6.08	5.85	5.73
汝南县	4.54	6.33	6.63	7.00	6.88	7.10	7.30	7.30	7.14	6.86	6.65
遂平县	4.80	6.59	7.80	7.85	8.02	8.12	8.00	7.88	7.62	7.33	7.07
新蔡县	4.11	5.90	7.00	7.08	7.06	7.22	7.38	7.30	7.22	7.00	6.77
济源市					4.36	4.45	4.46	4.40	4.11	3.95	3.83

3-5 续表 2

地 区	生猪出栏(万头)										
	2006年	2007年	2008年	2009年	2010年	2011年	2012年	2013年	2014年	2015年	2016年
杞 县	71.53	67.61	79.90	84.00	85.10	86.00	87.12	95.66	102.04	100.82	99.26
通许县					61.56	62.79	62.85	65.60	63.78	63.60	62.98
尉氏县	68.94	65.17	76.90	80.00	84.50	85.00	87.38	96.55	105.33	103.41	103.98
开封县					65.13	66.43	66.50	70.20	68.80	67.81	68.21
叶 县	81.91	78.62	91.35	97.70	106.32	106.80	108.72	116.80	122.82	120.28	119.35
汝州市	62.18	65.55	76.10	81.50	86.12	87.00	88.31	90.00	91.08	89.94	89.80
林州市					83.35	85.01	85.10	86.20	84.29	82.02	81.47
浚 县					70.57	71.99	72.13	75.20	70.00	68.53	67.37
封丘县					72.74	74.20	74.27	82.20	83.00	81.50	80.92
卫辉市	62.25	50.10	50.11	53.00	56.80	57.00	57.80	61.60	60.13	59.51	59.97
辉县市	87.16	84.10	97.50	104.20	108.00	107.80	107.80	113.20	120.22	116.81	115.06
许昌县	78.20	68.78	77.80	81.50	88.89	89.20	87.24	90.60	95.94	92.34	90.63
鄢陵县	72.95	66.53	76.95	81.65	81.52	82.00	82.98	82.40	87.90	85.85	85.50
襄城县	61.47	60.33	63.09	67.30	69.50	69.60	70.23	70.00	69.57	68.25	67.68
禹州市	72.35	60.20	66.80	71.20	74.00	74.60	74.50	78.40	82.94	81.16	80.57
长葛市	60.30	60.01	68.20	72.80	77.56	77.80	74.30	76.60	79.00	77.32	76.72
郾城区	74.63	60.43	64.32	67.00	72.26	72.40	72.40	75.60	78.74	77.03	76.22
召陵区	79.77	61.06	63.44	67.80	69.00	69.40	67.25	68.80	72.16	70.18	69.40
舞阳县					67.83	69.18	69.32	72.20	72.34	72.07	71.39
临颍县	80.69	75.13	82.70	86.80	91.10	92.00	89.79	94.10	94.85	92.21	91.01
内乡县	64.90	64.79	70.94	76.00	80.50	81.20	81.77	92.23	92.87	91.79	105.25
社旗县					66.34	67.66	67.73	71.20	74.19	74.10	73.63
唐河县	91.35	75.59	88.00	94.00	99.50	99.80	100.20	105.30	110.94	108.03	106.55
邓州市	106.39	87.66	106.00	113.00	118.66	118.78	119.37	132.00	136.78	133.65	133.02
睢阳区					67.53	68.88	69.02	73.00	74.93	75.22	73.79
睢 县					43.29	44.16	44.20	48.00	50.51	49.82	49.07
柘城县					39.33	40.12	40.24	43.38	45.93	46.72	46.31
夏邑县					78.05	79.61	79.61	82.00	84.85	83.80	83.34
固始县	93.18	79.92	91.00	95.80	102.66	101.60	99.57	104.80	109.35	107.05	105.81
潢川县		34.30	50.50	65.00	67.02	67.82	68.50	72.00	76.53	76.77	76.34
西华县	75.72	65.11	74.70	78.30	81.11	81.15	81.56	84.00	87.78	86.34	85.71
商水县	69.47	65.10	75.00	79.50	79.33	79.50	78.23	84.10	89.27	88.24	89.02
沈丘县	72.46	55.20	60.00	64.50	67.80	67.90	68.44	72.60	83.00	82.78	82.27
淮阳县	85.76	65.11	69.37	74.10	76.98	77.50	78.04	82.20	87.42	86.26	85.93
太康县	88.58	65.20	76.00	81.00	84.45	85.00	85.51	89.20	90.58	89.33	89.16
鹿邑县		59.28	66.40	72.10	74.41	75.00	75.53	78.60	78.71	77.43	76.94
西平县	104.83	93.00	108.00	114.80	121.21	122.00	120.17	126.00	132.46	129.93	127.80
上蔡县	60.25	62.08	68.44	73.00	76.65	77.00	77.85	81.60	86.21	87.14	86.86
平舆县					70.62	72.03	72.10	76.20	72.00	70.76	70.02
正阳县	107.26	98.03	114.20	122.00	129.89	130.00	130.78	138.00	145.25	144.71	146.75
确山县	63.50	51.01	55.16	59.50	63.60	63.50	64.71	68.39	71.86	70.73	70.18
汝南县	72.24	65.41	75.90	80.80	86.68	86.60	87.38	91.40	91.84	90.36	89.05
遂平县	70.60	63.77	74.10	79.20	85.69	85.74	86.43	93.25	97.58	95.47	95.02
新蔡县	68.79	61.96	72.50	77.62	80.26	82.00	82.49	86.80	86.90	86.09	85.75
济源市					51.68	52.72	52.77	55.20	52.56	51.61	50.95

3-5 续表 3

地区	猪肉产量(万吨)										
	2006年	2007年	2008年	2009年	2010年	2011年	2012年	2013年	2014年	2015年	2016年
杞　县	5.71	5.20	5.99	6.30	6.30	6.38	6.49	7.20	7.68	7.54	7.41
通许县					4.43	4.57	4.57	4.80	4.77	4.74	4.67
尉氏县	5.36	4.88	5.76	5.99	6.50	6.54	6.72	7.43	7.97	7.84	7.88
开封县					4.84	4.99	4.99	5.29	5.18	5.11	5.15
叶　县	5.96	5.71	6.63	7.10	7.72	7.80	7.98	8.61	9.23	9.05	8.97
汝州市	4.53	4.77	5.54	5.93	6.27	6.35	6.48	6.63	6.85	6.75	6.75
林州市					6.20	6.38	6.39	6.60	6.45	6.26	6.23
浚　县					5.09	5.24	5.25	5.56	5.31	5.22	5.14
封丘县					5.25	5.40	5.41	6.05	6.18	6.08	6.04
卫辉市	4.36	3.52	3.71	3.92	4.20	4.23	4.29	4.58	4.52	4.48	4.50
辉县市	6.50	6.00	6.96	7.43	7.71	7.70	7.91	8.40	9.01	8.73	8.59
许昌县	5.76	5.06	5.72	6.00	6.54	6.56	6.44	6.76	7.17	6.90	6.75
鄢陵县	5.37	4.91	5.68	6.03	6.02	6.06	6.13	6.12	6.60	6.45	6.43
襄城县	4.49	4.41	4.67	5.05	5.21	5.22	5.27	5.28	5.25	5.13	5.09
禹州市	5.32	4.43	4.92	5.24	5.45	5.50	5.49	5.78	6.18	6.04	6.00
长葛市	4.44	4.20	4.76	5.08	5.42	5.46	5.45	5.64	5.94	5.81	5.78
郾城区	4.58	3.58	4.02	4.31	4.65	4.66	4.73	5.06	5.37	5.37	5.32
召陵区	6.25	4.20	4.35	4.62	4.70	4.75	4.74	5.01	5.36	5.21	5.14
舞阳县					4.89	5.04	5.05	5.28	5.42	5.41	5.34
临颍县	5.68	5.17	5.69	5.97	6.27	6.50	6.45	6.86	7.06	6.84	6.74
内乡县	4.70	5.01	5.51	5.77	6.11	6.18	6.22	7.02	7.22	6.93	7.97
社旗县					4.90	5.04	5.05	5.40	5.63	5.63	5.57
唐河县	6.73	5.68	6.61	7.06	7.48	7.50	7.53	7.92	8.35	8.13	8.01
邓州市	7.84	6.61	7.99	8.52	8.95	8.96	9.00	9.94	10.33	10.08	10.02
睢阳区					5.07	5.22	5.23	5.54	5.68	5.68	5.57
睢　县					3.20	3.30	3.30	3.56	3.81	3.77	3.69
柘城县					2.95	3.04	3.05	3.30	3.48	3.55	3.49
夏邑县					5.85	6.03	6.03	6.24	6.43	6.35	6.32
固始县	7.71	6.65	7.28	7.66	8.21	8.21	7.93	8.32	8.54	8.18	8.09
潢川县		2.59	3.82	4.92	5.08	5.14	5.19	5.46	5.81	5.82	5.78
西华县	5.71	5.14	5.68	5.95	6.16	6.18	6.21	6.40	6.69	6.58	6.53
商水县	5.24	5.14	5.70	6.04	6.03	6.06	6.02	6.34	6.74	6.67	6.74
沈丘县	5.20	4.36	4.83	5.25	5.52	5.53	5.57	5.85	6.55	6.31	6.29
淮阳县	6.32	5.14	5.54	5.95	6.18	6.25	6.29	6.50	6.81	6.57	6.55
太康县	6.68	5.15	5.78	6.16	6.42	6.46	6.50	6.72	6.84	6.77	6.76
鹿邑县		4.48	5.03	5.46	5.64	5.69	5.72	5.96	5.97	5.88	5.83
西平县	7.98	6.99	8.12	8.63	9.11	9.18	9.13	9.54	10.04	9.87	9.74
上蔡县	4.58	4.67	5.17	5.48	5.75	5.78	5.84	6.10	6.50	6.56	6.54
平舆县					5.31	5.46	5.47	5.78	5.44	5.35	5.27
正阳县	8.17	7.37	8.59	9.17	9.77	9.80	9.86	10.40	10.96	10.88	11.06
确山县	4.83	3.84	4.17	4.50	4.81	4.80	4.89	5.10	5.45	5.38	5.33
汝南县	5.50	4.92	5.71	6.08	6.52	6.52	6.58	6.88	6.91	6.84	6.72
遂平县	5.38	4.80	5.58	5.97	6.46	6.68	6.73	7.09	7.38	7.24	7.19
新蔡县	5.24	4.66	5.45	5.83	6.03	6.20	6.24	6.56	6.57	6.52	6.50
济源市					3.79	3.91	3.91	4.10	3.95	3.89	3.82

3-6 各市水产品产量（2016年）

计量单位：吨

地　区	水产品总产量合计	(1)捕捞产量合计	(2)养殖产量合计
全省合计	**1283546**	**70597**	**1212949**
郑州市	150570	——	150570
开封市	73873	275	73598
洛阳市	54866	5189	49677
平顶山市	49159	1055	48104
安阳市	19190	1370	17820
鹤壁市	13110	237	12873
新乡市	66339	255	66084
焦作市	13697	25	13672
濮阳市	39747	417	39330
许昌市	20567	1119	19448
漯河市	17558	876	16682
三门峡市	21194	7498	13696
南阳市	132760	3062	129698
商丘市	91526	2973	88553
信阳市	277726	17379	260347
周口市	70210	8617	61593
驻马店市	132235	18810	113425
济源市	39219	1440	37779

3-7 历年牧渔业产量

年 份	肉类产量(万吨)	#猪肉	#牛肉	#羊肉	大牲畜年末存栏头数(万头)	#役畜	猪年末存栏头数(万头)	禽蛋产量(万吨)	水产品产量(万吨)
1978	45.64	42.20			515.03	401.70	1724.90		2.47
1979	55.14	50.00			521.50	400.40	1592.30		2.30
1980	55.03	49.45	0.69	2.88	541.99	423.75	1474.24	15.86	2.91
1981	51.58	44.30	0.60	3.36	607.00	498.90	1386.50	16.31	3.00
1982	54.26	47.60	0.52	3.46	671.50	542.10	1310.70	16.75	3.25
1983	51.33	43.70	0.88	3.41	704.70	562.20	1195.70	21.41	3.78
1984	58.59	49.60	1.83	3.31	794.70	615.70	1327.00	31.38	4.89
1985	71.83	61.08	3.01	3.38	886.35	664.55	1621.74	37.15	6.37
1986	79.42	65.00	5.50	3.70	957.44	708.10	1539.41	37.32	6.61
1987	86.63	66.10	8.90	5.00	1000.82	738.44	1404.72	43.55	7.62
1988	103.75	76.87	12.24	6.48	1069.20	779.57	1586.18	50.43	9.39
1989	121.53	88.11	15.26	7.89	1111.56	794.04	1680.22	53.62	9.83
1990	134.86	97.45	18.16	8.05	1116.33	798.30	1750.32	59.58	10.48
1991	157.95	108.73	24.82	7.76	1102.10	782.25	1820.80	73.81	10.77
1992	171.66	119.23	25.67	7.96	1135.50	794.90	1959.70	79.29	11.55
1993	203.51	137.60	32.64	9.90	1211.00	843.00	2085.00	95.58	13.83
1994	253.31	165.81	44.00	12.57	1329.18	919.79	2325.17	125.28	15.84
1995	333.00	210.37	64.39	21.10	1420.45	985.76	2667.72	140.01	18.09
1996	347.72	225.63	59.45	21.72	1089.14	783.00	2229.67	154.54	20.51
1997	403.00	256.12	64.88	25.23	1420.87	857.03	2931.91	201.40	23.88
1998	461.63	297.86	76.71	28.00	1416.84	803.70	3439.66	229.34	27.02
1999	485.11	313.95	82.21	29.96	1448.42	530.60	3556.43	251.82	28.83
2000	517.00	337.88	83.00	32.00	1445.73	482.84	3787.69	270.00	32.17
2001	540.65	343.77	89.23	34.51	1435.93	479.53	3672.07	286.00	31.46
2002	570.01	366.49	89.20	37.85	1409.78	437.03	3800.00	302.00	36.22
2003	603.55	386.00	93.00	42.00	1469.45	430.00	3917.80	326.20	38.95
2004	643.00	412.37	98.33	44.06	1491.19	427.00	4152.87	347.40	42.70
2005	689.00	441.20	102.75	47.38	1508.80	412.90	4439.00	375.30	51.68
2006	584.60	391.30	82.00	23.80	1114.26	410.12	3953.30	329.50	61.43
2007	542.90	339.00	82.10	25.30	1081.93	353.76	4185.50	336.70	74.74
2008	584.50	367.10	84.10	26.50	1097.55	251.62	4462.00	173.60	85.68
2009	615.10	389.60	84.00	25.90	1080.11	216.55	4528.90	382.90	93.94
2010	638.40	408.30	83.00	25.20	1044.80	290.20	4547.00	388.60	99.41
2011	641.65	406.40	82.00	24.80	988.60	257.67	4569.00	390.50	102.93
2012	677.35	432.50	80.44	24.75	942.34	216.71	4587.28	404.17	109.75
2013	699.05	454.13	80.56	24.76	936.80	204.96	4426.74	410.23	116.65
2014	719.00	478.00	82.10	25.40	943.85	188.40	4420.00	404.00	120.39
2015	711.10	467.96	82.60	25.90	955.31	175.75	4376.00	410.00	125.36
2016	697.00	450.65	83.01	26.44	899.88	167.47	4284.10	422.50	128.35

注：本表及表3-1、表3-2，2006年及以后的数据已与农普数据衔接。

主要统计指标解释

畜禽存栏　是指报告期末圈舍内饲养的实有畜禽数量，不论大小、公母一律包括在内。家禽只包括鸡、鸭、鹅。

畜禽出栏　是指报告期内的出售和自宰的成品畜禽数量。包括自食和送亲友的成品畜禽数量；还包括死亡后食用和被盗丢失的成品畜禽数量。但不包括出售的仔畜禽数量和购买架子畜转手倒卖或育肥 3 个月以内出售的家畜。

当年（期内）出栏的肉猪头数　是指当年（报告期内）乡、村各种合作经济组织和农民、国营农场、机关、团体、学校、工矿企业、部队等单位以及城镇居民饲养的、供屠宰并已出栏的全部肉猪头数包括交售给国家、集市上出售和农民自食的部分。

当年（期内）出售和自宰的肉用牛　是指当年（报告期内）国营农场等全民所有制生产单位、乡、村各种合作经济组织和农民、机关、团体、学校、工矿企业、部队等单位饲养的、供屠宰并已出栏的（包括交售国家在集市上出售和农民自食的）肉用牛。淘汰的耕牛、奶牛也应计算在内。

当年（期内）出售和自宰的肉用羊　是指当年（报告期内）国营农场等全民所有制生产单位、乡、村各种经济组织和农民、机关团体、学校、工矿企业、部队等单位以及城镇居民饲养的、供屠宰并已出栏的（包括交售国家在集市上出售和农民自食的）肉用羊。剥皮后作肉用的羊和淘汰的奶羊等也应计算在内。

出栏率　是分析饲养牲畜特别是饲养肉用牲畜向社会提供畜产品数量多少的指标它反映畜群周转的快慢反映饲养产品畜的经济效果和生产水平。其计算公式为：

出栏率=本期出栏头数(包括出售和自宰的)/上期末头数×100%

猪、牛、羊肉产量　是指当年出栏并已屠宰的猪、牛、羊肉产量即屠宰后去头、蹄、下水后带肉的重量也叫胴体重。此项指标可通过典型调查、抽样调查和收购部门掌握的资料取得平均每头胴体重数据和出栏头数推算。

从事农事劳役的牲畜　是指本年度内实际投入田间生产活动 如耕翻、 播种、中耕、浇水、施肥、送粪、拉运等庄稼活的役畜 不包括由于年岁太小或已经衰老实际没有干庄稼活的役畜 也不包括专门用于副业生产（如碾米磨 面）和用于专业性运输的牲畜。有的牲畜如有时参加田间劳役 有时参加副业劳役 则只包括其中主要和经常参加田间劳役的头数。

能繁殖的母畜　是指已达到生殖年龄有生殖能力的母畜不论是否配种受胎均应算作能繁殖的母畜。有的母畜虽未达到或已经超过生殖年龄但实际上配种受胎的也应算作能繁殖的母畜。有的母畜虽在生殖年龄内但已经丧失生殖能力的则不统计在内。能繁殖的母猪是指已达到生殖年龄而专门留作繁殖的母猪。母畜生殖年龄的标准：一般是二岁以上的牛、驴，3 岁以上的马，9 个月以上的猪，1 岁以上的羊。

规下工业和规下服务业

资料整理：任焱丽　吕少辉

4-1 历年规模以下工业主要经济指标

年 份	企业单位数 (个)	企业从业人员 (万人)	增加值指数 (%)		
				企 业	个 体
1998	71160	232.53			
1999	70711	223.46	107.5	110.0	106.2
2000	71239	201.92	111.5	113.7	110.2
2001	71686	205.42	109.6	109.9	109.4
2002	72418	225.38	109.9	109.7	109.9
2003	69915	212.19	113.5	103.7	119.6
2004	66420	196.19	110.5	113.7	108.8
2005	64625	219.76	110.8	111.0	110.7
2006	67542	214.32	110.4	111.3	109.8
2007	75134	218.22	109.5	112.6	107.4
2008	70460	185.92	106.1	98.7	110.4
2009	75266	159.25	105.0	100.0	107.4
2010	84400	177.27	103.0	102.5	103.3
2011	83383	176.81	106.0	106.1	106.0
2012	74328	157.06	101.9	102.1	101.8
2013	71617	140.38	103.5	103.8	103.3
2014	68096	130.07	102.7	102.9	102.5
2015	53940	98.60	104.9	105.3	104.6
2016	49812	80.08	103.5	103.8	103.3

注：规模以下工业指标均为抽样调查数据。

4-2 规下服务业企业调查主要经济指标(2016年)

项 目	单 位	2015年经济总量	增速	2016年经济总量	增速
单位数	个	123701	8.1%	169532	7.2%
固定资产原价	万元	18335414	30.9%	19604672	12.7%
资产总计	万元	29492402	-19.8%	37885492	19.1%
负债合计	万元	10846174	37.9%	12827988	27.0%
营业收入	万元	13960649	15.4%	18736398	14.4%
营业成本	万元	7475846	17.7%	10287277	24.3%
营业税金及附加	万元	375600	10.4%	420877.81	-10.6%
销售费用	万元	981398	59.4%	1080349.25	23.2%
管理费用	万元	2092104	0.8%	3073862.25	13.4%
财务费用	万元	279360	-23.5%	303702.91	-8.0%
营业利润	万元	2177328	12.1%	2804717	3.1%
利润总额	万元	2251789	10.3%	2887412.25	6.2%
应付职工薪酬	万元	2924823	14.3%	4169069.5	9.8%
应交增值税	万元	195662	41.1%	258626.91	21.8%
从业人员平均人数	人	1126414	8.5%	1579311	7.8%

4-3 铁路运输业主要经济指标(2016年)

项　目	单　位	2015年经济总量	增速	2016年经济总量	增速
单位数	个	——	——	125	2.2%
固定资产原价	万元	——	——	250420.09	1.7%
资产总计	万元	——	——	134081.2	4.3%
负债合计	万元	——	——	73898.93	6.4%
营业收入	万元	——	——	80873.45	9.2%
营业成本	万元	——	——	78530.28	11.7%
营业税金及附加	万元	——	——	343.96	-3.0%
销售费用	万元	——	——	164.29	14.7%
管理费用	万元	——	——	1171.98	9.0%
财务费用	万元	——	——	143.38	12.6%
营业利润	万元	——	——	319.27	-83.4%
利润总额	万元	——	——	343.87	-82.3%
应付职工薪酬	万元	——	——	27936.9	4.4%
应交增值税	万元	——	——	4135.82	83.4%
从业人员平均人数	人	——	——	4029	1.3%

4-4 道路运输业主要经济指标(2016年)

项　目	单　位	2015年经济总量	增速	2016年经济总量	增速
单位数	个	4665	15.4%	5875	16.1%
固定资产原价	万元	631256	2.5%	652511	24.0%
资产总计	万元	954436	0.8%	1142377	18.3%
负债合计	万元	567339	-12.9%	418516	62.1%
营业收入	万元	736662	17.0%	1147377	34.1%
营业成本	万元	389133	5.0%	713027	40.3%
营业税金及附加	万元	27772	28.6%	35889	9.3%
销售费用	万元	85713	36.4%	115449	22.9%
管理费用	万元	86909	0.5%	154529	27.6%
财务费用	万元	12438	18.8%	9837	131.2%
营业利润	万元	115269	83.7%	103870	40.7%
利润总额	万元	118773	76.6%	103289	79.7%
应付职工薪酬	万元	166411	20.6%	187694	22.4%
应交增值税	万元	9459	18.9%	30516	53.5%
从业人员平均人数	人	56546	8.5%	67260	10.3%

4-5 水上运输业主要经济指标(2016年)

项　目	单　位	2015年经济总量	增速	2016年经济总量	增速
单位数	个	——	——	85	4.0%
固定资产原价	万元	——	——	104369	22.7%
资产总计	万元	——	——	97338	14.6%
负债合计	万元	——	——	54594	14.1%
营业收入	万元	——	——	44133	13.7%
营业成本	万元	——	——	27791	22.1%
营业税金及附加	万元	——	——	884	-9.0%
销售费用	万元	——	——	1869	12.7%
管理费用	万元	——	——	2660	32.9%
财务费用	万元	——	——	585	8.1%
营业利润	万元	——	——	6641	18.6%
利润总额	万元	——	——	6574	12.1%
应付职工薪酬	万元	——	——	8714	19.1%
应交增值税	万元	——	——	240	72.2%
从业人员平均人数	人	——	——	2969	3.1%

4-6 航空运输业主要经济指标(2016年)

项　目	单　位	2015年经济总量	增速	2016年经济总量	增速
单位数	个	35	14.1%	47	2.6%
固定资产原价	万元	8090	46.0%	8855	9.8%
资产总计	万元	17286	12.2%	10714	2.0%
负债合计	万元	11939	31.8%	6809	10.1%
营业收入	万元	1720	12.1%	1427	69.4%
营业成本	万元	634	-30.3%	244	206.5%
营业税金及附加	万元	54	9.1%	9	32.6%
销售费用	万元	118	210.6%	13	-84.5%
管理费用	万元	2031	19.6%	1683	-17.0%
财务费用	万元	260	434.9%	253	-2.2%
营业利润	万元	-1414	16.2%	-820	-50.3%
利润总额	万元	-1413	16.3%	-1464	-11.5%
应付职工薪酬	万元	737	7.8%	404	-9.6%
应交增值税	万元	-1295	36.8%	-1315	1.5%
从业人员平均人数	人	247	9.0%	94	-47.1%

4-7 管道运输业主要经济指标(2016年)

项　目	单　位	2015年经济总量	增速	2016年经济总量	增速
单位数	个	9	4.8%	——	——
固定资产原价	万元	12332	2.3%	——	——
资产总计	万元	89127	-3.3%	——	——
负债合计	万元	8840	-35.5%	——	——
营业收入	万元	2439	143.8%	——	——
营业成本	万元	2091	196.6%	——	——
营业税金及附加	万元	46	-10.0%	——	——
销售费用	万元	40	46.0%	——	——
管理费用	万元	565	94.5%	——	——
财务费用	万元	-709	-13.0%	——	——
营业利润	万元	396	-34.4%	——	——
利润总额	万元	396	-34.4%	——	——
应付职工薪酬	万元	951	-3.1%	——	——
应交增值税	万元	-1725	-225.1%	——	——
从业人员平均人数	人	104	-7.1%	——	——

4-8 装卸搬运和运输代理业主要经济指标(2016年)

项　目	单　位	2015年经济总量	增速	2016年经济总量	增速
单位数	个	1554	13.2%	1849	15.7%
固定资产原价	万元	191821	16.6%	224842	19.3%
资产总计	万元	487751	31.3%	534117	18.9%
负债合计	万元	178312	74.8%	175942	4.4%
营业收入	万元	353916	19.9%	369686	18.5%
营业成本	万元	219278	16.1%	232376	23.3%
营业税金及附加	万元	8712	21.5%	9741	23.0%
销售费用	万元	17852	14.4%	21894	12.8%
管理费用	万元	42523	30.1%	35331	-4.5%
财务费用	万元	5156	32.7%	4787	9.9%
营业利润	万元	45823	28.4%	58273	20.6%
利润总额	万元	48573	28.3%	60760	18.7%
应付职工薪酬	万元	51519	14.7%	59343	30.1%
应交增值税	万元	4141	18.3%	5106	24.9%
从业人员平均人数	人	16556	12.6%	16774	13.5%

4-9 仓储业主要经济指标(2016年)

项　　目	单　位	2015年经济总量	增速	2016年经济总量	增速
单位数	个	1504	7.8%	1562	1.0%
固定资产原价	万元	362502	26.4%	375672	10.9%
资产总计	万元	713928	4.8%	779508	39.0%
负债合计	万元	289392	-8.3%	343853	134.9%
营业收入	万元	489975	16.9%	431018	12.2%
营业成本	万元	312960	13.7%	262579	23.0%
营业税金及附加	万元	7904	-1.0%	4642	-28.6%
销售费用	万元	12521	28.3%	16490	74.4%
管理费用	万元	43739	36.6%	50071	22.6%
财务费用	万元	14714	27.8%	14389	5.1%
营业利润	万元	79410	2.0%	79079	-7.1%
利润总额	万元	85142	9.1%	90601	6.0%
应付职工薪酬	万元	44835	24.9%	50222	9.0%
应交增值税	万元	1367	127.8%	2670	59.9%
从业人员平均人数	人	18591	14.1%	18739	-4.8%

4-10 邮政业主要经济指标(2016年)

项　　目	单　位	2015年经济总量	增速	2016年经济总量	增速
单位数	个	691	9.3%	971	13.4%
固定资产原价	万元	66888	18.5%	87969	32.7%
资产总计	万元	168965	15.4%	231878	15.5%
负债合计	万元	32373	22.8%	44429	14.5%
营业收入	万元	112595	20.4%	147753	30.9%
营业成本	万元	59988	9.8%	87275	32.2%
营业税金及附加	万元	3395	8.0%	3876	15.9%
销售费用	万元	5692	28.0%	8953	15.0%
管理费用	万元	10048	40.1%	15157	49.8%
财务费用	万元	2014	22.4%	2891	16.3%
营业利润	万元	20479	15.9%	23870	40.2%
利润总额	万元	20693	15.5%	24824	42.7%
应付职工薪酬	万元	23504	16.9%	34092	37.7%
应交增值税	万元	1215	-20.4%	1389	80.9%
从业人员平均人数	人	8445	12.8%	12214	38.7%

4-11　电信、广播电视和卫星传输服务业主要经济指标(2016年)

项　目	单　位	2015年经济总量	增速	2016年经济总量	增速
单位数	个	615	12.4%	774	9.9%
固定资产原价	万元	97361	16.5%	114115	-4.6%
资产总计	万元	123765	15.2%	149059	-7.9%
负债合计	万元	34291	-18.5%	51984	-5.5%
营业收入	万元	112945	22.9%	144778	1.0%
营业成本	万元	59239	19.3%	78657	0.1%
营业税金及附加	万元	4651	14.8%	3843	2.3%
销售费用	万元	6402	31.8%	10614	13.8%
管理费用	万元	10346	16.9%	17077	-8.2%
财务费用	万元	2877	19.8%	3744	3.0%
营业利润	万元	17572	21.9%	23375	15.3%
利润总额	万元	19298	19.1%	23910	24.2%
应付职工薪酬	万元	16630	15.5%	28995	12.7%
应交增值税	万元	1545	30.3%	2486	34.1%
从业人员平均人数	人	5654	12.4%	10080	15.1%

4-12　互联网和相关服务业主要经济指标(2016年)

项　目	单　位	2015年经济总量	增速	2016年经济总量	增速
单位数	个	——	——	1595	23.5%
固定资产原价	万元	——	——	78819	27.0%
资产总计	万元	——	——	266700	23.2%
负债合计	万元	——	——	92230	8.6%
营业收入	万元	——	——	162967	32.2%
营业成本	万元	——	——	102692	36.9%
营业税金及附加	万元	——	——	3471	12.9%
销售费用	万元	——	——	11182	12.4%
管理费用	万元	——	——	20320	-16.7%
财务费用	万元	——	——	3145	36.9%
营业利润	万元	——	——	13835	402.4%
利润总额	万元	——	——	15346	351.5%
应付职工薪酬	万元	——	——	27076	12.1%
应交增值税	万元	——	——	4151	30.8%
从业人员平均人数	人	——	——	9739	8.7%

4-13 软件和信息技术服务业主要经济指标(2016年)

项　目	单　位	2015年经济总量	增速	2016年经济总量	增速
单位数	个	——	——	8431	8.1%
固定资产原价	万元	——	——	824172	6.1%
资产总计	万元	——	——	3883317	65.1%
负债合计	万元	——	——	1401710	14.9%
营业收入	万元	——	——	1296630	43.1%
营业成本	万元	——	——	808155	49.4%
营业税金及附加	万元	——	——	12021	-7.9%
销售费用	万元	——	——	83660	65.7%
管理费用	万元	——	——	290166	-2.3%
财务费用	万元	——	——	7653	-11.0%
营业利润	万元	——	——	4128	-108.7%
利润总额	万元	——	——	21560	-157.8%
应付职工薪酬	万元	——	——	278685	10.5%
应交增值税	万元	——	——	26748	31.7%
从业人员平均人数	人	——	——	77203	7.4%

4-14 物业管理业主要经济指标(2016年)

项　目	单　位	2015年经济总量	增速	2016年经济总量	增速
单位数	个	3259	5.8%	4893	12.3%
固定资产原价	万元	188222	7.4%	116658	3.7%
资产总计	万元	914952	-1.7%	606827	18.9%
负债合计	万元	649174	1.9%	491478	18.2%
营业收入	万元	466106	13.3%	678772	34.2%
营业成本	万元	185723	25.2%	367479	99.7%
营业税金及附加	万元	32325	11.5%	19203	-24.7%
销售费用	万元	44242	-1.9%	41023	-33.5%
管理费用	万元	134922	12.5%	181176	7.6%
财务费用	万元	3398	-12.0%	6793	-10.6%
营业利润	万元	45028	4.0%	39700	76.7%
利润总额	万元	44321	1.0%	51096	39.3%
应付职工薪酬	万元	168682	11.5%	203131	9.6%
应交增值税	万元	6815	694.9%	23848	175.0%
从业人员平均人数	人	75977	11.2%	92896	2.7%

4-15 房地产中介业主要经济指标(2016年)

项　目	单 位	2015年经济总量	增速	2016年经济总量	增速
单位数	个	2305	7.9%	3265	10.7%
固定资产原价	万元	308213	0.3%	307935	9.9%
资产总计	万元	649710	22.8%	1093741	64.5%
负债合计	万元	252973	33.6%	1014309	195.2%
营业收入	万元	280349	22.8%	392492	21.6%
营业成本	万元	94079	15.2%	151538	37.1%
营业税金及附加	万元	12982	9.3%	11386	-8.3%
销售费用	万元	13846	13.2%	9014	12.5%
管理费用	万元	82269	11.6%	182050	72.9%
财务费用	万元	2090	-25.2%	1612	-2.3%
营业利润	万元	58791	47.9%	29702	-56.8%
利润总额	万元	59362	45.5%	24360	-65.4%
应付职工薪酬	万元	73773	13.8%	108194	23.7%
应交增值税	万元	2520	34.3%	10541	234.9%
从业人员平均人数	人	25721	5.4%	34407	11.3%

4-16 租赁业主要经济指标(2016年)

项　目	单 位	2015年经济总量	增速	2016年经济总量	增速
单位数	个	3007	7.1%	5793	31.9%
固定资产原价	万元	776734	8.3%	1523645	51.4%
资产总计	万元	1562515	14.6%	2873870	25.4%
负债合计	万元	670311	13.6%	1325639	22.1%
营业收入	万元	352131	19.8%	617329	15.3%
营业成本	万元	165926	12.7%	350668	41.7%
营业税金及附加	万元	6223	14.1%	11577	33.7%
销售费用	万元	12190	0.5%	24963	28.7%
管理费用	万元	57478	5.2%	148370	24.6%
财务费用	万元	13510	-26.0%	27847	39.2%
营业利润	万元	55561	55.8%	43470	-32.0%
利润总额	万元	53556	61.8%	42229	-34.8%
应付职工薪酬	万元	69297	15.7%	157397	27.9%
应交增值税	万元	3184	31.0%	-41568	31.2%
从业人员平均人数	人	23026	10.3%	51251	24.0%

4-17 商务服务业主要经济指标(2016年)

项　　目	单　位	2015年经济总量	增速	2016年经济总量	增速
单位数	个	20065	7.5%	27195	4.0%
固定资产原价	万元	1806080	19.5%	3077228	5.6%
资产总计	万元	3331449	-78.9%	6709135	10.6%
负债合计	万元	1232663	-25.7%	2263982	17.5%
营业收入	万元	3253749	15.6%	3819544	-10.4%
营业成本	万元	1683999	27.5%	1811835	-3.7%
营业税金及附加	万元	77605	1.7%	124354	-25.1%
销售费用	万元	369413	361.9%	368302	70.0%
管理费用	万元	530479	-26.9%	599718	-3.1%
财务费用	万元	31416	-75.6%	40992	-12.0%
营业利润	万元	467378	-1.2%	772760	-25.3%
利润总额	万元	481350	-0.4%	746923	-26.1%
应付职工薪酬	万元	632032	4.1%	828245	-4.9%
应交增值税	万元	60387	113.1%	77432	-5.2%
从业人员平均人数	人	200870	5.2%	283666	-1.1%

4-18 研究和试验发展业主要经济指标(2016年)

项　　目	单　位	2015年经济总量	增速	2016年经济总量	增速
单位数	个	——	——	1288	33.7%
固定资产原价	万元	——	——	248468	31.3%
资产总计	万元	——	——	683288	12.4%
负债合计	万元	——	——	268794	-4.3%
营业收入	万元	——	——	225443	26.4%
营业成本	万元	——	——	128316	20.3%
营业税金及附加	万元	——	——	3326	2.5%
销售费用	万元	——	——	12419	50.0%
管理费用	万元	——	——	51558	29.8%
财务费用	万元	——	——	3794	98.4%
营业利润	万元	——	——	13193	47.4%
利润总额	万元	——	——	17955	70.6%
应付职工薪酬	万元	——	——	51050	23.7%
应交增值税	万元	——	——	3291	24.9%
从业人员平均人数	人	——	——	14813	24.7%

4-19 专业技术服务业主要经济指标(2016年)

项目	单位	2015年经济总量	增速	2016年经济总量	增速
单位数	个	6120	13.0%	8651	13.0%
固定资产原价	万元	929703	17.2%	1020928	26.1%
资产总计	万元	1812148	15.8%	3194554	35.6%
负债合计	万元	736324	11.0%	517494	26.3%
营业收入	万元	995022	6.2%	1555403	26.6%
营业成本	万元	431450	12.8%	764404	36.4%
营业税金及附加	万元	39391	13.8%	25962	2.2%
销售费用	万元	84819	61.4%	61617	-38.0%
管理费用	万元	292063	-5.2%	506977	54.3%
财务费用	万元	17450	7.1%	11491	9.2%
营业利润	万元	90509	-13.0%	164344	3.7%
利润总额	万元	89714	-14.4%	165506	4.4%
应付职工薪酬	万元	248036	34.1%	483818	25.0%
应交增值税	万元	16561	-4.1%	38622	78.4%
从业人员平均人数	人	90963	10.7%	146719	18.2%

4-20 技术推广和应用服务业主要经济指标(2016年)

项目	单位	2015年经济总量	增速	2016年经济总量	增速
单位数	个	15039	5.8%	19818	2.9%
固定资产原价	万元	2445959	7.0%	3097514	28.9%
资产总计	万元	3627750	7.0%	4415612	30.1%
负债合计	万元	655810	12.0%	721173	4.6%
营业收入	万元	2853388	13.0%	3083553	25.5%
营业成本	万元	1650775	12.5%	1768797	28.6%
营业税金及附加	万元	47390	0.4%	42296	-1.3%
销售费用	万元	140143	-3.2%	91724	3.4%
管理费用	万元	140952	9.4%	191808	4.7%
财务费用	万元	61608	11.5%	38421	23.4%
营业利润	万元	695839	22.4%	737053	35.7%
利润总额	万元	698412	17.1%	757479	39.1%
应付职工薪酬	万元	464159	14.5%	565060	11.9%
应交增值税	万元	38048	31.8%	14343	-40.9%
从业人员平均人数	人	211420	4.7%	293178	21.4%

4-21　水利管理业主要经济指标(2016年)

项　　目	单　位	2015年经济总量	增速	2016年经济总量	增速
单位数	个	757	13.5%	983	14.1%
固定资产原价	万元	1565461	13.3%	485540	37.1%
资产总计	万元	1958941	13.2%	1065177	68.6%
负债合计	万元	164512	0.7%	508393	130.1%
营业收入	万元	147647	6.2%	230703	30.3%
营业成本	万元	80248	-1.0%	132428	26.6%
营业税金及附加	万元	4999	6.3%	3763	-7.6%
销售费用	万元	8142	-5.0%	8764	6.2%
管理费用	万元	21523	13.3%	46276	43.3%
财务费用	万元	2517	51.3%	3709	40.3%
营业利润	万元	24751	12.4%	19787	-9.7%
利润总额	万元	25497	14.0%	23126	5.8%
应付职工薪酬	万元	28307	17.3%	41703	24.1%
应交增值税	万元	2811	10.0%	3952	85.0%
从业人员平均人数	人	10046	12.6%	13747	9.5%

4-22　生态保护和环境治理业主要经济指标(2016年)

项　　目	单　位	2015年经济总量	增速	2016年经济总量	增速
单位数	个	294	2.1%	450	9.9%
固定资产原价	万元	124951	3.8%	282547	13.4%
资产总计	万元	293295	31.0%	392856	-14.7%
负债合计	万元	88481	89.8%	43787	-65.7%
营业收入	万元	78685	33.4%	120499	-4.0%
营业成本	万元	48561	37.2%	64986	-6.1%
营业税金及附加	万元	1043	29.7%	1232	-18.5%
销售费用	万元	2613	22.2%	6746	44.9%
管理费用	万元	5201	15.3%	14006	10.1%
财务费用	万元	868	18.5%	2855	87.6%
营业利润	万元	19546	41.6%	28338	-18.2%
利润总额	万元	19766	43.2%	30744	-11.5%
应付职工薪酬	万元	11811	12.7%	18728	15.8%
应交增值税	万元	916.91	91.9%	4166.12	86.9%
从业人员平均人数	人	4178	2.9%	6429	2.0%

4-23 公共设施管理业主要经济指标(2016年)

项　　目	单　位	2015年经济总量	增速	2016年经济总量	增速
单位数	个	——	——	2684	5.5%
固定资产原价	万元	——	——	789602	16.5%
资产总计	万元	——	——	1460043	47.7%
负债合计	万元	——	——	222584	8.2%
营业收入	万元	——	——	558332	-1.1%
营业成本	万元	——	——	370141	22.5%
营业税金及附加	万元	——	——	18171	-34.4%
销售费用	万元	——	——	25791	-13.5%
管理费用	万元	——	——	44385	3.3%
财务费用	万元	——	——	7302	-46.6%
营业利润	万元	——	——	72917	-6.4%
利润总额	万元	——	——	101994	14.7%
应付职工薪酬	万元	——	——	155264	25.9%
应交增值税	万元	——	——	4916	-2.2%
从业人员平均人数	人	——	——	52124	17.5%

4-24 居民服务业主要经济指标(2016年)

项　　目	单　位	2015年经济总量	增速	2016年经济总量	增速
单位数	个	2697	8.0%	3790	11.6%
固定资产原价	万元	151289	22.8%	223825	36.4%
资产总计	万元	261423	12.6%	395645	32.2%
负债合计	万元	39351	11.9%	66479	68.3%
营业收入	万元	250029	21.6%	259147	25.7%
营业成本	万元	131642	15.0%	140273	23.7%
营业税金及附加	万元	8391	24.2%	8978	-7.8%
销售费用	万元	14226	78.1%	20744	51.4%
管理费用	万元	22887	11.4%	42197	67.3%
财务费用	万元	10272	20.6%	7578	8.2%
营业利润	万元	58763	34.4%	31814	2.7%
利润总额	万元	94030	18.9%	32447	6.6%
应付职工薪酬	万元	61361	13.5%	66103	25.2%
应交增值税	万元	2423	27.2%	4597	151.6%
从业人员平均人数	人	28101	10.7%	34617	10.4%

4-25 机动车、电子产品和日用产品修理业主要经济指标(2016年)

项　目	单　位	2015年经济总量	增速	2016年经济总量	增速
单位数	个	3007	9.4%	3556	6.8%
固定资产原价	万元	215217	23.8%	210481	9.6%
资产总计	万元	443796	18.8%	450441	19.6%
负债合计	万元	105966	8.3%	209041	46.1%
营业收入	万元	408425	25.7%	400116	24.9%
营业成本	万元	203965	36.7%	220123	38.3%
营业税金及附加	万元	16875	37.4%	11016	10.9%
销售费用	万元	19528	-9.8%	31641	10.8%
管理费用	万元	32851	-6.2%	39265	14.4%
财务费用	万元	8598	-3.0%	8482	10.8%
营业利润	万元	112255	37.3%	63476	-1.2%
利润总额	万元	112270	34.3%	63427	-1.5%
应付职工薪酬	万元	77896	10.8%	88718	25.0%
应交增值税	万元	7412	-4.1%	9739	32.9%
从业人员平均人数	人	28576	8.1%	31525	19.0%

4-26 其他服务业主要经济指标(2016年)

项　目	单　位	2015年经济总量	增速	2016年经济总量	增速
单位数	个	1118	9.3%	1889	6.7%
固定资产原价	万元	67736	27.2%	144945	50.3%
资产总计	万元	245726	19.6%	415597	-13.8%
负债合计	万元	130696	2.4%	160976	-40.3%
营业收入	万元	108588	-1.3%	301655	55.8%
营业成本	万元	61424	-13.4%	196051	86.5%
营业税金及附加	万元	3859	21.5%	7046	5.7%
销售费用	万元	4163	0.2%	10644	57.2%
管理费用	万元	11432	-13.6%	43117	7.6%
财务费用	万元	1235	17.7%	2081	6.1%
营业利润	万元	19500	33.6%	30267	29.6%
利润总额	万元	20081	35.1%	44158	71.8%
应付职工薪酬	万元	22245	7.5%	75174	32.3%
应交增值税	万元	1748	-26.5%	5364	77.1%
从业人员平均人数	人	11903	41.6%	34017	28.5%

4-27 教育业主要经济指标(2016年)

项目	单位	2015年经济总量	增速	2016年经济总量	增速
单位数	个	14482	7.1%	23085	11.8%
固定资产原价	万元	1664738	8.7%	1286132	-20.6%
资产总计	万元	1836746	9.1%	1185766	-46.2%
负债合计	万元	212655	10.1%	373180	125.3%
营业收入	万元	635390	10.3%	746726	13.2%
营业成本	万元	313684	12.6%	433356	37.6%
营业税金及附加	万元	11820	8.1%	11764	5.0%
销售费用	万元	23066	13.5%	20931	-6.7%
管理费用	万元	112351	19.4%	69764	-43.9%
财务费用	万元	44567	3.4%	11511	-80.3%
营业利润	万元	106409	9.5%	131349	30.1%
利润总额	万元	105662	9.7%	129823	33.3%
应付职工薪酬	万元	222109	9.6%	183837	-26.4%
应交增值税	万元	3697	42.2%	5267	16.2%
从业人员平均人数	人	96317	9.7%	80708	-24.1%

4-28 卫生业主要经济指标(2016年)

项目	单位	2015年经济总量	增速	2016年经济总量	增速
单位数	个	22885	5.0%	23696	-1.6%
固定资产原价	万元	787501	11.1%	410452	-11.8%
资产总计	万元	944530	11.4%	513478	-14.2%
负债合计	万元	108286	23.0%	107276	0.8%
营业收入	万元	517593	20.2%	402905	5.1%
营业成本	万元	317598	20.8%	243802	7.8%
营业税金及附加	万元	4698	37.2%	5921	-4.3%
销售费用	万元	28161	18.9%	19827	2.0%
管理费用	万元	42163	20.0%	30077	-9.2%
财务费用	万元	18454	25.5%	8701	-15.6%
营业利润	万元	82620	19.2%	81610	14.3%
利润总额	万元	85669	19.3%	76972	11.1%
应付职工薪酬	万元	129874	17.9%	121944	10.7%
应交增值税	万元	3682	62.9%	2559	99.7%
从业人员平均人数	人	64179	5.5%	64654	0.3%

4-29 社会工作业主要经济指标(2016年)

项　目	单 位	2015年经济总量	增速	2016年经济总量	增速
单位数	个	1567	20.8%	2404	3.2%
固定资产原价	万元	184683	21.3%	2010516	4.8%
资产总计	万元	281714	21.0%	2687689	4.8%
负债合计	万元	2803	12.6%	562143	3.4%
营业收入	万元	13768	26.5%	386023	20.2%
营业成本	万元	5484	20.7%	128068	21.9%
营业税金及附加	万元	175	9.8%	591	6.1%
销售费用	万元	257	20.9%	3996	5.7%
管理费用	万元	2198	18.8%	109385	14.3%
财务费用	万元	422	16.9%	52556	3.4%
营业利润	万元	1978	19.1%	79464	61.7%
利润总额	万元	2158	29.0%	81434	70.0%
应付职工薪酬	万元	5718	31.1%	88931	18.9%
应交增值税	万元	142	-8.2%	376	-12.0%
从业人员平均人数	人	4009	19.9%	31635	5.8%

4-30 新闻和出版业主要经济指标(2016年)

项　目	单 位	2015年经济总量	增速	2016年经济总量	增速
单位数	个	146	18.8%	271	14.2%
固定资产原价	万元	9935	25.0%	17371	28.7%
资产总计	万元	22302	9.7%	51656	23.5%
负债合计	万元	15201	27.5%	28271	4.4%
营业收入	万元	14596	16.7%	31919	11.9%
营业成本	万元	7615	3.9%	14075	8.9%
营业税金及附加	万元	600	28.5%	1025	21.0%
销售费用	万元	1699	74.4%	3591	20.8%
管理费用	万元	3672	-2.4%	9372	15.8%
财务费用	万元	151	13.5%	154	21.4%
营业利润	万元	-241	-64.8%	3177	32.3%
利润总额	万元	1304	14.4%	3524	-23.0%
应付职工薪酬	万元	5978	35.2%	11102	9.1%
应交增值税	万元	439	15.9%	815	-13.0%
从业人员平均人数	人	1823	15.3%	3109	15.7%

4-31 广播、电视、电影和影视录音制作业主要经济指标(2016年)

项 目	单 位	2015年经济总量	增速	2016年经济总量	增速
单位数	个	367	2.1%	548	8.6%
固定资产原价	万元	91072	12.4%	105116	10.9%
资产总计	万元	187755	42.9%	190509	5.9%
负债合计	万元	101660	39.6%	114831	-0.5%
营业收入	万元	157277	177.2%	65982	31.2%
营业成本	万元	131936	258.2%	39331	25.6%
营业税金及附加	万元	1296	3.9%	1326	20.3%
销售费用	万元	8002	2.1%	3415	58.8%
管理费用	万元	15581	64.0%	13774	-11.8%
财务费用	万元	862	-54.3%	951	12.8%
营业利润	万元	-1905	-13.4%	5086	-325.7%
利润总额	万元	-1541	3.9%	6206	-420.1%
应付职工薪酬	万元	15460	46.8%	14979	-2.3%
应交增值税	万元	2458	97.5%	1452	106.0%
从业人员平均人数	人	4390	8.4%	5658	1.2%

4-32 文化艺术业主要经济指标(2016年)

项 目	单 位	2015年经济总量	增速	2016年经济总量	增速
单位数	个	4217	15.6%	5993	19.5%
固定资产原价	万元	195252	14.8%	470664	65.2%
资产总计	万元	403977	11.9%	849958	66.1%
负债合计	万元	123309	25.8%	315557	99.5%
营业收入	万元	262284	23.5%	438883	26.1%
营业成本	万元	154082	29.3%	275102	22.0%
营业税金及附加	万元	8403	32.0%	13356	37.0%
销售费用	万元	12819	5.0%	24878	72.2%
管理费用	万元	24332	14.3%	39316	21.4%
财务费用	万元	2884	-18.0%	5317	42.5%
营业利润	万元	50749	20.2%	65279	32.1%
利润总额	万元	50651	20.9%	63793	29.9%
应付职工薪酬	万元	47738	14.7%	80719	22.3%
应交增值税	万元	6175	151.3%	3715	-70.8%
从业人员平均人数	人	17945	15.3%	30908	20.8%

4-33 体育业主要经济指标(2016年)

项　目	单　位	2015年经济总量	增速	2016年经济总量	增速
单位数	个	304	9.5%	471	10.9%
固定资产原价	万元	57702	4.9%	80323	-66.5%
资产总计	万元	75842	0.2%	167088	-47.0%
负债合计	万元	30755	19.8%	116569	-22.6%
营业收入	万元	26323	13.7%	35146	4.9%
营业成本	万元	10781	10.3%	12245	2.7%
营业税金及附加	万元	884	17.8%	1289	-6.3%
销售费用	万元	2793	19.2%	1837	4.9%
管理费用	万元	7082	11.8%	17532	-24.7%
财务费用	万元	1318	21.2%	2035	-16.8%
营业利润	万元	1959	138.5%	-971	-91.2%
利润总额	万元	1916	126.5%	-937	-91.6%
应付职工薪酬	万元	7383	24.4%	11448	5.0%
应交增值税	万元	207	18.5%	407	270.2%
从业人员平均人数	人	2822	11.5%	4602	6.8%

4-34 娱乐业主要经济指标(2016年)

项　目	单　位	2015年经济总量	增速	2016年经济总量	增速
单位数	个	6751	13.3%	6876	-4.6%
固定资产原价	万元	373470	20.7%	465927	-1.9%
资产总计	万元	461790	18.8%	527505	-1.7%
负债合计	万元	83352	15.5%	108494	-11.0%
营业收入	万元	491565	18.2%	478179	6.6%
营业成本	万元	250510	12.8%	258418	7.2%
营业税金及附加	万元	24674	14.0%	18179	-7.8%
销售费用	万元	15865	24.9%	15443	22.8%
管理费用	万元	37749	9.3%	58122	63.5%
财务费用	万元	8322	5.6%	7833	32.6%
营业利润	万元	114363	21.1%	85193	-13.9%
利润总额	万元	112704	15.6%	86876	-10.3%
应付职工薪酬	万元	95336	19.4%	93341	6.3%
应交增值税	万元	5132	33.2%	7123	12.6%
从业人员平均人数	人	42914	13.4%	43252	-3.5%

4-35 自有房地产经营活动主要经济指标(2016年)

项　目	单 位	2016年经济总量	增速
单位数	个	384	19.4%
固定资产原价	万元	318990	29.8%
资产总计	万元	536900	26.8%
负债合计	万元	440966	39.2%
营业收入	万元	55440	0.2%
营业成本	万元	13758	3.8%
营业税金及附加	万元	3405	-10.2%
销售费用	万元	2445	103.0%
管理费用	万元	35528	30.6%
财务费用	万元	3989	28.8%
营业利润	万元	-5243	-566.3%
利润总额	万元	-7844	-633.9%
应付职工薪酬	万元	14125	23.8%
应交增值税	万元	1324	374.6%
从业人员平均人数	人	5456	19.2%

4-36 其他房地产业主要经济指标(2016年)

项　目	单 位	2016年经济总量	增速
单位数	个	233	14.4%
固定资产原价	万元	186385	13.4%
资产总计	万元	187088	1.5%
负债合计	万元	182578	29.3%
营业收入	万元	25274	18.9%
营业成本	万元	10599	23.5%
营业税金及附加	万元	994	19.9%
销售费用	万元	293	38.4%
管理费用	万元	11914	17.6%
财务费用	万元	273	-2.5%
营业利润	万元	343	37.5%
利润总额	万元	343	37.5%
应付职工薪酬	万元	2855	20.0%
应交增值税	万元	216	22.4%
从业人员平均人数	人	818	14.0%

4-37 分地市营业收入(2016年)

地市名称	单位	2015年经济总量	增速	2016年经济总量	增速
郑州	万元	2823953	16.4%	6637489	13.7%
开封	万元	1481940	12.2%	1814278.88	11.1%
洛阳	万元	897325	14.8%	1404144.5	14.2%
平顶山	万元	359413	15.4%	776381.06	11.6%
安阳	万元	319258	7.8%	427555.22	12.0%
鹤壁	万元	139254	18.0%	170831.64	15.1%
新乡	万元	599700	12.5%	734165.44	17.3%
焦作	万元	295876	14.0%	442520.5	14.9%
濮阳	万元	548903	16.0%	868268.88	10.6%
许昌	万元	1529442	14.7%	1430960.63	15.5%
漯河	万元	321710	17.5%	308892.66	16.1%
三门峡	万元	254305	18.8%	347232.63	17.7%
南阳	万元	1253101	16.2%	1658577.5	12.3%
商丘	万元	775625	16.2%	1047421.31	18.9%
信阳	万元	538889	18.3%	598612.69	14.1%
周口	万元	839148	13.6%	764799.44	16.2%
驻马店	万元	648105	17.3%	544401.5	18.5%
济源	万元	177204	12.1%	97075.38	15.8%

主要统计指标解释

服务业 调查的行业范围与对象和规模以上服务业统计制度相衔接。包括 10 个门类、31 个行业大类（702 物业管理，703 房地产中介）。131 个行业中类，247 个行业小类。

规模：规模以下服务业统计制度调查对象是年末从业人员 50 人以下，且年营业收入 1000 万元以下的服务业样本法人单位。具体包括：交通运输、仓储和邮政业，信息传输、软件和信息技术服务业，租赁和商务服务业，科学研究和技术服务业，水利、环境和公共设施管理业，教育，卫生和社会工作，物业管理、房地产中介服务等行业。居民服务、修理和其他服务业，文化、体育和娱乐业是年末从业人员 50 人以下，且年营业收入 500 万元以下的服务业样本法人单位。

固定资产原价 指固定资产的成本，包括企业在购置、自行建造、安装、改建、扩建、技术改造某项固定资产时所发生的全部支出总额。根据会计“固定资产”科目的期末借方余额填报。

资产总计 指企业过去的交易或者事项形成的、由企业拥有或者控制的、预期会给企业带来经济利益的资源。资产一般按流动性（资产的变现或耗用时间长短）分为流动资产和非流动资产。其中流动资产可分为货币资金、交易性金融资产、应收票据、应收账款、预付款项、其他应收款、存货等；非流动资产可分为长期股权投资、固定资产、无形资产及其他非流动资产等。根据会计“资产负债表”中“资产总计”项目的期末余额数填报。

负债合计 指企业过去的交易或者事项形成的，预期会导致经济利益流出企业的现时义务。负债一般按偿还期长短分为流动负债和非流动负债。根据会计“资产负债表”中“负债合计”项目的期末余额数填报。

营业收入 指企业经营主要业务和其他业务所确认的收入总额。营业收入合计包括“主营业务收入”和“其他业务收入”。根据会计“利润表”中“营业收入”项目的本季金额数填报。

营业成本 指企业经营主要业务和其他业务所发生的成本总额。包括企业（单位）在报告期内从事销售商品、提供劳务等日常活动发生的各种耗费。包括“主营业务成本”和“其他业务成本”。根据会计“利润表”中“营业成本”项目的本季金额数填报。

营业税金及附加 指企业因从事生产经营活动按税法规定缴纳的应从经营收入中抵扣的税金和附加，包括营业税、消费税、城市维护建设税、教育费附加等。根据会计“利润表”中“营业税金及附加”项目的本季金额数填报。

销售费用 指企业在销售商品和材料、提供劳务的过程中发生的各种费用，包括保险费、包装费、展览费和广告费、商品维修费、预计产品质量保证损失、运输费、装卸费等以及为销售本企业商品而专设的销售机构（含销售网点、售后服务网点等）的职工薪酬、业务费、折旧费等经营费用。建筑业企业销售费用指企业从事施工生产活动过程中发生的各项费用，包括应由企业负担的运输费、装卸费、包装费、保险费、维修费、展览费、差旅费、广告费和其他经费。房地产企业销售费用指企业在从事主要经营业务过程中所发生的各项销售费用，包括转让、销售、结算和出租开发产品等。执行 2006 年《企业会计准则》或 2011 年《小企业会计准则》的企业，根据会计“利润表”中“销售费用”项目的本期金额数填报。执行其他企业会计制度的企业，根据会计“利润表”中“营业费用（或经营费用）”项目的本期金额数填报。

管理费用 指企业为组织和管理企业生产经营所发生的费用，包括企业在筹建期间内发生的开办费、董事会和行政管理部门在企业经营管理中发生的，或者应当由企业统一负担的公司经费等。根据会计“利润表”中“管理费用”项目的本季金额数填报。

财务费用 指企业为筹集生产经营所需资金等而发生的筹资费用，包括企业生产经营期间发生的利息支出（减利息收入）、汇兑损失（减汇兑收益）以及相关的手续费等。根据会计“利润表”中“财务费用”项目的本季金额数填报。

营业利润 指企业从事生产经营活动所取得的利润。执行 2006 年《企业会计准则》的企业，营业利润为营业收入减去营业成本、营业税金及附加、销售费用、管理费用、财务费用、资产减值损失，再加上公允价值变动收益和投资收益。执行 2011 年《小企业会计准则》的企业，营业利润为营业收入减去营业成本、营业税金及附加、销售费用、管理费用、财务费用，再加上投资收益后的金额；执行其他企业会计制度的企业，营业利润为主营业务收入减去主营业务成本、主营业务税金及附加，加上其他业务利润后，再减去销售费用、管理费用、财务费用后的金额。根据会计“利润表”中“营业利润”项目的本期金额数填报。

利润总额 指企业在一定会计期间的经营成果，是生产经营过程中各种收入扣除各种耗费后的盈余，反映企业在报告期内实现的盈亏总额。根据会计“利润表”中“利润总额”项目的本期金额数填报。执行 2006 年《企业会计准则》或 2011 年《小企业会计准则》的企业，利润总额为营业利润加上营业外收入，减去营业外支出后的金额；执行其他企业会计制度的企业，利润总额为营业利润加上投资收益、政府补助、营业外收入，再减去营业外支出后的金额。

应付职工薪酬 指企业为获得职工提供的服务而给予各种形式的报酬以及其他相关支出。包括职工工资、奖金、津贴和补贴，职工福利费，医疗保险费、养老保险费、失业保险费、工伤保险费和生育保险费等社会保险费，住房公积金，工会经费和职工教育经费，非货币性福利，因解除与职工的劳动关系给予的补偿，其他与获得职工提供的服务相关的支出。执行 2006 年《企业会计准则》或 2011 年《小企业会计准则》的企业，根据会计科目“应付职工薪酬”的本年贷方累计发生额填报；执行其他企业会计制度的企业，应将本年上述职工薪酬包含的科目归并填报。

应交增值税 指按照税法规定，针对销售货物或提供加工、修理修配劳务以及进口货物实现的增值额，企业在报告期内应交纳的税金。填报本指标时，应按权责发生制核算企业本期应负担的增值税，有两种计算方法，可选其一，一旦确定，原则上不得更改。

计算方法一：

根据本期会计科目（1）“销项税额”、“进项税额转出”、“出口退税”年初至期末贷方累计发生额（一般与期末贷方余额相等，因为年初贷方余额为零），（2）“进项税额”年初至期末借方累计发生额，即期末借方余额 － 年初借方余额，（3）“出口抵减内销产品应纳税额”、“减免税款”年初至期末借方累计发生额（一般与期末借方余额相等，因为年初借方余额为零），取值后按照下述公式计算填报：

应交增值税 = 销项税额 － （进项税额 － 进项税额转出） － 出口抵减内销产品应纳税额 － 减免税款 + 出口退税

计算方法二：

根据本期《增值税纳税申报表（一般纳税人适用）》（以“国家税务总局公告 2013 年 32 号”版式为例）“销项税额”（第 11 栏）、“进项税额”（第 12 栏）、“进项税额转出”（第 14 栏）、“免、抵、退应退税额”（第 15 栏）、“简易计税办法计算的应纳税额”（第 21 栏）、“按简易计税办法计算的纳税检查应补缴税额”（第 22 栏）、“应纳税额减征额”（第 23 栏）栏目“一般货物、劳务和应税服务”列中“本年累计”列，按照下述公式计算填报：

应交增值税 = 销项税额－（进项税额－进项税额转出－免、抵、退应退税额） + 简易计税办法计算的应纳税额 + 按简易计税办法计算的纳税检查应补缴税额 － 应纳税额减征额

计算方法说明及填报要求：

（1）计算公式均体现权责发生制，本期发生的进项税额全部参与计算，相当于不设置留抵，同时也不抵扣会计账簿或增值税纳税申报表中上年年末留抵的进项税额，公式计算结果可以为负数。

（2）按照公式计算本指标后，不应再加增值税减免税额，因为这部分价值不再形成企业缴纳义务。

从业人员平均人数 指报告期内（年度、季度、月度）平均拥有的从业人员数。季度或年度平均人数

按单位实际月平均人数计算得到，不得用期末人数替代。

工业 指从事自然资源的开采，对采掘品和农产品进行加工和再加工的生产活动部门。工业行业划分标准及代码依照国家标准《国民经济行业分类》（GB/T 4754-2011）执行。工业生产活动主要包括：对自然资源的开采，如采矿、晒盐等，但不包括禽兽捕猎和水产捕捞；对农副产品的加工、再加工，如粮油加工、食品加工、缫丝、纺织、制革等；对采掘品的加工、再加工，如冶金加工、石油加工、化学加工、机械加工、木材加工等，以及电力、煤气及水的生产和供应等；对工业品的修理、翻新，如机器设备、交通运输的修理等，不包括属于居民服务业的日用品修理、摩托车修理、汽车修理和自行车修理。

工业法人单位 法人单位是指有权拥有资产、承担负债，并独立从事社会经济活动（或与其他单位进行交易）的组织。法人单位应同时具备以下条件：(1)依法成立，有自己的名称、组织机构和场所，能够独立承担民事责任；(2)独立拥有（或授权使用）资产或者经费，承担负债，有权与其他单位签订合同；(3)具有包括资产负债表在内的账户，或者能够根据需要编制账户。主要包括：企业法人、个人独资企业、合伙企业。

个体工业单位 生产资料归劳动者个人所有，以个体劳动为基础，从事工业生产活动，劳动成果归劳动者个人占有和支配的一种经营单位。包括：（1）按照《民法通则》和《城乡个体工商户管理暂行条例》规定经各级工商行政管理机关登记注册、领取《营业执照》的个体工业户。具体是指公民在法律允许范围内，依法经核准登记，从事工业活动的个体劳动者。（2）没有领取《营业执照》但实际从事工业生产活动的城镇、农村个体经营单位。但不包括农民家庭以辅助劳力或利用农闲时间进行的一些兼营性的工业、商业及其它活动。

个体工业统计范围**不包括**的活动有：（1）农民家庭以从事农业为主，以辅助劳力或利用农闲时间进行的一些工业生产活动或其他生产活动，如竹藤棕草编织、毛衣、手套、塑料提蓝编织、挑花、刺绣、抽纱、刷纸等，属农民家庭兼营工业。（2）农村中的一些经营活动，如养蜂、养鸡、养鸭、养猪、养鹅、生豆芽、养磨菇、养蚕、养鱼、炕房、烘房、孵坊、采种、育苗等，不论其单位名称如何，均属相应的农业、畜牧业、林业、渔业。（3）农村中一些从事流动性上门干活的工匠，如木匠、蔑匠、弹花、缝纫、油漆匠等，还有从事流动性的服务作业，如走街串巷、逢场赶集、赶会的屠宰户及临时性的豆制品加工等。（4）从事生活用品修理的单位，如钟表、钢笔、自行车、衣服、鞋、帽、日用小五金、黑白铁、铝制品、缝纫机和家用电器的修理等。（5）一些商店和饮食店以及一些小商小贩和饮食摊点，它们以商业、饮食业为主，同时也生产加工一些产品，产品直接向消费者出售。如豆腐店出售自己生产的豆腐，肉店购进活猪自己屠宰，玻璃油漆店自己加工的玻璃制品，粮店加工零售挂面、面条、面包，饮食店自产自销一些面包、糕点等。（6）洗染、照相、裱糊、刻图章等单位。

工业增加值 是指工业行业在报告期内以货币表现的工业生产活动的最终成果。

从业人员期末人数 指报告期末最后一日 24 时在本单位中工作，并取得工资或其他形式劳动报酬的人员数。该指标为时点指标，不包括最后一日当天及以前已经与单位解除劳动合同关系的人员，是在岗职工、劳务派遣人员及其他从业人员之和。从业人员不包括：

（1）离开本单位仍保留劳动关系，并定期领取生活费的人员；

（2）利用课余时间打工的学生及在本单位实习的各类在校学生；

（3）本单位因劳务外包而使用的人员，如：建筑业整建制使用的人员。

五　消费价格

资料整理：王　燕

5-1 历年居民消费、商品零售及农业生产资料价格总指数

(上年=100)

年 份	居民消费价格总指数			商品零售价格总指数			农业生产资料价格总指数
	全 省	城 市	农 村	全 省	城 市	农 村	
1965	97.0	96.3	97.3	96.8	96.0	97.3	95.7
1970	99.0	99.8	98.5	98.8	99.8	98.5	99.9
1975	100.1	100.2	100.1	100.2	100.2	100.1	100.0
1978	100.1	100.0	100.1	100.1	100.0	100.1	97.9
1980	104.6	106.0	103.8	104.9	106.4	103.8	100.1
1985	104.6	106.5	103.6	105.4	106.4	103.5	103.0
1990	100.7	100.5	100.9	100.1	99.8	100.4	98.3
1991	102.3	105.1	100.0	102.0	105.0	99.6	100.1
1992	105.4	107.7	102.9	105.0	107.5	102.2	101.2
1993	110.4	110.6	110.3	108.3	108.5	108.1	109.2
1994	125.2	127.4	123.5	120.6	118.2	122.3	124.4
1995	116.5	116.9	116.3	114.9	113.3	116.5	125.8
1996	110.5	109.5	110.9	107.9	106.2	109.4	107.9
1997	103.5	102.4	103.9	100.5	99.8	101.2	99.3
1998	97.5	97.9	97.1	96.6	96.6	96.5	94.2
1999	96.9	96.6	97.1	96.2	95.7	96.6	95.7
2000	99.2	99.1	99.2	98.5	98.8	98.3	99.6
2001	100.7	100.7	100.7	99.8	99.5	100.1	99.1
2002	100.1	99.8	100.6	99.2	99.0	99.3	100.8
2003	101.6	101.7	101.4	101.3	101.2	101.4	101.9
2004	105.4	105.4	105.4	105.7	105.3	106.0	111.4
2005	102.1	102.1	102.1	101.7	101.8	101.6	107.9
2006	101.3	101.2	101.5	100.9	100.7	101.1	101.2
2007	105.4	105.4	105.4	104.4	103.8	105.1	106.1
2008	107.0	106.5	107.9	107.5	107.4	107.5	120.9
2009	99.4	98.8	100.4	99.4	99.6	99.2	98.1
2010	103.5	103.4	103.8	103.7	103.5	104.0	103.1
2011	105.6	105.4	106.1	105.7	105.4	106.1	111.1
2012	102.5	102.6	102.4	102.3	102.4	102.1	105.4
2013	102.9	102.9	102.9	101.9	101.6	102.3	101.3
2014	101.9	102.0	101.6	101.0	101.0	101.0	97.9
2015	101.3	101.3	101.2	99.8	99.6	100.0	100.3
2016	101.9	101.9	102.0	100.3	100.3	100.3	100.8

5-2 居民消费、商品零售及农业生产资料价格总指数(2016年)

以下列年份为100	居民消费价格总指数			商品零售价格总指数			农业生产资料价格总指数
	全 省	城 市	农 村	全 省	城 市	农 村	
1952	639.7	767.0	573.0	497.7	573.8	470.8	588.9
1957	560.4	667.6	503.9	463.1	502.9	416.9	579.6
1965	515.9	604.4	469.9	409.1	446.9	387.7	559.6
1970	526.0	605.7	483.8	426.8	446.8	399.7	616.8
1975	527.1	605.3	486.9	427.8	446.7	402.1	644.9
1978	523.0	587.8	487.2	416.8	433.6	402.2	631.9
1980	496.7	552.1	465.5	395.6	405.6	385.8	631.2
1985	451.5	473.4	437.6	353.7	348.5	362.3	528.4
1990	282.3	293.1	274.2	222.8	217.5	228.2	314.1
1995	162.6	157.2	168.3	139.1	132.4	145.6	181.5
2000	151.8	149.6	156.0	140.1	136.8	143.6	188.7
2005	137.7	136.0	141.1	130.0	128.0	132.3	154.2
2006	135.9	134.4	139.0	128.8	127.1	130.8	152.4
2007	129.0	127.5	131.9	123.4	122.5	124.5	143.6
2008	120.5	119.7	122.2	114.8	114.0	115.8	118.8
2009	121.3	121.2	121.7	115.5	114.5	116.8	121.1
2010	117.2	117.2	117.2	111.4	110.6	112.3	117.4
2011	110.9	111.2	110.6	105.4	105.0	105.8	105.7
2012	108.2	108.4	108.0	103.0	102.5	103.6	100.3
2013	105.2	105.3	104.9	101.1	100.9	101.3	99.0
2014	103.2	103.3	103.3	100.1	99.9	100.3	101.1
2015	101.9	101.9	102.0	100.3	100.3	100.3	100.8

5-3 居民消费价格分类指数

类 别	2016年		
	上年=100		
	全 省	城 市	农 村
总指数	**101.9**	**101.9**	**102.0**
食品烟酒	**103.2**	**103.1**	**103.4**
食品	104.1	104.0	104.3
粮食	100.1	100.2	99.8
薯类	113.3	112.4	114.8
豆类	99.9	100.6	98.6
食用油	101.2	100.9	101.6
菜	110.6	110.8	110.3
畜肉类	112.8	112.5	113.4
禽肉类	100.0	99.9	100.2
水产品	101.4	101.0	102.4
蛋类	95.6	96.9	93.8
奶类	99.6	99.6	99.8
干鲜瓜果类	96.2	96.6	95.2
糖果糕点类	101.8	101.5	102.0
调味品	101.9	101.8	102.0
其他食品类	100.5	100.7	100.3
茶及饮料	99.4	99.7	99.0
烟酒	100.3	100.4	100.1
在外餐饮	102.4	102.2	102.7
衣着	**100.7**	**100.8**	**100.6**
服装	100.5	100.6	100.4
服装材料	100.6	100.4	101.0
其他衣着及配件	101.0	100.9	101.1
衣着加工服务费	105.1	106.3	102.1
鞋类	100.9	100.9	101.0
居住	**102.2**	**103.0**	**100.8**
租赁房房租	103.3	103.4	102.9
住房保养维修及管理	101.3	101.4	101.2
水电燃料	100.3	101.7	98.2
自有住房	103.4	103.8	102.3
生活用品及服务	**100.2**	**100.3**	**99.9**
家具及室内装饰品	100.9	100.7	101.2
家用器具	97.6	97.7	97.4
家用纺织品	100.0	100.2	99.5
家庭日用杂品	100.7	100.5	101.0
个人护理用品	101.2	101.3	100.8
家庭服务	106.2	107.0	103.4
交通和通信	**98.3**	**97.9**	**98.9**
交通	98.0	97.5	98.8
通信	98.9	98.7	99.1
教育文化和娱乐	**102.4**	**100.9**	**105.2**
教育	104.1	101.6	108.1
文化娱乐	99.8	99.9	99.4
医疗保健	**102.8**	**103.1**	**102.4**
药品及医疗器具	106.3	106.3	106.3
医疗服务	100.8	101.0	100.4
其他用品和服务	**103.9**	**103.8**	**103.9**
其他用品类	105.8	106.7	104.6
其他服务类	102.2	101.9	103.0

5-4 居民消费价格

(上年同月=100)

类　别	年平均	1月	2月	3月	4月	5月
总 指 数	**101.9**	**101.5**	**102.2**	**102.4**	**102.3**	**101.9**
食品烟酒	103.2	103.5	105.4	106.1	105.7	104.4
食品	104.1	104.2	107.1	108.2	107.6	106.0
粮食	100.1	100.3	100.3	100.3	100.0	99.7
大　米	100.3	101.1	100.9	100.6	100.3	100.1
面　粉	101.2	100.4	100.7	101.5	101.3	101.0
其他粮食	91.8	91.8	91.6	91.2	90.9	90.1
粮食制品	100.6	101.0	101.2	101.0	100.6	100.4
薯类	113.3	104.3	111.6	116.2	132.9	134.8
薯　类	113.3	104.3	111.6	116.2	132.9	134.8
豆类	99.9	100.3	100.5	99.8	99.6	99.4
干　豆	97.8	98.8	98.8	98.3	97.3	97.4
豆 制 品	100.0	100.4	100.6	99.9	99.8	99.6
食用油	101.2	98.3	99.8	100.4	100.0	100.8
食用植物油	100.6	97.9	99.4	99.9	99.3	100.0
食用动物油	123.6	115.3	117.3	120.0	130.4	137.5
菜	110.6	119.8	125.8	137.1	121.4	104.9
鲜　菜	111.3	121.3	127.5	140.0	123.0	105.0
干菜及菜制品	104.1	104.4	104.4	104.0	104.0	104.3
畜肉类	112.8	112.0	120.5	121.4	123.7	124.3
猪　肉	118.3	118.8	131.3	133.1	136.1	135.6
牛　肉	100.2	100.0	100.9	100.5	100.4	100.6
羊　肉	94.0	90.5	91.1	90.8	92.2	94.2
畜肉副产品	110.4	104.9	108.9	108.9	110.9	115.3
其他畜肉及制品	103.3	102.2	102.9	102.9	103.5	104.1
禽肉类	100.0	99.2	99.6	100.8	100.8	101.3
鸡	99.4	97.6	98.3	100.3	100.3	101.0
鸭	100.6	101.4	101.9	101.3	101.0	101.1
其他禽肉及制品	101.4	102.5	102.3	102.0	101.9	102.0
水产品	101.4	99.9	99.9	99.6	99.6	99.1
淡 水 鱼	99.0	97.2	95.8	93.5	94.2	95.0
海 水 鱼	105.3	104.1	105.6	104.3	104.3	105.0
虾 蟹 类	102.6	100.3	101.4	104.4	103.5	100.3
其他水产品及制品	102.3	101.9	102.5	102.2	102.1	101.9
蛋类	95.6	94.9	93.0	91.7	98.9	100.6
鸡　蛋	95.5	94.6	92.7	91.4	98.9	100.6
其他蛋及制品	99.1	99.8	100.0	99.1	99.7	100.2
奶类	99.6	99.7	99.7	100.2	99.9	100.1
鲜　奶	97.6	97.9	98.1	98.6	99.0	98.7
酸　奶	100.6	100.8	100.5	100.8	100.1	100.5
奶　粉	100.4	99.7	99.6	100.6	100.4	100.9
其他奶制品	100.5	101.8	101.8	101.4	100.3	100.1
干鲜瓜果类	96.2	94.5	92.6	89.3	90.9	91.3
鲜 瓜 果	95.0	92.7	90.6	86.4	88.3	88.5

分月指数(2016年)

6月	7月	8月	9月	10月	11月	12月
101.9	**101.5**	**101.3**	**101.9**	**102.1**	**102.1**	**102.0**
103.4	101.7	100.5	102.0	102.7	102.2	101.3
104.6	102.0	100.1	102.4	103.5	102.7	101.3
99.9	99.8	99.8	99.8	100.0	100.3	100.5
100.1	100.2	100.1	100.0	99.8	100.0	100.5
101.1	100.9	100.9	100.8	101.6	102.1	102.3
90.0	89.9	90.3	91.1	92.6	95.4	96.9
100.7	100.7	100.6	100.5	100.4	100.3	100.3
122.4	107.8	103.0	102.8	102.7	106.9	108.2
122.4	107.8	103.0	102.8	102.7	106.9	108.2
99.2	99.6	99.6	100.0	100.2	100.1	100.1
97.2	97.4	97.9	97.5	97.6	97.9	98.0
99.3	99.7	99.7	100.1	100.3	100.3	100.3
101.5	102.0	102.3	102.5	102.4	102.1	102.4
100.6	101.2	101.6	102.0	102.0	101.8	102.1
138.9	131.9	125.6	121.6	117.8	115.0	114.6
89.4	88.6	93.5	107.0	115.7	112.8	102.5
87.8	87.0	92.4	107.3	117.0	113.8	102.4
104.3	104.5	104.2	103.9	104.0	104.0	103.6
123.6	112.9	106.0	105.0	103.4	103.3	104.1
133.7	117.3	107.7	106.4	104.3	104.1	105.0
100.8	100.5	100.2	99.7	99.6	99.3	99.4
95.0	95.3	95.1	94.8	95.2	96.2	98.9
117.2	114.7	111.0	109.3	107.9	108.0	107.9
104.3	103.9	103.5	103.3	103.1	103.0	103.1
101.2	100.0	99.6	99.9	99.9	99.3	98.9
101.1	99.4	98.8	99.5	99.6	98.8	98.3
101.2	100.7	100.1	99.5	99.5	99.5	99.5
101.5	101.3	101.3	100.8	100.6	100.5	100.2
100.5	101.5	102.5	103.5	103.7	103.0	103.6
98.1	100.1	102.3	104.1	104.0	101.5	102.6
105.4	105.2	105.1	105.4	105.5	105.8	107.4
100.8	101.4	101.9	102.9	103.8	105.2	105.1
102.1	102.3	102.5	102.7	102.4	102.1	102.4
101.6	98.2	89.4	92.9	99.5	97.5	92.6
101.7	98.1	88.9	92.7	99.5	97.4	92.3
100.0	99.2	98.5	98.0	98.1	98.2	98.6
100.0	100.0	99.7	99.0	99.2	99.2	99.1
98.3	98.0	97.5	96.1	96.3	96.3	96.2
100.2	100.4	100.8	100.7	101.1	101.2	100.7
101.2	101.2	100.7	99.9	100.1	100.3	100.3
99.9	100.1	100.2	100.3	100.2	100.0	99.9
94.7	98.1	97.8	104.6	105.1	100.9	99.3
92.6	96.7	96.4	106.3	107.8	102.0	99.5

5-4 续表 1

(上年同月=100)

类　别	年平均	1月	2月	3月	4月	5月
坚　果	99.7	99.6	98.9	98.8	99.3	99.9
瓜果制品	100.0	101.4	100.4	101.1	100.8	100.1
糖果糕点类	101.8	101.7	101.8	101.7	101.9	101.8
食　糖	104.0	105.3	104.4	104.1	104.6	103.7
糖　果	101.2	100.7	100.9	101.2	100.9	101.2
糕　点	100.8	100.2	100.9	100.7	101.1	101.0
其他糖果糕点	100.1	100.0	99.8	99.9	99.8	100.2
调味品	101.9	101.9	101.4	101.9	101.7	101.9
食用盐	107.8	103.6	103.5	105.2	105.1	105.9
酱　油	100.2	101.7	100.4	101.0	100.6	100.3
食　醋	102.1	101.5	101.1	101.5	101.4	102.1
调味酱	100.1	100.0	99.3	99.8	99.9	100.4
味　精	100.5	100.9	100.8	100.7	100.7	100.2
其他调味品	104.1	105.1	104.9	105.3	104.6	104.2
其他食品类	100.5	101.3	100.0	100.3	100.5	100.8
方便食品	101.0	102.3	100.2	101.0	101.2	101.6
淀粉及制品	99.9	100.4	99.9	99.4	99.5	99.7
膨化食品	100.3	100.3	99.9	100.0	100.1	100.6
茶及饮料	99.4	100.0	98.7	99.4	99.9	99.2
茶　叶	101.5	101.2	101.3	101.7	101.8	101.2
固体咖啡	101.3	102.7	102.5	102.5	101.9	101.2
其他固体饮料	101.2	102.4	102.2	101.9	102.0	101.5
饮用水	99.6	100.7	101.1	100.8	101.0	100.3
果汁饮料	98.6	99.7	98.9	98.8	98.9	98.0
其他液体饮料	98.0	99.1	96.3	97.5	98.5	98.0
烟酒	100.3	102.0	102.5	102.4	102.1	100.3
烟草	101.7	106.0	105.9	106.0	105.8	102.4
烟　草	101.7	106.0	105.9	106.0	105.8	102.4
酒类	98.9	98.2	99.1	99.0	98.5	98.2
白　酒	98.3	97.7	98.8	98.5	97.8	97.5
葡萄酒	101.6	101.1	101.2	101.7	101.7	101.8
啤　酒	100.0	99.9	100.2	99.9	99.6	99.6
其他酒类	104.7	100.3	100.3	105.7	104.5	104.4
在外餐饮	102.4	102.4	102.0	102.0	102.1	102.3
正　餐	102.2	102.1	101.6	101.8	102.1	102.5
快　餐	101.6	102.1	101.9	101.7	101.6	101.4
地方小吃	104.7	104.2	103.6	103.3	103.2	103.8
其他在外餐饮	101.9	101.5	100.9	101.7	101.8	101.9
衣着	100.7	101.1	101.1	101.0	100.9	100.7
服装	100.5	101.0	101.0	100.9	100.7	100.5
男式服装	100.7	101.2	101.2	101.0	100.8	100.6
男式西服	100.5	101.0	100.9	100.3	100.4	100.3
男式冬衣	100.7	100.7	100.9	100.6	100.0	100.2
男式夹克衫	101.2	101.4	101.4	101.5	101.2	101.0

6月	7月	8月	9月	10月	11月	12月
100.7	101.7	101.7	100.6	98.2	98.1	98.6
99.3	100.7	100.3	99.4	98.5	98.6	100.1
101.5	101.5	101.6	101.7	101.6	102.0	102.3
102.8	102.9	103.3	102.8	103.1	104.8	106.1
101.2	101.2	101.7	101.7	101.0	101.1	101.2
101.1	100.8	100.5	101.1	101.0	100.9	100.7
99.2	99.8	99.9	100.1	100.9	101.0	100.8
102.0	101.9	102.1	101.8	101.8	102.2	102.3
108.6	109.6	110.8	110.8	110.8	109.9	109.8
99.1	99.1	100.1	99.8	99.8	100.4	100.3
102.3	102.3	102.4	102.1	102.5	102.7	103.2
100.9	100.5	100.4	99.6	99.7	100.5	100.3
99.9	100.2	100.1	100.3	100.6	100.7	100.7
104.3	103.9	103.6	103.2	103.0	103.1	103.7
101.1	100.7	100.6	100.5	100.4	99.9	99.8
101.8	101.2	101.2	101.0	100.9	99.8	99.4
100.1	99.8	99.8	99.8	99.7	99.8	100.4
101.0	100.6	100.3	100.4	100.1	100.0	99.9
99.2	99.0	99.5	99.4	99.5	99.4	99.4
101.4	101.4	101.7	101.6	101.7	101.7	101.5
100.8	101.0	101.2	101.1	100.6	100.1	100.0
101.3	101.3	100.5	100.7	101.0	100.2	99.7
100.1	99.2	98.4	97.7	99.4	98.9	97.9
98.0	97.7	98.2	98.4	98.9	98.8	99.2
97.8	97.6	98.3	98.3	98.1	98.1	98.2
99.0	99.1	99.2	99.3	99.3	99.3	99.4
99.7	99.6	99.5	99.3	99.3	99.2	99.1
99.7	99.6	99.5	99.3	99.3	99.2	99.1
98.3	98.6	98.9	99.3	99.3	99.4	99.7
97.6	97.8	98.3	98.8	98.8	98.9	99.3
101.9	102.0	102.1	102.1	102.2	100.4	101.5
100.3	100.8	99.4	99.7	99.9	100.1	100.1
105.0	105.0	106.3	106.3	106.4	106.0	106.1
102.3	102.6	102.7	102.5	102.4	102.4	102.6
102.5	102.6	102.6	102.2	102.0	101.9	102.0
101.1	101.5	101.5	101.4	101.6	101.6	101.7
104.3	104.9	105.6	105.8	105.8	105.8	105.7
102.5	102.2	102.1	101.7	101.8	102.2	103.0
100.5	100.5	100.6	100.5	100.5	100.8	100.7
100.2	100.2	100.4	100.3	100.3	100.6	100.5
100.4	100.4	100.5	100.4	100.3	100.6	100.4
100.3	100.1	100.3	100.7	100.7	101.1	100.2
100.2	100.2	100.4	101.0	100.8	101.5	101.1
100.9	101.0	101.0	101.0	101.1	101.4	101.3

5-4 续表 2

(上年同月=100)

类　　别	年平均	1月	2月	3月	4月	5月
男式毛线衣	100.4	101.2	100.9	100.6	100.3	99.9
男式运动装	100.7	100.7	100.5	100.4	100.6	100.3
男式衬衫T恤	100.8	101.5	101.4	101.6	101.6	101.5
男式裤子	100.0	101.2	101.1	101.2	100.9	99.8
男式内衣	101.3	102.3	102.0	101.6	101.2	101.3
女式服装	100.4	100.7	100.7	100.5	100.5	100.1
女式外套	101.2	101.3	101.4	101.9	101.7	101.4
女式冬衣	99.2	99.1	98.8	98.4	98.6	98.7
女式毛线衣	101.3	100.6	100.4	100.9	101.2	100.9
女式运动装	100.9	100.5	100.6	100.7	100.5	100.3
女式衬衫T恤	100.0	101.8	101.6	100.8	100.8	100.0
女式裤子	100.1	100.4	100.7	101.0	100.6	99.7
女式裙子	99.7	101.2	101.1	100.0	99.9	99.5
女式内衣	101.1	101.3	101.3	101.5	101.4	101.1
儿童服装	100.9	101.4	101.8	101.5	101.2	101.1
婴幼服装	100.4	100.4	100.5	100.5	100.4	100.5
儿童上衣	101.7	102.2	102.5	102.5	101.9	101.5
儿童裤子	101.0	101.6	102.1	100.9	100.8	100.7
儿童裙子	99.9	100.9	101.4	101.5	101.6	101.8
服装材料	100.6	100.9	100.9	100.6	100.3	100.7
服装材料	100.6	100.9	100.9	100.6	100.3	100.7
其他衣着及配件	101.0	100.9	101.2	101.4	101.4	101.4
袜　　子	100.4	101.2	101.3	101.0	100.9	100.9
帽　　子	102.6	101.1	101.8	103.1	103.2	103.2
其他衣着配件	100.0	99.9	99.8	99.9	99.9	99.9
衣着加工服务费	105.1	103.7	103.3	102.9	102.8	103.1
衣着洗涤保养	106.1	104.3	103.8	103.2	103.1	103.6
衣着加工	104.1	103.0	102.7	102.5	102.5	102.6
鞋类	100.9	101.1	101.1	101.2	101.1	101.2
鞋	100.9	101.1	101.1	101.2	101.1	101.2
男　　鞋	101.4	101.5	101.6	101.6	101.5	101.6
女　　鞋	100.3	100.7	100.6	100.8	100.7	100.7
童　　鞋	101.6	101.3	101.2	101.1	101.6	101.7
鞋类加工服务	101.4	100.9	100.9	100.7	100.7	100.8
鞋类加工服务	101.4	100.9	100.9	100.7	100.7	100.8
居住	102.2	101.8	101.8	101.8	101.7	101.8
租赁房房租	103.3	103.2	103.5	103.4	103.1	103.0
公房房租	102.6	101.0	100.9	100.9	100.9	100.9
私房房租	103.4	103.3	103.6	103.5	103.2	103.1
住房保养维修及管理	101.3	100.7	100.3	100.5	100.3	101.1
住房装潢材料	100.6	100.0	100.0	99.8	99.9	100.2
木 地 板	101.1	100.3	100.3	100.4	100.6	101.2
瓷　　砖	101.3	101.8	101.8	101.4	101.2	101.5
水　　泥	101.4	95.9	95.8	95.8	96.7	97.1

6月	7月	8月	9月	10月	11月	12月
99.3	99.3	99.6	99.9	100.2	101.3	101.9
101.3	101.3	101.2	100.9	100.5	100.6	100.7
100.8	100.5	100.8	99.8	99.8	100.1	100.2
99.5	99.6	99.8	99.7	99.0	99.2	99.0
101.4	101.4	101.0	101.2	100.9	100.5	100.3
100.0	100.0	100.2	100.3	100.3	100.6	100.4
101.0	101.0	101.0	101.1	100.8	101.1	100.6
98.7	98.7	98.9	99.7	99.8	100.5	100.0
100.8	100.9	101.3	101.9	102.0	102.5	102.6
100.7	100.3	100.3	101.1	101.8	102.0	102.1
99.7	99.4	99.7	98.9	99.0	99.4	99.6
99.7	99.7	99.6	99.8	99.8	100.3	100.3
99.1	99.3	100.1	99.3	99.1	98.8	99.1
101.1	101.1	101.3	101.2	101.2	100.8	100.2
100.6	100.7	100.7	100.1	100.2	100.6	100.8
99.8	99.9	99.9	99.9	100.4	100.9	101.1
101.9	101.8	101.7	100.6	100.6	101.2	101.4
100.2	100.6	100.8	100.3	100.7	101.2	101.5
99.9	99.7	99.3	98.7	98.2	97.9	98.1
100.1	100.1	100.3	100.6	100.9	100.8	100.9
100.1	100.1	100.3	100.6	100.9	100.8	100.9
100.9	100.9	100.8	100.8	100.8	100.8	100.8
100.1	100.0	100.0	100.0	100.0	99.9	99.9
103.1	103.0	102.7	102.7	102.5	102.7	102.6
100.0	100.0	100.0	100.0	100.0	100.2	100.2
103.5	104.2	105.5	106.5	108.3	109.1	108.6
103.6	104.3	106.3	108.9	111.0	111.3	109.9
103.4	104.2	104.7	103.9	105.4	106.8	107.1
100.8	100.9	101.0	100.6	100.6	100.8	100.6
100.8	100.9	100.9	100.6	100.6	100.7	100.6
101.0	101.5	101.6	101.1	101.2	101.4	101.0
100.4	100.1	100.2	100.0	99.8	99.9	99.9
101.9	101.9	101.7	101.4	101.5	101.8	102.0
101.3	102.1	102.1	102.1	102.1	101.9	101.7
101.3	102.1	102.1	102.1	102.1	101.9	101.7
101.8	101.8	102.1	102.4	102.7	103.3	103.7
102.7	102.8	103.4	103.6	103.6	103.7	104.1
100.8	102.7	104.7	104.8	104.8	104.1	104.1
102.8	102.8	103.3	103.5	103.6	103.7	104.1
101.2	101.2	101.4	101.4	101.7	102.5	103.0
100.2	100.1	100.2	100.3	100.8	102.2	103.2
101.6	100.8	100.8	100.8	101.5	102.2	102.9
101.1	101.2	100.9	100.8	100.8	101.5	101.6
97.8	98.5	99.8	101.0	104.6	113.4	120.8

5-4 续表 3

(上年同月=100)

类　　别	年平均	1月	2月	3月	4月	5月
涂　　料	98.5	99.2	98.9	98.9	98.4	98.5
板　　材	100.4	99.8	99.8	99.6	99.5	99.8
管　　材	100.3	100.2	100.2	100.0	100.0	100.0
厨卫设备	100.8	100.0	100.0	100.1	100.1	101.1
门　　窗	100.4	99.5	99.9	99.8	100.1	100.6
其他住房装潢材料	99.3	99.4	99.3	99.0	99.1	99.1
物业管理费	100.9	101.6	101.3	101.2	101.2	101.3
物业管理费	100.9	101.6	101.3	101.2	101.2	101.3
住房装潢维修	101.9	101.2	100.4	101.0	100.5	101.9
装潢维修费	103.7	102.0	100.6	101.9	100.9	103.6
其他住房费用	100.4	100.5	100.1	100.1	100.1	100.4
水电燃料	100.3	99.4	99.5	99.2	99.4	99.4
水	120.4	120.1	120.3	120.3	120.1	120.2
水	120.4	120.1	120.3	120.3	120.1	120.2
电	100.0	100.0	100.0	100.0	100.0	100.0
电	100.0	100.0	100.0	100.0	100.0	100.0
燃气	95.5	95.6	95.7	94.5	94.7	94.3
管道燃气	99.9	100.0	100.0	100.0	100.0	100.0
液化石油气	93.7	93.8	94.0	92.3	92.5	91.9
取暖费	100.0	100.0	100.0	100.0	100.0	100.0
取 暖 费	100.0	100.0	100.0	100.0	100.0	100.0
其他燃料	98.1	90.9	91.2	91.0	92.2	92.5
其他燃料	98.1	90.9	91.2	91.0	92.2	92.5
自有住房	103.4	103.1	103.3	103.4	103.3	103.2
自有住房	103.4	103.1	103.3	103.4	103.3	103.2
生活用品及服务	100.2	100.2	100.0	100.3	100.6	100.6
家具及室内装饰品	100.9	100.7	100.7	100.6	100.6	101.0
家具	101.0	100.8	100.8	100.7	100.8	101.1
柜	101.1	100.4	100.4	100.4	100.6	101.2
床	100.8	101.0	101.0	100.9	100.8	101.0
桌	101.4	101.7	101.4	101.1	101.3	101.9
椅	102.3	102.3	102.3	102.3	102.2	102.3
沙　　发	100.4	100.4	100.3	100.1	100.2	100.2
其他家具	101.2	100.9	100.8	101.0	101.2	101.1
室内装饰品	99.8	99.8	99.8	99.5	99.5	99.9
灯　　具	99.8	99.7	99.6	99.8	99.8	100.4
其他室内装饰品	99.9	99.9	99.9	99.2	99.2	99.5
家用器具	97.6	98.5	98.2	98.6	99.5	99.2
大型家用器具	97.4	98.3	98.0	98.5	99.5	99.1
洗 衣 机	98.5	99.8	99.2	100.3	99.1	98.6
电冰箱(柜)	97.6	99.1	98.5	99.9	99.5	98.9
抽油烟机	97.6	100.6	101.9	102.3	103.0	99.6
空 调 器	94.0	95.2	94.8	95.4	95.1	95.3
热 水 器	101.5	101.9	101.7	101.0	102.3	102.3

6月	7月	8月	9月	10月	11月	12月
98.8	98.3	97.9	97.9	98.2	98.5	98.9
99.9	99.9	100.3	100.6	100.7	102.2	102.8
99.8	100.0	100.1	100.2	100.3	101.1	101.6
101.2	100.8	101.2	100.9	101.2	101.4	101.6
100.3	100.0	100.2	100.6	100.8	101.2	101.6
99.3	98.7	98.2	98.8	99.3	100.5	100.8
101.2	100.9	100.7	100.7	100.6	100.1	100.1
101.2	100.9	100.7	100.7	100.6	100.1	100.1
102.0	102.2	102.5	102.5	102.6	103.2	103.3
104.0	104.2	104.8	104.9	105.0	106.3	106.6
100.4	100.5	100.5	100.5	100.5	100.5	100.4
99.5	99.4	99.7	100.2	101.6	102.6	103.3
120.2	120.2	120.6	120.8	120.8	120.8	120.2
120.2	120.2	120.6	120.8	120.8	120.8	120.2
100.0	100.0	100.0	100.0	100.0	100.0	100.0
100.0	100.0	100.0	100.0	100.0	100.0	100.0
94.9	94.7	95.1	96.1	96.4	96.6	97.8
100.0	100.0	100.0	100.0	100.0	100.0	99.9
92.8	92.4	93.1	94.5	94.9	95.2	96.9
100.0	100.0	100.0	100.0	100.0	99.8	99.7
100.0	100.0	100.0	100.0	100.0	99.8	99.7
92.3	92.2	93.6	95.7	108.5	117.7	121.8
92.3	92.2	93.6	95.7	108.5	117.7	121.8
102.9	102.9	103.4	103.7	103.4	103.7	104.1
102.9	102.9	103.4	103.7	103.4	103.7	104.1
100.3	100.4	100.1	99.9	99.9	99.7	100.0
101.1	101.4	101.3	101.0	100.9	100.6	100.9
101.2	101.5	101.5	101.1	101.0	100.7	101.0
101.6	102.2	101.7	101.0	101.0	100.8	101.5
101.1	101.4	101.2	100.8	100.5	99.9	100.3
101.7	101.8	102.1	101.7	101.3	100.6	100.8
102.4	102.3	102.6	102.7	102.5	102.6	101.5
100.1	100.5	100.6	100.6	100.6	100.5	100.7
101.1	101.0	101.4	101.6	101.7	101.5	101.3
100.1	100.3	100.2	100.0	99.7	99.7	99.7
100.6	100.6	100.4	99.8	99.0	98.9	99.1
99.7	100.0	100.0	100.1	100.3	100.3	100.1
97.6	97.5	96.7	96.4	96.4	95.6	96.7
97.3	97.3	96.5	96.1	96.1	95.2	96.6
101.3	97.9	97.0	95.9	96.7	97.4	98.3
95.6	96.6	95.8	94.7	97.1	96.9	98.8
98.7	96.3	96.8	94.8	92.5	91.6	93.4
91.9	94.7	93.3	94.0	93.4	91.2	93.6
102.4	102.0	101.1	100.5	100.9	101.6	100.6

5-4 续表 4

(上年同月=100)

类　别	年平均	1月	2月	3月	4月	5月
炉具灶具	97.8	98.1	98.1	98.2	100.4	99.9
微 波 炉	99.3	100.8	100.2	99.7	99.7	99.7
其他大型家用器具	100.7	100.2	100.2	100.2	107.5	106.6
小家电	99.0	100.2	100.0	99.7	99.5	99.6
厨房小家电	98.9	100.4	100.1	99.8	99.5	99.8
生活小家电	99.1	99.8	99.7	99.6	99.4	99.2
家用纺织品	100.0	100.0	100.1	100.1	99.8	99.8
床上用品	99.9	99.9	100.0	100.0	99.7	99.7
被　　子	99.9	100.2	99.9	100.1	99.5	99.7
床单被套	99.7	100.0	99.9	100.0	99.8	99.6
其他床上用品	100.4	99.3	100.5	99.9	99.8	100.1
窗帘门帘	100.1	100.3	100.3	100.4	100.3	99.9
窗帘门帘	100.1	100.3	100.3	100.4	100.3	99.9
其他家用纺织品	100.7	100.3	100.3	100.3	100.9	100.6
其他家用纺织品	100.7	100.3	100.3	100.3	100.9	100.6
家庭日用杂品	100.7	100.4	100.4	100.7	100.9	100.7
洗涤卫生用品	100.5	100.4	100.4	100.9	100.9	100.7
清洗用品	100.3	100.4	100.3	100.3	100.5	100.4
清洁用具	99.5	100.0	100.2	100.1	99.8	99.1
清洁用纸	101.2	100.7	100.6	102.1	102.1	101.8
厨具餐具茶具	100.8	100.6	100.7	100.6	100.8	100.8
厨　　具	100.5	100.6	100.8	100.5	100.6	100.5
餐　　具	101.2	100.5	100.5	100.8	101.2	101.3
茶　　具	100.7	100.7	100.7	100.7	100.7	100.4
家用手工工具	100.2	100.2	100.1	100.1	100.2	100.3
家用手工工具	100.2	100.2	100.1	100.1	100.2	100.3
其他家庭日用杂品	101.3	99.7	99.6	100.0	100.8	101.1
配电附件	102.9	100.0	100.0	100.8	102.2	102.9
雨　　具	99.5	98.9	98.6	98.7	98.9	99.0
其他日用杂品	100.1	100.6	100.8	100.4	100.3	99.8
个人护理用品	101.2	100.4	100.3	100.3	101.0	101.2
化妆品	101.6	100.1	100.1	100.3	101.3	101.5
清洁化妆品	101.7	100.3	100.3	100.2	101.2	101.8
护肤化妆品	101.3	99.8	99.8	100.1	101.0	101.1
彩妆化妆品	102.9	101.1	101.1	101.1	103.0	103.2
化妆器具	101.1	100.2	100.2	100.2	100.9	100.9
其他护理用品类	100.7	100.7	100.6	100.5	100.5	100.6
清洁类护理用品	101.0	101.2	101.0	100.8	100.7	101.0
护发美发用品	100.4	100.3	100.1	100.0	100.2	100.0
护理器具	99.8	100.1	99.8	99.8	100.0	99.8
其他护理用品	101.9	100.5	100.7	101.4	101.6	101.5
家庭服务	106.2	106.9	104.1	105.5	105.8	106.1
家政服务	108.1	107.3	105.5	107.9	107.2	107.5
家庭维修服务	104.2	106.5	102.5	102.9	104.3	104.5

6月	7月	8月	9月	10月	11月	12月
99.4	98.0	97.4	97.4	96.7	94.5	95.6
99.7	99.1	99.0	99.0	99.0	97.5	98.1
103.7	99.8	99.8	98.6	97.5	96.7	97.7
99.4	98.8	98.7	98.4	98.1	98.0	97.6
99.3	98.8	98.6	98.0	97.9	97.8	97.3
99.7	98.9	99.0	99.3	98.6	98.3	98.2
100.0	100.1	100.0	99.9	100.0	100.1	100.1
99.9	100.0	100.0	99.8	99.9	100.1	100.0
99.9	100.0	99.9	99.8	99.8	100.0	99.9
99.6	99.5	99.7	99.6	99.5	99.6	99.8
100.4	101.3	100.8	100.3	100.9	101.1	100.6
100.3	100.0	99.8	99.9	100.0	99.9	100.1
100.3	100.0	99.8	99.9	100.0	99.9	100.1
100.8	100.8	100.9	101.1	101.1	101.1	100.9
100.8	100.8	100.9	101.1	101.1	101.1	100.9
100.9	100.8	100.6	100.6	100.6	100.7	100.6
100.9	100.8	100.3	100.3	100.2	100.3	100.0
100.5	100.4	100.4	100.2	100.2	100.1	100.0
99.3	99.3	99.6	99.1	99.0	99.5	99.5
102.3	102.1	100.6	101.0	100.7	100.9	100.0
100.7	100.7	100.7	100.8	101.0	100.9	101.0
100.4	100.3	100.4	100.4	100.4	100.5	100.4
101.4	101.4	101.3	101.5	101.8	101.3	101.8
100.4	100.4	100.4	100.3	101.3	101.3	101.4
100.3	100.3	100.3	100.4	100.2	100.2	100.3
100.3	100.3	100.3	100.4	100.2	100.2	100.3
101.0	101.4	101.8	102.0	102.3	102.3	103.1
102.8	103.2	104.0	104.4	104.5	104.7	104.8
99.0	99.3	99.4	99.6	100.2	100.0	102.0
99.9	100.3	100.1	99.9	99.7	99.5	100.0
101.2	101.4	101.5	101.8	102.0	102.0	101.7
101.6	101.9	102.0	102.3	102.8	102.7	102.5
101.8	102.0	102.4	102.5	102.6	102.4	102.3
101.2	101.5	101.5	102.0	102.7	102.8	102.5
103.3	103.6	103.6	103.7	103.7	103.6	103.5
101.1	101.1	100.9	101.8	102.1	101.8	101.5
100.6	100.7	100.9	100.9	100.9	100.8	100.5
101.0	101.1	101.1	101.2	101.2	101.1	100.6
100.1	99.9	100.8	100.9	100.9	100.9	100.8
99.5	100.2	99.8	99.9	99.7	99.3	99.4
101.5	102.5	102.5	102.9	102.9	102.6	102.3
106.4	107.2	107.2	106.0	106.1	106.7	106.6
108.2	109.6	109.7	108.4	108.6	108.4	108.2
104.4	104.5	104.5	103.5	103.5	104.8	104.8

5-4 续表 5

(上年同月=100)

类　别	年平均	1月	2月	3月	4月	5月
交通和通信	98.3	96.4	97.3	96.7	96.9	96.5
交通	98.0	96.1	96.6	95.1	95.3	95.0
交通工具	96.5	93.7	93.8	93.8	93.8	93.9
小型汽车	94.4	90.4	90.4	90.4	90.4	90.4
电动自行车	100.2	99.5	99.8	99.8	99.8	100.3
自 行 车	99.9	100.5	100.5	100.4	99.8	99.8
其他交通工具	99.6	99.5	99.6	99.6	99.5	99.6
交通工具用燃料	95.9	92.2	93.5	88.3	89.1	87.2
汽　油	96.1	92.0	93.5	88.2	89.2	87.5
柴　油	94.4	91.2	92.4	86.4	86.4	84.1
其他车用能源	99.7	99.8	99.7	99.6	99.6	99.6
交通工具使用和维修	101.3	102.5	100.2	101.0	101.4	101.5
停 车 费	103.6	100.1	100.5	104.3	104.3	104.3
车辆使用费	99.7	100.0	99.9	99.9	99.9	99.9
交通工具零配件	100.0	99.9	99.1	99.4	99.5	99.4
车辆修理与保养	101.2	102.6	100.2	100.9	101.3	101.4
交通费	101.2	101.2	103.2	100.9	101.2	101.4
市内公共交通	100.7	101.5	101.5	100.2	100.8	100.8
出租汽车	100.6	101.7	100.7	100.6	100.6	100.6
飞 机 票	103.9	97.6	111.6	103.6	108.8	108.4
火 车 票	100.1	100.0	100.0	100.0	100.0	100.0
长途汽车	101.1	102.7	103.7	101.4	101.0	101.0
其他交通费	101.9	102.3	104.2	100.5	99.5	100.7
通信	98.9	97.0	98.7	99.6	99.7	99.3
通信工具	96.6	90.3	95.4	98.9	99.1	98.0
固定电话机	82.3	99.6	99.6	99.8	100.0	73.5
移动电话机	96.7	89.6	95.0	98.7	99.0	98.4
通信工具零配件	100.3	101.4	101.5	101.6	100.8	100.3
通信服务	99.9	100.3	100.3	100.0	100.0	99.9
固定电话费	99.8	100.0	101.4	100.0	100.0	100.0
移动通信费	99.7	100.1	100.1	99.7	99.7	99.7
上 网 费	100.8	101.2	100.7	101.0	101.0	100.7
其他通信服务	99.9	100.0	100.0	100.0	100.0	100.0
邮递服务	100.0	100.3	100.1	100.0	100.0	100.0
邮政邮寄	100.1	100.2	100.2	100.2	100.2	100.2
快递服务	99.9	100.3	100.0	99.9	99.9	99.9
教育文化和娱乐	102.4	102.1	101.9	101.9	102.2	102.2
教育	104.1	103.2	103.6	103.6	103.9	103.9
教育用品	103.1	102.5	102.5	102.6	102.6	102.6
工 具 书	100.6	101.0	101.0	100.9	100.9	100.9
教　材	106.1	105.1	105.1	105.1	105.1	105.1
参考资料	101.4	101.0	101.0	101.2	101.2	101.2
其他教育用品	99.6	99.2	99.0	99.3	99.3	99.6
教育服务	104.2	103.2	103.6	103.7	104.0	103.9

6月	7月	8月	9月	10月	11月	12月
99.0	99.1	99.5	99.5	98.9	99.7	100.3
97.9	98.3	99.0	100.0	99.7	100.9	102.3
98.4	98.2	98.2	98.4	98.5	99.3	98.8
97.5	97.1	97.1	97.5	97.5	98.7	97.2
99.9	100.1	100.1	100.2	100.5	100.6	102.0
99.9	99.9	99.7	99.7	99.7	99.6	99.8
99.7	99.7	99.7	99.3	99.4	99.8	100.3
90.7	92.5	95.7	101.7	101.8	107.4	114.3
91.1	92.8	96.0	102.1	102.1	107.7	114.7
87.5	89.8	94.1	100.7	101.0	108.0	116.1
99.7	99.7	99.4	99.5	100.0	99.5	99.8
101.8	101.7	101.3	101.0	100.8	100.8	101.2
104.3	104.2	104.2	104.2	104.2	104.2	104.2
99.9	100.0	99.4	99.4	99.3	99.3	99.3
99.3	99.5	100.0	100.0	100.0	99.8	104.0
101.8	101.7	101.3	101.0	100.7	100.8	101.1
101.5	102.0	102.2	101.6	99.7	98.7	100.3
100.8	100.8	100.8	100.8	100.8	99.7	100.0
100.9	101.2	100.2	100.2	100.2	99.7	100.2
108.2	108.1	115.6	111.8	93.1	83.3	96.7
100.0	100.0	100.0	100.0	100.0	100.5	100.5
100.8	102.2	100.9	100.5	99.9	99.5	100.0
102.2	102.2	101.9	101.6	101.7	102.9	103.1
100.9	100.6	100.3	98.4	97.6	97.6	96.8
103.4	102.0	102.0	95.7	92.5	92.5	90.5
73.5	73.5	73.5	73.5	73.5	73.5	73.5
104.2	102.7	102.8	96.0	92.6	92.6	90.5
100.0	100.0	100.0	99.9	99.8	99.5	98.4
99.9	100.1	99.5	99.6	99.9	99.8	99.5
100.0	100.0	99.1	99.1	100.4	99.1	99.1
99.7	99.8	99.2	99.4	99.7	99.7	99.2
100.7	100.9	100.8	100.8	100.6	100.5	100.6
100.0	100.0	100.0	99.7	99.7	99.7	99.7
100.0	100.0	99.9	99.9	99.9	99.9	100.0
100.2	100.2	100.0	100.0	100.0	100.0	100.0
99.9	99.9	99.9	99.9	99.9	99.9	100.0
102.3	102.3	102.4	103.2	103.2	102.4	102.5
103.8	104.0	104.2	105.6	105.5	104.4	104.0
102.6	102.6	102.5	104.6	104.0	103.9	103.9
100.9	100.8	100.7	100.2	100.0	100.0	99.9
105.1	105.1	105.1	109.3	107.9	107.9	107.9
101.2	101.3	101.0	102.1	101.9	101.9	101.9
99.9	99.8	99.9	99.8	99.9	99.8	99.4
103.9	104.1	104.4	105.7	105.6	104.4	104.0

5-4 续表 6

(上年同月=100)

类　别	年平均	1月	2月	3月	4月	5月
学前教育	104.1	103.2	103.8	103.5	103.5	103.5
小学初中教育	103.2	101.8	101.8	101.8	101.8	101.8
高中中职教育	121.0	116.6	119.2	121.6	123.9	123.9
高等教育	100.3	100.0	100.0	100.0	100.0	100.0
课外教育	103.8	101.6	101.9	101.8	101.9	101.8
专业技能培训	99.7	101.3	100.8	99.8	99.6	99.5
文化娱乐	99.8	100.4	99.5	99.5	99.7	99.8
文娱耐用消费品	97.2	97.9	97.3	97.7	98.2	97.3
电 视 机	90.7	97.2	94.8	95.0	95.1	91.2
照 相 机	100.5	99.6	99.4	99.6	101.1	101.4
台式计算机	102.6	98.2	98.7	99.1	100.0	101.1
笔记本平板	99.9	96.9	97.6	99.1	100.0	101.2
乐　器	100.9	100.6	100.8	100.8	100.9	100.9
音　响	98.7	99.5	99.0	98.8	98.6	98.5
其他文娱耐用消费品	99.9	99.6	99.6	99.6	99.8	100.0
其他文娱用品	100.5	100.6	100.3	100.0	100.1	100.3
书报杂志	101.0	101.6	100.4	100.4	100.4	100.4
纸张文具	100.9	100.3	100.3	100.5	100.4	100.6
体育户外用品	99.7	100.1	100.1	99.1	99.3	99.7
游戏用品和玩具	99.6	99.6	99.5	99.5	99.6	99.6
园艺花卉及用品	101.9	101.4	101.5	101.0	101.5	102.2
宠物及用品	100.2	99.9	99.9	100.1	100.0	100.1
其他文化娱乐用品	100.3	100.3	100.1	100.1	100.1	100.4
文化娱乐服务	100.8	100.5	100.9	100.6	100.6	100.9
电 影 票	100.2	99.6	99.8	100.0	100.9	100.9
景点门票	99.6	98.9	100.0	98.9	98.7	99.6
有线电视	100.3	100.0	100.4	100.4	100.4	100.4
健身活动	102.3	101.8	101.6	101.3	100.5	101.4
其他文娱服务	104.6	105.4	104.5	105.4	105.3	105.0
旅游	102.3	104.4	101.1	100.7	100.8	102.5
旅行社收费	102.3	104.5	101.1	100.7	100.8	102.6
其他旅游	99.2	100.8	99.0	99.4	99.1	97.6
医疗保健	102.8	101.6	101.6	101.9	102.1	102.4
药品及医疗器具	106.3	103.8	103.9	104.8	105.4	105.4
中药	104.1	103.1	103.3	104.2	104.1	103.9
中 药 材	103.3	100.8	100.9	101.4	101.3	101.6
中 成 药	104.5	104.1	104.3	105.2	105.2	104.9
西药	106.9	104.3	104.2	104.9	105.4	105.7
抗微生物药	103.5	102.8	102.8	102.5	102.7	103.0
消化系统用药	111.3	110.4	110.8	111.1	110.9	111.2
呼吸系统用药	107.5	104.4	104.3	104.9	105.5	106.5
解热镇痛药	105.1	101.4	101.4	101.9	102.8	103.0
抗肿瘤药	101.8	103.5	103.6	102.6	102.1	101.3
激素及影响内分泌药	110.4	108.3	108.4	108.7	112.6	110.8

6月	7月	8月	9月	10月	11月	12月
103.5	103.5	104.1	105.2	105.2	104.9	104.9
101.8	101.5	101.6	105.1	106.9	106.4	106.4
123.9	123.9	123.9	125.3	124.2	114.9	112.2
100.0	100.0	100.0	100.8	100.8	100.8	100.8
102.0	104.0	104.0	106.8	106.7	106.5	106.3
99.2	99.2	100.0	99.8	99.1	99.1	98.9
99.9	99.8	99.7	99.6	99.8	99.4	100.2
97.2	97.0	97.5	96.9	96.9	95.4	97.1
89.3	88.2	88.4	87.0	88.0	85.2	88.7
101.8	102.2	102.1	100.2	99.3	99.8	99.9
102.2	103.1	105.6	107.4	105.7	104.7	105.6
102.9	103.1	102.2	99.2	100.0	98.1	99.2
101.1	101.2	100.7	100.7	100.9	101.0	101.2
98.7	98.9	98.4	98.7	98.5	98.4	98.8
100.0	100.0	100.0	100.0	100.0	100.0	100.0
100.5	100.5	100.4	100.6	101.0	101.0	100.8
100.6	100.6	100.6	100.7	102.2	102.2	102.2
101.4	101.3	101.3	101.3	101.3	101.3	101.2
99.9	100.0	99.4	100.1	100.0	99.4	99.3
99.5	99.6	99.8	99.9	99.8	99.9	99.1
102.1	101.3	102.3	101.9	102.2	102.7	102.7
100.4	100.3	100.3	100.3	100.1	100.1	100.6
100.4	100.3	100.4	100.4	100.4	100.6	100.5
100.8	100.7	100.6	100.8	100.8	101.0	101.4
100.9	99.6	100.1	100.1	100.3	100.3	100.1
98.9	98.9	98.9	99.8	99.9	100.7	101.9
100.4	100.4	100.4	100.2	100.2	100.2	100.1
101.1	103.1	103.4	103.2	103.3	103.3	103.1
105.5	105.5	104.6	104.0	104.0	103.3	103.3
103.1	102.7	101.7	102.1	102.2	102.7	103.6
103.2	102.8	101.7	102.1	102.2	102.8	103.8
99.6	100.1	100.2	103.7	103.1	93.8	94.0
102.6	103.0	103.4	103.3	103.4	104.0	104.4
105.8	106.6	107.4	107.0	107.3	108.7	109.1
103.7	104.0	103.7	103.4	104.2	105.8	106.3
103.3	104.0	104.7	105.0	105.3	105.7	105.9
103.9	104.0	103.3	102.7	103.7	105.8	106.5
106.2	107.0	107.9	107.9	108.7	109.9	110.4
103.0	103.2	103.3	102.9	104.7	105.6	105.8
112.3	113.0	111.2	112.2	110.8	110.4	111.2
104.7	104.9	106.5	107.2	110.0	114.6	115.8
104.9	108.1	108.1	106.4	107.2	107.8	108.2
100.9	100.7	101.3	101.4	101.1	101.3	101.9
110.8	110.9	110.4	110.4	110.8	111.0	111.7

5-4 续表 7

(上年同月=100)

类　　别	年平均	1月	2月	3月	4月	5月
心血管系统用药	106.0	103.4	102.6	103.3	103.4	103.6
血液系统用药	108.3	100.5	100.5	105.8	107.3	107.5
治疗精神障碍药	104.4	102.9	104.0	103.5	104.1	104.0
神经系统用药	109.2	105.3	105.4	105.8	105.8	107.3
消毒防腐及创伤外科用药	105.4	101.4	101.4	102.5	105.0	106.0
泌尿系统用药	104.3	102.4	102.4	102.9	102.8	102.8
维生素、矿物质类药	114.3	108.4	108.5	110.8	111.1	110.3
调节水、电解质及酸碱平衡药	101.1	100.3	100.2	101.3	101.6	101.6
滋补保健品	108.1	104.4	104.6	106.6	107.8	107.8
滋补保健品	108.1	104.4	104.6	106.6	107.8	107.8
医疗卫生器具	102.8	101.5	101.5	102.2	102.6	102.0
医疗卫生器具	102.8	101.5	101.5	102.2	102.6	102.0
保健器具	101.2	101.2	101.1	101.1	101.1	101.0
保健器具	101.2	101.2	101.1	101.1	101.1	101.0
医疗服务	100.8	100.3	100.2	100.2	100.2	100.6
综合医疗类	100.8	100.3	100.2	100.2	100.2	100.3
一般医疗服务	101.0	100.6	100.5	100.5	100.5	100.1
一般治疗操作	100.3	100.1	100.0	100.0	100.0	100.3
护　　理	102.6	100.0	100.0	100.0	100.0	101.8
其他综合医疗服务	100.0	100.0	100.0	100.0	100.0	100.1
诊断类	100.2	100.3	100.2	100.2	100.2	100.2
病理学诊断	100.9	100.9	100.9	100.9	100.9	100.9
实验室诊断	100.1	100.0	100.0	100.0	100.0	100.0
影像学诊断	100.2	100.3	100.3	100.3	100.3	100.1
临床诊断	100.2	100.0	100.0	100.0	100.0	100.0
治疗类	101.5	100.3	100.3	100.3	100.3	101.4
临床手术治疗	101.9	100.4	100.4	100.4	100.4	101.8
临床非手术治疗	100.3	100.0	100.0	100.0	100.0	100.1
康复类	100.7	100.5	100.3	100.3	100.3	100.3
康复医疗	100.7	100.5	100.3	100.3	100.3	100.3
中医医疗服务类	100.5	100.3	100.1	100.1	100.1	100.1
中医治疗	100.5	100.3	100.1	100.1	100.1	100.1
其他医疗服务	100.2	100.7	100.0	100.0	100.0	100.0
其他医疗服务	100.2	100.7	100.0	100.0	100.0	100.0
其他用品和服务	103.9	99.8	100.3	102.1	101.8	102.8
其他用品类	105.8	96.3	98.5	102.5	101.9	104.0
首饰手表	108.0	94.9	98.0	103.3	102.6	105.4
金 饰 品	110.5	94.7	98.5	105.1	104.0	107.4
银 饰 品	98.2	98.3	97.9	97.9	97.6	98.1
铂金饰品	96.9	87.5	89.3	91.7	92.4	94.7
手　　表	99.6	100.0	99.9	99.7	99.6	99.5
其他杂项用品	100.1	100.1	100.1	100.1	100.0	100.1
箱　　包	99.6	100.2	99.8	99.8	99.5	99.4
母婴用品	100.4	99.9	100.1	100.2	100.3	100.4

6月	7月	8月	9月	10月	11月	12月
105.9	106.0	107.0	107.3	108.4	109.9	110.4
106.6	110.0	111.4	111.7	111.8	113.2	113.6
104.6	104.7	104.6	104.1	104.1	105.7	106.2
107.6	108.2	111.7	110.8	112.4	114.9	115.2
106.1	105.9	108.7	107.7	106.8	106.8	106.7
102.1	103.2	104.1	106.1	106.4	108.1	108.3
111.0	114.8	117.3	118.5	118.3	119.7	121.4
100.8	100.7	101.9	101.0	101.8	101.5	101.0
108.0	109.6	110.5	109.3	108.1	109.8	110.1
108.0	109.6	110.5	109.3	108.1	109.8	110.1
102.3	102.0	103.6	103.3	103.3	104.4	104.3
102.3	102.0	103.6	103.3	103.3	104.4	104.3
101.2	101.2	100.8	101.1	101.5	101.7	101.8
101.2	101.2	100.8	101.1	101.5	101.7	101.8
100.7	100.8	101.1	101.1	101.1	101.3	101.7
100.6	100.8	101.1	101.1	101.1	101.2	101.8
101.1	101.4	101.5	101.5	101.5	101.6	101.7
100.2	100.3	100.5	100.5	100.5	100.5	101.0
101.6	101.8	104.1	104.1	104.1	104.6	109.1
100.0	100.0	100.0	100.0	100.0	100.0	100.0
100.1	100.2	100.2	100.2	100.2	100.3	100.5
100.9	100.9	100.9	100.9	100.9	101.1	100.6
100.0	100.0	100.0	100.0	100.0	100.0	101.1
100.1	100.1	100.1	100.1	100.1	100.2	100.2
100.0	100.0	100.2	100.5	100.5	100.6	100.7
101.5	101.8	102.2	102.3	102.3	102.5	102.9
102.0	102.4	102.8	102.9	102.9	103.2	103.7
100.2	100.4	100.6	100.6	100.6	100.6	100.7
100.3	100.6	100.8	100.8	100.8	101.1	101.8
100.3	100.6	100.8	100.8	100.8	101.1	101.8
100.1	100.2	100.8	100.8	100.8	101.3	101.6
100.1	100.2	100.8	100.8	100.8	101.3	101.6
100.0	100.6	100.1	100.1	100.1	100.5	101.0
100.0	100.6	100.1	100.1	100.1	100.5	101.0
103.5	105.9	106.7	106.5	105.5	106.1	105.4
105.1	110.5	112.1	111.4	109.1	110.5	108.9
107.1	114.5	116.8	115.7	112.6	114.5	112.3
109.4	118.5	121.1	119.7	116.0	118.3	115.5
98.1	98.7	99.9	99.2	97.5	97.5	98.0
95.8	99.8	102.8	102.6	101.0	104.1	104.3
99.5	99.6	99.5	99.5	99.5	99.5	99.5
100.1	100.2	100.2	100.2	100.1	100.1	100.2
99.4	99.5	99.6	99.6	99.5	99.6	99.5
100.4	100.5	100.6	100.6	100.4	100.4	100.7

5-4 续表 8

(上年同月=100)

类　别	年平均	1月	2月	3月	4月	5月
眼　镜	100.2	100.2	100.3	100.3	100.2	100.5
其他服务类	102.2	102.8	101.8	101.9	101.7	101.9
旅馆住宿	100.5	101.2	99.9	99.8	100.2	100.0
宾馆住宿	99.2	100.5	100.3	99.7	98.8	98.1
其他住宿	101.3	101.6	99.7	99.9	101.1	101.1
美容美发洗浴	105.6	106.7	104.6	104.7	104.9	105.2
美　容	102.7	102.4	101.6	101.4	102.9	102.8
美　发	106.8	108.7	105.2	105.6	106.6	107.4
洗　浴	106.8	108.4	106.6	106.5	104.7	104.7
养老服务	102.1	101.3	101.3	101.3	101.1	101.6
养老服务	102.1	101.3	101.3	101.3	101.1	101.6
金融保险	99.0	99.6	99.5	99.5	98.8	98.9
金融服务	99.7	100.0	100.0	100.0	100.0	99.6
车辆保险	97.8	98.6	98.2	98.2	97.3	97.5
旅行保险	100.0	100.0	100.0	100.0	100.0	100.0
其他保险	105.8	105.4	106.7	107.0	107.0	107.0
其他服务类	100.8	100.8	100.8	100.8	100.8	100.9
中介服务	101.1	100.4	100.4	100.5	100.5	100.7
其他服务	100.6	101.1	101.1	101.1	101.1	101.1

6月	7月	8月	9月	10月	11月	12月
100.3	100.2	99.9	99.9	100.1	99.9	99.9
102.1	102.1	102.2	102.5	102.4	102.5	102.6
100.2	100.1	101.2	101.3	101.1	100.2	100.6
99.1	99.2	99.5	99.5	98.7	98.2	98.5
100.8	100.6	102.3	102.3	102.5	101.4	101.9
105.2	105.2	105.5	106.4	106.4	106.5	106.3
102.7	102.7	102.9	103.1	103.4	103.5	103.2
107.4	107.4	107.3	106.9	106.6	106.8	106.2
104.7	104.7	105.7	108.9	108.6	108.7	109.3
102.5	102.5	102.1	102.3	102.0	102.5	104.3
102.5	102.5	102.1	102.3	102.0	102.5	104.3
99.2	99.2	98.9	98.6	98.6	98.6	98.6
99.6	99.6	99.6	99.6	99.6	99.6	99.6
97.9	97.9	97.5	97.5	97.5	97.5	97.5
100.0	100.0	100.0	100.0	100.0	100.0	100.0
107.0	106.9	107.1	103.9	103.9	103.9	103.9
101.1	100.7	100.7	100.8	100.8	100.8	100.9
101.0	101.5	101.5	101.7	101.7	101.7	101.7
101.1	100.0	100.0	100.0	100.0	100.0	100.0

5-5 居民消费价格

(上月=100)

类　　别	1月	2月	3月	4月	5月
总 指 数	**100.8**	**101.5**	**99.7**	**99.6**	**99.3**
食品烟酒	102.1	104.2	98.9	98.5	97.7
食品	103.1	106.2	98.3	97.8	96.6
粮食	99.9	100.3	100.0	99.8	100.0
大　　米	100.3	100.2	99.9	100.0	99.8
面　　粉	100.3	100.4	100.6	100.1	99.9
其他粮食	98.6	99.8	99.4	99.5	99.3
粮食制品	99.6	100.3	99.8	99.7	100.2
薯类	105.4	116.0	106.0	117.1	105.0
薯　　类	105.4	116.0	106.0	117.1	105.0
豆类	100.4	101.1	99.0	99.5	99.8
干　　豆	100.1	100.4	99.7	99.2	100.2
豆 制 品	100.4	101.1	99.0	99.5	99.8
食用油	100.6	100.3	100.6	99.7	100.3
食用植物油	100.5	100.3	100.5	99.5	100.1
食用动物油	102.8	101.6	101.1	107.5	105.5
菜	109.8	126.6	98.6	84.1	74.6
鲜　　菜	110.7	128.7	98.5	83.0	72.6
干菜及菜制品	100.4	101.0	100.0	100.2	100.4
畜肉类	102.0	106.7	97.7	101.4	102.5
猪　　肉	103.0	108.9	97.1	101.9	103.0
牛　　肉	100.2	101.5	98.8	99.5	99.9
羊　　肉	99.7	101.2	98.2	99.3	99.9
畜肉副产品	99.4	103.3	99.3	101.6	104.4
其他畜肉及制品	100.4	100.8	100.0	100.5	100.6
禽肉类	100.7	102.5	100.0	99.0	99.1
鸡	100.8	103.3	100.1	98.6	98.7
鸭	101.2	101.2	98.9	99.5	99.9
其他禽肉及制品	100.3	100.7	100.0	99.9	99.8
水产品	101.6	102.5	99.1	99.9	99.6
淡 水 鱼	100.2	102.9	97.3	101.0	101.7
海 水 鱼	101.6	102.6	99.0	100.3	100.8
虾 蟹 类	104.8	103.6	100.7	98.3	96.2
其他水产品及制品	100.6	101.0	99.9	100.0	99.6
蛋类	107.4	97.9	88.2	99.2	100.0
鸡　　蛋	107.8	97.8	87.6	99.2	100.0
其他蛋及制品	100.0	100.0	99.6	100.1	100.1
奶类	100.3	99.6	100.3	100.0	99.9
鲜　　奶	100.3	99.8	99.9	100.3	99.8
酸　　奶	101.3	99.8	100.2	99.7	100.1
奶　　粉	100.2	99.3	101.0	100.0	99.9
其他奶制品	100.1	99.9	99.8	99.7	99.9
干鲜瓜果类	104.7	103.8	97.3	98.7	96.4
鲜 瓜 果	106.6	105.0	96.4	98.1	95.0

分月指数(2016年)

6月	7月	8月	9月	10月	11月	12月
99.6	**100.0**	**100.4**	**100.7**	**99.8**	**100.1**	**100.4**
98.7	99.5	101.0	101.5	98.9	99.7	100.8
98.0	99.2	101.4	102.2	98.3	99.6	101.1
100.2	99.9	100.0	100.0	100.1	100.1	100.2
100.0	100.0	100.1	100.1	100.0	99.9	100.1
100.2	99.6	99.9	99.9	100.6	100.5	100.3
99.4	99.3	100.0	100.6	100.5	100.4	100.1
100.4	100.1	100.1	99.9	99.9	100.0	100.2
89.4	90.0	91.8	90.7	92.5	104.1	105.3
89.4	90.0	91.8	90.7	92.5	104.1	105.3
99.8	100.2	100.3	100.1	99.9	99.9	100.0
99.6	99.8	100.1	99.6	99.8	99.7	99.9
99.8	100.3	100.3	100.2	99.9	99.9	100.0
100.3	100.5	100.3	99.9	99.8	99.9	100.4
100.2	100.6	100.4	99.9	99.9	99.9	100.4
103.5	99.5	98.4	99.0	97.0	98.3	100.2
85.0	103.3	113.4	112.7	98.1	102.5	105.7
83.4	103.7	115.1	114.0	97.9	102.7	106.2
100.3	100.4	100.1	100.2	100.4	100.1	100.0
101.9	97.9	98.9	99.8	97.5	97.8	100.3
102.4	97.1	98.6	99.8	96.6	97.0	100.2
100.1	99.9	99.8	99.9	99.8	99.9	100.2
99.3	99.5	99.6	99.6	99.7	100.3	102.6
102.5	100.0	99.5	99.7	99.2	99.1	99.7
100.5	100.2	100.0	100.3	99.9	99.9	100.1
99.4	99.8	100.4	100.3	99.0	99.1	99.7
99.2	99.8	100.6	100.6	98.5	98.7	99.5
100.1	100.0	99.9	99.9	99.8	99.4	99.7
99.7	99.9	100.0	99.8	100.1	100.0	100.1
100.9	100.7	100.4	100.3	99.3	99.1	100.2
104.4	102.1	100.8	99.5	97.7	96.5	98.6
100.6	100.0	100.1	100.6	100.2	100.3	101.2
96.8	99.1	100.0	101.4	100.9	101.6	102.0
100.2	100.5	100.4	100.3	99.9	99.9	100.2
98.2	98.6	107.7	106.8	93.3	98.8	98.1
98.1	98.5	108.2	107.1	93.0	98.7	97.9
99.3	99.2	99.6	100.6	100.0	100.0	100.2
100.0	100.0	99.8	99.0	100.1	100.1	100.0
99.7	99.5	99.5	97.8	99.9	100.0	99.8
99.8	100.3	100.3	99.6	99.9	100.0	99.6
100.2	100.1	99.7	99.1	100.3	100.3	100.1
100.0	100.3	100.0	100.1	100.0	100.0	100.1
96.0	97.9	99.8	105.9	98.6	98.7	102.2
94.4	96.5	99.7	108.7	99.0	98.3	102.9

5-5 续表 1

(上月=100)

类　别	1月	2月	3月	4月	5月
坚　果	99.1	100.2	100.0	100.8	100.7
瓜果制品	100.6	100.0	100.2	99.9	99.2
糖果糕点类	100.0	100.1	100.3	100.5	99.9
食　糖	100.1	100.0	100.8	101.4	99.9
糖　果	100.4	99.7	100.5	99.9	100.2
糕　点	99.8	100.6	99.9	100.3	99.7
其他糖果糕点	100.2	99.3	100.5	100.1	99.8
调味品	100.2	99.7	100.7	100.3	100.2
食 用 盐	100.5	100.0	101.7	101.8	100.9
酱　油	99.8	98.6	101.0	99.6	100.0
食　醋	101.0	99.9	100.6	100.2	100.6
调 味 酱	100.0	99.3	100.4	100.1	100.2
味　精	100.1	99.8	99.8	100.4	99.8
其他调味品	100.3	101.0	100.6	100.4	99.8
其他食品类	100.4	99.1	100.2	100.1	100.4
方便食品	100.7	98.1	100.7	100.1	100.4
淀粉及制品	100.0	100.1	99.2	100.2	100.2
膨化食品	100.0	99.9	100.1	100.0	100.4
茶及饮料	100.1	98.8	100.7	100.2	99.7
茶　叶	100.2	100.2	100.5	100.2	99.8
固体咖啡	100.0	99.9	100.1	100.0	99.8
其他固体饮料	100.5	100.0	99.8	100.2	99.7
饮 用 水	100.0	100.4	99.9	100.3	99.7
果汁饮料	99.9	98.9	100.0	100.0	99.8
其他液体饮料	100.0	97.6	101.2	100.3	99.7
烟酒	100.0	99.9	100.0	99.5	99.7
烟草	99.9	99.9	100.1	99.8	99.8
烟　草	99.9	99.9	100.1	99.8	99.8
酒类	100.1	99.8	99.8	99.1	99.6
白　酒	100.0	99.7	99.6	99.0	99.5
葡 萄 酒	100.2	100.1	100.4	100.3	100.2
啤　酒	100.2	100.2	99.7	99.5	100.3
其他酒类	100.1	99.8	105.3	98.9	100.0
在外餐饮	100.5	100.3	100.1	100.2	100.3
正　餐	100.5	100.3	100.3	100.4	100.5
快　餐	100.5	100.3	99.9	99.9	100.0
地方小吃	100.8	100.0	100.0	100.3	100.7
其他在外餐饮	99.7	100.6	100.7	100.0	100.2
衣着	99.7	99.9	100.1	100.0	100.0
服装	99.7	99.8	100.0	100.0	100.0
男式服装	99.8	99.9	100.2	100.0	99.8
男式西服	99.9	100.2	99.9	100.1	99.9
男式冬衣	99.5	99.3	99.7	100.0	100.3
男式夹克衫	99.3	99.9	100.8	99.6	99.7

6月	7月	8月	9月	10月	11月	12月
100.7	101.3	100.2	98.8	97.2	99.5	100.0
99.2	101.5	99.7	99.1	99.1	100.2	101.6
100.0	100.1	100.2	100.2	100.2	100.4	100.3
99.3	100.5	100.8	100.0	100.6	101.3	101.3
100.0	100.0	100.2	100.2	100.0	100.1	100.0
100.5	99.9	99.8	100.3	100.1	100.0	99.9
100.0	100.3	100.4	99.9	100.3	100.0	99.9
100.3	100.1	100.3	99.8	100.2	100.2	100.2
102.7	100.9	101.1	100.0	100.0	99.9	100.0
99.9	100.0	100.7	99.9	100.2	100.1	100.2
100.1	100.2	100.0	99.7	100.3	100.2	100.3
100.2	99.9	100.1	99.5	100.2	100.4	99.9
99.7	100.4	99.8	100.3	100.3	100.2	100.1
100.0	100.0	100.2	100.0	100.2	100.3	100.7
100.2	99.8	99.9	99.7	100.0	99.9	100.2
100.1	99.9	100.0	99.6	99.9	99.9	100.0
100.5	99.8	100.0	99.7	100.1	99.9	100.6
100.3	99.6	99.6	100.1	99.9	99.8	100.0
99.8	99.9	100.1	100.0	100.0	100.0	100.0
100.0	100.1	100.3	100.0	100.0	100.1	100.0
99.7	100.3	100.1	100.1	99.9	99.9	100.2
100.3	99.8	99.2	100.3	100.2	100.0	99.9
99.6	99.9	99.1	99.4	100.4	99.6	99.6
99.8	99.6	100.6	100.4	100.0	100.0	100.2
99.7	99.8	100.0	100.0	100.0	99.9	100.1
100.0	100.1	100.0	100.1	100.0	100.0	100.2
100.0	100.0	99.9	99.9	100.0	99.9	99.9
100.0	100.0	99.9	99.9	100.0	99.9	99.9
100.0	100.2	100.0	100.3	100.1	100.1	100.5
100.0	100.2	100.1	100.4	100.1	100.1	100.5
100.0	100.1	100.1	100.1	100.0	98.5	101.4
100.2	100.4	99.1	100.2	100.1	100.1	100.0
100.6	100.1	101.2	100.1	100.2	99.8	100.1
100.3	100.3	100.2	99.9	100.1	100.1	100.2
100.1	100.1	100.2	99.7	99.7	100.0	100.1
100.2	100.5	99.9	99.9	100.3	100.1	100.2
100.7	100.8	100.9	100.8	100.4	100.2	100.1
100.7	99.8	100.0	100.0	100.1	100.4	100.8
99.9	99.8	100.1	100.4	100.3	100.4	100.0
99.9	99.8	100.0	100.5	100.4	100.5	100.0
99.8	99.8	100.1	100.5	100.3	100.5	99.9
99.8	99.9	100.4	100.7	99.9	100.3	99.2
100.0	100.0	100.2	100.6	100.1	101.6	99.9
100.0	100.1	100.0	101.0	100.9	100.1	99.9

5-5 续表 2

(上月=100)

类　　别	1月	2月	3月	4月	5月
男式毛线衣	100.1	99.4	99.6	99.9	99.8
男式运动装	99.5	99.8	100.2	100.5	99.9
男式衬衫T恤	99.9	100.0	100.5	100.3	100.2
男式裤子	99.9	100.0	100.7	99.7	98.8
男式内衣	99.9	100.1	99.7	99.7	100.2
女式服装	99.6	99.7	99.8	100.1	100.0
女式外套	100.1	100.3	99.9	99.8	99.9
女式冬衣	98.8	99.0	99.2	99.8	100.1
女式毛线衣	100.1	99.3	99.7	100.0	100.0
女式运动装	99.9	99.8	100.3	100.2	100.1
女式衬衫T恤	99.5	99.9	99.9	100.3	100.2
女式裤子	99.7	100.1	100.6	100.2	99.3
女式裙子	99.3	99.8	99.8	100.5	100.4
女式内衣	99.9	100.0	99.8	99.7	100.0
儿童服装	99.7	100.1	100.0	100.1	100.1
婴幼服装	99.3	99.9	99.9	100.0	100.1
儿童上衣	100.2	100.0	100.2	99.9	99.8
儿童裤子	99.4	100.2	99.7	100.3	100.0
儿童裙子	99.6	100.1	100.0	100.4	100.6
服装材料	99.7	100.0	100.0	99.8	100.4
服装材料	99.7	100.0	100.0	99.8	100.4
其他衣着及配件	99.9	100.2	100.3	100.0	100.0
袜　　子	100.0	100.1	99.7	100.0	100.0
帽　　子	99.9	100.7	101.4	100.1	100.0
其他衣着配件	99.8	99.9	100.0	100.0	100.1
衣着加工服务费	100.5	100.2	100.3	100.4	100.4
衣着洗涤保养	100.6	100.3	100.1	100.2	100.4
衣着加工	100.4	100.0	100.4	100.5	100.3
鞋类	99.9	99.8	100.4	99.9	100.0
鞋	99.9	99.8	100.4	99.9	100.0
男　　鞋	99.8	100.0	100.7	100.0	99.9
女　　鞋	99.9	99.7	100.3	99.8	100.0
童　　鞋	99.9	99.8	100.1	100.4	100.3
鞋类加工服务	100.1	100.3	99.9	100.0	100.1
鞋类加工服务	100.1	100.3	99.9	100.0	100.1
居住	100.3	100.2	100.2	100.2	100.2
租赁房房租	100.2	100.4	100.3	100.5	100.1
公房房租	100.0	100.0	100.0	100.0	100.0
私房房租	100.2	100.4	100.3	100.5	100.1
住房保养维修及管理	100.2	100.0	100.1	100.1	100.8
住房装潢材料	100.4	99.9	100.0	100.1	100.2
木 地 板	100.6	100.0	100.2	100.1	100.4
瓷　　砖	101.3	99.9	100.1	100.3	100.3
水　　泥	99.5	99.9	100.2	100.2	99.9

6月	7月	8月	9月	10月	11月	12月
100.0	100.0	100.2	100.7	101.1	101.1	100.2
100.0	100.0	100.1	100.7	100.1	100.0	100.0
99.5	99.3	99.9	99.8	100.6	100.2	100.0
99.7	99.7	100.3	100.5	99.9	100.1	99.8
99.9	100.0	99.7	100.5	100.2	100.1	100.3
100.0	99.7	100.0	100.5	100.4	100.5	100.0
99.9	99.9	100.1	100.2	100.2	100.4	99.9
100.1	100.0	100.2	100.9	100.4	101.6	100.0
100.0	100.0	100.3	101.1	100.8	101.1	100.0
99.6	99.6	100.3	101.2	100.6	100.0	100.2
100.2	99.2	99.9	99.7	100.5	100.2	100.1
99.9	99.8	99.8	100.6	100.0	100.4	99.9
100.1	99.3	99.4	100.3	100.1	99.9	100.2
99.9	100.0	100.1	100.2	100.4	100.1	100.0
99.7	99.7	100.0	100.5	100.5	100.3	100.3
99.8	100.0	100.2	100.4	100.6	100.5	100.2
100.2	99.8	100.0	100.2	100.4	100.5	100.3
99.2	99.8	100.6	101.1	100.8	100.2	100.3
99.4	99.1	98.9	99.9	99.8	100.0	100.1
99.6	100.1	100.2	100.2	100.5	100.4	100.0
99.6	100.1	100.2	100.2	100.5	100.4	100.0
100.0	100.0	100.0	100.1	100.1	100.1	100.1
99.9	99.9	100.0	100.2	100.0	99.9	100.1
100.1	100.1	99.9	100.0	100.1	100.3	100.0
100.1	100.0	100.1	100.0	100.1	100.2	100.1
100.4	100.8	101.3	101.1	101.3	101.6	100.3
100.0	100.8	102.0	102.0	101.1	101.7	100.3
100.8	100.8	100.4	100.0	101.4	101.5	100.2
99.8	99.9	100.2	100.3	100.1	100.1	99.9
99.8	99.9	100.2	100.3	100.1	100.1	99.9
99.7	100.3	100.3	100.2	100.3	100.1	99.7
99.8	99.6	100.3	100.4	100.0	100.2	100.0
100.5	99.9	99.9	100.3	100.2	100.3	100.4
100.5	100.8	100.0	100.0	100.0	100.0	100.0
100.5	100.8	100.0	100.0	100.0	100.0	100.0
100.0	100.1	100.6	100.5	100.4	100.6	100.4
99.9	100.4	101.1	100.8	100.1	100.1	100.3
100.0	102.0	102.0	100.0	100.0	100.1	100.0
99.9	100.3	101.1	100.8	100.1	100.1	100.3
100.1	99.9	100.2	100.1	100.3	100.9	100.4
100.0	99.6	100.1	100.2	100.6	101.3	100.8
100.1	99.4	100.0	100.0	100.7	100.8	100.6
99.9	99.5	99.7	99.8	100.0	100.6	100.1
99.8	99.8	101.1	100.9	103.6	108.3	106.2

5-5 续表 3

(上月=100)

类　别	1月	2月	3月	4月	5月
涂　料	99.4	99.7	100.0	100.0	100.0
板　材	100.4	100.0	99.6	100.0	100.3
管　材	100.1	100.0	100.0	100.0	100.0
厨卫设备	100.0	100.0	100.0	100.0	100.5
门　窗	100.2	100.0	99.8	100.2	100.1
其他住房装潢材料	99.9	100.0	99.9	99.8	99.7
物业管理费	99.9	100.0	100.0	100.0	100.0
物业管理费	99.9	100.0	100.0	100.0	100.0
住房装潢维修	100.0	100.0	100.2	100.0	101.5
装潢维修费	100.0	100.0	100.5	100.0	103.0
其他住房费用	100.0	100.0	100.0	100.0	100.2
水电燃料	101.0	99.9	99.6	99.9	99.8
水	118.6	100.2	100.0	100.6	100.1
水	118.6	100.2	100.0	100.6	100.1
电	100.0	100.0	100.0	100.0	100.0
电	100.0	100.0	100.0	100.0	100.0
燃气	99.7	99.4	98.6	99.5	99.2
管道燃气	100.0	100.0	100.0	100.0	100.0
液化石油气	99.6	99.2	97.9	99.3	98.9
取暖费	100.0	100.0	100.0	100.0	100.0
取 暖 费	100.0	100.0	100.0	100.0	100.0
其他燃料	97.7	100.5	99.2	99.9	99.3
其他燃料	97.7	100.5	99.2	99.9	99.3
自有住房	100.0	100.4	100.4	100.4	100.2
自有住房	100.0	100.4	100.4	100.4	100.2
生活用品及服务	99.8	100.0	100.2	100.3	100.0
家具及室内装饰品	100.0	100.0	99.8	100.0	100.3
家具	100.0	100.0	99.8	100.0	100.3
柜	100.0	100.0	99.9	100.1	100.5
床	100.0	100.0	99.8	99.8	100.2
桌	100.1	100.0	99.8	99.9	100.4
椅	100.1	100.1	99.9	99.8	100.1
沙　发	100.0	100.0	99.6	100.0	100.1
其他家具	100.1	100.0	100.1	100.2	99.9
室内装饰品	99.9	100.0	99.8	100.0	100.3
灯　具	99.6	100.0	100.0	100.0	100.6
其他室内装饰品	100.1	100.0	99.7	100.0	100.0
家用器具	99.0	99.6	100.4	100.6	99.7
大型家用器具	99.0	99.6	100.5	100.7	99.7
洗 衣 机	99.6	99.4	101.0	98.8	99.5
电冰箱(柜)	99.1	99.2	101.4	99.1	99.4
抽油烟机	101.2	101.0	100.4	100.7	96.9
空 调 器	97.7	99.5	100.7	98.8	100.2
热 水 器	100.9	99.7	99.7	101.6	100.0

6月	7月	8月	9月	10月	11月	12月
100.1	99.5	99.6	99.9	100.3	100.3	100.2
99.8	99.9	100.4	100.3	100.2	101.5	100.2
99.8	100.3	100.1	100.2	100.1	100.6	100.4
100.2	99.5	100.4	99.9	100.6	100.2	100.1
99.9	99.7	100.2	100.4	100.2	100.4	100.3
99.9	99.3	99.6	100.8	100.6	101.1	100.2
100.0	100.0	100.0	100.0	100.0	100.1	100.0
100.0	100.0	100.0	100.0	100.0	100.1	100.0
100.2	100.2	100.3	100.1	100.1	100.6	100.1
100.4	100.2	100.5	100.2	100.2	101.2	100.3
100.0	100.1	100.0	100.0	100.0	100.0	100.0
99.9	99.9	100.0	100.2	101.4	100.9	100.6
100.1	100.0	100.3	100.0	100.0	100.0	100.0
100.1	100.0	100.3	100.0	100.0	100.0	100.0
100.0	100.0	100.0	100.0	100.0	100.0	100.0
100.0	100.0	100.0	100.0	100.0	100.0	100.0
99.9	99.8	99.9	100.2	100.1	100.1	101.4
100.0	100.0	100.0	100.0	100.0	100.0	100.0
99.8	99.7	99.9	100.3	100.2	100.1	102.0
100.0	100.0	100.0	100.0	100.0	99.8	99.9
100.0	100.0	100.0	100.0	100.0	99.8	99.9
99.2	99.3	99.7	101.9	113.2	108.2	102.7
99.2	99.3	99.7	101.9	113.2	108.2	102.7
100.0	100.3	101.0	100.7	100.1	100.3	100.3
100.0	100.3	101.0	100.7	100.1	100.3	100.3
99.6	100.1	99.8	100.0	100.1	99.8	100.4
100.1	100.2	100.1	100.0	100.0	100.1	100.3
100.1	100.2	100.1	100.0	100.1	100.1	100.3
100.3	100.3	99.9	99.8	100.2	99.8	100.7
100.0	100.0	100.2	100.0	99.9	100.0	100.4
100.0	100.1	100.6	100.1	99.9	99.7	100.2
100.1	100.0	100.4	100.5	100.2	100.8	99.5
99.9	100.3	99.9	100.1	100.0	100.5	100.2
100.1	100.0	100.5	100.2	100.1	100.2	100.0
100.2	100.2	99.9	99.7	99.7	100.0	100.0
100.2	100.1	99.9	99.4	99.1	99.9	100.2
100.1	100.2	100.0	99.9	100.1	100.1	99.8
98.2	100.0	99.2	99.7	100.1	98.9	101.3
97.9	100.1	99.1	99.7	100.1	98.8	101.5
102.7	97.4	99.1	98.9	101.2	99.6	101.3
96.6	101.3	99.4	99.1	102.6	99.8	101.9
99.0	98.0	100.0	97.8	97.3	99.1	101.9
95.9	102.6	98.2	100.8	99.3	97.3	102.6
100.1	100.0	99.1	99.4	100.1	100.7	99.2

5-5 续表 4

(上月=100)

类 别	1月	2月	3月	4月	5月
炉具灶具	96.6	100.0	100.0	102.2	99.6
微 波 炉	99.4	99.5	99.5	100.0	100.0
其他大型家用器具	100.2	100.0	100.0	107.3	99.2
小家电	99.2	99.8	99.6	99.9	100.0
厨房小家电	98.8	99.8	99.5	99.9	100.1
生活小家电	99.8	99.9	100.0	99.8	99.8
家用纺织品	99.8	99.9	100.1	99.8	100.0
床上用品	99.7	99.9	100.1	99.7	100.0
被 子	99.5	99.5	100.4	99.7	100.2
床单被套	99.9	99.9	100.0	99.7	99.9
其他床上用品	99.9	100.5	99.6	99.9	100.1
窗帘门帘	100.1	100.0	99.9	100.0	99.9
窗帘门帘	100.1	100.0	99.9	100.0	99.9
其他家用纺织品	100.6	100.0	100.0	100.0	100.0
其他家用纺织品	100.6	100.0	100.0	100.0	100.0
家庭日用杂品	100.1	100.1	100.1	100.2	99.9
洗涤卫生用品	100.0	100.2	100.2	100.1	99.9
清洗用品	100.2	100.1	100.0	100.2	99.9
清洁用具	100.0	100.1	100.0	99.7	99.4
清洁用纸	99.9	100.4	100.7	100.2	100.0
厨具餐具茶具	100.4	100.1	99.8	100.3	99.9
厨 具	100.5	100.1	99.6	100.3	99.9
餐 具	100.3	100.1	100.1	100.3	99.9
茶 具	100.1	100.2	100.0	99.9	100.0
家用手工工具	100.1	100.1	100.1	100.1	100.0
家用手工工具	100.1	100.1	100.1	100.1	100.0
其他家庭日用杂品	99.9	100.0	100.5	100.7	100.4
配电附件	99.8	100.0	100.9	101.4	100.7
雨 具	100.2	100.0	100.2	100.2	100.1
其他日用杂品	99.9	100.1	99.9	99.7	100.2
个人护理用品	100.1	100.0	100.0	100.7	100.3
化妆品	100.0	100.1	100.1	101.2	100.3
清洁化妆品	100.0	100.0	99.9	100.9	100.7
护肤化妆品	99.8	100.1	100.2	101.1	100.2
彩妆化妆品	100.5	100.0	100.1	101.9	100.3
化妆器具	100.0	100.1	100.1	100.7	100.0
其他护理用品类	100.4	100.0	99.9	100.1	100.2
清洁类护理用品	100.6	100.0	99.9	99.9	100.3
护发美发用品	100.3	99.9	99.9	100.4	100.0
护理器具	100.0	100.0	99.8	100.2	99.8
其他护理用品	100.4	100.3	100.5	100.4	100.0
家庭服务	100.7	100.5	101.1	101.1	100.3
家政服务	101.2	100.9	102.1	100.0	100.3
家庭维修服务	100.2	100.1	100.0	102.2	100.3

6月	7月	8月	9月	10月	11月	12月
99.5	99.0	100.0	100.0	100.0	97.7	101.1
100.0	100.0	100.0	100.0	100.0	98.9	100.8
97.3	96.2	100.0	98.8	98.9	99.1	101.0
99.8	99.7	100.3	99.8	99.8	99.8	100.0
99.8	99.8	100.2	99.5	100.2	99.7	100.0
99.8	99.6	100.3	100.3	99.1	100.0	100.0
100.0	100.1	100.0	100.1	100.2	100.1	100.0
100.0	100.1	100.0	100.1	100.2	100.1	100.0
100.1	100.0	99.9	100.3	100.4	100.2	99.9
100.0	100.0	100.2	99.9	100.1	100.0	100.1
100.1	100.6	99.7	99.8	100.0	100.1	100.2
100.0	100.1	99.9	100.1	100.1	100.0	100.0
100.0	100.1	99.9	100.1	100.1	100.0	100.0
100.0	100.0	100.1	100.2	100.0	99.9	100.1
100.0	100.0	100.1	100.2	100.0	99.9	100.1
100.0	100.0	99.9	100.0	100.1	100.1	100.0
100.0	100.0	99.7	99.9	100.0	100.2	99.8
100.0	99.9	100.0	99.9	100.0	100.0	100.0
99.8	100.5	100.0	99.9	100.0	100.2	99.9
100.1	99.9	99.2	100.0	99.9	100.4	99.4
100.1	100.0	100.0	100.1	100.2	100.0	100.2
100.0	99.9	100.1	100.0	99.9	100.1	99.9
100.2	100.1	99.9	100.2	100.3	99.7	100.7
100.1	99.9	100.0	100.2	101.1	100.1	99.8
100.0	100.0	100.0	100.1	99.8	100.0	100.2
100.0	100.0	100.0	100.1	99.8	100.0	100.2
100.0	100.3	100.4	100.3	100.2	100.0	100.2
99.9	100.4	100.8	100.4	100.1	100.2	100.1
100.1	100.4	100.1	100.2	100.6	99.8	100.1
99.9	100.1	99.6	100.2	99.9	99.8	100.8
100.0	100.2	100.0	100.2	100.1	99.9	99.9
100.1	100.3	100.1	100.3	100.2	99.9	100.0
99.9	100.2	100.4	100.1	100.2	99.8	100.1
100.1	100.4	99.9	100.4	100.2	100.0	99.9
100.2	100.3	100.0	100.1	100.1	100.0	99.9
100.2	100.0	99.9	100.6	100.3	100.0	99.7
99.9	100.1	100.0	100.1	100.0	99.9	99.9
100.0	99.9	100.0	100.1	99.9	100.0	99.8
100.1	99.9	100.3	100.1	100.0	100.0	100.0
99.6	100.5	99.7	100.1	100.1	99.6	100.1
99.8	100.8	99.9	99.9	100.2	99.9	100.1
101.0	100.8	100.1	100.0	100.1	100.6	100.1
101.6	101.4	100.2	100.0	100.2	99.9	100.1
100.2	100.2	100.1	100.0	100.0	101.4	100.0

5-5 续表 5

(上月=100)

类　别	1月	2月	3月	4月	5月
交通和通信	100.2	100.8	99.5	99.8	100.1
交通	99.9	101.1	98.8	100.1	100.7
交通工具	100.0	100.0	100.0	99.9	100.2
小型汽车	100.0	100.0	100.0	100.0	100.0
电动自行车	100.1	100.0	100.0	99.9	100.6
自 行 车	100.0	100.0	99.9	99.5	100.1
其他交通工具	100.0	100.0	100.0	99.9	100.2
交通工具用燃料	98.8	99.0	100.0	100.3	103.4
汽　油	98.8	99.1	100.0	100.4	103.7
柴　油	98.6	98.6	99.9	99.9	103.4
其他车用能源	100.0	99.9	100.0	100.0	100.0
交通工具使用和维修	100.2	102.4	97.8	100.1	100.1
停 车 费	100.0	102.6	101.6	100.0	100.0
车辆使用费	100.0	99.9	99.9	100.0	100.0
交通工具零配件	100.2	100.0	99.8	99.9	99.9
车辆修理与保养	100.2	102.5	97.7	100.1	100.1
交通费	100.5	104.2	96.0	100.2	100.0
市内公共交通	100.0	101.0	98.4	100.6	100.0
出租汽车	100.2	100.4	99.6	100.0	100.0
飞 机 票	97.2	118.7	87.2	104.7	99.6
火 车 票	100.5	100.0	100.0	100.0	100.0
长途汽车	101.5	105.0	95.1	98.7	100.0
其他交通费	100.8	104.5	94.9	100.7	100.0
通信	100.6	100.4	100.7	99.4	99.1
通信工具	102.0	101.4	102.2	98.2	97.2
固定电话机	100.0	100.0	100.0	100.0	73.5
移动电话机	102.0	101.5	102.4	98.1	97.7
通信工具零配件	101.3	100.0	100.0	99.2	99.6
通信服务	100.0	100.0	100.0	100.0	100.0
固定电话费	100.0	100.0	100.0	100.0	100.0
移动通信费	100.0	100.0	100.0	100.0	100.0
上 网 费	100.1	100.0	100.2	100.0	100.0
其他通信服务	100.0	100.0	100.0	100.0	100.0
邮递服务	100.0	100.0	99.9	100.0	100.0
邮政邮寄	100.0	100.0	100.0	100.0	100.0
快递服务	100.0	100.0	99.9	100.0	100.0
教育文化和娱乐	100.5	100.2	100.0	100.5	99.7
教育	100.5	100.3	100.3	100.2	100.0
教育用品	102.4	100.0	100.1	100.0	100.0
工 具 书	100.0	100.0	100.0	100.0	100.0
教　材	105.3	100.0	100.0	100.0	100.0
参考资料	100.7	100.0	100.2	100.0	100.0
其他教育用品	100.1	99.8	100.2	100.0	100.1
教育服务	100.4	100.4	100.4	100.2	100.0

6月	7月	8月	9月	10月	11月	12月
100.5	99.9	99.6	99.8	99.6	100.1	100.3
100.8	99.9	99.5	100.5	99.6	100.6	100.8
99.9	99.6	100.0	100.2	99.4	100.1	99.4
100.0	99.4	100.0	100.4	99.0	100.0	98.4
99.7	100.1	100.0	100.1	100.0	100.4	101.3
100.0	100.0	100.0	100.0	100.0	100.1	100.2
100.1	100.0	99.9	99.7	100.0	100.1	100.4
104.0	99.7	97.4	103.0	100.8	103.7	103.7
104.2	99.6	97.1	103.0	100.8	103.8	103.7
103.9	100.1	97.8	103.6	101.1	104.0	104.6
100.2	100.0	100.0	100.0	100.2	99.5	100.1
100.5	99.9	99.9	100.1	100.1	100.2	99.9
100.0	100.0	100.0	100.0	100.0	100.0	100.0
100.0	100.1	99.4	100.0	100.0	100.0	100.0
99.9	100.0	100.6	99.9	100.0	100.6	103.2
100.5	99.9	99.9	100.1	100.1	100.2	99.8
100.0	100.8	100.3	99.0	98.6	99.2	101.7
100.0	100.0	100.0	100.0	100.0	100.0	100.0
100.0	100.0	100.0	100.0	100.0	100.0	100.0
100.0	100.3	106.1	92.1	87.7	89.9	119.5
100.0	100.0	100.0	100.0	100.0	100.0	100.0
100.1	101.6	99.1	99.6	99.5	100.0	100.1
100.1	101.4	99.8	100.0	100.1	100.9	100.2
99.9	100.0	99.6	98.8	99.7	99.1	99.3
99.7	100.1	99.9	96.0	99.0	96.9	97.7
100.0	100.0	100.0	100.0	100.0	100.0	100.0
99.7	100.1	99.9	95.8	98.9	96.8	97.6
100.0	100.0	100.0	99.9	99.9	99.7	98.8
100.0	99.9	99.5	100.0	100.0	100.0	100.0
100.0	100.0	99.1	100.0	100.0	100.0	100.0
100.0	99.8	99.4	100.0	100.0	100.0	100.0
100.0	100.2	100.0	100.0	100.0	100.0	100.0
100.0	100.0	100.0	99.7	100.0	100.0	100.0
100.0	100.0	100.0	100.0	100.0	100.0	100.1
100.0	100.0	100.0	100.0	100.0	100.0	100.0
100.0	100.0	100.0	100.0	100.0	100.0	100.1
99.9	100.2	100.1	101.3	100.3	99.7	100.3
100.0	100.3	100.2	102.0	100.1	100.0	100.0
100.0	100.0	100.0	101.5	100.0	100.0	100.0
100.0	100.0	100.0	100.0	100.0	100.0	99.9
100.0	100.0	100.0	102.5	100.0	100.0	100.0
100.0	100.1	99.9	101.0	100.0	100.0	100.0
100.1	100.0	99.9	99.8	99.9	99.9	99.6
100.0	100.3	100.2	102.0	100.1	100.0	100.0

5-5 续表 6

(上月=100)

类　别	1月	2月	3月	4月	5月
学前教育	100.1	100.6	100.5	100.0	100.0
小学初中教育	100.0	100.0	100.0	100.0	100.0
高中中职教育	102.3	102.2	102.2	101.9	100.0
高等教育	100.0	100.0	100.0	100.0	100.0
课外教育	100.3	100.2	99.9	100.1	100.0
专业技能培训	100.2	99.5	99.8	99.7	99.8
文化娱乐	100.4	99.9	99.4	100.9	99.2
文娱耐用消费品	99.1	98.9	100.2	100.1	98.5
电 视 机	97.8	97.1	100.2	100.2	95.8
照 相 机	100.0	100.0	100.0	100.0	100.0
台式计算机	99.5	100.0	100.0	100.0	100.0
笔记本平板	100.0	100.0	100.7	100.3	100.0
乐　　器	100.6	100.3	100.0	100.1	99.9
音　　响	100.2	99.8	99.7	99.8	99.8
其他文娱耐用消费品	100.0	100.0	100.0	100.0	100.0
其他文娱用品	100.3	100.1	99.8	100.1	100.1
书报杂志	100.4	100.0	100.0	100.0	100.0
纸张文具	100.2	100.0	100.1	100.0	100.2
体育户外用品	99.9	100.0	99.0	100.2	100.3
游戏用品和玩具	99.7	99.9	100.0	100.0	100.0
园艺花卉及用品	102.3	101.1	99.9	100.4	100.0
宠物及用品	100.0	100.1	100.0	100.0	100.0
其他文化娱乐用品	100.1	100.1	100.0	100.0	100.5
文化娱乐服务	100.2	100.8	99.9	102.8	98.1
电 影 票	99.6	100.2	100.2	100.9	100.0
景点门票	100.6	101.5	99.8	107.4	94.8
有线电视	100.0	100.4	100.0	100.0	100.0
健身活动	100.2	100.1	99.7	100.0	100.6
其他文娱服务	100.1	100.6	99.6	100.4	100.0
旅游	102.9	100.2	97.3	100.7	100.8
旅行社收费	102.9	100.2	97.3	100.7	100.8
其他旅游	99.3	99.6	98.9	100.0	100.0
医疗保健	100.2	100.1	100.4	100.3	100.4
药品及医疗器具	100.2	100.2	101.0	100.7	100.4
中药	100.2	100.1	100.8	100.1	100.0
中 药 材	100.2	100.2	100.3	99.8	100.2
中 成 药	100.1	100.0	101.0	100.2	100.0
西药	100.2	100.2	100.7	100.8	100.8
抗微生物药	100.6	100.0	99.7	100.3	101.0
消化系统用药	99.4	101.0	100.6	99.9	100.9
呼吸系统用药	100.0	100.1	100.8	101.0	101.8
解热镇痛药	100.1	100.0	100.3	101.1	100.3
抗肿瘤药	101.1	100.1	99.3	99.6	99.8
激素及影响内分泌药	102.0	100.1	100.4	103.8	99.9

6月	7月	8月	9月	10月	11月	12月
100.1	100.0	100.8	102.6	100.0	100.0	100.0
100.0	100.2	100.1	104.2	101.7	100.0	100.0
100.0	100.0	100.0	102.9	100.0	100.0	100.0
100.0	100.0	100.0	100.8	100.0	100.0	100.0
100.3	102.4	100.1	103.0	100.0	100.0	100.0
100.0	99.8	100.3	100.4	99.5	100.0	99.8
99.6	100.0	100.0	100.2	100.6	99.3	100.8
99.2	99.6	100.1	99.7	100.8	98.7	102.2
97.7	98.7	99.6	98.4	101.5	96.3	105.1
100.0	100.0	100.0	100.0	100.0	100.0	100.0
100.0	100.0	101.8	101.8	100.6	100.4	101.4
100.0	100.0	98.9	98.9	100.3	99.1	100.9
99.8	100.1	99.9	100.0	100.2	100.0	100.2
100.0	100.1	99.7	99.9	99.9	99.9	100.0
100.0	100.0	100.0	100.0	100.0	100.0	100.0
100.2	99.9	99.9	100.2	100.4	99.9	99.9
100.1	100.0	100.0	100.1	101.5	100.0	100.1
100.8	99.9	100.0	100.0	100.0	100.0	100.0
100.2	100.1	99.5	100.8	99.9	99.4	99.9
99.9	100.1	100.1	100.0	99.9	100.2	99.1
99.9	99.2	100.0	99.6	100.3	100.0	100.0
100.3	99.9	100.0	100.0	99.8	100.0	100.4
100.0	99.9	99.9	100.0	100.0	100.3	99.9
99.5	100.0	100.3	99.8	101.0	99.8	99.3
100.0	98.8	100.4	100.0	100.2	100.0	99.8
98.2	100.0	100.0	100.0	102.8	99.0	98.2
100.0	100.0	100.0	99.8	100.0	100.0	100.0
100.4	102.1	100.1	100.0	100.0	100.0	99.9
100.5	100.0	101.5	99.4	100.0	101.2	100.0
99.9	100.8	99.5	101.4	100.0	99.1	101.1
99.9	100.8	99.4	101.4	100.0	99.2	101.1
101.4	100.5	100.5	103.6	100.0	90.4	100.2
100.4	100.5	100.7	100.2	100.3	100.7	100.4
100.8	101.0	101.4	100.5	100.8	101.5	100.4
100.5	100.4	100.8	100.2	100.7	101.7	100.6
101.1	100.6	101.3	100.7	100.4	100.5	100.4
100.3	100.4	100.6	100.0	100.9	102.1	100.7
101.1	101.2	101.5	100.6	101.2	101.4	100.5
100.3	100.3	100.9	99.8	101.7	100.9	100.1
101.8	101.2	100.9	101.7	101.4	100.9	101.0
99.0	101.4	102.0	101.2	102.4	104.2	100.9
102.0	103.0	99.5	100.4	100.5	100.6	100.2
100.6	100.0	100.6	100.2	99.9	100.4	100.5
101.1	100.5	100.2	100.6	101.6	100.7	100.3

5-5 续表 7

(上月=100)

类　别	1月	2月	3月	4月	5月
心血管系统用药	100.3	99.9	100.8	100.6	100.2
血液系统用药	100.1	100.0	105.2	101.2	100.2
治疗精神障碍药	99.9	100.9	99.6	100.9	100.3
神经系统用药	100.2	100.2	100.4	101.4	102.2
消毒防腐及创伤外科用药	100.2	100.0	101.0	102.4	100.4
泌尿系统用药	100.1	100.0	100.7	100.0	100.2
维生素、矿物质类药	100.2	100.4	102.5	101.3	100.7
调节水、电解质及酸碱平衡药	100.0	100.0	101.1	100.3	100.0
滋补保健品	100.0	100.3	101.9	101.2	100.1
滋补保健品	100.0	100.3	101.9	101.2	100.1
医疗卫生器具	100.0	100.0	100.6	100.4	100.1
医疗卫生器具	100.0	100.0	100.6	100.4	100.1
保健器具	100.2	100.0	100.2	100.0	100.0
保健器具	100.2	100.0	100.2	100.0	100.0
医疗服务	100.2	100.0	100.0	100.0	100.4
综合医疗类	100.0	100.0	100.0	100.0	100.3
一般医疗服务	100.0	100.0	100.0	100.0	100.1
一般治疗操作	100.0	100.0	100.0	100.0	100.2
护　理	100.0	100.0	100.0	100.0	101.6
其他综合医疗服务	100.0	100.0	100.0	100.0	100.1
诊断类	100.2	100.0	100.0	100.0	99.9
病理学诊断	100.9	100.0	100.0	100.0	100.0
实验室诊断	100.0	100.0	100.0	100.0	100.0
影像学诊断	100.2	100.0	100.0	100.0	99.9
临床诊断	100.3	100.0	100.0	100.0	100.0
治疗类	100.2	100.0	100.0	100.0	101.2
临床手术治疗	100.3	100.0	100.0	100.0	101.5
临床非手术治疗	100.0	100.0	100.0	100.0	100.1
康复类	100.3	100.0	100.0	100.0	100.0
康复医疗	100.3	100.0	100.0	100.0	100.0
中医医疗服务类	100.1	100.0	100.0	100.0	100.0
中医治疗	100.1	100.0	100.0	100.0	100.0
其他医疗服务	100.0	100.0	100.0	100.0	100.0
其他医疗服务	100.0	100.0	100.0	100.0	100.0
其他用品和服务	100.6	101.6	101.1	100.4	100.3
其他用品类	100.8	102.6	103.0	99.7	101.6
首饰手表	101.2	103.6	104.1	99.6	102.2
金 饰 品	101.6	104.5	105.1	99.5	102.6
银 饰 品	99.1	99.5	99.7	99.9	99.9
铂金饰品	99.4	100.8	101.7	100.1	101.5
手　表	100.0	99.8	99.8	99.9	100.0
其他杂项用品	99.8	100.0	100.1	99.9	100.1
箱　包	99.8	99.7	100.0	99.7	99.9
母婴用品	99.7	100.2	100.1	100.1	100.1

6月	7月	8月	9月	10月	11月	12月
102.6	100.6	101.2	100.4	101.4	101.4	100.4
99.6	103.1	101.6	100.2	100.2	101.2	100.3
100.6	100.2	101.1	100.2	100.3	101.6	100.5
100.9	100.7	103.5	100.7	101.4	102.4	100.2
100.0	99.9	103.0	99.6	99.9	100.1	100.0
100.2	101.4	101.0	102.2	100.3	101.6	100.2
102.1	104.7	103.7	100.9	100.1	101.5	101.5
99.2	99.9	100.9	99.2	100.8	99.7	99.9
100.4	101.7	101.2	100.6	100.3	101.7	100.2
100.4	101.7	101.2	100.6	100.3	101.7	100.2
100.3	99.7	102.0	99.9	100.1	101.1	99.9
100.3	99.7	102.0	99.9	100.1	101.1	99.9
100.2	100.0	100.0	100.3	100.3	100.3	100.3
100.2	100.0	100.0	100.3	100.3	100.3	100.3
100.1	100.2	100.2	100.0	100.0	100.1	100.4
100.3	100.2	100.3	100.0	100.0	100.1	100.6
101.0	100.3	100.1	100.0	100.0	100.2	100.0
100.0	100.1	100.2	100.0	100.0	100.0	100.4
100.1	100.1	102.3	100.0	100.0	100.5	104.2
99.9	100.0	100.0	100.0	100.0	100.0	100.0
100.0	100.0	100.0	100.0	100.0	100.1	100.3
100.0	100.0	100.0	100.0	100.0	100.2	99.6
100.0	100.0	100.0	100.0	100.0	100.0	101.1
100.0	100.0	100.0	100.0	100.0	100.1	100.0
100.0	100.0	100.2	100.0	100.0	100.1	100.1
100.1	100.3	100.4	100.1	100.0	100.2	100.3
100.1	100.4	100.5	100.1	100.0	100.3	100.4
100.1	100.1	100.2	100.0	100.0	100.0	100.2
100.0	100.3	100.2	100.0	100.0	100.3	100.8
100.0	100.3	100.2	100.0	100.0	100.3	100.8
100.0	100.1	100.6	100.0	100.0	100.6	100.3
100.0	100.1	100.6	100.0	100.0	100.6	100.3
100.0	100.6	99.5	100.0	100.0	100.4	100.5
100.0	100.6	99.5	100.0	100.0	100.4	100.5
100.2	101.8	100.3	100.3	99.4	100.1	99.2
100.4	103.9	100.3	99.9	98.6	100.0	97.9
100.5	105.2	100.5	99.8	98.1	100.0	97.2
100.8	106.2	100.4	99.9	97.8	99.9	96.6
99.8	100.6	100.3	99.1	100.0	100.0	100.1
98.8	102.5	101.7	99.1	97.9	101.4	99.5
100.0	100.1	100.1	100.0	100.0	100.0	100.0
100.0	100.1	100.0	100.0	100.0	100.0	100.1
100.1	100.1	100.1	100.1	100.0	100.1	100.0
100.0	100.1	100.1	100.0	100.0	100.0	100.2

5-5 续表 8

(上月=100)

类 别	1月	2月	3月	4月	5月
眼 镜	100.1	100.0	100.0	100.0	100.4
其他服务类	100.5	100.7	99.6	101.1	99.2
旅馆住宿	100.2	100.2	99.5	113.9	89.2
宾馆住宿	100.4	99.8	99.5	118.8	85.4
其他住宿	100.0	100.5	99.5	111.0	91.7
美容美发洗浴	101.5	101.8	99.0	100.6	100.3
美 容	100.3	100.5	99.7	101.4	100.0
美 发	102.4	101.5	100.0	100.5	100.8
洗 浴	101.6	103.5	97.4	99.9	100.0
养老服务	100.5	100.0	100.0	99.8	100.5
养老服务	100.5	100.0	100.0	99.8	100.5
金融保险	99.3	99.9	100.0	99.3	100.1
金融服务	100.0	100.0	100.0	100.0	99.6
车辆保险	98.7	99.6	100.0	99.0	100.2
旅行保险	100.0	100.0	100.0	100.0	100.0
其他保险	101.9	101.2	100.3	100.0	100.0
其他服务类	100.2	100.0	100.1	100.0	100.1
中介服务	100.4	100.0	100.1	100.0	100.1
其他服务	100.0	100.0	100.0	100.0	100.0

6月	7月	8月	9月	10月	11月	12月
99.8	99.9	99.6	100.0	100.2	99.7	100.1
100.1	100.1	100.2	100.6	100.1	100.2	100.3
98.5	99.9	101.3	100.0	100.6	98.6	100.2
98.0	99.9	100.5	99.8	100.4	99.3	99.6
98.8	99.9	101.8	100.1	100.7	98.3	100.5
100.0	100.1	100.4	101.5	100.1	100.6	100.2
100.0	100.3	100.2	100.7	100.3	100.1	99.8
100.1	100.0	100.2	100.2	100.0	100.2	100.2
100.1	100.0	101.0	103.9	100.0	101.3	100.5
101.2	100.2	100.0	100.0	99.8	100.5	101.8
101.2	100.2	100.0	100.0	99.8	100.5	101.8
100.2	100.0	99.7	100.0	100.0	100.0	100.0
100.0	100.0	100.0	100.0	100.0	100.0	100.0
100.3	100.0	99.6	100.0	100.0	100.0	100.0
100.0	100.0	100.0	100.0	100.0	100.0	100.0
100.0	100.3	100.2	100.0	100.0	100.0	100.0
100.2	100.2	100.0	100.1	100.0	100.0	100.0
100.3	100.5	100.0	100.2	100.0	100.0	100.1
100.0	100.0	100.0	100.0	100.0	100.0	100.0

5-6 城市居民消费

(上年同月=100)

类　　别	年平均	1月	2月	3月	4月	5月
总 指 数	**101.9**	**101.4**	**102.0**	**102.2**	**102.2**	**101.8**
食品烟酒	103.1	103.5	105.0	105.6	105.3	104.2
食品	104.0	104.4	106.9	107.8	107.3	105.7
粮食	100.2	100.4	100.6	100.5	100.2	99.8
薯类	112.4	105.6	110.6	114.0	127.7	136.9
豆类	100.6	101.7	101.2	101.0	101.1	100.5
食用油	100.9	98.3	98.7	99.5	99.5	100.4
菜	110.8	122.2	126.9	136.7	123.7	106.1
畜肉类	112.5	110.5	118.6	118.6	121.1	123.0
禽肉类	99.9	98.9	99.4	100.4	100.5	101.2
水产品	101.0	99.1	99.0	99.5	99.1	98.3
蛋类	96.9	95.0	93.2	94.1	100.4	101.7
奶类	99.6	100.2	100.2	100.4	100.1	100.0
干鲜瓜果类	96.6	95.7	93.9	90.4	92.0	92.5
糖果糕点类	101.5	100.8	100.9	101.2	102.2	102.0
调味品	101.8	102.4	101.5	102.3	102.1	102.1
其他食品类	100.7	102.6	99.8	100.8	100.8	100.9
茶及饮料	99.7	100.0	97.8	99.7	100.2	99.6
茶　　叶	101.4	101.2	101.4	101.9	101.9	101.1
固体咖啡	100.5	102.2	102.0	101.9	101.1	100.1
其他固体饮料	101.9	103.6	103.3	102.5	103.0	102.5
饮 用 水	99.7	100.6	101.4	101.3	102.2	101.5
果汁饮料	97.9	99.0	97.5	97.5	97.7	96.5
其他液体饮料	98.5	98.8	93.6	98.0	99.0	99.0
烟酒	100.4	100.6	101.4	101.4	101.6	100.6
烟草	101.5	104.9	104.9	104.9	105.0	102.6
酒类	99.6	97.7	99.0	98.9	99.1	99.1
在外餐饮	102.2	102.4	102.0	101.9	102.0	102.2
正　　餐	102.0	101.7	101.4	101.6	101.9	102.4
快　　餐	102.1	103.0	102.8	102.5	102.3	102.0
地方小吃	103.8	103.6	103.1	102.8	102.8	103.3
其他在外餐饮	100.7	101.3	99.7	99.7	99.7	99.8
衣着	100.8	100.8	100.9	100.9	100.8	100.6
服装	100.6	100.7	100.9	100.8	100.6	100.3
男式服装	100.5	100.6	100.7	100.8	100.7	100.5
女式服装	100.6	100.6	100.8	100.7	100.4	100.1
儿童服装	100.9	101.0	101.3	101.1	101.0	100.7
服装材料	100.4	100.4	100.5	100.0	99.8	100.1
其他衣着及配件	100.9	100.8	101.2	101.2	101.2	101.3
衣着加工服务费	106.3	104.5	103.9	103.5	103.2	103.6
鞋类	100.9	100.9	100.8	100.9	101.1	101.0

价格分月指数(2016年)

6月	7月	8月	9月	10月	11月	12月
101.8	**101.5**	**101.4**	**101.9**	**102.1**	**102.1**	**102.0**
103.0	101.7	100.8	102.1	102.9	102.3	101.3
103.9	101.9	100.3	102.4	103.8	102.7	101.2
99.9	99.9	99.9	99.9	100.0	100.4	100.5
122.5	110.5	105.4	100.6	100.4	104.1	104.7
100.3	100.3	100.1	100.2	100.2	100.0	100.0
101.4	101.9	102.3	102.7	102.6	101.7	102.2
90.6	89.0	93.2	105.1	113.8	111.3	101.9
121.8	113.2	107.1	105.8	104.9	104.3	104.9
101.2	100.1	99.1	99.0	99.7	100.0	99.6
100.1	101.1	102.1	103.6	103.8	102.7	103.4
102.6	99.2	90.7	94.1	101.6	98.8	94.5
99.5	99.7	99.4	98.7	98.9	98.9	98.7
94.8	98.2	98.6	104.2	104.1	100.3	98.3
101.8	101.5	101.3	101.7	101.4	101.8	102.0
101.7	101.6	102.1	101.6	101.3	101.6	101.6
101.4	100.7	100.6	100.7	100.7	99.6	99.3
99.5	99.3	100.0	100.1	100.0	99.9	99.9
101.3	101.1	101.6	101.4	101.5	101.5	101.4
99.5	99.9	100.1	100.0	100.2	99.7	99.9
101.0	101.7	101.3	101.9	102.0	100.3	99.2
100.7	98.8	97.5	96.4	99.6	99.0	97.6
96.6	96.9	97.8	98.0	98.8	98.7	99.5
98.7	98.4	99.7	99.9	98.8	98.8	99.0
99.6	99.7	99.9	100.0	100.0	100.1	100.3
99.8	99.6	99.6	99.5	99.4	99.4	99.3
99.4	99.8	100.2	100.3	100.5	100.6	101.2
102.3	102.3	102.5	102.3	102.2	102.2	102.3
102.6	102.6	102.7	102.2	101.8	101.7	101.7
101.6	101.7	101.7	101.6	101.8	101.9	101.8
103.4	103.6	104.3	104.9	104.9	104.8	104.5
100.7	101.0	101.0	101.0	101.0	101.3	102.4
100.5	100.5	100.7	100.9	100.9	101.2	101.0
100.3	100.3	100.5	100.7	100.7	101.0	100.9
100.3	100.2	100.3	100.5	100.4	100.7	100.5
100.3	100.2	100.5	100.9	101.0	101.2	101.0
100.6	100.6	100.8	100.5	100.6	101.1	101.1
99.8	100.0	100.1	100.1	100.8	101.5	101.4
100.8	100.9	100.8	100.7	100.7	100.8	100.8
104.2	105.2	106.7	108.1	110.4	111.5	110.7
100.8	100.8	100.9	100.9	100.8	100.8	100.6

5-6 续表

(上年同月=100)

类　　别	年平均	1月	2月	3月	4月	5月
居住	103.0	102.5	102.6	102.8	102.7	102.8
租赁房房租	103.4	103.3	103.8	103.6	103.3	103.1
住房保养维修及管理	101.4	100.8	100.2	100.8	100.4	101.5
水电燃料	101.7	101.0	100.9	100.7	101.0	101.3
自有住房	103.8	103.6	103.9	104.1	103.9	103.8
生活用品及服务	100.3	100.3	100.1	100.4	100.8	100.8
家具及室内装饰品	100.7	100.6	100.6	100.6	100.7	101.0
家用器具	97.7	98.6	98.3	98.7	99.7	99.4
家用纺织品	100.2	100.3	100.4	100.4	100.1	100.0
家庭日用杂品	100.5	100.3	100.2	100.6	100.7	100.6
个人护理用品	101.3	100.4	100.3	100.3	101.0	101.2
家庭服务	107.0	106.8	104.5	106.3	106.7	106.8
交通和通信	97.9	95.9	96.9	96.3	96.5	96.0
交通	97.5	95.4	96.0	94.5	94.7	94.2
交通工具	96.1	93.1	93.1	93.2	93.2	93.2
交通工具用燃料	95.9	92.3	93.5	88.3	89.1	87.3
交通工具使用和维修	100.5	101.6	100.3	100.0	100.2	100.2
交通费	101.0	100.6	103.6	101.4	101.5	101.4
通信	98.7	96.8	98.5	99.6	99.7	99.3
通信工具	96.7	90.1	95.4	98.8	99.2	98.0
通信服务	99.6	100.0	99.9	99.9	99.9	99.9
邮递服务	99.9	100.4	100.0	99.9	99.9	99.9
教育文化和娱乐	100.9	100.9	100.5	100.3	100.4	100.5
教育	101.6	101.3	101.3	101.0	101.0	100.9
教育服务	101.5	101.2	101.2	100.9	100.8	100.8
文化娱乐	99.9	100.4	99.4	99.3	99.6	99.9
医疗保健	103.1	101.7	101.7	102.2	102.5	102.9
药品及医疗器具	106.3	103.8	104.0	105.3	106.0	106.2
中药	104.9	104.0	104.0	104.9	105.4	105.5
西药	106.9	104.0	104.1	105.3	105.7	106.2
医疗服务	101.0	100.2	100.1	100.1	100.1	100.8
其他用品和服务	103.8	99.7	100.3	101.9	101.6	102.8
其他用品类	106.7	95.5	98.4	102.5	102.0	104.5
首饰手表	108.7	94.4	98.1	103.3	102.6	105.8
其他杂项用品	99.8	99.7	99.5	99.7	99.6	99.6
其他服务类	101.9	102.5	101.6	101.5	101.4	101.7
旅馆住宿	100.3	101.2	100.0	99.6	100.0	99.7
美容美发洗浴	104.9	105.9	104.0	103.9	104.3	104.6
养老服务	102.2	101.0	101.3	101.5	101.2	101.9
金融保险	98.5	99.4	99.1	99.1	98.2	98.3
其他服务类	101.1	100.9	100.9	101.1	101.1	101.2

6月	7月	8月	9月	10月	11月	12月
102.6	102.6	102.9	103.2	103.3	103.6	104.0
102.8	102.8	103.4	103.7	103.8	103.7	104.2
101.4	101.4	101.4	101.5	101.9	102.3	102.5
101.3	101.2	101.3	101.6	102.9	103.5	104.1
103.4	103.4	103.9	104.2	103.8	103.9	104.3
100.5	100.6	100.3	100.1	100.1	99.9	100.1
101.0	101.5	101.0	100.7	100.5	100.1	100.5
97.8	97.5	96.9	96.5	96.3	95.6	96.7
100.2	100.4	100.3	100.0	100.0	100.0	100.0
100.8	100.6	100.4	100.5	100.4	100.5	100.3
101.3	101.5	101.6	101.9	102.2	102.1	101.8
107.1	108.1	108.0	106.9	107.0	107.7	107.7
98.7	98.9	99.2	99.3	98.5	99.4	100.1
97.5	97.9	98.7	99.8	99.3	100.6	102.0
98.3	98.1	98.1	98.3	98.2	99.0	98.3
90.7	92.6	95.7	101.5	101.5	107.4	114.1
100.6	100.6	100.4	100.3	100.3	100.3	100.8
101.4	101.8	102.5	101.8	99.1	97.6	99.8
101.0	100.7	100.1	98.3	97.1	97.1	96.6
103.7	102.2	102.3	95.9	92.5	92.3	90.6
99.9	100.0	99.2	99.2	99.1	99.1	99.1
99.9	99.9	99.9	99.9	99.9	99.9	100.0
100.5	100.7	100.7	101.3	101.5	101.4	101.8
100.9	101.2	101.5	102.5	102.6	102.6	102.5
100.7	101.1	101.4	102.3	102.4	102.4	102.4
100.1	100.0	99.8	99.9	100.1	99.9	100.8
103.1	103.6	103.9	103.8	103.8	104.0	104.5
106.4	107.2	107.3	107.1	106.9	107.4	107.6
105.6	105.5	104.3	104.2	104.7	105.5	105.7
106.7	107.9	108.0	108.1	108.4	108.9	109.3
100.9	101.2	101.6	101.6	101.6	101.6	102.3
103.6	105.9	106.7	106.5	105.4	106.1	105.5
106.1	112.3	114.2	113.1	110.4	112.5	110.6
108.0	115.9	118.3	116.9	113.4	116.1	113.7
99.5	99.8	100.0	100.0	100.0	100.1	100.3
101.9	101.8	101.9	102.3	102.2	102.1	102.4
99.9	99.8	101.0	101.1	101.0	99.9	100.4
104.5	104.5	104.9	105.8	105.8	105.6	105.5
102.7	102.7	102.2	102.3	102.0	102.7	104.8
98.7	98.7	98.4	98.0	98.0	98.0	98.0
101.4	100.9	100.9	101.0	101.0	101.0	101.1

5-7 农村居民消费

（上年同月=100）

类　　别	年平均	1月	2月	3月	4月	5月
总指数	**102.0**	**101.6**	**102.5**	**102.8**	**102.6**	**102.1**
食品烟酒	103.4	103.5	106.0	107.0	106.3	104.8
食品	104.3	103.9	107.4	108.9	108.1	106.5
粮食	99.8	99.8	99.7	99.8	99.5	99.6
薯类	114.8	102.2	113.2	120.0	141.4	131.7
豆类	98.6	97.8	99.3	97.7	97.1	97.5
食用油	101.6	98.4	101.3	101.4	100.6	101.3
菜	110.3	115.1	123.6	138.0	116.9	102.5
畜肉类	113.4	114.1	123.5	125.7	127.6	126.1
禽肉类	100.2	99.8	100.0	101.5	101.3	101.4
水产品	102.4	102.0	102.3	100.0	100.9	101.3
蛋类	93.8	94.7	92.7	88.3	96.7	98.9
奶类	99.8	99.1	98.9	99.9	99.7	100.2
干鲜瓜果类	95.2	91.5	89.6	86.8	88.4	88.5
糖果糕点类	102.0	102.8	102.9	102.4	101.7	101.4
调味品	102.0	101.2	101.2	101.3	101.2	101.6
其他食品类	100.3	100.1	100.3	99.9	100.2	100.7
茶及饮料	99.0	100.1	100.0	98.9	99.3	98.7
茶　　叶	101.7	101.2	101.2	101.2	101.6	101.4
固体咖啡	102.8	103.7	103.7	103.7	103.6	103.6
其他固体饮料	100.7	101.3	101.4	101.4	101.3	100.7
饮 用 水	99.5	100.7	100.7	100.2	99.6	98.9
果汁饮料	100.2	101.1	101.7	101.6	101.4	101.1
其他液体饮料	97.5	99.3	99.0	97.1	98.0	97.0
烟酒	100.1	104.0	103.9	103.9	102.8	99.8
烟草	101.9	107.1	106.9	107.0	106.6	102.1
酒类	97.4	99.4	99.4	99.4	97.2	96.3
在外餐饮	102.7	102.3	102.0	102.3	102.4	102.5
正　　餐	102.7	103.5	102.6	102.7	102.9	102.8
快　　餐	100.6	100.2	100.2	100.2	100.2	100.2
地方小吃	107.0	105.8	104.7	104.6	104.4	105.5
其他在外餐饮	105.2	101.9	104.2	107.5	107.4	107.4
衣着	100.6	101.6	101.4	101.2	101.1	101.0
服装	100.4	101.7	101.4	101.0	101.0	100.7
男式服装	101.0	102.7	102.1	101.5	101.1	100.9
女式服装	99.8	100.9	100.5	100.3	100.7	100.2
儿童服装	100.9	102.3	102.7	102.2	101.6	101.8
服装材料	101.0	101.8	101.8	101.8	101.3	102.1
其他衣着及配件	101.1	101.1	101.1	101.7	101.7	101.7
衣着加工服务费	102.1	101.7	101.7	101.1	101.8	101.8
鞋类	101.0	101.5	101.6	101.6	101.3	101.6

价格分月指数(2016年)

6月	7月	8月	9月	10月	11月	12月
102.1	**101.5**	**101.2**	**101.8**	**102.0**	**102.1**	**102.0**
104.0	101.6	99.9	101.8	102.3	101.9	101.1
105.7	102.1	99.7	102.4	103.1	102.5	101.3
99.9	99.6	99.7	99.6	99.8	100.0	100.6
122.1	103.8	99.6	106.4	106.6	111.8	114.3
97.2	98.4	98.5	99.5	100.1	100.3	100.4
101.7	102.1	102.3	102.4	102.2	102.6	102.7
86.9	87.9	94.1	110.8	119.7	116.0	103.7
126.3	112.5	104.5	103.7	101.3	101.7	102.9
101.2	99.8	100.5	101.5	100.2	97.9	97.6
101.6	102.5	103.4	103.5	103.2	103.7	104.2
100.2	96.7	87.4	91.2	96.3	95.4	89.9
100.6	100.3	100.2	99.3	99.5	99.6	99.8
94.4	97.8	95.9	105.6	107.4	102.3	101.8
101.2	101.4	101.9	101.8	101.7	102.3	102.7
102.5	102.4	102.2	102.0	102.6	103.0	103.3
100.9	100.7	100.6	100.3	100.1	100.1	100.3
98.7	98.6	98.6	98.5	98.8	98.7	98.6
101.6	102.2	102.2	102.2	102.2	101.9	101.9
103.4	103.1	103.2	103.4	101.5	100.9	100.1
101.6	101.0	99.9	99.7	100.1	100.1	100.1
99.4	99.8	99.5	99.4	99.1	98.8	98.3
100.9	99.3	99.2	99.3	99.2	98.9	98.7
97.0	96.9	97.0	96.8	97.4	97.4	97.4
98.3	98.3	98.2	98.4	98.3	98.2	98.1
99.6	99.6	99.4	99.1	99.1	99.0	98.9
96.3	96.2	96.3	97.2	96.9	97.0	96.8
102.6	103.2	103.1	103.0	103.0	103.1	103.4
102.4	102.6	102.3	102.4	102.6	102.6	102.8
100.2	101.2	101.0	101.1	101.0	100.9	101.3
106.9	108.6	109.1	108.6	108.4	108.7	109.1
107.4	105.6	105.1	103.6	104.0	104.4	104.5
100.3	100.4	100.5	99.8	99.7	100.0	100.0
100.1	100.1	100.2	99.5	99.4	99.7	99.7
100.7	100.7	101.0	100.4	100.0	100.4	100.3
99.5	99.4	99.6	99.1	98.9	99.3	99.2
100.7	100.9	100.5	99.1	99.4	99.6	100.3
100.5	100.3	100.6	101.4	101.2	99.4	99.9
101.4	100.9	100.8	101.0	100.9	100.6	100.6
101.8	101.8	102.4	102.2	102.9	102.9	103.0
100.8	101.1	101.0	100.2	100.2	100.7	100.5

5-7 续表 1

(上年同月=100)

类　　别	年平均	1月	2月	3月	4月	5月
居住	100.8	100.3	100.2	100.0	100.0	100.0
租赁房房租	102.9	102.6	102.4	102.4	102.6	102.6
住房保养维修及管理	101.2	100.6	100.3	100.1	100.1	100.6
水电燃料	98.2	97.3	97.5	97.2	97.2	96.7
自有住房	102.3	102.1	101.9	101.7	101.8	101.7
生活用品及服务	99.9	100.0	99.8	100.0	100.2	100.3
家具及室内装饰品	101.2	100.9	100.9	100.5	100.5	101.0
家用器具	97.4	98.4	98.1	98.6	99.1	98.9
家用纺织品	99.5	99.1	99.1	99.3	99.3	99.2
家庭日用杂品	101.0	100.5	100.8	101.0	101.2	101.1
个人护理用品	100.8	100.4	100.3	100.4	100.7	100.8
家庭服务	103.4	107.4	102.4	102.4	102.5	103.4
交通和通信	98.9	97.3	98.2	97.5	97.7	97.5
交通	98.8	97.4	97.6	96.1	96.5	96.4
交通工具	97.3	95.0	95.1	95.1	95.0	95.4
交通工具用燃料	95.9	92.0	93.6	88.2	88.9	87.1
交通工具使用和维修	103.3	104.8	100.1	103.3	104.4	104.8
交通费	101.3	101.9	102.8	100.3	100.9	101.3
通信	99.1	97.3	99.2	99.7	99.7	99.3
通信工具	96.5	90.5	95.4	99.0	98.9	97.9
通信服务	100.4	100.9	101.2	100.0	100.0	100.0
邮递服务	100.1	100.2	100.2	100.2	100.2	100.2
教育文化和娱乐	105.2	104.2	104.6	105.1	105.6	105.5
教育	108.1	106.1	107.0	107.8	108.4	108.4
教育服务	108.3	106.3	107.2	108.0	108.7	108.6
文化娱乐	99.4	100.4	99.8	99.9	99.9	99.7
医疗保健	102.4	101.5	101.4	101.5	101.6	101.6
药品及医疗器具	106.3	103.9	103.7	104.1	104.3	104.2
中药	103.1	102.1	102.5	103.2	102.4	101.9
西药	106.9	104.8	104.4	104.4	104.8	104.9
医疗服务	100.4	100.3	100.3	100.3	100.3	100.3
其他用品和服务	103.9	99.9	100.4	102.6	102.1	103.0
其他用品类	104.6	97.4	98.7	102.4	101.8	103.2
首饰手表	106.8	95.8	97.8	103.5	102.4	104.7
其他杂项用品	100.4	100.3	100.6	100.5	100.5	100.6
其他服务类	103.0	103.4	102.6	102.8	102.6	102.6
旅馆住宿	102.6	100.9	98.5	102.3	103.1	103.3
美容美发洗浴	108.3	110.0	107.1	107.6	107.3	107.3
养老服务	101.8	102.2	101.3	100.8	100.8	100.8
金融保险	100.1	100.0	100.4	100.5	100.1	100.1
其他服务类	100.5	100.5	100.5	100.5	100.5	100.5

6月	7月	8月	9月	10月	11月	12月
100.1	100.2	100.7	100.9	101.4	102.7	103.2
102.6	102.5	103.2	103.1	103.1	103.9	103.9
100.9	101.0	101.3	101.3	101.4	102.9	103.6
97.0	97.0	97.6	98.2	99.8	101.4	102.1
101.7	101.9	102.3	102.4	102.4	103.4	103.7
99.8	99.9	99.7	99.5	99.7	99.4	99.8
101.1	101.2	101.9	101.6	101.6	101.7	101.5
97.2	97.3	96.5	96.2	96.5	95.5	96.8
99.4	99.4	99.5	99.7	99.8	100.3	100.3
101.1	101.1	101.0	101.0	101.1	101.1	101.1
100.8	100.8	101.0	100.9	101.0	101.0	101.0
103.6	103.6	104.0	102.8	102.8	102.8	102.6
99.5	99.6	99.9	99.8	99.6	100.3	100.6
98.7	99.0	99.5	100.4	100.3	101.4	102.8
98.7	98.4	98.4	98.7	99.1	99.9	99.6
90.8	92.2	95.9	102.1	102.4	107.4	114.9
105.0	104.7	103.7	102.7	101.9	102.1	102.2
101.6	102.1	101.8	101.3	100.3	100.1	100.9
100.9	100.6	100.6	98.8	98.4	98.3	97.0
102.8	101.6	101.6	95.3	92.5	92.7	90.3
100.0	100.1	100.1	100.4	101.3	101.0	100.1
100.2	100.2	100.0	100.0	100.0	100.0	100.0
105.5	105.4	105.6	106.7	106.4	104.1	103.8
108.5	108.4	108.6	110.4	110.0	107.0	106.2
108.7	108.7	108.8	110.7	110.3	107.2	106.4
99.5	99.3	99.6	99.1	99.0	98.1	98.9
101.8	102.1	102.7	102.6	102.9	104.1	104.4
104.7	105.5	107.5	107.0	108.1	110.9	111.6
101.3	101.9	102.8	102.3	103.4	106.1	107.2
105.5	105.6	107.7	107.6	109.1	111.5	112.2
100.4	100.4	100.4	100.5	100.5	100.8	100.8
103.4	105.9	106.6	106.5	105.5	105.9	105.2
103.7	108.1	109.3	108.9	107.4	107.7	106.6
105.4	112.2	114.2	113.6	111.2	111.9	110.1
100.6	100.5	100.4	100.4	100.2	100.1	100.1
102.9	102.9	103.0	103.2	103.0	103.5	103.5
103.0	103.4	104.5	103.0	103.0	103.1	103.1
107.6	107.8	108.1	109.0	108.4	109.6	109.4
102.0	102.0	102.0	102.0	102.0	102.0	102.9
100.1	100.1	100.1	100.0	100.0	100.0	100.0
100.5	100.5	100.5	100.5	100.5	100.5	100.5

5-8 商品零售价格

(上年同月=100)

类　别	年平均	1月	2月	3月	4月	5月
总指数	**100.3**	**99.0**	**99.9**	**100.1**	**100.1**	**99.6**
食品	103.4	103.7	105.7	106.5	105.8	104.4
粮食	100.1	100.3	100.3	100.3	100.0	99.8
薯类	112.8	103.9	110.9	115.3	130.8	135.5
豆类	100.4	101.3	101.1	100.8	100.7	100.2
食用油	101.0	98.4	99.5	100.1	99.7	100.5
菜	110.8	120.7	126.4	136.2	122.8	106.1
畜肉类	112.6	111.0	119.3	119.8	122.1	123.5
禽肉类	100.0	99.1	99.5	100.5	100.7	101.3
水产品	100.9	99.1	99.2	99.1	99.1	98.7
蛋类	96.3	95.1	93.5	92.7	99.5	100.9
奶类	99.6	100.0	100.1	100.3	100.0	100.0
干鲜瓜果类	96.3	95.2	93.3	89.9	91.5	91.8
糖果糕点类	101.6	101.3	101.3	101.4	102.0	101.8
调味品	102.0	102.2	101.5	102.2	102.0	102.0
其他食品类	100.7	102.3	100.1	100.7	100.8	101.0
在外餐饮	102.3	102.4	102.0	102.0	102.1	102.3
饮料、烟酒	100.0	100.9	100.7	101.2	101.1	100.0
茶及饮料	99.7	100.0	98.0	99.7	100.1	99.6
烟草	101.6	105.3	105.3	105.3	105.3	102.5
酒类	99.1	98.1	99.2	99.1	98.6	98.4
服装、鞋帽	100.6	100.8	100.9	100.8	100.7	100.5
服装	100.5	100.8	100.9	100.8	100.6	100.4
男士服装	100.5	100.9	100.9	100.9	100.7	100.5
女士服装	100.4	100.7	100.7	100.6	100.4	100.1
儿童服装	100.8	101.3	101.6	101.2	101.1	100.9
鞋帽袜	101.0	101.0	101.0	101.3	101.3	101.3
鞋	100.9	101.0	100.9	101.2	101.2	101.2
袜子	100.3	101.0	101.1	100.7	100.7	100.7
帽子	102.3	101.0	101.6	102.6	102.6	102.7
其他衣着配件	99.9	99.8	99.8	99.7	99.8	99.9
纺织品	100.1	100.0	100.2	100.1	99.6	99.8
服装材料	100.6	100.6	100.6	100.3	100.0	100.4
床上用品	100.0	99.9	100.0	100.0	99.5	99.6

分月指数(2016年)

6月	7月	8月	9月	10月	11月	12月
100.3	**100.1**	**100.2**	**100.6**	**100.9**	**101.4**	**101.6**
103.0	101.5	100.5	102.3	103.3	102.7	101.5
99.9	100.0	99.9	99.9	100.0	100.3	100.6
122.6	108.8	103.7	100.9	101.9	106.5	107.6
100.0	100.1	99.9	100.1	100.3	100.1	100.1
101.2	101.8	102.1	102.4	102.4	101.9	102.2
90.5	88.8	93.3	105.9	114.6	112.5	102.5
122.7	113.3	106.7	105.5	104.2	103.7	104.6
101.2	100.1	99.5	99.6	99.8	99.7	99.4
100.2	101.2	102.1	103.3	103.5	102.5	103.4
101.7	98.7	90.3	93.7	100.5	98.2	93.6
99.5	99.7	99.4	98.9	99.0	99.0	98.8
94.2	97.8	98.0	104.0	104.6	100.7	98.9
101.6	101.4	101.3	101.5	101.4	101.8	102.1
101.9	101.9	102.3	102.0	101.8	102.2	102.1
101.4	100.7	100.7	100.7	100.7	99.9	99.5
102.3	102.5	102.6	102.4	102.4	102.3	102.4
99.2	99.2	99.5	99.7	99.6	99.6	99.7
99.5	99.3	100.0	100.0	100.0	99.9	99.9
99.7	99.6	99.5	99.3	99.3	99.3	99.1
98.7	99.0	99.3	99.7	99.7	99.8	100.1
100.3	100.3	100.4	100.4	100.4	100.7	100.6
100.2	100.1	100.3	100.3	100.4	100.7	100.6
100.3	100.2	100.3	100.3	100.2	100.7	100.5
100.0	100.0	100.2	100.3	100.5	100.8	100.7
100.6	100.6	100.6	100.2	100.3	100.7	100.9
100.9	100.9	100.9	100.8	100.8	100.9	100.7
100.8	100.9	100.9	100.7	100.7	100.9	100.7
100.1	100.0	100.0	99.9	100.0	99.8	99.8
102.7	102.7	102.4	102.5	102.2	102.4	102.2
99.9	99.9	100.0	100.0	100.0	100.2	100.3
99.9	100.1	100.2	100.0	100.3	100.5	100.6
100.2	100.4	100.6	100.8	101.2	101.2	101.4
99.8	100.1	100.1	99.8	100.0	100.3	100.3

5-8 续表

(上年同月=100)

类　别	年平均	1月	2月	3月	4月	5月
家用电器及音像器材	95.6	97.8	96.9	97.4	97.8	96.9
家庭设备	97.6	98.6	98.3	98.7	99.6	99.3
文娱用耐用消费品	93.3	97.6	95.9	96.0	96.3	93.7
专业音像器材	90.4	93.1	91.0	93.1	91.0	92.4
文化办公用品	100.7	98.4	98.7	99.3	99.9	100.7
日用品	100.2	100.2	100.1	100.2	100.2	100.2
日用百货	100.2	100.2	100.2	100.4	100.2	100.2
厨具餐具茶具	100.7	100.3	100.5	100.5	100.8	100.7
清洗用品	100.0	100.2	99.9	100.0	100.1	100.2
其他日用品	99.9	100.0	99.8	100.0	99.8	100.0
体育娱乐用品	100.1	100.2	100.2	99.6	99.8	100.1
体育户外用品	99.7	100.0	100.0	98.9	99.2	99.7
娱乐用品	100.6	100.4	100.4	100.4	100.5	100.6
交通、通信用品	95.8	91.4	93.2	94.3	94.4	94.0
交通运输机械	95.4	92.0	92.0	92.0	92.0	92.0
通信器材	96.6	90.2	95.3	98.8	99.0	97.9
家具	100.9	100.8	100.8	100.8	100.9	101.2
化妆品	101.2	100.4	100.3	100.4	101.0	101.1
金银饰品	106.0	92.6	95.7	100.4	100.2	103.5
中西药品及医疗保健用品	106.1	103.9	104.0	105.1	105.6	105.6
医疗卫生器具	103.1	102.4	102.4	103.4	103.9	103.0
中药	104.6	103.5	103.6	104.5	104.8	104.8
西药	107.0	104.3	104.4	105.4	105.8	106.0
保健器具及用品	106.5	103.7	104.0	105.8	107.1	107.1
书报杂志及电子出版物	101.8	101.6	101.2	101.3	101.3	101.3
教材及参考书	103.1	102.4	102.4	102.5	102.5	102.5
书报杂志	100.9	101.2	100.3	100.3	100.3	100.3
计算机办公软件	100.0	100.0	100.0	100.0	100.0	100.0
燃料	96.6	91.8	93.4	89.8	91.0	89.7
煤炭及制品	98.3	85.4	89.5	87.7	91.2	89.8
石油及制品	96.3	93.4	94.3	90.3	91.0	89.6
建筑材料及五金电料	100.5	99.7	99.7	99.7	99.8	100.3
建筑装璜材料	100.5	99.7	99.7	99.6	99.7	100.3
五金水暖	100.6	99.8	99.8	99.9	100.2	100.5

6月	7月	8月	9月	10月	11月	12月
95.6	95.3	94.9	93.7	93.8	92.7	95.0
97.6	97.5	96.8	96.4	96.3	95.6	96.7
92.6	92.0	92.1	90.7	91.3	89.4	92.2
91.9	91.9	91.9	85.4	85.4	85.4	92.9
101.7	102.0	102.5	102.0	101.7	100.7	101.4
100.3	100.2	100.1	100.1	100.1	100.1	100.4
100.3	100.3	99.9	100.1	100.2	100.2	100.7
100.7	100.6	100.7	100.7	101.0	100.8	101.0
100.3	100.0	100.1	100.0	99.9	99.9	99.8
99.9	100.0	100.0	99.9	99.6	99.6	99.9
100.2	100.2	99.9	100.3	100.2	100.1	99.9
99.9	99.9	99.3	100.0	99.9	99.6	99.3
100.7	100.5	100.6	100.6	100.6	100.8	100.6
99.6	99.1	99.2	97.2	96.0	96.7	95.4
97.8	97.6	97.7	98.0	97.9	98.9	97.9
103.4	102.1	102.1	95.8	92.5	92.5	90.6
101.2	101.6	101.3	100.9	100.8	100.5	100.7
101.3	101.4	101.5	101.7	102.0	102.0	101.7
105.4	112.8	115.0	113.6	110.5	113.2	111.5
105.9	106.6	106.8	106.6	107.0	107.8	108.2
103.4	103.0	103.3	102.5	102.7	103.6	103.6
104.8	105.0	104.2	103.8	104.5	105.8	106.1
106.4	107.4	108.0	108.0	108.6	109.4	109.9
106.9	107.7	108.3	107.7	106.2	106.4	106.5
101.3	101.3	101.3	102.3	102.9	102.9	102.9
102.5	102.5	102.4	104.6	104.4	104.4	104.3
100.3	100.3	100.3	100.4	102.2	102.1	102.1
100.0	100.0	100.0	100.0	100.0	100.0	100.0
92.4	93.6	95.7	99.9	103.1	108.6	113.3
92.5	93.3	93.7	96.1	113.7	124.4	127.1
92.4	93.7	96.1	100.7	100.8	105.0	110.2
100.3	100.3	100.4	100.6	101.0	101.9	102.6
100.3	100.1	100.2	100.4	101.0	102.2	103.0
100.3	100.6	101.0	101.2	101.1	101.2	101.7

5-9 城市商品零售

(上年同月=100)

类　别	年平均	1月	2月	3月	4月	5月
总指数	**100.3**	**99.0**	**99.8**	**100.0**	**100.2**	**99.6**
食品	103.4	103.8	105.7	106.5	105.9	104.4
粮食	100.1	100.3	100.4	100.3	100.1	99.8
薯类	112.6	104.5	110.7	114.4	128.6	136.8
豆类	100.6	101.7	101.3	101.2	101.2	100.6
食用油	100.8	98.4	98.7	99.5	99.4	100.1
菜	111.0	121.8	126.8	136.1	124.1	106.8
畜肉类	112.4	110.2	118.3	118.3	120.8	122.8
禽肉类	99.9	98.8	99.3	100.3	100.5	101.3
水产品	100.9	98.9	98.9	99.3	99.1	98.5
蛋类	97.0	95.2	93.6	94.1	100.3	101.4
奶类	99.5	100.1	100.1	100.4	100.0	99.9
干鲜瓜果类	96.6	95.8	94.0	90.5	92.0	92.4
糖果糕点类	101.5	100.8	100.9	101.2	102.2	102.0
调味品	101.9	102.5	101.5	102.4	102.1	102.1
其他食品类	100.8	102.6	100.1	100.9	100.9	101.1
在外餐饮	102.2	102.4	101.9	102.0	102.1	102.2
饮料、烟酒	100.2	100.6	100.3	100.9	101.2	100.3
茶及饮料	99.7	100.0	97.8	99.7	100.2	99.6
烟草	101.5	104.9	104.9	104.9	105.0	102.6
酒类	99.6	97.7	99.0	98.8	99.1	99.1
服装、鞋帽	100.6	100.7	100.8	100.8	100.7	100.5
服装	100.6	100.7	100.9	100.8	100.6	100.3
男士服装	100.5	100.6	100.7	100.8	100.7	100.4
女士服装	100.6	100.7	100.8	100.6	100.4	100.1
儿童服装	100.8	101.1	101.4	101.1	101.0	100.8
鞋帽袜	101.0	100.9	100.8	101.2	101.3	101.2
鞋	100.9	100.9	100.7	101.1	101.3	101.1
袜子	100.4	101.5	101.6	101.1	101.1	101.1
帽子	102.2	100.4	101.2	102.0	102.0	102.1
其他衣着配件	99.9	99.7	99.6	99.6	99.6	99.7
纺织品	100.3	100.3	100.5	100.3	99.7	99.9
服装材料	100.5	100.4	100.4	99.9	99.7	100.0
床上用品	100.2	100.3	100.5	100.4	99.7	99.9

价格分月指数(2016年)

6月	7月	8月	9月	10月	11月	12月
100.3	**100.2**	**100.3**	**100.6**	**101.0**	**101.4**	**101.5**
102.8	101.4	100.6	102.3	103.4	102.7	101.5
99.8	100.0	99.9	99.9	100.0	100.4	100.6
122.7	110.3	104.8	100.0	100.9	105.5	106.1
100.4	100.4	100.2	100.3	100.4	100.2	100.1
101.1	101.6	102.0	102.4	102.4	101.6	102.0
91.3	89.1	93.4	105.2	114.0	111.8	102.3
121.7	113.3	107.2	105.9	105.0	104.3	105.0
101.2	100.1	99.2	99.1	99.7	100.0	99.7
100.2	101.1	102.1	103.4	103.6	102.4	103.3
102.3	99.3	91.1	94.3	101.7	99.0	94.7
99.4	99.6	99.3	98.8	99.0	99.0	98.7
94.4	98.0	98.5	104.0	104.3	100.5	98.4
101.8	101.5	101.2	101.6	101.4	101.7	102.0
101.7	101.6	102.3	101.9	101.5	101.9	101.8
101.5	100.8	100.7	100.8	100.8	99.9	99.5
102.3	102.4	102.5	102.4	102.3	102.2	102.3
99.6	99.6	99.9	100.0	100.0	100.0	100.2
99.6	99.3	100.1	100.2	100.1	100.0	100.0
99.8	99.6	99.5	99.4	99.3	99.4	99.2
99.4	99.8	100.2	100.3	100.5	100.6	101.1
100.4	100.3	100.5	100.6	100.7	101.0	100.8
100.3	100.2	100.4	100.6	100.6	101.0	100.8
100.2	100.1	100.2	100.4	100.3	100.7	100.5
100.2	100.2	100.4	100.7	101.0	101.2	101.0
100.5	100.5	100.7	100.5	100.5	100.9	101.0
100.9	100.9	101.0	101.0	101.0	101.0	100.8
100.9	100.9	100.9	101.0	100.9	100.9	100.8
100.1	100.0	100.0	99.9	99.8	99.7	99.6
102.4	102.9	102.7	102.7	102.5	102.8	102.7
99.8	99.9	100.0	100.0	100.1	100.2	100.3
100.1	100.4	100.5	100.0	100.4	100.7	100.7
100.0	100.4	100.5	100.5	101.0	101.5	101.6
100.2	100.5	100.5	99.9	100.3	100.4	100.4

5-9 续表

(上年同月=100)

类　别	年平均	1月	2月	3月	4月	5月
家用电器及音像器材	95.6	97.8	96.8	97.3	97.7	96.8
家庭设备	97.7	98.6	98.3	98.7	99.7	99.4
文娱用耐用消费品	93.5	97.6	95.9	96.0	96.3	93.8
专业音像器材	90.4	93.1	90.9	93.1	90.9	92.5
文化办公用品	100.7	98.4	98.7	99.4	100.0	100.8
日用品	100.2	100.1	99.9	100.2	100.2	100.2
日用百货	100.5	100.2	100.1	100.6	100.6	100.4
厨具餐具茶具	100.6	100.2	100.4	100.3	100.6	100.6
清洗用品	99.8	100.0	99.6	99.7	99.8	100.0
其他日用品	99.8	100.0	99.8	100.0	99.8	99.9
体育娱乐用品	100.0	100.1	100.2	99.5	99.7	100.1
体育户外用品	99.6	99.9	99.9	98.8	99.1	99.6
娱乐用品	100.6	100.3	100.4	100.4	100.5	100.6
交通、通信用品	95.8	91.4	93.1	94.2	94.3	93.9
交通运输机械	95.4	92.1	92.1	92.1	92.1	92.1
通信器材	96.6	90.0	95.3	98.7	99.0	97.8
家具	100.8	100.7	100.7	100.8	100.9	101.2
化妆品	101.3	100.3	100.3	100.4	101.0	101.2
金银饰品	105.9	92.2	95.5	100.0	99.9	103.3
中西药品及医疗保健用品	106.1	103.9	104.0	105.2	105.8	105.9
医疗卫生器具	103.1	102.5	102.5	103.5	104.0	103.1
中药	104.9	103.8	103.9	104.8	105.3	105.4
西药	106.9	104.1	104.3	105.5	105.9	106.1
保健器具及用品	106.7	103.8	104.2	106.1	107.5	107.5
书报杂志及电子出版物	101.8	101.6	101.2	101.3	101.3	101.3
教材及参考书	103.2	102.4	102.3	102.4	102.4	102.5
书报杂志	100.9	101.2	100.3	100.3	100.3	100.3
计算机办公软件	100.0	100.0	100.0	100.0	100.0	100.0
燃料	96.8	92.0	93.5	89.8	91.3	90.0
煤炭及制品	98.7	84.6	89.5	86.9	91.4	89.7
石油及制品	96.4	93.5	94.4	90.4	91.3	90.1
建筑材料及五金电料	100.4	99.6	99.6	99.5	99.7	100.4
建筑装璜材料	100.4	99.5	99.5	99.4	99.6	100.4
五金水暖	100.5	99.7	99.7	99.7	100.1	100.3

6月	7月	8月	9月	10月	11月	12月
95.6	95.2	94.9	93.5	93.6	92.6	94.9
97.8	97.5	96.9	96.5	96.3	95.6	96.7
92.9	92.2	92.3	90.9	91.4	89.6	92.5
92.0	92.0	92.0	85.4	85.4	85.4	92.8
101.7	102.0	102.4	101.8	101.5	100.3	101.2
100.3	100.3	100.1	100.2	100.1	100.1	100.4
100.6	100.8	100.3	100.6	100.4	100.6	101.2
100.5	100.5	100.6	100.6	100.9	100.7	100.9
100.1	99.8	99.9	99.7	99.6	99.6	99.6
99.8	99.9	100.0	99.8	99.4	99.6	99.9
100.3	100.2	99.9	100.3	100.3	100.1	99.9
99.9	99.9	99.2	100.1	100.0	99.6	99.3
100.7	100.6	100.7	100.6	100.7	100.8	100.6
99.6	99.0	99.1	97.3	96.1	96.7	95.5
97.8	97.6	97.7	98.0	97.9	98.9	97.8
103.6	102.2	102.2	95.9	92.4	92.3	90.7
101.2	101.6	101.1	100.7	100.6	100.2	100.5
101.3	101.5	101.6	101.9	102.2	102.1	101.8
105.4	112.9	115.1	113.6	110.4	113.4	111.7
106.2	107.0	106.9	106.7	106.8	107.3	107.6
103.6	103.1	103.2	102.4	102.6	103.5	103.5
105.6	105.6	104.4	104.1	104.7	105.6	105.7
106.6	107.9	108.0	108.0	108.3	108.8	109.2
107.2	107.9	108.6	108.0	106.3	106.4	106.4
101.3	101.3	101.2	102.3	103.1	103.1	103.1
102.5	102.5	102.3	104.7	104.7	104.7	104.7
100.3	100.3	100.3	100.3	102.3	102.3	102.3
100.0	100.0	100.0	100.0	100.0	100.0	100.0
92.7	94.0	95.9	100.0	103.2	108.6	113.3
92.8	93.9	93.6	95.9	115.4	126.2	129.1
92.7	94.0	96.3	100.8	100.8	105.1	110.2
100.3	100.2	100.3	100.5	101.0	101.5	102.1
100.4	100.0	100.0	100.3	100.9	101.8	102.3
100.1	100.4	100.9	101.1	101.0	101.0	101.5

5-10 农村商品零售

(上年同月=100)

类 别	年平均	1月	2月	3月	4月	5月
总指数	**100.3**	**99.2**	**100.2**	**100.4**	**100.1**	**99.5**
食品	103.3	102.9	105.5	106.6	105.5	104.5
粮食	100.0	100.0	99.9	100.0	99.6	99.7
薯类	114.2	100.7	111.7	120.2	141.6	129.6
豆类	98.5	98.6	99.8	98.3	97.2	97.4
食用油	101.7	98.6	101.7	101.8	100.5	101.3
菜	109.5	114.3	123.6	136.8	115.1	101.9
畜肉类	113.6	114.1	123.5	126.5	127.8	126.8
禽肉类	100.4	100.5	100.4	101.5	101.5	101.5
水产品	101.3	100.9	101.4	97.9	99.0	99.9
蛋类	93.9	94.8	93.1	88.2	96.6	98.9
奶类	99.9	99.5	99.3	100.1	99.8	100.6
干鲜瓜果类	94.5	91.1	89.1	86.4	88.3	87.8
糖果糕点类	101.8	102.8	102.8	102.3	101.5	101.3
调味品	102.3	101.3	101.4	101.4	101.3	101.8
其他食品类	100.0	99.9	99.9	99.2	99.5	100.1
在外餐饮	102.6	102.3	102.1	102.3	102.3	102.4
饮料、烟酒	99.3	102.0	102.2	102.1	100.7	98.7
茶及饮料	99.1	100.5	100.4	99.5	99.4	98.8
烟草	101.8	107.0	106.8	106.8	106.4	102.0
酒类	97.8	99.4	99.9	99.8	97.4	96.6
服装、鞋帽	100.3	101.4	101.2	101.0	100.9	100.8
服装	100.1	101.5	101.2	100.8	100.7	100.4
男士服装	100.7	102.4	101.9	101.3	100.9	100.7
女士服装	99.4	100.6	100.2	100.1	100.4	99.8
儿童服装	100.8	102.1	102.5	102.0	101.4	101.7
鞋帽袜	100.9	101.3	101.4	101.5	101.2	101.6
鞋	100.9	101.4	101.5	101.6	101.1	101.7
袜子	100.1	100.1	100.1	100.0	100.0	100.0
帽子	102.8	103.3	103.3	105.2	105.2	105.2
其他衣着配件	100.2	100.5	100.5	100.5	100.5	100.5
纺织品	99.6	99.3	99.3	99.5	99.4	99.4
服装材料	101.2	101.5	101.5	101.5	101.1	101.8
床上用品	99.2	98.8	98.8	99.0	98.9	98.9

价格分月指数(2016年)

6月	7月	8月	9月	10月	11月	12月
100.1	**99.7**	**99.8**	**100.3**	**100.7**	**101.4**	**101.7**
103.8	101.7	100.1	102.3	102.9	102.5	101.7
100.2	100.0	99.9	99.9	100.1	100.2	100.7
121.9	102.6	98.6	105.3	106.9	111.9	115.5
97.1	98.0	98.0	98.9	99.6	99.7	100.0
101.6	102.2	102.6	102.5	102.4	102.7	102.7
86.2	87.0	93.1	109.7	118.6	116.5	103.6
126.9	113.3	104.8	103.9	101.2	101.4	102.8
100.9	99.8	100.6	101.5	100.3	98.3	97.9
100.2	101.7	102.6	102.5	102.5	102.5	104.2
99.9	96.6	87.7	91.5	96.4	95.6	89.9
101.0	100.6	100.3	99.5	99.3	99.3	99.3
93.1	96.4	94.6	104.1	107.0	101.6	101.9
101.0	101.0	101.5	101.4	101.4	101.9	102.4
102.7	102.6	102.5	102.5	103.0	103.2	103.4
100.4	100.3	100.3	100.1	99.9	99.9	100.0
102.6	103.0	102.9	102.7	102.7	102.8	103.1
98.0	97.9	97.9	98.4	98.1	98.2	98.0
98.9	98.7	98.6	98.5	98.6	98.5	98.5
99.6	99.6	99.4	99.0	99.0	99.0	98.9
96.7	96.7	96.8	98.0	97.4	97.5	97.3
100.1	100.1	100.1	99.3	99.3	99.8	99.8
99.8	99.7	99.9	99.0	98.9	99.5	99.6
100.5	100.5	100.7	99.9	99.6	100.3	100.2
99.1	98.9	99.1	98.4	98.3	98.8	98.9
100.6	100.8	100.6	98.8	99.2	99.7	100.4
100.7	100.8	100.8	100.2	100.2	100.6	100.4
100.7	100.9	100.9	100.1	100.1	100.7	100.5
100.0	100.0	99.9	100.1	100.2	100.0	100.2
103.8	101.8	101.5	101.7	101.2	100.8	100.5
100.5	100.1	100.1	99.9	99.7	100.0	100.0
99.2	99.3	99.6	99.9	99.8	100.1	100.2
100.5	100.4	100.8	102.0	101.8	100.2	101.0
98.9	99.1	99.3	99.3	99.3	100.1	100.1

5-10　续表

（上年同月=100）

类　别	年平均	1月	2月	3月	4月	5月
家用电器及音像器材	96.0	98.1	97.4	97.7	98.2	97.3
家庭设备	97.4	98.4	98.1	98.6	99.1	98.9
文娱用耐用消费品	92.4	97.8	95.8	95.7	96.1	92.9
专业音像器材	90.3	93.3	92.6	92.6	92.6	91.6
文化办公用品	101.2	98.2	98.6	99.1	99.6	100.4
日用品	100.3	100.4	100.7	100.5	100.1	100.3
日用百货	99.6	100.2	100.4	100.0	99.3	99.7
厨具餐具茶具	101.7	101.6	101.6	101.7	101.7	101.8
清洗用品	101.5	101.0	101.6	101.6	101.8	101.4
其他日用品	100.1	100.0	100.0	100.1	100.0	100.2
体育娱乐用品	100.2	100.6	100.5	100.4	100.4	100.2
体育户外用品	99.9	100.5	100.6	100.4	100.4	99.8
娱乐用品	100.4	100.7	100.5	100.4	100.5	100.6
交通、通信用品	95.9	91.3	93.3	94.9	94.9	94.4
交通运输机械	95.3	91.8	91.7	91.8	91.8	91.8
通信器材	96.6	90.8	95.5	99.1	99.0	98.1
家具	101.4	101.1	101.0	100.8	100.8	101.2
化妆品	100.8	100.5	100.4	100.4	100.7	100.9
金银饰品	106.6	94.9	97.4	103.1	102.1	104.5
中西药品及医疗保健用品	106.0	104.0	104.0	104.3	104.3	104.4
医疗卫生器具	102.3	100.5	100.5	100.4	100.4	100.4
中药	103.5	102.0	102.4	103.2	102.9	102.4
西药	107.3	105.1	104.9	105.0	105.2	105.5
保健器具及用品	104.4	103.0	102.8	103.1	103.4	103.3
书报杂志及电子出版物	101.5	101.9	101.5	101.5	101.5	101.5
教材及参考书	102.5	102.9	102.9	102.8	102.8	102.8
书报杂志	100.8	101.4	100.5	100.5	100.5	100.5
计算机办公软件	100.0	100.0	100.0	100.0	100.0	100.0
燃料	95.8	91.2	92.8	89.5	89.7	88.1
煤炭及制品	97.3	87.6	89.4	90.0	90.6	90.1
石油及制品	95.3	92.5	94.1	89.3	89.4	87.5
建筑材料及五金电料	101.0	100.3	100.3	100.2	100.1	100.0
建筑装璜材料	101.0	100.3	100.3	100.0	99.9	99.8
五金水暖	101.5	100.3	100.3	101.0	101.3	101.5

6月	7月	8月	9月	10月	11月	12月
95.6	95.4	94.9	94.3	94.6	93.4	95.2
97.1	97.2	96.4	96.1	96.4	95.4	96.7
91.2	90.2	90.5	89.6	90.1	88.3	90.5
91.3	91.3	91.2	84.9	84.9	84.9	93.1
101.6	102.1	103.1	103.4	103.0	102.5	102.9
100.2	100.1	100.0	100.0	100.3	100.1	100.3
99.4	99.3	99.2	99.1	99.7	99.5	99.8
101.8	101.7	101.7	101.6	101.7	101.7	101.8
101.5	101.5	101.4	101.5	101.6	101.4	101.3
100.3	100.4	100.3	100.2	100.1	99.9	99.9
100.1	99.9	100.0	100.0	100.0	100.1	100.0
99.5	99.7	99.7	99.6	99.8	99.7	99.6
100.6	100.2	100.3	100.3	100.2	100.5	100.4
99.9	99.3	99.4	96.9	95.9	96.4	94.8
97.7	97.5	97.6	98.0	98.3	99.2	98.2
102.8	101.6	101.7	95.4	92.8	92.9	90.2
101.5	101.5	102.0	101.6	101.8	101.9	101.7
100.8	100.8	100.9	100.9	100.9	101.0	101.1
105.5	112.1	114.2	113.4	111.1	111.7	110.0
104.4	104.6	106.4	106.2	107.7	110.1	111.0
100.4	100.6	104.5	104.7	104.3	105.6	105.3
101.7	102.5	103.4	102.8	103.9	106.6	107.8
105.6	105.5	107.8	107.8	109.7	112.0	112.9
103.9	105.1	105.0	104.8	105.0	106.6	107.2
101.6	101.6	101.6	102.1	101.0	100.9	100.9
102.8	102.9	103.0	103.7	101.3	101.3	101.3
100.7	100.7	100.7	100.9	100.9	100.9	100.9
100.0	100.0	100.0	100.0	100.0	100.0	100.0
91.0	91.9	94.9	99.4	102.8	108.5	113.4
91.8	91.8	94.1	96.6	109.0	119.2	121.4
90.7	92.0	95.1	100.3	100.6	104.5	110.5
100.4	100.7	100.9	100.9	101.3	103.1	104.4
100.2	100.5	100.7	100.7	101.2	103.3	104.7
101.7	101.7	101.9	101.7	101.6	102.0	102.4

5-11 农业生产资料

(上年同月=100)

类　别	年平均	1月	2月	3月	4月	5月
总指数	**100.8**	**101.1**	**101.8**	**101.8**	**101.3**	**101.5**
农用手工工具	104.3	102.7	102.7	102.7	102.7	104.3
农用手工工具	104.3	102.7	102.7	102.7	102.7	104.3
饲料	98.2	95.2	96.0	93.5	93.3	95.6
混合饲料	99.1	97.9	98.2	96.4	95.8	97.2
其他饲料	96.3	89.9	91.6	88.0	88.3	92.2
仔畜幼禽及产品畜	151.6	142.6	153.5	186.0	184.3	182.5
仔　畜	168.5	158.8	174.2	218.6	217.4	211.9
幼　禽	110.7	112.9	117.1	125.3	110.5	113.1
产 品 畜	120.5	117.7	118.6	129.2	133.5	133.2
半机械化农具	101.1	101.7	101.7	101.8	101.8	101.5
半机械化农具	101.1	101.7	101.7	101.8	101.8	101.5
机械化农具	99.5	99.3	99.2	99.6	98.9	98.9
机械化农具	99.5	99.3	99.2	99.6	98.9	98.9
化学肥料	95.7	101.3	100.9	99.4	97.8	96.8
氮　肥	93.7	101.1	100.0	97.2	94.9	92.9
磷　肥	99.7	102.0	101.4	101.6	100.3	99.7
钾　肥	93.9	99.3	98.1	97.0	94.9	94.4
复合肥料	96.4	101.5	101.7	100.6	99.5	98.8
农药及农药器械	99.1	99.7	99.6	99.5	99.4	99.4
化学农药	99.1	99.7	99.5	99.4	99.4	99.4
杀 虫 剂	99.0	100.4	100.4	100.2	100.1	100.1
杀 菌 剂	99.7	99.8	99.8	99.6	99.3	99.3
除 草 剂	98.4	98.7	98.0	98.0	98.2	98.2
生长调节剂	100.0	99.9	99.9	100.0	100.0	100.0
农药器械	100.0	99.8	99.8	100.0	100.0	100.0
农药器械	100.0	99.8	99.8	100.0	100.0	100.0
农机用油	95.2	92.8	94.0	88.3	86.9	85.5
农用柴油	95.0	92.4	93.7	87.7	86.3	84.8
润 滑 油	99.8	100.5	99.7	99.7	99.2	98.4
其他农用生产资料	98.3	100.0	100.0	98.6	98.5	97.9
农用种子	98.0	100.2	100.2	98.5	98.1	97.6
农用薄膜	98.7	98.3	98.3	97.3	98.3	98.3
未列名的其他农用生产资料	101.1	100.9	100.9	101.9	102.9	100.7
农业生产服务	101.5	103.6	103.6	102.6	102.6	102.0
排 灌 费	100.8	103.4	103.4	101.1	101.1	101.1
机械作业费	101.3	103.6	103.6	103.6	103.6	102.3
农业用电	96.0	93.7	93.7	93.7	93.7	93.7
农业用工	106.6	110.1	110.1	105.6	105.6	106.6

价格分月指数(2016年)

6月	7月	8月	9月	10月	11月	12月
101.6	**100.8**	**100.5**	**100.5**	**99.7**	**99.8**	**99.9**
106.4	106.5	104.8	104.7	104.7	104.7	104.5
106.4	106.5	104.8	104.7	104.7	104.7	104.5
98.8	100.2	101.0	102.2	101.1	101.3	100.5
99.4	100.0	100.1	100.9	100.7	101.4	101.2
97.6	100.7	102.9	105.0	102.2	101.1	99.2
176.0	149.8	140.7	140.6	130.9	125.0	125.2
201.7	164.6	149.7	150.4	139.8	134.9	136.4
110.9	105.3	113.8	112.7	109.0	100.6	96.6
135.1	126.4	122.7	121.3	109.3	102.2	101.4
101.1	100.7	99.7	100.3	101.1	101.1	101.1
101.1	100.7	99.7	100.3	101.1	101.1	101.1
99.2	100.2	99.9	100.0	100.2	99.2	99.2
99.2	100.2	99.9	100.0	100.2	99.2	99.2
94.9	93.9	93.3	91.7	92.2	93.2	93.6
90.5	89.7	89.7	89.4	91.1	93.3	95.2
99.6	100.1	100.5	97.8	97.6	98.2	97.1
93.2	90.9	91.0	92.9	92.2	91.3	91.0
96.8	95.5	94.3	91.6	91.7	92.4	92.4
99.3	99.5	98.8	98.8	98.8	98.7	98.1
99.2	99.5	98.7	98.7	98.7	98.6	98.0
100.1	100.1	97.5	97.5	97.5	97.3	96.5
99.3	99.6	100.2	100.2	100.2	100.1	98.9
97.6	98.2	98.8	98.8	98.8	98.8	98.8
100.0	100.0	100.0	100.0	100.0	100.0	100.0
100.0	100.0	100.0	100.0	100.0	100.0	100.0
100.0	100.0	100.0	100.0	100.0	100.0	100.0
88.9	90.5	94.6	101.4	101.4	107.3	114.8
88.5	90.1	94.4	101.4	101.5	107.7	115.6
98.4	98.7	100.0	101.0	100.7	100.7	100.7
97.9	97.9	98.1	97.8	98.1	97.3	97.3
97.5	97.5	97.7	97.3	97.5	96.6	96.6
98.7	98.7	99.2	99.2	99.8	99.3	99.4
100.6	100.6	100.6	100.9	101.3	101.3	101.3
101.0	100.8	100.4	100.6	100.2	100.3	100.3
101.1	101.1	99.1	99.1	99.1	100.0	100.0
100.1	100.1	99.7	99.7	99.7	99.7	99.7
93.7	93.7	97.2	100.0	100.0	100.0	100.0
109.3	108.1	107.2	106.8	103.7	103.6	103.6

5-12 26个调查市县居民

(上年=100)

市　县	居民消费价格总指数	食品烟酒	粮食	鲜菜	畜肉类	蛋类	衣着
全省平均	**101.9**	**103.2**	**100.1**	**111.3**	**112.8**	**95.6**	**100.7**
城市平均	**101.9**	**103.1**	**100.2**	**111.4**	**112.5**	**96.9**	**100.8**
郑州市	102.3	102.3	99.8	108.2	111.4	98.3	100.2
开封市	101.6	102.0	101.8	111.0	110.6	96.8	100.4
洛阳市	101.7	103.4	99.1	111.3	111.5	98.7	100.0
平顶山市	101.5	103.7	98.7	120.4	108.9	97.5	102.0
安阳市	101.7	104.5	99.0	108.7	120.3	95.4	101.4
鹤壁市	101.6	102.8	100.5	109.3	113.1	92.7	103.2
新乡市	101.8	103.8	99.9	120.0	112.2	101.4	100.6
焦作市	101.4	102.9	100.4	110.4	110.7	95.4	100.2
濮阳市	101.6	103.0	100.3	110.7	113.2	93.6	100.7
许昌市	101.9	102.4	97.3	110.7	112.1	95.3	101.6
漯河市	101.6	104.2	99.4	120.7	108.4	96.2	101.4
三门峡市	101.2	101.9	100.5	106.0	110.4	93.0	99.6
南阳市	101.7	105.5	101.2	114.3	114.3	96.7	101.8
商丘市	101.4	102.4	101.0	102.3	112.4	92.4	100.9
信阳市	101.7	102.4	103.9	107.9	111.1	94.3	101.8
周口市	101.5	101.8	100.1	113.9	111.5	92.9	102.0
驻马店市	101.3	103.5	102.0	112.5	116.1	96.5	101.5
农村平均	**102.0**	**103.4**	**99.8**	**111.1**	**113.4**	**93.8**	**100.6**
滑县	101.5	103.3	98.8	114.5	110.7	93.6	101.9
辉县市	101.8	103.9	98.9	110.9	114.2	98.8	99.3
襄城县	101.7	103.9	99.1	114.4	113.0	91.5	100.7
灵宝市	105.0	102.5	99.5	107.8	112.9	96.1	99.3
镇平县	101.5	103.3	105.9	109.3	116.1	87.1	98.2
永城市	102.0	103.6	97.7	110.3	112.6	93.0	100.7
固始县	101.6	103.3	99.9	107.2	113.5	96.0	101.2
淮阳县	101.6	102.5	97.3	109.2	112.6	90.7	102.0
汝南县	101.4	103.4	100.2	116.7	113.6	97.3	101.9

消费价格指数(2016年)

居住		生活用品及服务	交通和通讯	教育文化和娱乐	医疗保健	其他用品和服务
	水、电、燃料					
102.2	**100.3**	**100.2**	**98.3**	**102.4**	**102.8**	**103.9**
103.0	**101.7**	**100.3**	**97.9**	**100.9**	**103.1**	**103.8**
106.9	106.3	100.4	98.1	100.7	102.7	104.8
102.6	103.5	101.0	98.2	100.5	106.0	105.3
100.7	99.9	101.2	98.1	100.0	107.4	104.9
100.5	99.2	99.7	98.7	100.3	100.9	103.2
100.2	100.7	99.9	97.7	102.0	102.8	97.8
101.9	100.9	100.7	99.1	98.9	102.8	103.3
103.1	99.7	100.0	97.8	100.5	101.5	102.1
101.3	99.9	100.3	97.1	101.3	104.2	104.1
101.6	99.8	99.9	98.1	101.2	103.9	104.2
105.4	99.0	100.5	98.3	99.1	101.3	104.0
100.9	101.0	100.5	94.4	102.6	102.8	104.2
101.5	100.1	99.9	98.1	102.9	102.8	103.7
98.7	98.2	99.7	97.9	101.3	102.1	102.8
101.9	100.3	99.8	98.8	101.3	101.4	104.3
101.2	100.4	100.6	98.3	103.8	102.3	103.4
102.6	100.8	99.3	97.4	102.4	102.7	103.9
100.8	100.0	99.8	98.1	100.2	101.2	102.9
100.8	**98.2**	**99.9**	**98.9**	**105.2**	**102.4**	**103.9**
100.1	99.3	100.0	98.1	101.1	102.6	104.7
102.2	98.5	100.0	98.1	101.8	101.3	103.7
102.1	95.7	99.2	98.2	100.9	101.5	102.5
100.3	95.9	99.6	97.8	132.8	106.7	106.4
102.2	101.8	101.3	97.9	100.5	102.6	102.6
100.6	98.7	100.3	98.9	104.8	101.3	104.4
100.0	97.9	99.9	100.4	101.9	101.7	102.3
100.6	99.2	98.7	101.6	101.3	101.9	106.2
99.8	95.9	99.4	99.5	101.4	101.2	102.7

5-13 26个调查市县商品

(上年=100)

市 县	商品零售价格总指数	食品类	饮料、烟酒	服装、鞋帽类	纺织品类	家用电器及音像器材	文化办公用品	日用品
全省平均	**100.3**	**103.4**	**100.0**	**100.6**	**100.1**	**95.6**	**100.7**	**100.2**
城市平均	**100.3**	**103.4**	**100.2**	**100.6**	**100.3**	**95.6**	**100.7**	**100.2**
郑州市	100.2	102.6	99.5	100.1	100.0	95.5	100.4	100.4
开封市	100.3	102.5	98.6	100.2	99.3	95.7	100.9	100.3
洛阳市	100.7	103.4	101.9	99.8	102.7	95.5	101.2	100.7
平顶山市	100.2	104.0	100.6	101.5	99.7	94.8	100.3	99.6
安阳市	100.4	104.3	100.9	101.0	100.2	96.0	100.5	98.6
鹤壁市	100.8	102.8	100.6	103.3	99.2	95.5	100.9	103.0
新乡市	100.2	104.1	100.3	100.8	98.7	95.5	100.6	99.8
焦作市	100.1	103.1	101.0	100.1	99.3	95.4	100.9	100.2
濮阳市	99.8	102.8	101.0	100.4	100.2	95.8	100.2	99.6
许昌市	99.9	102.9	98.2	101.3	105.1	95.2	101.4	101.9
漯河市	101.0	104.6	100.6	101.2	101.2	95.2	100.7	100.8
三门峡市	99.7	101.7	100.0	99.6	99.5	96.4	99.6	98.7
南阳市	100.5	105.7	100.0	101.6	99.7	95.4	100.7	98.9
商丘市	100.4	102.2	101.9	100.6	100.0	96.0	101.0	99.6
信阳市	100.4	103.0	100.4	101.9	98.5	96.1	101.5	101.8
周口市	99.9	102.3	98.5	101.9	99.0	95.1	100.5	99.7
驻马店市	100.4	103.8	100.5	101.5	99.8	95.2	100.5	99.5
农村平均	**100.3**	**103.3**	**99.3**	**100.3**	**99.6**	**96.0**	**101.2**	**100.3**
滑县	100.4	103.0	100.5	101.8	100.0	96.8	101.4	98.8
辉县市	100.4	104.2	100.2	99.4	98.1	95.9	101.9	98.7
襄城县	99.8	104.1	98.6	100.7	100.4	96.6	100.8	99.4
灵宝市	99.6	102.2	99.7	99.2	100.5	96.2	101.0	95.9
镇平县	101.2	104.2	96.7	98.2	96.8	95.2	102.9	104.5
永城市	100.3	103.7	99.8	100.7	101.2	96.2	101.5	101.4
固始县	100.7	103.1	101.1	101.0	100.2	95.5	99.4	101.3
淮阳县	99.7	102.0	100.0	102.1	99.3	96.9	100.7	100.9
汝南县	99.9	103.4	95.9	101.9	100.2	95.9	101.2	101.1

零售价格指数(2016年)

体育娱乐用品	交通、通信用品	家具	化妆品类	金银饰品类	中西药品及医疗保健用品类	书报杂志及电子出版物类	燃料类	建筑材料及五金电料类
100.1	**95.8**	**100.9**	**101.2**	**106.0**	**106.1**	**101.8**	**96.6**	**100.5**
100.0	**95.8**	**100.8**	**101.3**	**105.9**	**106.1**	**101.8**	**96.8**	**100.4**
99.7	95.6	99.9	101.7	109.4	106.1	103.5	97.6	101.0
99.7	95.7	105.4	99.0	101.9	113.1	99.9	96.6	99.1
101.4	95.5	100.2	101.3	108.1	110.8	103.5	96.2	100.1
99.9	95.8	100.2	101.0	105.5	101.9	99.9	97.6	99.9
100.0	95.2	99.8	102.3	96.8	108.2	102.8	97.3	98.4
100.0	96.6	100.7	101.7	103.7	107.7	101.5	97.0	100.9
100.0	95.5	103.6	99.5	103.6	102.6	100.3	96.7	101.4
101.4	95.5	99.7	104.5	106.6	104.9	100.8	96.4	101.0
100.6	95.5	101.6	101.3	105.0	102.9	99.9	96.1	99.9
99.5	95.7	100.9	101.9	99.5	104.0	100.8	95.7	100.8
100.5	95.5	101.1	102.2	109.3	106.0	101.6	97.1	103.0
99.7	95.4	100.5	103.1	105.4	106.4	99.9	97.1	101.1
98.6	96.4	102.5	102.0	99.5	103.5	100.5	94.0	99.1
100.2	99.0	102.0	100.4	109.2	102.2	100.8	96.9	99.5
100.9	95.7	99.5	100.8	101.0	105.2	100.5	96.6	101.4
100.0	95.6	99.2	99.0	108.4	105.8	101.5	96.6	99.3
99.1	95.5	102.5	100.9	106.9	103.1	100.0	98.7	100.2
100.2	**95.9**	**101.4**	**100.8**	**106.6**	**106.0**	**101.5**	**95.8**	**101.0**
100.7	95.8	103.9	100.5	107.1	105.8	101.3	97.5	99.1
101.6	95.5	102.5	99.3	105.3	104.5	100.4	96.0	103.7
100.5	95.6	101.8	100.0	101.4	102.5	101.2	95.3	98.7
100.0	95.6	100.3	101.3	108.1	111.5	101.8	93.9	98.0
100.9	96.9	99.4	103.8	107.4	107.2	103.9	97.9	106.4
99.2	95.6	102.1	100.4	106.5	103.7	100.5	96.5	101.2
99.9	96.3	104.7	99.8	103.7	106.5	100.5	95.5	101.1
99.8	95.5	95.9	100.2	111.4	104.0	100.7	95.9	98.4
99.7	95.6	100.3	100.7	105.8	104.2	101.3	94.3	101.6

主要统计指标解释

居民消费价格指数 是反映一定时期内城乡居民购买并用于日常生活消费的商品和服务项目价格水平变动趋势和程度的相对数。居民消费价格水平的变动率在一定程度上反映了通货膨胀（或紧缩）的程度。编制居民消费价格指数（CPI）的目的，是为了了解市场价格变动的基本情况，分析研究价格变动对社会经济和居民生活支出的影响，满足各级政府制定政策和计划、进行宏观调控的需要；同时居民消费价格指数也是国民经济核算和社会担保实际支付调整的重要指标。

城市居民消费价格指数 是反映城市居民家庭所购买用于日常生活消费的商品和服务项目价格变动趋势和程度的相对数。城市居民消费价格指数可以用以观察分析消费商品和服务项目价格变动对职工货币工资的影响，作为研究职工生活和确定工资政策以及相关社会保障政策的依据。

农村居民消费价格指数 是反映农村居民家庭所购买用于日常生活消费的商品和服务项目价格变动趋势和程度的相对数。农村居民消费价格指数可以用以观察分析农村消费商品和服务项目价格变动对农村居民生活消费支出的影响，直接反映农民生活水平的实际变化情况，为分析和研究农村居民生活问题和制定相关惠农政策提供依据。

商品零售价格指数 商品零售价格是工业、商业、餐饮和其他零售企业向城乡居民、机关团体出售生活消费品和办公用品的价格，不包括服务项目价格。商品零售价格的变动直接影响到城乡居民的生活支出和国家的财政收入，影响居民购买力和市场供需平衡，影响消费与积累的比例。编制商品零售价格指数(RPI)，以此反映市场商品零售价格变动趋势和变动程度，从另一个侧面对上述经济活动进行观察和分析。

农业生产资料价格指数 是反映工业、商业及其他单位和个人向农民出售农业生产资料（包括主要生产性服务）价格变动趋势和变动程度的相对数。编制农业生产资料价格指数（AMPI），目的在于掌握农业生产资料的平均价格水平和变动情况，为国家制定经济政策提供依据；同时，为研究城乡市场流通和国民经济核算提供参考依据。

生产价格

资料整理：芦松林　刘继红　王晓燕

6-1 历年工业生产者出厂及购进价格指数

(上年=100)

年 份	工业生产者出厂价格总指数	按轻、重工业分		按部类分		工业生产者购进价格总指数
		轻工业	重工业	生产资料	生活资料	
1989	119.7	116.6	122.6	121.4	117.5	130.0
1990	105.5	105.3	105.5	105.4	105.4	105.5
1991	104.3	102.0	106.2	105.7	102.1	104.4
1992	106.2	104.1	108.0	107.3	104.6	110.0
1993	118.1	108.8	125.9	124.4	108.4	133.0
1994	124.1	129.5	119.4	119.4	131.1	122.0
1995	115.0	119.9	110.9	114.3	116.2	114.1
1996	104.1	102.8	105.1	104.8	103.0	106.0
1997	100.6	98.5	102.1	101.2	99.5	100.6
1998	95.3	94.2	96.0	95.8	94.2	94.8
1999	95.4	93.9	96.5	96.0	94.4	94.3
2000	104.0	99.6	106.5	106.0	98.0	105.1
2001	100.5	98.7	101.5	101.1	98.6	101.9
2002	98.6	96.8	99.7	98.8	98.2	97.6
2003	105.0	103.2	106.9	105.7	102.7	107.8
2004	110.2	106.4	113.9	111.4	106.4	115.7
2005	106.1	102.6	109.2	107.3	101.9	108.3
2006	104.3	101.3	106.7	105.3	100.7	105.3
2007	105.2	105.7	104.9	104.5	107.7	106.4
2008	112.1	107.9	115.4	113.3	108.1	111.9
2009	94.9	98.4	92.2	93.3	101.1	97.1
2010	107.8	104.3	110.7	108.8	103.9	110.2
2011	107.2	106.9	107.3	107.7	105.5	110.1
2012	99.4	100.1	99.2	98.6	102.5	99.2
2013	98.5	101.8	97.3	97.5	102.2	99.3
2014	98.1	100.9	96.9	97.2	100.9	98.4
2015	95.4	99.8	93.6	93.9	100.4	95.4
2016	99.0	99.1	99.0	99.2	98.6	99.2

6-2 主要年份分类工业生产者出厂价格指数

(上年=100)

项目名称	1990年	1995年	2000年	2005年	2010年	2012年	2013年	2014年	2015年	2016年
总指数	**105.5**	**115.0**	**104.0**	**106.1**	**107.8**	**99.4**	**98.5**	**98.1**	**95.4**	**99.0**
核心指数						98.2	98.5	98.5	96.4	99.3
高技术						102.7	99.6	100.3	101.2	97.4
能源						101.1	94.5	93.9	87.4	96.3
按轻重工业分										
轻工业	105.3	119.9	99.6	102.6	104.3	100.1	101.8	100.9	99.8	99.1
以农产品为原料	106.5	120.8	99.6	101.1	106.0	100.0	102.1	100.8	99.6	99.2
以非农产品为原料	101.8	116.0	99.5	104.4	102.4	100.5	100.0	101.0	100.5	98.8
重工业	105.5	110.9	106.5	109.2	110.7	99.2	97.3	96.9	93.6	99.0
采掘	108.5	108.8	116.3	125.6	116.7	96.8	91.8	91.3	82.1	96.5
原料	107.1	106.5	108.8	107.1	112.9	100.2	96.8	96.9	93.4	99.4
加工	102.8	117.2	99.6	104.2	105.0	99.2	99.1	98.5	96.9	99.1
按两大部类分										
生产资料	105.4	114.3	106.0	107.3	108.8	98.6	97.5	97.2	93.9	99.2
采掘	108.5	108.8	115.3	123.6	116.8	96.8	91.8	91.3	82.1	96.5
原料	106.8	112.0	108.2	106.3	112.0	100.1	96.9	97.5	94.1	100.0
加工	103.1	119.2	100.2	103.3	104.6	98.1	99.2	98.5	96.7	99.2
生活资料	105.4	116.2	98.0	101.9	103.9	102.5	102.2	100.9	100.4	98.6
食品	102.7	115.4	94.3	102.1	103.7	102.9	103.5	101.2	100.4	99.6
衣着	112.1	118.0	104.0	102.8	105.6	104.9	100.4	100.9	100.8	99.1
一般日用品	100.0	116.8	101.0	101.7	103.7	101.0	100.0	100.3	100.1	97.5
耐用消费品	96.2	107.1	97.9	99.7	103.9	101.5	100.5	99.8	100.0	96.9
按初级中间最终产品分										
初级产品						96.8	91.8	91.3	82.1	96.5
矿产品						96.8	91.8	91.3	82.1	96.5
中间产品						99.3	98.9	98.5	96.3	99.3
最终产品						102.0	100.9	100.2	98.9	98.1
最终投资品						100.5	100.0	99.8	98.3	97.9
最终消费品						103.9	101.9	100.6	99.6	98.2
按工业部门分										
冶金工业	116.4	103.9	109.6	104.8	116.4	95.2	95.9	95.6	90.5	103.7
电力工业	102.3	105.9	105.4	105.0	103.6	108.0	100.8	99.7	96.9	93.6
煤炭及炼焦工业	103.5	108.9	96.9	124.5	113.1	95.9	89.1	88.5	83.1	100.9
石油工业	114.8	104.3	146.8	125.8	127.9	101.5	96.4	96.9	77.6	91.9
化学工业	106.8	124.8	100.6	106.4	107.3	98.8	97.0	97.6	96.8	96.9
机械工业	100.8	112.2	99.0	101.5	101.4	100.4	100.1	99.8	99.0	97.8
建筑材料工业	96.8	110.8	100.4	108.4	101.1	101.3	100.5	100.2	98.9	99.0
森林工业	95.7	108.9	101.4	99.5	99.9	102.2	100.8	101.3	100.7	99.4
食品工业	102.4	115.4	94.3	101.9	103.7	102.4	103.6	101.1	99.9	99.2
纺织工业	109.1	119.3	107.7	95.4	116.4	88.8	99.5	97.7	95.9	98.3
缝纫工业	130.9	129.1	105.7	103.3	105.3	105.5	99.5	100.7	99.5	97.6
皮革工业	99.9	126.8	100.9	104.0	102.7	103.0	104.1	108.1	109.3	105.2
造纸工业	98.4	140.5	101.2	102.3	103.4	99.9	99.1	99.8	98.8	99.3
文教艺术用品工业	97.7	100.4	97.6	101.7	101.8	102.1	102.5	99.3	98.6	97.8
其它工业	100.9	144.7	100.5	101.9	103.5	100.0	99.1	99.6	99.6	99.3

6-3 主要年份分类工业生产者购进价格指数

(上年=100)

项目名称	1990年	1995年	2000年	2005年	2010年	2012年	2013年	2014年	2015年	2016年
总指数	**105.5**	**114.1**	**105.1**	**108.3**	**110.2**	**99.2**	**99.3**	**98.4**	**95.4**	**99.2**
按初级中间最终产品分										
初级产品						98.9	98.8	96.3	91.7	99.2
农产品						97.1	101.3	97.9	97.0	100.2
矿产品						100.9	96.4	94.7	86.1	98.6
废料						97.4	96.3	95.5	90.7	93.1
中间产品						99.3	99.5	99.3	97.0	99.3
九大类原材料购进价格指数										
燃料、动力类	105.1	109.2	107.9	115.2	108.9	101.6	96.7	96.8	91.0	98.1
黑色金属材料类	107.7	95.0	102.2	106.0	108.4	94.1	96.4	93.6	85.4	96.7
钢材		95.7	104.2	106.7	105.9	95.5	95.9	97.9	91.9	96.2
其它		94.2	99.3	105.1	113.1	91.6	97.4	85.5	71.8	97.3
有色金属材料和电线类	98.6	126.7	111.6	115.4	123.2	98.2	96.4	97.9	95.4	101.2
化工原料类	89.9	123.8	111.2	107.5	116.8	91.5	94.6	97.1	92.7	99.1
木材及纸浆类	111.5	108.3	100.6	103.1	104.7	102.2	100.8	98.5	98.2	98.1
建筑材料类及非金属矿类	104.3		99.6	114.9	103.9	101.4	98.8	99.5	98.7	97.7
建筑材料类		100.4								
非金属矿类		109.3								
其它工业原材料及半成品类			99.9	112.5	107.4	104.6	104.4	102.3	100.5	100.1
农副产品类	106.2	135.1	98.2	102.5	108.3	97.0	101.3	97.9	97.0	100.2
纺织原料类	123.6	116.3	107.4	100.6	118.1	91.6	99.7	96.2	93.4	100.0

6-4 各月分类工业生产者

(上年同期=100)

项目名称	全年	1月	2月	3月	4月	5月
总指数	**99.0**	**94.6**	**94.9**	**95.6**	**96.4**	**97.6**
核心指数	99.3	95.0	95.3	96.2	97.2	98.1
高技术	97.4	98.4	98.3	97.9	97.9	97.7
能源	96.3	85.3	85.5	85.1	86.7	90.4
按轻重工业分						
轻工业	99.1	98.3	98.5	98.6	98.5	98.8
以农产品为原料	99.2	98.5	98.7	98.9	98.7	99.0
以非农产品为原料	98.8	97.6	97.5	97.8	97.9	98.3
重工业	99.0	93.0	93.4	94.3	95.5	97.0
采掘	96.5	81.6	82.7	85.6	88.0	90.8
原料	99.4	90.2	91.0	91.8	92.9	95.3
加工	99.1	95.7	95.8	96.4	97.5	98.5
按两大部类分						
生产资料	99.2	93.1	93.5	94.4	95.6	97.1
采掘	96.5	81.6	82.7	85.6	88.0	90.8
原料	100.0	90.9	91.6	92.7	93.6	95.9
加工	99.2	95.4	95.6	96.3	97.3	98.3
生活资料	98.6	98.4	98.6	98.6	98.6	98.8
食品	99.6	99.3	99.7	100.0	100.0	100.2
衣着	99.1	98.4	98.5	98.6	98.4	99.0
一般日用品	97.5	96.4	96.3	95.8	96.5	96.7
耐用消费品	96.9	98.2	98.2	97.6	97.3	97.3
按初级中间最终产品分						
初级产品	96.5	81.6	82.7	85.6	88.0	90.8
矿产品	96.5	81.6	82.7	85.6	88.0	90.8
中间产品	99.3	94.7	95.0	95.7	96.7	97.9
最终产品	98.1	97.1	97.2	97.1	97.2	97.8
最终投资品	97.9	96.9	97.0	96.8	96.9	97.3
最终消费品	98.2	97.5	97.6	97.5	97.7	98.4
按工业部门分						
冶金工业	103.7	88.0	89.6	94.4	98.0	101.3
电力工业	93.6	91.7	91.2	90.4	91.0	94.5
煤炭及炼焦工业	100.9	79.8	79.2	80.6	82.9	87.7
石油工业	91.9	82.9	88.3	82.8	85.0	86.5
化学工业	96.9	95.3	94.9	94.7	95.1	95.6
机械工业	97.8	97.2	97.2	97.1	97.3	97.4
建筑材料工业	99.0	96.6	96.5	96.4	96.5	96.9
森林工业	99.4	98.9	98.8	98.8	98.9	99.1
食品工业	99.2	98.8	99.2	99.4	99.2	99.4
纺织工业	98.3	95.7	96.0	95.8	96.0	96.5
缝纫工业	97.6	96.7	96.8	96.4	96.3	96.7
皮革工业	105.2	106.6	106.2	106.8	106.0	106.1
造纸工业	99.3	97.9	98.2	98.2	97.7	98.4
文教艺术用品工业	97.8	97.2	97.3	97.7	97.5	98.0
其它工业	99.3	98.9	98.9	98.6	98.9	99.2

出厂价格同比指数(2016年)

6月	7月	8月	9月	10月	11月	12月
98.1	**98.9**	**99.9**	**100.6**	**101.8**	**104.4**	**106.3**
98.1	99.3	100.5	100.8	101.7	104.3	106.1
97.7	97.3	97.4	96.8	96.5	96.7	96.3
95.0	96.1	97.7	101.3	107.1	113.4	118.0
99.1	98.9	99.0	99.3	99.6	100.1	101.1
99.2	98.9	98.8	99.2	99.6	100.2	101.1
98.8	99.1	99.5	99.6	99.5	99.9	100.7
97.6	98.9	100.3	101.1	102.8	106.3	108.7
94.8	99.3	102.5	103.8	107.8	112.8	117.1
96.9	99.0	101.3	103.0	105.6	112.5	116.0
98.2	98.7	99.7	100.1	101.1	103.2	105.0
97.7	99.1	100.6	101.4	103.1	106.6	109.2
94.8	99.3	102.5	103.8	107.8	112.8	117.1
97.6	99.8	101.7	103.5	106.3	112.9	116.6
98.2	98.9	99.9	100.4	101.4	103.7	105.7
98.9	98.2	98.3	98.4	98.6	98.9	99.2
100.2	99.0	99.0	99.2	99.3	99.6	100.0
99.1	99.0	98.0	98.2	100.7	100.5	101.0
97.3	97.3	98.2	98.6	98.3	99.1	99.6
96.9	96.8	96.8	96.3	96.0	96.0	95.6
94.8	99.3	102.5	103.8	107.8	112.8	117.2
94.8	99.3	102.5	103.8	107.8	112.8	117.2
98.2	99.0	100.1	100.9	102.2	105.2	107.3
98.0	98.0	98.3	98.5	98.7	99.1	99.9
97.6	97.9	98.3	98.5	98.8	99.3	100.1
98.6	98.0	98.1	98.4	98.6	98.9	99.5
100.9	105.0	108.6	109.3	110.8	119.5	124.6
94.5	94.5	94.9	95.2	94.9	95.1	95.6
98.3	99.9	102.4	109.4	124.2	138.0	146.9
88.3	91.1	93.3	97.7	98.3	103.6	108.7
95.5	95.9	96.4	97.2	98.6	100.9	103.4
97.7	98.1	98.3	98.1	98.0	98.3	98.8
96.9	97.1	98.9	100.0	102.4	104.4	105.6
99.5	99.5	99.6	99.6	99.7	100.0	99.9
99.6	98.6	98.6	98.9	98.9	99.4	100.0
97.0	98.4	99.7	99.9	99.8	101.6	103.5
97.0	97.0	96.0	96.5	100.3	100.4	101.3
106.0	105.4	104.7	103.9	104.0	103.6	103.2
99.0	99.0	98.4	100.0	99.9	100.8	103.8
97.8	97.6	97.9	98.1	97.4	98.1	98.6
98.9	99.2	100.0	99.1	99.6	99.7	99.9

6-5　各月分大类工业生产者

(上年同期=100)

大类行业名称	全年	1月	2月	3月	4月
煤炭开采和洗选业	94.4	77.4	77.0	78.4	80.2
石油和天然气开采业	82.5	67.8	76.5	70.0	74.4
黑色金属矿采选业	87.5	65.9	70.5	76.5	82.1
有色金属矿采选业	101.7	88.5	89.6	95.3	97.0
非金属矿采选业	101.1	98.5	98.9	98.9	102.0
农副食品加工业	99.2	98.4	99.1	99.4	99.2
食品制造业	99.4	99.7	99.5	99.7	99.5
酒、饮料和精制茶制造业	98.2	97.4	97.0	97.5	97.2
烟草制品业	99.6	99.1	99.2	99.2	99.2
纺织业	98.3	95.5	95.7	95.6	95.7
纺织服装、服饰业	97.5	97.3	97.4	97.0	96.8
皮革、毛皮、羽毛及其制品和制鞋业	103.1	104.1	103.8	104.6	103.9
木材加工和木、竹、藤、棕、草制品业	99.5	99.2	99.0	99.1	99.2
家具制造业	99.2	98.5	98.7	98.6	98.7
造纸和纸制品业	99.3	97.9	98.2	98.2	97.7
印刷和记录媒介复制业	96.9	96.1	96.2	96.7	96.5
文教、工美、体育和娱乐用品制造业	102.0	102.1	101.0	101.0	100.9
石油加工、炼焦和核燃料加工业	110.0	86.8	87.6	86.2	89.6
化学原料和化学制品制造业	95.6	93.0	92.9	92.3	92.9
医药制造业	98.5	98.4	98.3	98.2	98.6
化学纤维制造业	98.3	91.0	91.1	98.1	99.2
橡胶和塑料制品业	97.9	97.3	96.5	96.3	96.5
非金属矿物制品业	98.7	96.6	96.7	96.4	96.5
黑色金属冶炼和压延加工业	107.5	83.6	86.6	93.2	101.3
有色金属冶炼和压延加工业	101.8	90.6	91.5	94.9	95.6
金属制品业	98.3	94.8	93.9	94.6	95.4
通用设备制造业	98.2	97.2	96.6	96.9	97.4
专用设备制造业	98.9	97.8	97.9	98.2	98.7
汽车制造业	99.6	99.8	99.7	99.3	99.0
铁路、船舶、航空航天和其他运输设备制造业	97.6	97.5	98.1	97.7	97.9
电气机械和器材制造业	97.4	95.3	95.8	95.7	96.0
计算机、通信和其他电子设备制造业	96.2	98.5	98.2	97.5	97.1
仪器仪表制造业	99.4	99.4	99.7	99.5	99.3
其他制造业	101.2	104.2	104.2	102.1	101.1
金属制品、机械和设备修理业	99.6	99.1	99.2	99.2	99.2
电力、热力生产和供应业	93.6	91.8	91.2	90.4	91.0
燃气生产和供应业	91.6	92.7	93.1	91.2	90.2
水的生产和供应业	101.0	101.1	101.1	101.2	100.2

出厂价格同比指数(2016年)

5月	6月	7月	8月	9月	10月	11月	12月
84.2	92.6	94.6	96.6	101.1	112.9	124.6	131.3
76.8	75.8	81.6	84.5	90.9	90.5	102.0	107.4
84.5	82.6	90.8	91.1	96.7	96.7	107.1	126.2
98.8	99.9	107.3	112.8	109.9	108.1	107.2	109.6
102.2	102.4	101.5	101.4	101.8	101.5	102.2	102.6
99.4	99.5	98.3	98.4	99.0	99.0	99.7	100.5
99.5	99.7	98.9	99.1	99.0	99.1	99.1	100.0
97.8	98.4	98.5	97.0	98.1	99.2	99.4	100.7
99.5	99.6	99.7	99.8	99.8	99.8	99.9	100.0
96.2	96.7	98.1	98.6	99.0	100.9	102.8	104.7
97.2	97.5	97.4	97.6	97.8	97.8	97.8	98.3
104.3	104.0	103.5	102.9	101.9	101.8	101.3	101.5
99.4	99.8	99.8	99.7	99.6	99.6	99.9	99.9
98.8	99.1	99.1	99.5	99.6	99.9	100.1	100.1
98.4	99.0	99.0	98.4	100.0	99.9	100.8	103.8
97.1	96.8	96.6	97.1	97.4	96.6	97.4	98.0
101.6	101.9	102.2	103.8	102.8	102.1	102.4	102.4
94.3	105.5	106.8	110.5	120.9	135.1	148.5	159.6
93.4	92.7	93.5	94.9	96.1	97.8	102.1	106.7
98.6	99.2	98.3	98.8	98.3	98.6	99.1	97.9
97.8	98.7	100.5	97.2	103.2	101.2	100.7	102.1
97.2	97.3	97.7	97.8	98.1	99.2	99.6	101.0
96.9	96.8	97.0	98.7	99.4	101.7	103.4	104.4
108.0	104.4	108.4	112.6	115.5	117.0	129.0	141.0
96.8	98.5	102.5	105.1	105.1	107.7	118.1	118.7
97.7	97.9	98.2	99.5	100.7	101.2	102.1	103.7
97.6	97.7	98.2	98.6	99.0	99.2	99.9	100.7
99.1	99.1	98.9	99.1	99.2	99.4	99.2	100.2
99.5	99.7	100.0	99.9	100.1	99.1	99.4	99.2
97.4	97.9	97.8	97.4	97.6	97.2	97.2	97.5
96.1	97.3	98.1	98.9	98.0	98.5	98.9	99.9
96.8	96.4	96.1	96.0	94.9	94.3	94.3	94.0
99.4	99.1	99.8	99.0	99.3	99.2	99.5	100.2
100.2	99.3	99.7	100.3	99.6	99.3	101.2	103.6
99.5	99.6	99.7	99.8	99.8	99.8	99.9	100.0
94.5	94.5	94.5	94.9	95.2	94.9	95.0	95.5
90.4	91.3	91.3	90.6	90.8	90.8	91.2	96.1
100.4	100.7	100.7	100.8	100.8	101.5	101.5	101.7

6-6 各月分大中类工业生产者

(上年同期=100)

大中类行业名称	全年	1月	2月	3月	4月
煤炭开采和洗选业	94.4	77.4	77.0	78.4	80.2
烟煤和无烟煤开采洗选	94.5	77.3	77.0	78.4	80.2
其他煤炭采选	89.5	80.4	80.5	80.2	80.4
石油和天然气开采业	82.5	67.8	76.5	70.0	74.4
石油开采	82.0	65.9	76.1	69.0	73.3
天然气开采	89.1	95.4	81.5	83.2	89.4
黑色金属矿采选业	87.5	65.9	70.5	76.5	82.1
铁矿采选	87.5	65.9	70.5	76.5	82.1
有色金属矿采选业	101.7	88.5	89.6	95.3	97.0
常用有色金属矿采选	99.4	93.6	84.5	87.2	102.1
贵金属矿采选	105.5	92.1	95.5	102.7	100.4
稀有稀土金属矿采选	81.9	60.2	65.0	67.9	67.6
非金属矿采选业	101.1	98.5	98.9	98.9	102.0
土砂石开采	100.0	97.8	98.0	97.6	101.2
化学矿开采	103.6	91.8	88.0	95.2	95.7
采盐	95.7	94.8	93.1	93.8	93.7
石棉及其他非金属矿采选	108.4	106.0	109.5	109.5	111.2
农副食品加工业	99.2	98.4	99.1	99.4	99.2
谷物磨制	98.3	99.0	98.8	97.9	97.7
饲料加工	96.0	94.6	95.3	94.8	93.6
植物油加工	100.2	95.6	96.3	96.2	99.9
屠宰及肉类加工	101.9	101.4	103.2	105.6	104.9
水产品加工	99.3	96.5	96.1	96.1	91.9
蔬菜、水果和坚果加工	102.6	98.7	100.5	99.6	99.2
其他农副食品加工	94.4	94.0	94.3	92.9	91.8
食品制造业	99.4	99.7	99.5	99.7	99.5
焙烤食品制造	99.0	100.1	100.1	100.5	100.3
糖果、巧克力及蜜饯制造	96.2	96.7	96.8	97.3	96.9
方便食品制造	100.6	100.6	100.6	100.7	100.7
乳制品制造	97.8	94.7	94.7	95.1	95.6
罐头食品制造	103.4	111.9	111.0	109.8	103.8
调味品、发酵制品制造	100.5	101.9	101.6	101.4	100.9
其他食品制造	97.8	97.0	96.2	96.5	97.0
酒、饮料和精制茶制造业	98.2	97.4	97.0	97.5	97.2

出厂价格同比指数(2016年)

5月	6月	7月	8月	9月	10月	11月	12月
84.2	92.6	94.6	96.6	101.1	112.9	124.6	131.3
84.2	92.6	94.6	96.7	101.1	112.9	124.7	131.3
82.3	85.3	83.1	84.0	92.2	105.0	109.3	120.8
76.8	75.8	81.6	84.5	90.9	90.5	102.0	107.4
75.7	75.0	81.0	84.2	91.0	90.5	103.2	108.8
92.2	88.2	89.8	89.3	89.3	90.0	87.9	92.7
84.5	82.6	90.8	91.1	96.7	96.7	107.1	126.2
84.5	82.6	90.8	91.1	96.7	96.7	107.1	126.2
98.8	99.9	107.3	112.8	109.9	108.1	107.2	109.6
108.4	105.2	104.7	104.7	102.6	99.2	95.7	104.9
100.4	102.1	111.9	118.4	113.8	111.8	110.0	109.7
71.8	75.9	83.0	93.3	99.2	102.3	116.5	121.0
102.2	102.4	101.5	101.4	101.8	101.5	102.2	102.6
101.3	101.3	100.2	100.4	100.6	100.6	100.4	100.8
96.2	100.3	100.3	103.8	107.9	112.6	129.6	127.7
94.0	94.6	94.3	95.2	95.3	97.6	99.5	103.1
111.5	111.7	111.7	108.1	108.1	104.7	104.7	104.8
99.4	99.5	98.3	98.4	99.0	99.0	99.7	100.5
97.7	97.5	96.8	96.9	97.4	98.7	100.3	100.6
93.6	95.4	96.2	96.9	97.0	96.6	98.3	99.9
100.0	100.3	100.2	101.2	102.1	103.1	103.0	105.0
105.1	104.3	100.8	99.8	100.6	99.2	98.9	99.5
92.1	97.5	101.8	104.1	104.1	104.2	104.2	104.3
102.7	103.3	103.1	105.9	106.2	103.8	104.2	103.9
92.5	93.6	94.0	94.5	95.2	95.9	96.9	97.8
99.5	99.7	98.9	99.1	99.0	99.1	99.1	100.0
100.4	100.7	97.1	97.9	98.4	97.9	97.5	97.4
95.5	95.6	95.7	95.8	95.8	95.8	96.1	96.2
100.7	100.7	100.5	100.5	99.8	100.0	100.3	102.1
97.6	97.8	98.4	99.5	99.7	100.6	100.8	99.6
103.9	103.6	101.2	100.0	100.0	100.1	99.2	98.9
100.4	101.0	101.6	100.6	100.3	99.5	98.9	98.2
96.9	97.0	97.3	98.0	97.9	99.1	99.4	101.9
97.8	98.4	98.5	97.0	98.1	99.2	99.4	100.7

6-6 续表 1

(上年同期=100)

大中类行业名称	全年	1月	2月	3月	4月
酒的制造	97.5	96.4	95.5	96.3	96.0
饮料制造	99.2	98.7	99.0	99.0	98.7
精制茶加工	98.7	99.1	99.0	100.0	100.1
烟草制品业	99.6	99.1	99.2	99.2	99.2
烟叶复烤	99.6	99.1	99.2	99.2	99.2
卷烟制造	99.6	99.1	99.2	99.2	99.2
其他烟草制品制造	99.4	97.6	99.2	99.2	99.2
纺织业	98.3	95.5	95.7	95.6	95.7
棉纺织及印染精加工	98.4	95.8	95.7	95.5	95.9
毛纺织及染整精加工	100.1	98.8	100.4	100.2	100.1
麻纺织及染整精加工	102.4	100.8	100.9	99.2	100.9
丝绢纺织及印染精加工	99.7	100.3	99.0	99.1	98.8
化纤织造及印染精加工	95.8	92.6	93.8	94.2	95.0
针织或钩针编织物及其制品制造	97.6	90.6	90.6	90.9	90.9
家用纺织制成品制造	99.5	99.4	99.2	99.6	99.2
非家用纺织制成品制造	94.1	89.3	96.1	97.7	91.3
纺织服装、服饰业	97.5	97.3	97.4	97.0	96.8
机织服装制造	97.6	98.1	98.1	97.2	96.8
针织或钩针编织服装制造	96.2	92.7	93.2	94.6	95.6
服饰制造	99.5	99.2	100.1	100.3	100.9
皮革、毛皮、羽毛及其制品和制鞋业	103.1	104.1	103.8	104.6	103.9
皮革鞣制加工	108.9	113.2	111.6	112.2	110.8
皮革制品制造	101.1	100.0	100.2	100.5	100.0
毛皮鞣制及制品加工	107.2	106.5	107.2	108.6	107.6
羽毛(绒)加工及制品制造	96.6	96.8	97.2	98.8	97.6
制鞋业	98.7	99.1	98.7	99.3	99.6
木材加工和木、竹、藤、棕、草制品业	99.5	99.2	99.0	99.1	99.2
木材加工	100.7	101.4	101.5	101.4	101.6
人造板制造	99.1	98.6	98.4	98.4	98.6
木制品制造	100.6	100.4	100.3	100.5	100.3
竹、藤、棕、草等制品制造	101.3	101.3	101.4	101.4	101.4
家具制造业	99.2	98.5	98.7	98.6	98.7
木质家具制造	98.9	98.1	98.2	98.1	98.3
金属家具制造	99.6	99.1	99.2	99.2	99.2

5月	6月	7月	8月	9月	10月	11月	12月
96.7	97.4	97.7	95.2	97.4	99.3	99.8	102.0
99.2	99.7	99.6	99.7	99.2	99.2	99.2	99.2
100.7	101.3	98.1	96.5	96.5	97.3	97.3	97.9
99.5	99.6	99.7	99.8	99.8	99.8	99.9	100.0
99.5	99.6	99.7	99.8	99.8	99.8	99.9	100.0
99.5	99.6	99.7	99.8	99.8	99.8	99.9	100.0
99.5	99.6	99.7	99.8	99.8	99.8	99.9	100.0
96.2	96.7	98.1	98.6	99.0	100.9	102.8	104.7
96.4	96.9	98.8	100.0	100.2	99.9	102.0	103.9
100.2	99.7	99.4	99.4	99.8	100.2	101.4	101.4
102.7	101.3	99.7	101.4	103.1	104.7	106.3	108.0
99.0	99.1	99.3	99.6	100.2	100.5	100.9	101.1
95.0	94.8	95.0	95.8	97.3	97.8	99.2	100.0
91.0	91.2	92.1	79.0	82.3	123.6	123.7	128.0
98.7	100.0	97.3	99.0	99.8	100.2	100.3	101.9
92.8	92.8	93.1	94.7	94.3	94.1	95.6	97.2
97.2	97.5	97.4	97.6	97.8	97.8	97.8	98.3
97.5	97.8	97.6	97.3	97.7	97.8	97.8	97.9
95.1	95.3	95.6	99.1	98.2	97.7	97.3	100.1
100.6	100.2	100.5	98.4	98.6	98.7	98.4	98.4
104.3	104.0	103.5	102.9	101.9	101.8	101.3	101.5
110.1	110.1	108.7	107.5	106.2	106.5	105.9	105.5
100.7	101.2	101.0	101.1	102.2	101.8	101.9	102.5
109.0	107.5	107.8	108.9	106.8	106.7	106.0	104.3
97.9	97.1	97.3	98.6	94.8	94.1	93.1	95.8
100.3	100.1	99.5	97.5	97.6	97.6	97.1	97.8
99.4	99.8	99.8	99.7	99.6	99.6	99.9	99.9
100.9	100.8	100.7	100.4	100.2	100.2	99.8	99.8
98.9	99.5	99.5	99.4	99.3	99.3	99.8	99.7
100.5	100.7	100.7	100.7	100.8	100.7	100.8	100.9
101.4	101.4	101.3	101.2	101.3	101.2	101.3	101.3
98.8	99.1	99.1	99.5	99.6	99.9	100.1	100.1
98.3	98.6	98.7	99.3	99.5	99.9	100.2	100.1
99.5	99.6	99.7	99.8	99.8	99.8	99.9	100.0

6-6 续表 2

(上年同期=100)

大中类行业名称	全年	1月	2月	3月	4月
其他家具制造	99.6	99.2	99.3	99.3	99.3
造纸和纸制品业	99.3	97.9	98.2	98.2	97.7
纸浆制造	103.9	98.2	99.4	102.1	102.3
造纸	98.7	97.8	98.0	98.0	97.2
纸制品制造	100.3	98.0	98.5	98.5	98.6
印刷和记录媒介复制业	96.9	96.1	96.2	96.7	96.5
印刷	96.9	96.1	96.2	96.7	96.5
文教、工美、体育和娱乐用品制造业	102.0	102.1	101.0	101.0	100.9
文教办公用品制造	99.7	99.1	99.2	99.2	99.3
乐器制造	107.9	103.1	103.1	104.3	105.3
工艺美术品制造	102.2	102.3	101.0	100.9	100.9
玩具制造	99.8	99.5	99.5	99.6	99.5
游艺器材及娱乐用品制造	102.3	106.9	105.9	105.9	105.9
石油加工、炼焦和核燃料加工业	110.0	86.8	87.6	86.2	89.6
精炼石油产品制造	97.4	87.3	91.7	86.1	88.8
炼焦	119.0	86.4	84.9	86.3	90.2
化学原料和化学制品制造业	95.6	93.0	92.9	92.3	92.9
基础化学原料制造	99.5	93.0	93.0	93.4	94.5
肥料制造	91.1	96.0	94.5	92.6	92.2
农药制造	101.2	102.3	100.4	100.3	99.1
涂料、油墨、颜料及类似产品制造	101.4	95.0	94.6	96.1	96.2
合成材料制造	93.1	83.6	86.5	87.6	89.0
专用化学产品制造	91.9	90.1	90.8	88.7	89.5
炸药、火工及焰火产品制造	95.0	93.1	93.6	94.0	95.4
日用化学产品制造	98.4	99.0	97.4	97.1	97.1
医药制造业	98.5	98.4	98.3	98.2	98.6
化学药品原料药制造	93.2	94.8	93.7	92.8	93.6
化学药品制剂制造	99.1	97.2	98.1	97.4	97.9
中药饮片加工	104.7	106.0	106.0	106.0	106.1
中成药生产	99.2	99.1	99.4	98.9	99.0
兽用药品制造	99.9	101.0	100.4	100.5	100.5
生物药品制造	103.9	102.9	102.9	105.6	105.9
卫生材料及医药用品制造	98.3	96.8	96.8	96.8	96.9
化学纤维制造业	98.3	91.0	91.1	98.1	99.2

5月	6月	7月	8月	9月	10月	11月	12月
99.5	99.7	99.7	99.8	99.8	99.8	99.9	100.0
98.4	99.0	99.0	98.4	100.0	99.9	100.8	103.8
102.1	102.9	103.8	105.2	105.8	106.6	108.5	110.7
98.2	98.9	98.9	98.0	98.3	98.4	99.9	103.2
98.8	99.0	99.1	99.3	103.4	102.7	102.5	104.7
97.1	96.8	96.6	97.1	97.4	96.6	97.4	98.0
97.1	96.8	96.6	97.1	97.4	96.6	97.4	98.0
101.6	101.9	102.2	103.8	102.8	102.1	102.4	102.4
99.6	99.8	99.9	100.0	100.0	100.0	100.2	100.4
107.4	109.8	109.9	110.0	110.0	108.7	112.1	111.0
101.7	102.0	102.5	104.4	103.3	102.5	102.8	102.7
99.7	99.9	100.0	100.1	100.0	100.0	100.0	100.2
105.1	101.8	101.9	99.7	99.8	98.3	97.8	99.0
94.3	105.5	106.8	110.5	120.9	135.1	148.5	159.6
90.3	94.8	97.0	100.1	105.1	106.4	110.5	115.2
97.3	113.7	114.1	117.9	131.9	155.5	175.6	190.7
93.4	92.7	93.5	94.9	96.1	97.8	102.1	106.7
95.4	94.2	97.7	100.1	101.2	103.9	111.6	118.0
92.3	89.3	86.9	86.8	86.8	87.7	91.2	97.3
100.9	102.7	101.7	101.4	101.5	101.3	101.3	101.5
99.4	100.7	101.6	103.6	106.3	107.7	108.4	108.8
89.5	88.7	91.6	93.5	96.7	100.3	104.8	109.5
89.5	90.1	89.7	91.8	93.7	94.5	96.8	99.0
96.2	96.3	96.0	95.8	94.7	95.4	94.8	95.3
96.0	97.9	98.1	97.8	98.4	99.2	100.3	102.3
98.6	99.2	98.3	98.8	98.3	98.6	99.1	97.9
93.0	94.0	91.5	93.2	92.3	93.1	95.7	90.7
98.7	99.3	100.1	99.5	100.3	100.0	100.0	100.7
106.3	109.6	105.2	104.3	103.7	102.6	101.4	100.0
99.1	99.3	99.3	98.8	98.8	99.3	99.4	99.5
100.4	99.9	98.5	99.4	99.4	99.4	99.4	99.5
106.2	106.5	103.6	104.2	102.3	102.5	102.1	102.6
97.1	97.2	99.3	99.7	99.8	99.8	99.9	100.0
97.8	98.7	100.5	97.2	103.2	101.2	100.7	102.1

6-6 续表 3

(上年同期=100)

大中类行业名称	全年	1月	2月	3月	4月
纤维素纤维原料及纤维制造	101.9	94.8	93.8	103.4	103.5
合成纤维制造	85.7	78.3	81.3	80.6	84.5
橡胶和塑料制品业	97.9	97.3	96.5	96.3	96.5
橡胶制品业	95.1	95.3	93.7	93.6	93.4
塑料制品业	99.2	98.2	98.0	97.6	98.1
非金属矿物制品业	98.7	96.6	96.7	96.4	96.5
水泥、石灰和石膏制造	101.6	89.9	88.9	87.9	86.9
石膏、水泥制品及类似制品制造	99.5	98.1	98.4	98.2	98.3
砖瓦、石材等建筑材料制造	97.9	95.6	96.1	97.0	97.0
玻璃制造	104.7	103.7	99.8	98.2	106.8
玻璃制品制造	98.6	98.1	97.9	98.8	98.6
玻璃纤维和玻璃纤维增强塑料制品制造	98.9	98.5	98.5	98.6	98.6
陶瓷制品制造	101.7	101.2	100.8	101.5	101.8
耐火材料制品制造	97.7	97.9	97.7	97.0	96.9
石墨及其他非金属矿物制品制造	98.0	97.3	97.8	97.0	97.8
黑色金属冶炼和压延加工业	107.5	83.6	86.6	93.2	101.3
炼铁	97.6	74.0	75.9	78.7	86.6
炼钢	115.9	77.6	85.8	92.8	99.4
黑色金属铸造	93.2	86.1	88.0	88.6	89.8
钢压延加工	112.1	84.2	86.3	95.7	107.1
铁合金冶炼	101.3	88.4	93.3	93.7	93.2
有色金属冶炼和压延加工业	101.8	90.6	91.5	94.9	95.6
常用有色金属冶炼	100.4	87.8	88.6	91.4	92.4
贵金属冶炼	110.1	92.8	97.0	106.4	104.7
稀有稀土金属冶炼	98.5	98.6	98.6	98.5	98.6
有色金属合金制造	99.4	93.1	92.1	93.9	95.7
有色金属压延加工	100.1	91.6	91.3	93.2	94.7
金属制品业	98.3	94.8	93.9	94.6	95.4
结构性金属制品制造	97.5	95.2	94.2	95.0	95.3
金属工具制造	99.6	99.1	99.2	99.2	99.2
集装箱及金属包装容器制造	98.9	94.7	95.1	97.2	95.2
金属丝绳及其制品制造	101.5	83.8	86.1	86.8	93.0
建筑、安全用金属制品制造	101.3	101.5	101.5	101.5	101.5
搪瓷制品制造	99.8	99.1	99.2	99.2	99.6

5月	6月	7月	8月	9月	10月	11月	12月
103.0	104.2	105.5	99.9	106.0	104.1	102.3	103.1
80.4	80.1	83.9	87.3	93.0	90.2	94.6	97.8
97.2	97.3	97.7	97.8	98.1	99.2	99.6	101.0
95.1	95.6	96.2	95.7	95.3	95.3	95.4	96.3
98.2	98.2	98.5	98.8	99.4	101.1	101.6	103.2
96.9	96.8	97.0	98.7	99.4	101.7	103.4	104.4
89.7	89.6	90.5	99.6	106.5	121.8	134.3	141.2
97.9	99.2	98.9	100.2	99.0	100.6	103.0	102.8
97.3	97.4	98.0	98.5	99.3	99.5	99.4	100.0
107.4	103.5	108.5	110.1	110.6	106.3	102.0	101.1
98.8	98.4	98.8	98.9	99.1	99.3	98.5	98.6
98.9	99.0	99.2	99.2	99.3	99.3	99.4	98.4
102.2	101.6	101.8	101.8	101.9	101.7	101.9	102.3
96.8	96.5	96.2	97.3	97.8	98.7	99.4	100.0
97.9	97.5	97.8	98.2	97.6	99.0	99.1	99.2
108.0	104.4	108.4	112.6	115.5	117.0	129.0	141.0
96.4	89.9	90.7	98.6	104.5	110.6	134.9	149.8
108.6	107.7	115.5	131.0	133.6	131.1	153.3	177.8
90.7	92.1	96.3	96.6	97.3	97.6	98.0	100.1
115.6	109.3	113.0	116.3	119.9	122.4	136.7	151.0
99.3	102.9	101.0	105.9	106.4	107.4	113.3	114.8
96.8	98.5	102.5	105.1	105.1	107.7	118.1	118.7
92.8	95.6	98.9	102.1	103.1	108.0	124.5	126.5
107.9	108.6	120.1	121.9	118.0	114.2	118.1	115.2
98.6	97.3	97.2	97.4	98.6	99.1	99.4	100.0
97.7	98.1	99.9	101.4	101.1	105.4	109.2	106.9
95.9	97.4	99.6	102.3	102.6	105.8	114.6	115.6
97.7	97.9	98.2	99.5	100.7	101.2	102.1	103.7
96.7	97.2	98.0	98.5	99.2	99.6	100.1	101.3
99.5	99.6	99.7	99.8	99.8	99.8	99.9	100.0
97.4	98.7	98.6	98.8	101.8	102.4	103.6	104.1
101.9	99.4	99.2	107.4	112.6	114.8	116.8	123.8
101.7	101.4	101.5	101.5	101.6	101.6	100.7	100.2
99.8	100.0	99.7	99.9	100.1	100.1	100.4	100.6

6-6 续表 4

(上年同期=100)

大中类行业名称	全年	1月	2月	3月	4月
金属制日用品制造	99.4	99.2	99.2	98.9	98.9
其他金属制品制造	96.1	98.9	93.7	94.6	93.8
通用设备制造业	98.2	97.2	96.6	96.9	97.4
锅炉及原动设备制造	97.8	96.4	96.7	96.7	97.8
金属加工机械制造	99.1	100.2	100.2	100.0	99.4
物料搬运设备制造	96.1	95.3	95.0	94.6	94.7
泵、阀门、压缩机及类似机械制造	98.7	97.6	98.1	98.0	98.1
轴承、齿轮和传动部件制造	97.9	96.8	95.8	96.3	96.7
烘炉、风机、衡器、包装等设备制造	97.6	99.2	94.6	95.5	95.5
文化、办公用机械制造	100.7	101.7	101.9	101.6	100.1
通用零部件制造	99.0	98.5	98.5	98.4	98.3
其他通用设备制造业	109.6	94.1	94.9	102.8	112.6
专用设备制造业	98.9	97.8	97.9	98.2	98.7
采矿、冶金、建筑专用设备制造	97.5	96.1	96.4	96.5	97.3
化工、木材、非金属加工专用设备制造	100.1	98.3	98.4	98.4	99.2
食品、饮料、烟草及饲料生产专用设备制造	100.9	99.8	99.9	100.1	100.5
印刷、制药、日化及日用品生产专用设备制造	102.2	100.2	100.5	101.0	100.8
纺织、服装和皮革加工专用设备制造	98.5	98.1	98.7	103.7	104.8
电子和电工机械专用设备制造	99.8	99.2	99.2	99.2	99.3
农、林、牧、渔专用机械制造	99.3	99.3	98.8	98.8	98.8
医疗仪器设备及器械制造	104.8	100.5	101.3	101.8	102.5
环保、社会公共服务及其他专用设备制造	100.5	101.1	101.3	101.3	101.4
汽车制造业	99.6	99.8	99.7	99.3	99.0
汽车整车制造	98.6	99.3	98.4	97.8	97.7
改装汽车制造	95.9	99.1	99.0	99.5	98.8
低速载货汽车制造	100.0	99.5	99.5	99.3	99.6
汽车车身、挂车制造	97.1	94.4	94.9	96.6	96.6
汽车零部件及配件制造	100.5	100.5	100.8	100.2	99.9
铁路、船舶、航空航天和其他运输设备制造业	97.6	97.5	98.1	97.7	97.9
铁路运输设备制造	95.1	94.7	95.3	92.0	93.9
船舶及相关装置制造	104.6	108.4	108.4	108.4	108.5
摩托车制造	97.4	97.3	97.9	98.6	98.3
自行车制造	98.7	98.6	99.2	97.7	97.9
电气机械和器材制造业	97.4	95.3	95.8	95.7	96.0

5月	6月	7月	8月	9月	10月	11月	12月
99.1	99.5	99.5	99.6	99.8	99.7	99.5	99.6
95.2	96.3	96.1	95.8	95.9	95.9	98.2	98.6
97.6	97.7	98.2	98.6	99.0	99.2	99.9	100.7
98.0	98.1	98.0	97.7	98.9	98.1	98.2	98.7
98.9	98.8	99.4	99.6	97.7	97.2	98.3	99.5
94.9	95.3	95.4	95.6	97.9	97.6	98.4	98.9
98.1	98.8	99.5	100.0	99.7	99.0	98.9	99.1
97.1	95.8	97.4	98.0	97.1	100.1	101.4	101.9
95.7	96.2	96.6	97.9	98.0	99.8	100.8	101.5
100.5	100.7	100.0	100.0	100.3	98.9	101.2	101.3
98.9	99.1	99.9	99.3	99.4	99.4	99.4	99.5
111.5	109.9	110.9	113.2	111.9	112.4	114.7	126.1
99.1	99.1	98.9	99.1	99.2	99.4	99.2	100.2
97.8	98.1	97.9	97.9	97.8	98.0	98.0	98.4
99.5	100.0	100.0	100.8	101.5	101.6	101.7	101.9
101.0	101.4	101.0	101.0	101.5	101.3	101.4	101.9
101.4	102.1	102.3	103.1	102.8	103.2	104.2	104.7
98.7	95.6	93.7	93.4	95.3	96.9	101.0	102.7
99.5	99.8	99.9	100.0	100.2	100.3	100.5	100.7
99.6	98.9	99.0	99.1	99.3	99.4	99.5	101.4
103.4	104.6	104.6	106.3	107.6	108.6	107.8	109.1
101.4	100.5	100.6	101.0	100.5	100.3	96.4	100.3
99.5	99.7	100.0	99.9	100.1	99.1	99.4	99.2
98.4	98.2	98.6	98.6	98.7	99.4	99.6	99.0
98.8	98.9	99.3	99.1	96.7	84.4	88.0	89.2
99.3	100.3	100.4	100.5	100.4	100.4	100.3	100.4
96.8	97.6	97.4	97.9	98.1	97.4	98.8	99.4
100.4	100.7	100.9	100.7	101.3	100.4	100.4	100.1
97.4	97.9	97.8	97.4	97.6	97.2	97.2	97.5
94.6	94.9	95.2	95.6	96.0	96.6	96.1	96.8
108.7	107.1	103.0	101.3	99.8	100.3	101.4	101.1
97.1	97.8	97.7	97.0	97.3	96.5	96.6	96.8
98.4	98.7	98.9	99.0	99.1	99.0	99.0	99.1
96.1	97.3	98.1	98.9	98.0	98.5	98.9	99.9

6-6 续表 5

(上年同期=100)

大中类行业名称	全年	1月	2月	3月	4月
电机制造	100.9	103.3	101.8	102.4	97.9
输配电及控制设备制造	99.0	98.0	98.7	98.2	98.9
电线、电缆、光缆及电工器材制造	95.6	91.8	92.5	92.3	93.2
电池制造	99.6	99.9	100.6	100.5	100.4
家用电力器具制造	98.6	98.8	99.3	98.7	98.3
非电力家用器具制造	98.6	96.5	96.3	95.4	96.5
照明器具制造	93.4	88.6	89.3	89.6	90.6
其他电气机械及器材制造	99.6	100.2	98.8	99.0	98.6
计算机、通信和其他电子设备制造业	96.2	98.5	98.2	97.5	97.1
计算机制造	100.0	99.1	99.7	99.7	99.7
通信设备制造	95.9	98.2	98.2	97.3	96.7
广播电视设备制造	97.8	99.1	99.2	99.2	99.2
电子器件制造	93.9	100.8	99.2	98.2	98.0
电子元件制造	97.7	99.0	97.8	98.1	99.3
其他电子设备制造	98.4	98.7	99.3	97.7	97.7
仪器仪表制造业	99.4	99.4	99.7	99.5	99.3
通用仪器仪表制造	97.7	98.0	98.1	97.6	97.6
专用仪器仪表制造	103.3	100.9	103.4	103.6	102.7
光学仪器及眼镜制造	99.0	100.0	98.6	98.5	98.3
其他仪器仪表制造业	103.7	105.2	105.6	106.1	105.8
其他制造业	101.2	104.2	104.2	102.1	101.1
日用杂品制造	103.4	111.5	111.4	106.2	103.7
煤制品制造	99.6	99.1	99.2	99.2	99.2
其他未列明制造业	99.6	99.1	99.2	99.2	99.2
金属制品、机械和设备修理业	99.6	99.1	99.2	99.2	99.2
铁路、船舶、航空航天等运输设备修理	99.6	99.1	99.2	99.2	99.2
电力、热力生产和供应业	93.6	91.8	91.2	90.4	91.0
电力生产	89.9	89.6	88.8	86.9	87.7
电力供应	95.6	92.8	92.4	92.3	92.8
热力生产和供应	97.9	99.1	99.2	97.1	97.2
燃气生产和供应业	91.6	92.7	93.1	91.2	90.2
水的生产和供应业	101.0	101.1	101.1	101.2	100.2
自来水生产和供应	101.2	101.4	101.5	101.5	100.2
污水处理及其再生利用	100.1	99.7	99.7	99.7	99.8

5月	6月	7月	8月	9月	10月	11月	12月
98.1	103.1	104.1	104.2	96.6	101.1	98.4	100.2
98.7	99.4	100.0	99.8	99.0	99.2	98.4	99.1
93.4	93.9	95.4	97.4	97.1	97.8	100.9	103.1
99.3	99.4	99.0	98.9	98.2	98.6	99.3	101.5
98.9	98.5	98.2	98.7	98.8	98.4	97.9	98.5
97.0	96.7	96.9	99.1	102.4	102.1	102.3	103.2
91.7	94.3	95.8	96.9	96.8	96.5	96.5	95.8
99.8	99.6	100.8	100.8	98.7	98.9	100.1	99.7
96.8	96.4	96.1	96.0	94.9	94.3	94.3	94.0
99.9	100.1	100.1	100.2	100.3	100.3	100.3	100.5
96.8	96.0	95.8	95.7	94.8	94.3	94.0	93.3
99.5	97.5	98.7	102.5	97.9	93.9	92.5	94.8
95.0	97.1	93.6	92.8	88.1	84.6	90.1	90.6
96.7	98.1	98.0	98.1	97.3	96.2	96.3	98.0
97.7	98.5	98.2	98.4	98.5	98.6	98.9	99.0
99.4	99.1	99.8	99.0	99.3	99.2	99.5	100.2
97.3	97.6	97.5	97.5	97.4	97.7	98.2	98.4
104.3	102.4	106.1	102.0	102.5	102.2	103.9	105.5
98.2	98.3	98.4	98.4	99.5	99.6	99.8	100.0
106.2	105.3	105.0	104.7	104.7	100.7	96.2	99.3
100.2	99.3	99.7	100.3	99.6	99.3	101.2	103.6
101.1	98.9	99.6	101.0	99.2	98.7	102.9	108.1
99.5	99.6	99.7	99.8	99.8	99.8	99.9	100.0
99.5	99.6	99.7	99.8	99.8	99.8	99.9	100.0
99.5	99.6	99.7	99.8	99.8	99.8	99.9	100.0
99.5	99.6	99.7	99.8	99.8	99.8	99.9	100.0
94.5	94.5	94.5	94.9	95.2	94.9	95.0	95.5
91.2	90.8	90.4	90.7	90.9	90.2	90.8	91.5
96.4	96.5	96.8	97.2	97.6	97.5	97.4	97.8
97.7	98.0	97.9	98.0	98.0	97.6	96.2	98.8
90.4	91.3	91.3	90.6	90.8	90.8	91.2	96.1
100.4	100.7	100.7	100.8	100.8	101.5	101.5	101.7
100.5	100.8	100.8	100.9	101.0	101.8	101.8	102.0
100.0	100.2	100.2	100.3	100.3	100.4	100.4	100.5

6-7 各月分类工业生产者

(上月=100)

项目名称	全年	1月	2月	3月	4月	5月
总指数	**106.3**	**99.5**	**99.9**	**100.6**	**100.7**	**100.5**
核心指数	106.1	99.7	100.0	100.8	100.9	100.5
高技术	96.3	99.6	99.7	99.5	99.8	99.6
能源	118.0	97.5	98.8	99.5	100.7	101.4
按轻重工业分						
轻工业	101.1	99.9	100.0	99.9	99.9	100.1
以农产品为原料	101.1	99.9	100.1	100.0	99.9	100.1
以非农产品为原料	100.7	100.0	99.8	99.8	100.2	100.0
重工业	108.7	99.4	99.8	100.8	101.0	100.8
采掘	117.1	99.4	98.7	102.4	101.7	101.7
原料	116.0	98.8	100.1	100.7	101.1	101.6
加工	105.0	99.6	99.8	100.7	100.9	100.3
按两大部类分						
生产资料	109.2	99.4	99.8	100.9	101.0	100.8
采掘	117.1	99.4	98.7	102.4	101.7	101.7
原料	116.6	99.0	100.0	100.9	101.0	101.6
加工	105.7	99.6	99.8	100.7	100.9	100.4
生活资料	99.2	99.8	100.0	99.8	99.9	100.0
食品	100.0	100.0	100.2	100.1	100.0	100.1
衣着	101.0	100.2	100.0	99.9	99.6	100.1
一般日用品	99.6	99.4	99.7	99.4	100.2	99.9
耐用消费品	95.6	99.5	100.0	99.2	99.7	99.8
按初级中间最终产品分						
初级产品	117.2	99.4	98.7	102.4	101.6	101.6
矿产品	117.2	99.4	98.7	102.4	101.6	101.6
中间产品	107.3	99.5	99.9	100.6	100.8	100.6
最终产品	99.9	99.4	99.9	99.9	100.0	100.1
最终投资品	100.1	99.4	99.8	99.9	100.0	100.2
最终消费品	99.5	99.5	100.0	99.8	100.0	100.0
按工业部门分						
冶金工业	124.6	100.3	100.8	104.3	103.8	102.1
电力工业	95.6	96.9	99.4	99.1	100.0	99.9
煤炭及炼焦工业	146.9	99.1	98.9	99.4	100.6	102.0
石油工业	108.7	95.3	96.4	101.4	103.5	104.5
化学工业	103.4	99.3	99.1	99.9	100.4	100.3
机械工业	98.8	99.6	99.8	99.8	100.0	99.9
建筑材料工业	105.6	99.5	99.8	100.1	99.9	100.2
森林工业	99.9	100.0	99.9	100.2	100.1	99.8
食品工业	100.0	100.0	100.2	100.0	99.8	100.1
纺织工业	103.5	99.4	100.0	99.6	100.3	100.2
缝纫工业	101.3	99.9	100.0	99.5	99.3	99.8
皮革工业	103.2	100.7	100.3	100.5	100.3	100.5
造纸工业	103.8	99.6	100.0	100.1	99.6	100.3
文教艺术用品工业	98.6	100.1	99.9	99.9	100.0	100.2
其它工业	99.9	99.0	100.1	99.5	100.4	100.3

出厂价格环比指数(2016年)

6月	7月	8月	9月	10月	11月	12月
99.9	**100.2**	**100.4**	**100.4**	**100.9**	**101.9**	**101.3**
99.5	100.4	100.5	100.1	100.5	101.8	101.2
99.5	99.7	100.1	99.6	99.7	100.0	99.5
102.8	100.3	100.3	102.6	105.3	104.9	102.8
100.0	99.8	99.9	100.2	100.2	100.4	100.7
100.0	99.8	99.8	100.2	100.3	100.5	100.7
100.1	100.1	100.2	99.9	99.9	100.2	100.6
99.8	100.4	100.6	100.5	101.2	102.5	101.6
101.0	102.0	100.5	100.4	103.2	103.2	101.8
100.9	100.7	101.0	101.3	102.1	104.4	102.3
99.3	100.0	100.5	100.2	100.6	101.7	101.3
100.0	100.5	100.6	100.5	101.2	102.5	101.7
101.0	102.0	100.5	100.4	103.2	103.2	101.8
101.0	101.0	100.7	101.4	102.2	104.2	102.4
99.5	100.1	100.6	100.2	100.6	101.8	101.5
99.7	99.5	99.9	100.0	100.0	100.2	100.2
99.8	99.2	99.9	100.1	99.8	100.3	100.5
100.0	100.0	98.7	100.2	102.7	100.0	99.9
99.8	99.5	100.6	100.2	99.8	100.5	100.5
99.4	99.9	99.8	99.3	99.6	99.8	99.4
101.0	102.0	100.5	100.4	103.2	103.2	101.8
101.0	102.0	100.5	100.4	103.2	103.2	101.8
99.8	100.2	100.5	100.5	100.9	102.2	101.6
100.0	99.8	100.0	100.0	100.1	100.2	100.4
100.0	100.0	100.0	99.9	100.1	100.3	100.4
99.8	99.6	99.9	100.2	100.1	100.2	100.4
98.4	101.5	101.9	100.5	100.4	105.1	103.1
99.7	100.0	100.3	100.2	99.7	100.2	100.1
105.2	100.2	101.3	105.6	112.2	109.7	105.7
105.0	101.4	97.8	100.9	100.6	102.1	100.0
99.7	100.0	99.8	100.4	100.9	101.5	101.9
99.9	100.0	99.9	99.7	99.8	100.2	100.2
99.9	99.9	100.9	100.7	101.9	101.9	101.0
100.2	99.9	99.9	99.9	100.1	100.1	99.8
99.9	99.3	99.9	100.1	99.7	100.3	100.6
99.9	100.8	100.9	100.0	100.4	101.3	100.6
100.0	100.0	98.6	100.3	103.9	100.0	100.0
100.3	100.3	100.1	99.9	100.3	100.2	99.9
100.0	99.9	99.5	101.3	100.0	100.9	102.6
99.6	99.9	99.1	100.2	99.6	100.1	100.0
99.8	100.3	100.6	99.5	100.3	100.2	100.1

6-8 各月分大类工业生产者

(上月=100)

大类行业名称	全年	1月	2月	3月	4月
煤炭开采和洗选业	131.3	99.2	99.3	99.3	99.9
石油和天然气开采业	107.4	87.3	88.0	108.9	111.0
黑色金属矿采选业	126.2	101.1	99.2	107.3	100.0
有色金属矿采选业	109.6	100.9	99.5	104.4	102.3
非金属矿采选业	102.6	100.0	100.4	100.4	100.4
农副食品加工业	100.5	100.1	100.4	100.0	99.8
食品制造业	100.0	99.6	99.9	100.0	100.1
酒、饮料和精制茶制造业	100.7	99.8	99.2	100.2	99.5
烟草制品业	100.0	100.0	100.0	100.0	100.0
纺织业	104.7	99.3	100.0	99.6	100.3
纺织服装、服饰业	98.3	100.0	100.0	99.5	99.1
皮革、毛皮、羽毛及其制品和制鞋业	101.5	100.6	100.2	100.4	100.3
木材加工和木、竹、藤、棕、草制品业	99.9	100.0	99.9	100.1	100.1
家具制造业	100.1	100.0	100.1	100.3	100.1
造纸和纸制品业	103.8	99.6	100.0	100.1	99.6
印刷和记录媒介复制业	98.0	99.9	100.0	99.9	100.0
文教、工美、体育和娱乐用品制造业	102.4	99.9	99.1	100.0	100.3
石油加工、炼焦和核燃料加工业	159.6	98.4	98.2	99.9	102.4
化学原料和化学制品制造业	106.7	99.0	99.2	99.8	100.9
医药制造业	97.9	99.4	99.5	100.0	99.9
化学纤维制造业	102.1	100.7	98.4	102.1	100.9
橡胶和塑料制品业	101.0	99.8	99.2	99.9	100.3
非金属矿物制品业	104.4	99.3	99.9	99.9	100.0
黑色金属冶炼和压延加工业	141.0	99.5	101.5	106.9	108.0
有色金属冶炼和压延加工业	118.7	100.6	101.1	102.8	101.4
金属制品业	103.7	99.5	98.9	100.4	100.3
通用设备制造业	100.7	99.5	99.4	100.3	100.4
专用设备制造业	100.2	99.8	99.8	100.0	100.1
汽车制造业	99.2	99.7	100.0	99.7	99.6
铁路、船舶、航空航天和其他运输设备制造业	97.5	99.9	100.5	99.1	100.1
电气机械和器材制造业	99.9	99.6	100.1	100.0	100.0
计算机、通信和其他电子设备制造业	94.0	99.5	99.7	99.2	99.7
仪器仪表制造业	100.2	99.9	99.9	99.1	100.0
其他制造业	103.6	98.7	100.0	98.5	99.7
金属制品、机械和设备修理业	100.0	100.0	100.0	100.0	100.0
电力、热力生产和供应业	95.5	96.9	99.4	99.0	100.0
燃气生产和供应业	96.1	98.3	99.9	97.8	99.6
水的生产和供应业	101.7	101.0	100.0	100.0	100.0

出厂价格环比指数(2016年)

5月	6月	7月	8月	9月	10月	11月	12月
100.3	101.2	100.7	100.6	103.6	110.5	109.1	104.6
106.3	108.3	104.9	96.9	100.2	99.3	103.8	95.6
101.9	94.3	102.3	100.4	106.0	98.8	105.3	107.8
102.7	101.1	103.3	101.0	97.5	97.9	98.6	100.2
99.9	100.1	100.0	100.1	100.0	100.2	100.8	100.3
100.1	99.8	99.3	99.9	100.2	99.5	100.5	100.9
99.9	99.9	99.3	100.1	100.1	100.1	100.1	100.9
100.2	100.4	99.9	98.2	100.9	101.1	100.2	101.1
100.0	100.0	100.0	100.0	100.0	100.0	100.0	100.0
100.1	99.9	100.9	100.1	100.2	102.5	101.2	100.5
99.6	99.9	99.9	100.1	100.0	100.1	100.0	100.0
100.5	100.1	100.0	99.8	99.6	100.0	100.0	100.1
99.9	100.2	99.8	99.9	99.8	100.2	100.2	99.9
99.8	100.0	100.1	100.0	100.0	100.0	100.0	99.8
100.3	100.0	99.9	99.5	101.3	100.0	100.9	102.6
100.3	99.5	99.8	98.8	100.2	99.4	100.0	100.0
100.4	100.3	100.5	101.8	99.9	99.6	100.5	100.2
106.2	111.3	99.7	100.7	106.9	110.9	108.2	106.1
100.7	99.3	100.3	100.0	100.4	101.0	102.8	103.1
99.8	99.8	99.2	100.6	99.9	99.9	100.3	99.5
97.4	102.1	100.3	99.4	102.7	99.4	98.5	100.3
100.0	99.9	100.0	99.9	100.0	100.9	100.2	100.8
100.2	99.8	99.9	100.7	100.5	101.7	101.6	100.8
102.3	95.2	100.0	103.9	101.8	100.1	109.1	107.7
101.6	100.3	102.3	100.7	100.1	101.7	104.7	100.3
101.8	99.8	99.8	100.9	100.7	100.2	100.2	101.2
100.0	99.8	100.2	100.1	99.7	100.4	100.4	100.5
100.2	100.0	99.8	100.1	99.9	100.0	100.1	100.4
100.2	100.2	100.3	99.9	100.2	99.2	100.4	99.7
99.2	100.2	99.9	99.5	99.8	99.3	99.9	100.0
99.8	100.2	100.1	99.7	99.4	100.1	100.4	100.5
99.4	99.2	99.7	99.8	99.1	99.4	99.8	99.3
99.6	99.9	101.0	99.4	100.4	100.2	100.3	100.5
100.7	99.5	100.7	101.2	100.0	100.2	102.4	101.9
100.0	100.0	100.0	100.0	100.0	100.0	100.0	100.0
99.9	99.7	100.0	100.3	100.2	99.7	100.1	100.2
99.6	100.3	99.9	99.8	100.1	99.8	100.1	100.8
100.0	100.1	100.0	100.0	100.0	100.6	100.0	100.0

6-9 各月分大中类工业生产者

（上月=100）

大中类行业名称	全年	1月	2月	3月	4月
煤炭开采和洗选业	131.3	99.2	99.3	99.3	99.9
烟煤和无烟煤开采洗选	131.3	99.2	99.3	99.3	99.9
其他煤炭采选	120.8	100.0	100.0	98.5	98.8
石油和天然气开采业	107.4	87.3	88.0	108.9	111.0
石油开采	108.8	86.3	88.3	109.5	111.3
天然气开采	92.7	98.0	84.5	102.4	107.8
黑色金属矿采选业	126.2	101.1	99.2	107.3	100.0
铁矿采选	126.2	101.1	99.2	107.3	100.0
有色金属矿采选业	109.6	100.9	99.5	104.4	102.3
常用有色金属矿采选	104.9	100.1	88.9	99.9	120.9
贵金属矿采选	109.7	101.1	102.8	105.9	97.7
稀有稀土金属矿采选	121.0	102.3	100.6	102.2	99.3
非金属矿采选业	102.6	100.0	100.4	100.4	100.4
土砂石开采	100.8	100.0	100.1	100.2	100.2
化学矿开采	127.7	100.0	98.1	105.9	98.9
采盐	103.1	100.1	98.2	99.7	99.6
石棉及其他非金属矿采选	104.8	100.0	103.2	100.0	101.6
农副食品加工业	100.5	100.1	100.4	100.0	99.8
谷物磨制	100.6	100.5	99.9	99.3	100.1
饲料加工	99.9	99.8	100.1	99.0	98.6
植物油加工	105.0	100.7	100.4	99.9	101.2
屠宰及肉类加工	99.5	100.0	101.1	101.5	99.6
水产品加工	104.3	100.0	100.0	100.0	95.7
蔬菜、水果和坚果加工	103.9	100.0	101.5	99.2	99.9
其他农副食品加工	97.8	98.6	99.7	98.4	99.6
食品制造业	100.0	99.6	99.9	100.0	100.1
焙烤食品制造	97.4	99.8	100.0	100.3	99.8
糖果、巧克力及蜜饯制造	96.2	96.2	100.0	100.0	100.0
方便食品制造	102.1	100.2	100.1	100.1	100.0
乳制品制造	99.6	100.1	100.0	99.9	100.0
罐头食品制造	98.9	100.0	100.0	98.8	100.0
调味品、发酵制品制造	98.2	99.8	99.9	100.4	99.6
其他食品制造	101.9	99.1	99.0	99.7	101.0
酒、饮料和精制茶制造业	100.7	99.8	99.2	100.2	99.5

出厂价格环比指数(2016年)

5月	6月	7月	8月	9月	10月	11月	12月
100.3	101.2	100.7	100.6	103.6	110.5	109.1	104.6
100.3	101.2	100.7	100.6	103.6	110.5	109.1	104.6
100.8	102.0	95.9	99.5	108.0	107.6	102.9	105.8
106.3	108.3	104.9	96.9	100.2	99.3	103.8	95.6
106.4	109.5	105.3	96.7	100.2	99.2	104.1	95.3
105.1	95.2	100.7	100.0	100.0	100.7	100.0	100.0
101.9	94.3	102.3	100.4	106.0	98.8	105.3	107.8
101.9	94.3	102.3	100.4	106.0	98.8	105.3	107.8
102.7	101.1	103.3	101.0	97.5	97.9	98.6	100.2
105.6	101.0	95.6	100.0	98.5	92.3	99.7	105.5
101.4	100.8	106.7	101.2	96.7	99.3	97.8	98.3
105.6	103.6	96.6	102.0	101.4	100.8	102.2	102.8
99.9	100.1	100.0	100.1	100.0	100.2	100.8	100.3
99.9	100.0	100.0	100.1	99.9	99.9	100.1	100.3
100.0	100.8	100.0	99.2	101.6	106.4	115.0	100.0
99.9	100.2	99.4	100.4	99.8	100.0	101.7	104.0
100.0	100.0	100.0	100.0	100.0	100.0	100.0	100.0
100.1	99.8	99.3	99.9	100.2	99.5	100.5	100.9
99.8	99.6	99.3	99.8	100.1	100.6	101.3	100.4
99.8	101.0	100.7	100.5	99.7	99.1	100.4	101.3
99.7	99.3	99.9	100.0	99.8	100.8	101.3	102.1
100.2	99.6	98.4	99.6	100.4	98.5	99.7	100.9
100.0	104.5	104.3	100.0	100.0	100.0	100.0	100.0
103.4	100.3	99.9	101.8	101.1	97.4	100.0	99.5
100.3	100.5	99.9	99.8	100.6	99.2	100.0	101.3
99.9	99.9	99.3	100.1	100.1	100.1	100.1	100.9
100.0	100.0	96.6	100.7	100.5	99.8	100.0	99.9
100.0	100.0	100.0	100.0	100.0	100.0	100.0	100.0
100.2	100.0	100.0	99.7	100.0	100.0	100.2	101.7
99.8	99.9	100.3	100.3	100.2	100.5	99.9	98.7
100.1	99.9	100.0	100.1	100.0	100.0	100.0	100.0
99.9	99.6	99.9	99.9	99.8	99.8	99.7	99.9
99.4	99.9	100.0	100.7	99.9	100.9	100.2	102.2
100.2	100.4	99.9	98.2	100.9	101.1	100.2	101.1

6-9 续表 1

(上月=100)

大中类行业名称	全年	1月	2月	3月	4月
酒的制造	102.0	99.3	98.5	100.4	99.3
饮料制造	99.2	100.5	100.1	99.9	99.6
精制茶加工	97.9	100.2	100.0	101.2	100.0
烟草制品业	100.0	100.0	100.0	100.0	100.0
烟叶复烤	100.0	100.0	100.0	100.0	100.0
卷烟制造	100.0	100.0	100.0	100.0	100.0
其他烟草制品制造	100.0	100.0	100.0	100.0	100.0
纺织业	104.7	99.3	100.0	99.6	100.3
棉纺织及印染精加工	103.9	99.4	99.8	99.7	100.5
毛纺织及染整精加工	101.4	99.9	101.5	99.8	99.8
麻纺织及染整精加工	108.0	101.7	100.0	98.4	101.7
丝绢纺织及印染精加工	101.1	99.9	100.0	100.3	99.9
化纤织造及印染精加工	100.0	100.0	100.0	100.0	100.0
针织或钩针编织物及其制品制造	128.0	97.6	100.0	99.6	100.0
家用纺织制成品制造	101.9	100.4	99.8	100.4	99.5
非家用纺织制成品制造	97.2	97.3	103.2	97.2	97.8
纺织服装、服饰业	98.3	100.0	100.0	99.5	99.1
机织服装制造	97.9	100.0	99.9	99.2	98.7
针织或钩针编织服装制造	100.1	100.0	100.4	100.8	101.1
服饰制造	98.4	99.5	100.8	100.3	100.6
皮革、毛皮、羽毛及其制品和制鞋业	101.5	100.6	100.2	100.4	100.3
皮革鞣制加工	105.5	100.0	100.4	100.6	100.6
皮革制品制造	102.5	102.4	99.9	100.3	99.7
毛皮鞣制及制品加工	104.3	101.2	100.9	100.7	100.2
羽毛(绒)加工及制品制造	95.8	100.9	100.0	99.3	100.0
制鞋业	97.8	100.0	99.7	100.4	100.3
木材加工和木、竹、藤、棕、草制品业	99.9	100.0	99.9	100.1	100.1
木材加工	99.8	100.7	100.0	100.0	100.0
人造板制造	99.7	99.9	99.7	100.1	100.1
木制品制造	100.9	100.0	100.5	100.3	99.9
竹、藤、棕、草等制品制造	101.3	101.2	100.0	100.0	100.0
家具制造业	100.1	100.0	100.1	100.3	100.1
木质家具制造	100.1	99.9	100.1	100.5	100.1
金属家具制造	100.0	100.0	100.0	100.0	100.0

5月	6月	7月	8月	9月	10月	11月	12月
100.4	100.6	100.2	97.0	102.1	102.1	100.4	102.0
100.0	100.1	99.9	99.9	99.4	99.9	99.9	99.9
100.3	100.7	96.8	98.5	100.1	100.4	99.3	100.4
100.0	100.0	100.0	100.0	100.0	100.0	100.0	100.0
100.0	100.0	100.0	100.0	100.0	100.0	100.0	100.0
100.0	100.0	100.0	100.0	100.0	100.0	100.0	100.0
100.0	100.0	100.0	100.0	100.0	100.0	100.0	100.0
100.1	99.9	100.9	100.1	100.2	102.5	101.2	100.5
100.1	99.9	101.1	101.0	100.0	100.4	101.4	100.6
99.9	99.3	99.6	100.0	100.3	100.4	101.1	99.8
101.6	98.4	98.4	101.7	101.6	101.6	101.5	101.5
100.0	99.9	100.0	100.2	100.3	100.4	100.2	100.0
100.0	100.0	100.0	100.0	100.0	100.0	100.0	100.0
99.9	100.0	101.0	83.5	104.0	150.2	100.0	100.0
99.3	101.1	97.2	101.7	100.8	100.3	100.1	101.4
101.0	100.0	100.4	99.9	99.9	99.7	101.5	99.4
99.6	99.9	99.9	100.1	100.0	100.1	100.0	100.0
99.7	100.0	99.9	100.0	100.3	100.2	100.2	100.0
99.3	100.0	100.3	100.8	99.0	99.5	99.5	99.5
99.8	99.4	99.6	99.6	99.1	100.4	99.4	100.0
100.5	100.1	100.0	99.8	99.6	100.0	100.0	100.1
100.3	100.5	100.3	100.7	100.3	100.5	100.4	100.6
100.3	100.2	99.9	99.7	100.3	99.9	100.1	99.9
101.4	100.2	100.6	101.4	98.7	100.4	100.0	98.5
100.4	100.0	100.0	100.0	96.4	99.1	99.5	100.2
100.3	99.7	99.4	97.7	100.4	99.7	99.8	100.3
99.9	100.2	99.8	99.9	99.8	100.2	100.2	99.9
99.3	100.3	99.9	99.8	100.2	100.1	99.7	99.8
100.0	100.2	99.7	99.9	99.7	100.3	100.2	99.9
100.0	100.2	100.2	99.9	100.1	99.9	100.0	100.0
100.0	100.0	100.0	100.0	100.0	100.0	100.0	100.0
99.8	100.0	100.1	100.0	100.0	100.0	100.0	99.8
99.6	100.0	100.1	100.0	100.0	100.0	100.0	99.7
100.0	100.0	100.0	100.0	100.0	100.0	100.0	100.0

6-9 续表 2

(上月=100)

大中类行业名称	全年	1月	2月	3月	4月
其他家具制造	100.0	100.0	100.0	100.0	100.0
造纸和纸制品业	103.8	99.6	100.0	100.1	99.6
纸浆制造	110.7	106.0	101.4	100.2	100.2
造纸	103.2	99.5	99.9	100.2	99.3
纸制品制造	104.7	99.8	100.0	100.0	100.0
印刷和记录媒介复制业	98.0	99.9	100.0	99.9	100.0
印刷	98.0	99.9	100.0	99.9	100.0
文教、工美、体育和娱乐用品制造业	102.4	99.9	99.1	100.0	100.3
文教办公用品制造	100.4	100.0	100.0	100.0	100.1
乐器制造	111.0	102.2	100.0	101.3	100.9
工艺美术品制造	102.7	99.7	99.0	99.9	100.4
玩具制造	100.2	100.0	100.0	100.1	100.0
游艺器材及娱乐用品制造	99.0	102.1	99.0	100.0	100.0
石油加工、炼焦和核燃料加工业	159.6	98.4	98.2	99.9	102.4
精炼石油产品制造	115.2	98.1	98.6	100.1	101.9
炼焦	190.7	98.7	97.9	99.8	102.7
化学原料和化学制品制造业	106.7	99.0	99.2	99.8	100.9
基础化学原料制造	118.0	100.2	99.1	101.3	101.5
肥料制造	97.3	97.2	98.5	98.7	100.7
农药制造	101.5	100.0	101.1	100.0	100.2
涂料、油墨、颜料及类似产品制造	108.8	100.3	99.5	101.0	100.6
合成材料制造	109.5	99.6	96.8	101.3	102.2
专用化学产品制造	99.0	97.9	100.7	97.6	100.1
炸药、火工及焰火产品制造	95.3	94.4	100.1	100.0	100.0
日用化学产品制造	102.3	100.4	98.4	99.6	100.2
医药制造业	97.9	99.4	99.5	100.0	99.9
化学药品原料药制造	90.7	97.1	98.1	99.6	99.4
化学药品制剂制造	100.7	99.9	100.0	100.1	99.9
中药饮片加工	100.0	100.0	100.0	100.0	100.0
中成药生产	99.5	100.0	99.7	99.9	100.1
兽用药品制造	99.5	100.0	100.0	100.0	100.0
生物药品制造	102.6	101.2	100.0	100.6	100.2
卫生材料及医药用品制造	100.0	100.0	100.0	100.0	100.0
化学纤维制造业	102.1	100.7	98.4	102.1	100.9

5月	6月	7月	8月	9月	10月	11月	12月
100.0	100.0	100.0	100.0	100.0	100.0	100.0	100.0
100.3	100.0	99.9	99.5	101.3	100.0	100.9	102.6
99.5	100.5	100.8	100.0	100.3	100.5	99.2	101.7
100.5	100.0	99.8	99.2	100.2	100.3	101.3	102.9
100.0	100.0	100.0	100.0	103.6	99.3	100.0	101.9
100.3	99.5	99.8	98.8	100.2	99.4	100.0	100.0
100.3	99.5	99.8	98.8	100.2	99.4	100.0	100.0
100.4	100.3	100.5	101.8	99.9	99.6	100.5	100.2
100.1	100.0	100.0	100.0	100.0	100.0	100.1	100.1
102.0	102.1	100.0	100.0	100.0	100.0	102.0	100.0
100.5	100.3	100.6	102.1	99.9	99.5	100.5	100.2
100.0	100.0	100.1	100.0	100.0	100.0	100.0	100.0
99.0	99.0	100.0	100.0	100.0	100.0	100.0	100.0
106.2	111.3	99.7	100.7	106.9	110.9	108.2	106.1
105.8	105.4	100.2	97.4	101.6	101.6	102.0	101.8
106.5	115.4	99.3	102.8	110.2	116.1	111.2	108.1
100.7	99.3	100.3	100.0	100.4	101.0	102.8	103.1
101.6	98.5	102.1	100.1	100.2	102.4	105.4	104.5
100.3	98.3	98.3	99.3	100.1	99.2	102.1	104.7
99.9	101.7	99.0	99.7	100.0	99.8	99.9	100.2
102.5	101.3	99.4	101.4	101.0	100.8	100.5	100.1
100.8	101.3	101.8	99.7	101.3	101.9	102.0	100.7
99.9	99.5	99.1	100.3	100.7	100.9	101.0	101.4
100.2	100.3	100.2	100.4	99.8	100.2	99.9	100.0
99.3	101.3	100.0	100.6	99.4	99.7	101.2	102.5
99.8	99.8	99.2	100.6	99.9	99.9	100.3	99.5
99.1	99.4	97.4	102.2	99.4	99.7	101.4	97.4
100.4	100.0	100.6	99.3	100.6	99.6	99.8	100.6
100.0	100.0	100.0	100.0	100.0	100.0	100.0	100.0
100.1	99.8	100.0	100.0	100.1	100.0	100.1	99.8
100.0	100.0	98.7	100.9	99.9	100.0	100.0	100.0
100.0	100.2	99.4	100.5	100.0	100.2	100.0	100.4
100.0	100.0	100.0	100.0	100.0	100.0	100.0	100.0
97.4	102.1	100.3	99.4	102.7	99.4	98.5	100.3

6-9 续表 3

(上月=100)

大中类行业名称	全年	1月	2月	3月	4月
纤维素纤维原料及纤维制造	103.1	101.9	98.1	103.0	100.5
合成纤维制造	97.8	96.2	99.7	98.3	102.8
橡胶和塑料制品业	101.0	99.8	99.2	99.9	100.3
橡胶制品业	96.3	99.8	98.2	99.9	99.8
塑料制品业	103.2	99.8	99.6	99.9	100.5
非金属矿物制品业	104.4	99.3	99.9	99.9	100.0
水泥、石灰和石膏制造	141.2	97.5	98.6	99.1	98.7
石膏、水泥制品及类似制品制造	102.8	99.0	100.1	100.1	100.0
砖瓦、石材等建筑材料制造	100.0	100.1	100.0	100.8	100.1
玻璃制造	101.1	100.1	98.7	99.2	99.3
玻璃制品制造	98.6	99.6	99.7	100.1	99.9
玻璃纤维和玻璃纤维增强塑料制品制造	98.4	98.3	100.0	100.1	100.0
陶瓷制品制造	102.3	100.6	99.7	100.6	100.2
耐火材料制品制造	100.0	100.1	99.8	99.7	99.9
石墨及其他非金属矿物制品制造	99.2	98.5	100.6	99.3	100.5
黑色金属冶炼和压延加工业	141.0	99.5	101.5	106.9	108.0
炼铁	149.8	96.8	99.3	101.7	106.6
炼钢	177.8	99.9	104.1	107.9	108.2
黑色金属铸造	100.1	97.6	100.6	100.5	100.3
钢压延加工	151.0	100.1	101.3	109.7	111.1
铁合金冶炼	114.8	100.7	103.6	99.9	99.2
有色金属冶炼和压延加工业	118.7	100.6	101.1	102.8	101.4
常用有色金属冶炼	126.5	100.0	100.5	102.7	102.4
贵金属冶炼	115.2	101.5	106.9	104.8	98.7
稀有稀土金属冶炼	100.0	100.0	100.0	100.0	100.0
有色金属合金制造	106.9	100.4	99.5	101.6	102.0
有色金属压延加工	115.6	100.8	99.4	102.3	101.8
金属制品业	103.7	99.5	98.9	100.4	100.3
结构性金属制品制造	101.3	99.3	99.2	100.5	100.4
金属工具制造	100.0	100.0	100.0	100.0	100.0
集装箱及金属包装容器制造	104.1	99.3	99.9	102.3	97.4
金属丝绳及其制品制造	123.8	98.8	100.0	99.5	102.7
建筑、安全用金属制品制造	100.2	100.1	99.9	100.0	100.0
搪瓷制品制造	100.6	100.0	100.0	100.0	100.3

5月	6月	7月	8月	9月	10月	11月	12月
97.8	102.5	99.4	98.9	103.0	100.1	98.1	100.1
95.6	100.6	104.0	101.6	101.2	96.5	100.3	101.3
100.0	99.9	100.0	99.9	100.0	100.9	100.2	100.8
99.9	99.9	99.8	99.3	99.3	99.9	100.0	100.3
100.1	99.9	100.1	100.2	100.4	101.4	100.3	101.1
100.2	99.8	99.9	100.7	100.5	101.7	101.6	100.8
102.0	99.7	99.8	105.3	105.3	112.8	112.0	105.4
99.8	100.8	100.1	100.0	99.6	101.3	101.4	100.6
100.0	99.5	99.9	100.2	100.0	99.7	99.8	99.8
99.6	100.3	100.1	100.7	102.6	99.1	100.9	100.6
99.5	100.1	100.1	100.1	100.0	100.4	99.2	100.0
100.0	100.0	100.1	100.0	100.0	100.0	100.0	100.0
100.2	100.0	99.7	99.9	100.1	100.3	100.4	100.6
99.9	99.8	99.7	100.5	100.1	100.3	100.0	100.2
100.2	99.6	100.2	100.1	99.6	100.8	100.0	99.9
102.3	95.2	100.0	103.9	101.8	100.1	109.1	107.7
109.4	91.8	98.4	105.9	104.4	103.3	118.3	107.5
107.4	97.3	99.7	111.0	104.5	97.2	112.6	110.7
100.1	99.8	99.9	100.1	99.7	100.2	100.2	101.3
101.5	93.1	100.5	103.6	102.0	100.5	110.8	109.1
105.0	102.5	95.6	103.0	98.9	99.9	104.5	101.6
101.6	100.3	102.3	100.7	100.1	101.7	104.7	100.3
101.5	100.3	101.5	100.7	100.9	103.3	108.3	101.8
102.7	99.7	106.4	101.2	98.4	97.9	100.2	96.5
100.0	100.0	100.0	100.0	100.0	100.0	100.0	100.0
101.4	99.3	100.7	100.1	99.5	102.2	102.5	97.6
101.3	100.5	101.5	100.4	100.1	102.0	103.9	100.6
101.8	99.8	99.8	100.9	100.7	100.2	100.2	101.2
101.1	100.2	100.1	100.1	99.9	100.1	100.1	100.3
100.0	100.0	100.0	100.0	100.0	100.0	100.0	100.0
101.3	100.2	100.0	100.1	102.7	100.6	100.2	100.2
107.4	96.7	99.4	107.2	103.9	101.1	99.0	106.7
100.0	100.0	100.0	100.0	100.0	100.0	100.0	100.3
100.0	100.0	99.7	100.2	100.2	100.0	100.2	100.2

6-9 续表 4

(上月=100)

大中类行业名称	全年	1月	2月	3月	4月
金属制日用品制造	99.6	99.7	100.0	99.6	100.0
其他金属制品制造	98.6	100.0	95.9	100.9	99.2
通用设备制造业	100.7	99.5	99.4	100.3	100.4
锅炉及原动设备制造	98.7	99.7	100.3	99.9	100.0
金属加工机械制造	99.5	99.8	99.9	99.8	99.7
物料搬运设备制造	98.9	99.8	99.8	99.8	99.8
泵、阀门、压缩机及类似机械制造	99.1	100.0	100.0	99.9	100.0
轴承、齿轮和传动部件制造	101.9	99.2	99.1	100.8	101.2
烘炉、风机、衡器、包装等设备制造	101.5	100.0	96.1	100.3	100.0
文化、办公用机械制造	101.3	100.5	100.1	100.0	100.1
通用零部件制造	99.5	99.3	99.8	99.8	100.1
其他通用设备制造业	126.1	95.0	100.7	108.3	109.6
专用设备制造业	100.2	99.8	99.8	100.0	100.1
采矿、冶金、建筑专用设备制造	98.4	99.6	99.5	99.9	99.9
化工、木材、非金属加工专用设备制造	101.9	100.0	100.0	100.0	100.7
食品、饮料、烟草及饲料生产专用设备制造	101.9	100.3	100.0	100.5	100.4
印刷、制药、日化及日用品生产专用设备制造	104.7	99.9	100.5	100.5	100.2
纺织、服装和皮革加工专用设备制造	102.7	100.5	100.6	100.3	101.0
电子和电工机械专用设备制造	100.7	100.0	100.0	100.0	100.0
农、林、牧、渔专用机械制造	101.4	99.8	99.8	100.0	100.0
医疗仪器设备及器械制造	109.1	100.6	100.9	100.4	100.8
环保、社会公共服务及其他专用设备制造	100.3	100.0	100.2	100.0	100.0
汽车制造业	99.2	99.7	100.0	99.7	99.6
汽车整车制造	99.0	99.9	99.5	99.7	100.0
改装汽车制造	89.2	99.6	99.8	100.4	99.9
低速载货汽车制造	100.4	100.3	100.0	99.8	100.3
汽车车身、挂车制造	99.4	99.5	100.1	100.1	99.2
汽车零部件及配件制造	100.1	99.6	100.2	99.5	99.4
铁路、船舶、航空航天和其他运输设备制造业	97.5	99.9	100.5	99.1	100.1
铁路运输设备制造	96.8	100.2	100.6	97.9	100.5
船舶及相关装置制造	101.1	100.0	100.0	100.0	100.0
摩托车制造	96.8	100.0	100.5	99.6	99.9
自行车制造	99.1	99.5	100.5	98.5	100.2
电气机械和器材制造业	99.9	99.6	100.1	100.0	100.0

5月	6月	7月	8月	9月	10月	11月	12月
100.0	100.2	100.0	100.0	100.2	99.9	100.1	99.9
101.3	101.0	99.2	99.4	100.0	100.0	101.8	100.1
100.0	99.8	100.2	100.1	99.7	100.4	100.4	100.5
99.9	99.9	99.7	99.6	100.0	99.2	100.0	100.4
99.3	100.0	100.0	100.1	99.3	99.9	100.9	100.8
100.0	100.0	99.6	100.0	100.2	99.4	100.7	99.9
99.9	100.2	100.6	100.2	99.5	99.3	99.6	100.0
100.3	98.0	100.6	100.0	98.1	104.8	100.3	99.7
100.0	100.2	100.4	101.3	100.1	101.7	100.9	100.6
100.2	100.0	99.9	100.0	100.2	98.6	102.0	99.8
100.4	100.0	100.8	99.3	100.0	100.0	99.9	100.0
98.8	98.4	100.8	102.0	98.8	100.4	102.0	109.8
100.2	100.0	99.8	100.1	99.9	100.0	100.1	100.4
100.1	99.9	99.8	100.0	99.7	100.0	100.0	100.0
100.1	100.3	100.0	100.7	100.0	100.1	100.0	100.0
100.5	100.3	99.7	99.7	100.3	99.8	100.2	100.3
100.7	100.7	100.3	100.7	99.9	100.3	100.4	100.5
99.4	100.0	97.6	99.3	100.0	100.3	102.2	101.4
100.0	100.1	100.1	100.0	100.1	100.1	100.1	100.1
100.6	99.4	100.0	100.0	100.1	100.0	100.0	101.7
101.0	101.3	100.3	101.3	101.2	100.6	99.1	101.2
100.0	100.0	100.0	100.0	100.0	100.0	100.0	100.1
100.2	100.2	100.3	99.9	100.2	99.2	100.4	99.7
100.3	99.8	100.4	99.5	99.9	100.7	99.8	99.4
99.9	99.9	100.2	99.6	97.5	87.4	104.1	101.3
99.5	100.9	100.0	100.1	99.8	99.9	99.9	100.0
99.8	100.1	99.7	100.4	99.7	100.2	100.3	100.4
100.3	100.5	100.4	100.0	100.6	99.4	100.5	99.7
99.2	100.2	99.9	99.5	99.8	99.3	99.9	100.0
99.8	99.5	99.1	99.8	99.8	99.9	99.5	100.3
100.0	100.0	100.0	100.0	100.0	100.0	101.1	100.0
98.7	100.4	100.0	99.2	99.7	98.9	100.0	99.8
100.3	100.1	100.2	100.0	100.0	99.9	99.9	100.0
99.8	100.2	100.1	99.7	99.4	100.1	100.4	100.5

6-9 续表 5

(上月=100)

大中类行业名称	全年	1月	2月	3月	4月
电机制造	100.2	99.3	100.2	100.1	100.2
输配电及控制设备制造	99.1	99.9	100.1	100.2	99.7
电线、电缆、光缆及电工器材制造	103.1	99.2	99.9	100.3	100.8
电池制造	101.5	99.5	101.0	99.8	99.6
家用电力器具制造	98.5	100.3	100.4	99.4	99.7
非电力家用器具制造	103.2	101.8	99.7	99.1	101.1
照明器具制造	95.8	99.2	100.0	99.6	99.6
其他电气机械及器材制造	99.7	101.0	98.6	100.2	99.6
计算机、通信和其他电子设备制造业	94.0	99.5	99.7	99.2	99.7
计算机制造	100.5	100.0	100.5	100.0	100.0
通信设备制造	93.3	99.1	99.9	99.0	99.3
广播电视设备制造	94.8	100.0	100.0	100.0	100.0
电子器件制造	90.6	101.0	97.9	99.1	99.9
电子元件制造	98.0	101.3	98.7	100.3	101.4
其他电子设备制造	99.0	99.5	100.6	98.4	100.0
仪器仪表制造业	100.2	99.9	99.9	99.1	100.0
通用仪器仪表制造	98.4	100.3	99.9	98.2	99.9
专用仪器仪表制造	105.5	98.9	99.6	100.7	99.7
光学仪器及眼镜制造	100.0	100.1	100.0	99.8	100.2
其他仪器仪表制造业	99.3	100.0	100.4	100.5	101.2
其他制造业	103.6	98.7	100.0	98.5	99.7
日用杂品制造	108.1	97.2	100.0	96.6	99.2
煤制品制造	100.0	100.0	100.0	100.0	100.0
其他未列明制造业	100.0	100.0	100.0	100.0	100.0
金属制品、机械和设备修理业	100.0	100.0	100.0	100.0	100.0
铁路、船舶、航空航天等运输设备修理	100.0	100.0	100.0	100.0	100.0
电力、热力生产和供应业	95.5	96.9	99.4	99.0	100.0
电力生产	91.5	95.1	99.1	97.9	100.0
电力供应	97.8	97.8	99.6	99.7	100.0
热力生产和供应	98.8	100.0	100.0	100.4	100.0
燃气生产和供应业	96.1	98.3	99.9	97.8	99.6
水的生产和供应业	101.7	101.0	100.0	100.0	100.0
自来水生产和供应	102.0	101.1	100.0	100.0	100.0
污水处理及其再生利用	100.5	100.5	100.0	100.0	100.0

5月	6月	7月	8月	9月	10月	11月	12月
100.6	100.4	99.9	99.6	98.6	101.2	98.9	101.3
100.0	100.5	100.4	99.5	99.0	100.1	100.1	99.6
99.4	100.3	100.1	100.0	100.0	100.0	101.6	101.6
100.1	99.9	100.0	99.8	99.1	100.0	100.4	102.3
100.0	99.7	99.7	100.5	99.7	99.5	99.6	100.0
100.0	100.0	99.8	100.2	100.0	100.1	101.1	100.3
99.6	99.6	100.0	99.6	99.8	99.7	99.9	99.1
101.0	99.7	101.2	99.9	97.9	100.2	101.1	99.5
99.4	99.2	99.7	99.8	99.1	99.4	99.8	99.3
100.0	100.0	100.0	100.0	100.0	100.0	100.0	100.0
99.9	99.0	99.8	99.8	99.0	99.5	99.6	99.1
100.0	97.9	101.2	103.7	95.4	96.0	98.4	102.4
97.0	101.9	97.5	99.1	98.6	95.5	103.1	99.6
97.1	99.6	99.9	100.0	100.0	99.6	100.0	100.0
99.8	100.6	99.7	100.1	100.1	100.1	100.2	100.0
99.6	99.9	101.0	99.4	100.4	100.2	100.3	100.5
99.5	100.2	100.0	100.1	99.7	100.2	100.3	100.0
100.0	99.4	105.2	96.7	102.7	100.3	100.7	101.7
99.9	99.9	100.1	100.1	99.9	100.1	100.1	100.0
98.6	98.9	99.6	99.6	100.0	99.6	99.2	101.6
100.7	99.5	100.7	101.2	100.0	100.2	102.4	101.9
101.5	98.9	101.7	102.8	100.0	100.5	105.6	104.2
100.0	100.0	100.0	100.0	100.0	100.0	100.0	100.0
100.0	100.0	100.0	100.0	100.0	100.0	100.0	100.0
100.0	100.0	100.0	100.0	100.0	100.0	100.0	100.0
100.0	100.0	100.0	100.0	100.0	100.0	100.0	100.0
99.9	99.7	100.0	100.3	100.2	99.7	100.1	100.2
99.9	99.1	99.4	100.2	100.2	99.3	100.6	100.4
99.9	100.0	100.3	100.4	100.3	99.9	100.0	100.1
100.3	100.1	99.9	100.0	100.0	99.6	98.6	100.0
99.6	100.3	99.9	99.8	100.1	99.8	100.1	100.8
100.0	100.1	100.0	100.0	100.0	100.6	100.0	100.0
100.0	100.1	100.0	100.0	100.0	100.8	100.0	100.0
100.0	100.0	100.0	100.0	100.0	100.0	100.0	100.0

6-10 各月分类工业生产者

(2015年=100)

项目名称	全年	1月	2月	3月	4月	5月
总指数	**99.0**	**96.8**	**96.7**	**97.3**	**97.9**	**98.5**
核心指数	99.3	97.0	97.0	97.7	98.6	99.1
高技术	97.4	99.1	98.9	98.4	98.2	97.8
能源	96.3	91.4	90.3	89.9	90.5	91.8
按轻重工业分						
轻工业	99.1	99.1	99.1	99.0	99.0	99.0
以农产品为原料	99.2	99.1	99.2	99.2	99.0	99.1
以非农产品为原料	98.8	98.9	98.7	98.4	98.7	98.6
重工业	99.0	95.9	95.7	96.5	97.5	98.2
采掘	96.5	90.2	89.1	91.3	92.8	94.3
原料	99.4	93.7	93.9	94.5	95.5	97.1
加工	99.1	97.4	97.2	97.9	98.8	99.1
按两大部类分						
生产资料	99.2	95.9	95.7	96.6	97.5	98.3
采掘	96.5	90.2	89.1	91.3	92.8	94.3
原料	100.0	94.2	94.2	95.1	96.0	97.6
加工	99.2	97.3	97.1	97.8	98.7	99.0
生活资料	98.6	99.2	99.2	99.0	98.9	98.9
食品	99.6	99.8	100.0	100.1	100.1	100.1
衣着	99.1	99.3	99.3	99.3	98.9	98.9
一般日用品	97.5	98.1	97.8	97.3	97.4	97.4
耐用消费品	96.9	98.8	98.8	98.0	97.7	97.5
按初级中间最终产品分						
初级产品	96.5	90.2	89.1	91.3	92.8	94.3
矿产品	96.5	90.2	89.1	91.3	92.8	94.3
中间产品	99.3	96.8	96.8	97.4	98.1	98.7
最终产品	98.1	98.2	98.1	98.0	97.9	98.1
最终投资品	97.9	97.9	97.8	97.7	97.7	97.9
最终消费品	98.2	98.6	98.6	98.4	98.4	98.4
按工业部门分						
冶金工业	103.7	93.3	94.0	98.1	101.8	104.0
电力工业	93.6	94.9	94.3	93.5	93.4	93.4
煤炭及炼焦工业	100.9	89.8	88.8	88.3	88.9	90.6
石油工业	91.9	85.8	82.7	83.9	86.8	90.7
化学工业	96.9	96.7	95.9	95.8	96.2	96.5
机械工业	97.8	98.4	98.1	98.0	98.0	97.9
建筑材料工业	99.0	97.8	97.6	97.6	97.5	97.7
森林工业	99.4	99.3	99.2	99.4	99.5	99.3
食品工业	99.2	99.4	99.6	99.6	99.5	99.5
纺织工业	98.3	97.2	97.2	96.8	97.1	97.3
缝纫工业	97.6	98.2	98.2	97.7	97.0	96.8
皮革工业	105.2	103.5	103.8	104.3	104.6	105.1
造纸工业	99.3	98.8	98.7	98.9	98.4	98.8
文教艺术用品工业	97.8	98.4	98.3	98.3	98.3	98.5
其它工业	99.3	98.9	99.0	98.5	98.9	99.2

出厂价格定基指数(2016年)

6月	7月	8月	9月	10月	11月	12月
98.4	**98.6**	**99.0**	**99.3**	**100.2**	**102.1**	**103.5**
98.7	99.0	99.6	99.7	100.2	102.0	103.3
97.3	97.0	97.1	96.7	96.3	96.3	95.9
94.4	94.6	95.0	97.4	102.6	107.5	110.6
99.0	98.9	98.8	98.9	99.1	99.5	100.2
99.1	98.9	98.7	98.9	99.2	99.7	100.4
98.8	98.8	99.0	98.9	98.8	99.0	99.6
98.1	98.4	99.0	99.5	100.7	103.2	104.8
95.3	97.2	97.7	98.1	101.2	104.5	106.4
98.0	98.7	99.7	101.0	103.1	107.6	110.1
98.5	98.5	99.0	99.2	99.7	101.4	102.7
98.2	98.7	99.3	99.8	101.0	103.6	105.4
95.3	97.2	97.7	98.1	101.2	104.5	106.4
98.6	99.6	100.2	101.7	104.0	108.4	111.0
98.5	98.6	99.2	99.4	100.0	101.8	103.3
98.7	98.2	98.1	98.1	98.1	98.3	98.5
99.9	99.2	99.1	99.2	99.0	99.3	99.8
98.9	98.8	97.6	97.7	100.3	100.3	100.2
97.2	96.7	97.3	97.5	97.3	97.8	98.3
96.9	96.8	96.6	96.0	95.6	95.4	94.9
95.3	97.2	97.7	98.1	101.2	104.5	106.4
95.3	97.2	97.7	98.1	101.2	104.5	106.4
98.6	98.7	99.2	99.8	100.6	102.8	104.5
98.0	97.9	97.9	97.9	98.0	98.2	98.6
97.9	97.9	97.9	97.8	98.0	98.2	98.6
98.2	97.8	97.8	97.9	98.0	98.2	98.6
102.3	103.9	105.9	106.4	106.8	112.3	115.8
93.1	93.1	93.4	93.6	93.3	93.5	93.6
95.4	95.6	96.8	102.3	114.8	125.9	133.1
95.2	96.5	94.4	95.2	95.8	97.9	97.8
96.3	96.3	96.1	96.5	97.4	98.9	100.7
97.8	97.8	97.7	97.4	97.2	97.4	97.6
97.6	97.4	98.3	98.9	100.8	102.7	103.8
99.5	99.4	99.3	99.2	99.3	99.4	99.3
99.4	98.8	98.7	98.8	98.5	98.8	99.4
97.1	98.0	98.9	98.9	99.3	100.6	101.2
96.8	96.8	95.4	95.7	99.5	99.5	99.6
105.4	105.7	105.8	105.7	106.0	106.2	106.1
98.8	98.7	98.2	99.4	99.4	100.3	102.8
98.2	98.1	97.2	97.3	96.9	97.0	97.0
98.9	99.2	99.8	99.3	99.6	99.8	99.8

6-11 各月分大类工业生产者

(2015年=100)

大类行业名称	全年	1月	2月	3月	4月
煤炭开采和洗选业	94.4	88.7	88.1	87.5	87.4
石油和天然气开采业	82.5	71.8	63.2	68.8	76.4
黑色金属矿采选业	87.5	81.1	80.4	86.3	86.3
有色金属矿采选业	101.7	94.1	93.6	97.7	100.0
非金属矿采选业	101.1	100.0	100.4	100.8	101.1
农副食品加工业	99.2	99.3	99.7	99.7	99.5
食品制造业	99.4	99.7	99.5	99.6	99.6
酒、饮料和精制茶制造业	98.2	98.8	98.0	98.2	97.7
烟草制品业	99.6	99.6	99.6	99.6	99.6
纺织业	98.3	97.0	97.0	96.6	96.9
纺织服装、服饰业	97.5	98.8	98.8	98.3	97.4
皮革、毛皮、羽毛及其制品和制鞋业	103.1	102.2	102.4	102.8	103.0
木材加工和木、竹、藤、棕、草制品业	99.5	99.6	99.4	99.5	99.6
家具制造业	99.2	99.0	99.1	99.3	99.4
造纸和纸制品业	99.3	98.8	98.7	98.9	98.4
印刷和记录媒介复制业	96.9	97.6	97.6	97.5	97.5
文教、工美、体育和娱乐用品制造业	102.0	101.2	100.3	100.3	100.6
石油加工、炼焦和核燃料加工业	110.0	91.5	89.8	89.7	91.9
化学原料和化学制品制造业	95.6	94.5	93.8	93.6	94.4
医药制造业	98.5	99.4	98.9	98.9	98.8
化学纤维制造业	98.3	97.5	96.0	98.0	98.9
橡胶和塑料制品业	97.9	98.2	97.5	97.4	97.6
非金属矿物制品业	98.7	97.7	97.6	97.5	97.5
黑色金属冶炼和压延加工业	107.5	91.6	93.0	99.4	107.3
有色金属冶炼和压延加工业	101.8	93.7	94.7	97.3	98.7
金属制品业	98.3	97.0	95.9	96.3	96.5
通用设备制造业	98.2	98.1	97.5	97.8	98.2
专用设备制造业	98.9	98.9	98.7	98.8	98.8
汽车制造业	99.6	99.8	99.8	99.5	99.1
铁路、船舶、航空航天和其他运输设备制造业	97.6	98.7	99.2	98.3	98.4
电气机械和器材制造业	97.4	97.4	97.5	97.5	97.5
计算机、通信和其他电子设备制造业	96.2	98.9	98.6	97.8	97.5
仪器仪表制造业	99.4	100.1	99.9	99.1	99.1
其他制造业	101.2	101.1	101.1	99.6	99.2
金属制品、机械和设备修理业	99.6	99.6	99.6	99.6	99.6
电力、热力生产和供应业	93.6	94.9	94.4	93.5	93.4
燃气生产和供应业	91.6	93.8	93.8	91.7	91.3
水的生产和供应业	101.0	100.8	100.8	100.8	100.7

出厂价格定基指数(2016年)

5月	6月	7月	8月	9月	10月	11月	12月
87.7	88.8	89.4	89.9	93.1	102.9	112.3	117.4
81.2	88.0	92.3	89.5	89.7	89.0	92.4	88.4
87.9	83.0	84.8	85.2	90.4	89.2	94.0	101.2
102.7	103.8	107.2	108.3	105.6	103.4	101.9	102.1
101.0	101.1	101.1	101.1	101.1	101.3	102.2	102.5
99.5	99.4	98.7	98.6	98.8	98.3	98.8	99.7
99.6	99.5	98.8	99.0	99.0	99.1	99.2	100.1
97.9	98.4	98.3	96.5	97.4	98.5	98.7	99.8
99.6	99.6	99.6	99.6	99.6	99.6	99.6	99.6
97.0	96.9	97.7	97.8	98.0	100.4	101.7	102.2
97.1	97.0	97.0	97.0	97.1	97.1	97.2	97.1
103.5	103.7	103.7	103.5	103.1	103.1	103.1	103.2
99.5	99.7	99.5	99.4	99.2	99.4	99.6	99.5
99.2	99.2	99.3	99.3	99.3	99.3	99.3	99.1
98.8	98.8	98.7	98.2	99.4	99.4	100.3	102.8
97.8	97.4	97.2	96.1	96.3	95.7	95.7	95.8
101.0	101.3	101.8	103.6	103.6	103.1	103.6	103.8
97.5	108.6	108.2	109.0	116.5	129.2	139.8	148.3
95.1	94.5	94.7	94.8	95.1	96.1	98.8	101.9
98.6	98.5	97.7	98.3	98.3	98.2	98.5	98.0
96.3	98.3	98.6	98.0	100.6	100.0	98.5	98.8
97.6	97.5	97.5	97.4	97.4	98.3	98.6	99.4
97.6	97.5	97.4	98.1	98.6	100.3	101.9	102.7
109.7	104.5	104.5	108.5	110.5	110.6	120.7	129.9
100.3	100.5	102.8	103.5	103.6	105.3	110.3	110.6
98.3	98.1	97.9	98.9	99.5	99.7	99.9	101.1
98.2	98.0	98.2	98.4	98.0	98.4	98.8	99.3
99.0	99.0	98.8	98.9	98.8	98.8	98.9	99.3
99.3	99.5	99.9	99.8	100.0	99.1	99.6	99.3
97.6	97.8	97.7	97.3	97.0	96.4	96.3	96.3
97.4	97.5	97.6	97.4	96.8	96.9	97.2	97.7
96.9	96.1	95.8	95.7	94.8	94.2	94.1	93.4
98.7	98.7	99.7	99.0	99.4	99.5	99.8	100.3
99.8	99.4	100.1	101.3	101.3	101.6	104.0	106.0
99.6	99.6	99.6	99.6	99.6	99.6	99.6	99.6
93.4	93.1	93.0	93.4	93.6	93.3	93.5	93.6
91.0	91.3	91.2	91.0	91.0	90.9	91.0	91.7
100.8	100.8	100.8	100.8	100.8	101.5	101.5	101.5

6-12　工业生产者出厂价格完整同比指数(2016年)

(上年=100)

项目名称	指　数	项目名称	指　数
煤炭开采和洗选业	94.4	粘土及其他土砂石开采	101.0
烟煤和无烟煤开采洗选	94.5	砂石	101.0
无烟煤	90.8	其他粘土及其他土砂石	100.6
烟煤	97.8	化学矿开采	103.6
洗煤	97.9	硫铁矿石	95.1
其他煤炭采选	89.5	磷矿石	129.6
石油和天然气开采业	82.5	其他化学矿	99.1
石油开采	82.0	采盐	95.7
原油	82.0	井盐	95.7
天然气开采	89.1	石棉及其他非金属矿采选	108.4
黑色金属矿采选业	87.5	石墨、滑石采选	108.4
铁矿采选	87.5	滑石	108.4
铁矿石成品矿	88.6	农副食品加工业	99.2
铁矿石原矿	86.8	谷物磨制	98.3
有色金属矿采选业	101.7	小麦粉	98.5
常用有色金属矿采选	99.4	小麦专用粉	98.9
铜矿采选	94.9	大米	98.8
铅锌矿采选	98.5	其他谷物磨制产品	95.2
铝矿采选	100.2	饲料加工	96.0
贵金属矿采选	105.5	配合饲料	96.1
金矿采选	105.5	浓缩饲料	96.7
银矿采选	109.5	混合饲料	90.4
稀有稀土金属矿采选	81.9	预混合饲料	97.1
钨钼矿采选	81.9	蛋白质饲料	95.5
钨矿	81.7	其他饲料加工	99.6
钼矿	81.9	植物油加工	100.2
非金属矿采选业	101.1	食用植物油加工	100.0
土砂石开采	100.0	毛油(初榨植物油)	98.1
石灰石、石膏开采	97.2	精制食用植物油	101.1
石灰石	97.2	其他食用植物油	95.5
建筑装饰用石开采	100.0	非食用植物油加工	108.7
天然大理石荒料	100.1	屠宰及肉类加工	101.9
天然花岗石荒料	99.7	牲畜屠宰	100.4
其他建筑用石料	100.1	鲜、冷藏肉	100.4

6-12 续表 1

(上年=100)

项目名称	指　数	项目名称	指　数
禽类屠宰	113.4	液体乳	97.8
肉制品及副产品加工	97.1	罐头食品制造	103.4
动物肠衣	107.4	肉、禽类罐头制造	104.3
蒸煮肉类制品	96.8	蔬菜、水果罐头制造	103.3
酱卤烧烤肉制品	110.9	调味品、发酵制品制造	100.5
其他未列明肉制品	99.6	味精制造	91.4
水产品加工	99.3	酱油、食醋及类似制品制造	105.3
水产饲料制造	99.3	酱油	100.0
蔬菜、水果和坚果加工	102.6	食醋	108.4
蔬菜加工	104.8	其他酱油、食醋及类似制品的制造	99.5
水果和坚果加工	97.7	其他调味品、发酵制品制造	103.3
其他农副食品加工	94.4	复合调味品	101.0
淀粉及淀粉制品制造	92.3	发酵类制品	105.2
豆制品制造	99.3	其他食品制造	97.8
蛋品加工	93.2	营养食品制造	96.5
其他未列明农副食品加工	99.4	营养配餐食品	96.5
食品制造业	99.4	保健食品制造	99.6
焙烤食品制造	99.0	冷冻饮品及食用冰制造	101.5
糕点、面包制造	96.2	盐加工	91.0
糕点制造	101.6	食用盐	91.0
面包制造	94.8	非食用盐	87.7
饼干及其他焙烤食品制造	101.0	食品及饲料添加剂制造	100.2
饼干	101.0	食品添加剂	100.2
膨化食品	100.1	酒、饮料和精制茶制造业	98.2
其他焙烤食品	100.4	酒的制造	97.5
糖果、巧克力及蜜饯制造	96.2	酒精制造	96.0
糖果、巧克力制造	96.2	白酒制造	99.8
糖果	96.2	啤酒制造	97.2
方便食品制造	100.6	葡萄酒制造	101.5
米、面制品制造	98.6	其他酒制造	84.7
速冻食品制造	102.6	饮料制造	99.2
方便面及其他方便食品制造	99.7	碳酸饮料制造	97.9
乳制品制造	97.8	瓶(罐)装饮用水制造	98.6

6-12 续表 2

(上年=100)

项目名称	指 数	项目名称	指 数
果菜汁及果菜汁饮料制造	98.9	其他绢纺和丝织加工	96.2
含乳饮料和植物蛋白饮料制造	99.3	化纤织造及印染精加工	95.8
含乳饮料	98.7	化纤织造加工	95.8
植物蛋白饮料	99.5	针织或钩针编织物及其制品制造	97.6
茶饮料及其他饮料制造	100.4	针织或钩针编织物织造	97.6
茶饮料	99.6	家用纺织制成品制造	99.5
其他茶饮料及饮料	100.5	床上用品制造	93.8
精制茶加工	98.7	床褥单、枕套、被罩、套件、被面	100.3
精制茶	98.7	其他床上用品	92.9
烟草制品业	99.6	毛巾类制品制造	101.1
烟叶复烤	99.6	窗帘、布艺类产品制造	99.8
卷烟制造	99.6	非家用纺织制成品制造	94.1
卷烟	99.6	纺织带和帘子布制造	93.3
其他烟草制品制造	99.4	帘子布	75.7
纺织业	98.3	其他纺织带和帘子布	97.8
棉纺织及印染精加工	98.4	其他非家用纺织制成品制造	96.9
棉纺纱加工	98.5	纺织服装、服饰业	97.5
纱	99.1	机织服装制造	97.6
线	92.2	羽绒服	84.2
棉织造加工	96.7	西服及西服套装	98.9
布	96.7	上衣	98.7
棉印染精加工	98.8	衬衫	101.6
毛纺织及染整精加工	100.1	裤	100.0
毛条和毛纱线加工	101.6	裙	95.7
毛织造加工	97.7	婴儿、儿童服装及衣着附件	94.1
毛机织物(呢绒)	97.7	职业服装、工作服及类似服装	104.5
麻纺织及染整精加工	102.4	针织或钩针编织服装制造	96.2
麻织造加工	102.4	服饰制造	99.5
丝绢纺织及印染精加工	99.7	皮革、毛皮、羽毛及其制品和制鞋业	103.1
缫丝加工	99.7	皮革鞣制加工	108.9
绢纺和丝织加工	99.9	半成品革	100.9
蚕丝及交织机织物	100.6	成品革	110.5

6-12 续表 3

(上年=100)

项目名称	指 数	项目名称	指 数
其他皮革	106.0	棕制品制造	101.3
皮革制品制造	101.1	家具制造业	99.2
皮革服装制造	99.6	木质家具制造	98.9
皮箱、包(袋)制造	99.6	卧室用木质家具	100.0
手提包(袋)、背包	99.6	木质坐具	97.7
皮手套及皮装饰制品制造	98.9	办公室用木质家具	99.1
其他皮革制品制造	103.1	客厅、餐厅用木质家具	98.7
毛皮鞣制及制品加工	107.2	其他木制家具	100.4
毛皮鞣制加工	110.3	金属家具制造	99.6
其他毛皮制品加工	100.7	办公室用金属家具	99.6
羽毛(绒)加工及制品制造	96.6	其他金属家具	99.6
羽毛(绒)加工	96.6	其他家具制造	99.6
羽毛(绒)制品加工	96.6	软体坐具	100.1
制鞋业	98.7	床垫、褥垫	99.6
纺织面料鞋制造	99.6	其他家具	99.6
纺织面鞋	99.6	造纸和纸制品业	99.3
皮鞋制造	98.5	纸浆制造	103.9
橡胶鞋制造	98.1	木竹浆制造	106.5
木材加工和木、竹、藤、棕、草制品业	99.5	非木竹浆制造	100.8
木材加工	100.7	非木材纤维纸浆	99.4
锯材加工	100.7	化学溶解浆及其他纸浆	101.7
单板加工	101.1	造纸	98.7
人造板制造	99.1	机制纸及纸板制造	98.7
胶合板制造	98.6	未涂布印刷书写用纸	102.9
纤维板制造	97.7	新闻纸	97.1
刨花板制造	105.1	卫生用纸原纸	96.8
其他人造板制造	99.3	其他机制纸及纸板	97.5
木制品制造	100.6	加工纸制造	99.1
建筑用木料及木材组件加工	100.1	纸制品制造	100.3
木门窗、楼梯制造	98.3	纸和纸板容器制造	99.3
地板制造	102.1	其他纸制品制造	102.3
实木木地板	102.1	卫生用纸制品	101.3
竹、藤、棕、草等制品制造	101.3	纸制壁纸、窗纸、铺地制品及类似品	96.7

6-12 续表 4

(上年=100)

项目名称	指　数	项目名称	指　数
其他纸制品	102.3	游艺器材及娱乐用品制造	102.3
印刷和记录媒介复制业	96.9	露天游乐场所游乐设备制造	102.3
印刷	96.9	石油加工、炼焦和核燃料加工业	110.0
书、报刊印刷	99.4	精炼石油产品制造	97.4
单色印刷品	101.9	原油加工及石油制品制造	97.4
多色印刷品	99.4	汽油	94.9
本册印制	100.5	煤油	81.5
用于书写本册	100.5	柴油	96.5
包装装潢及其他印刷	96.4	润滑油基础油	96.1
塑料印刷品	99.9	燃料油	94.2
其他包装装潢及印刷	94.3	润滑脂	92.0
文教、工美、体育和娱乐用品制造业	102.0	石油沥青	166.0
文教办公用品制造	99.7	焦油	81.8
教学用模型及教具制造	99.7	炼焦	119.0
乐器制造	107.9	焦炭	119.5
中乐器制造	107.9	煤焦油	108.6
工艺美术品制造	102.2	化学原料和化学制品制造业	95.6
雕塑工艺品制造	95.0	基础化学原料制造	99.5
雕刻工艺品	95.0	无机酸制造	95.6
金属工艺品制造	98.1	硫酸	106.0
其他金属工艺品	98.1	盐酸	92.5
漆器工艺品制造	99.5	其它无机酸产品	95.1
天然植物纤维编织工艺品制造	101.6	无机碱制造	97.4
地毯、挂毯制造	98.6	烧碱	101.2
机制地毯、挂毯	98.6	纯碱类	92.9
珠宝首饰及有关物品制造	99.6	其它无机碱产品	92.7
其他珠宝首饰及有关物品	99.6	无机盐制造	105.7
其他工艺美术品制造	104.9	金属硫化物及硫酸盐	112.2
剧装道具	97.4	氟化物及其盐	98.7
发制品	105.6	氯化物及其盐	64.0
工艺扇子	97.6	氯氧化物及氢氧基氯化物	90.3
玩具制造	99.8	氰化物、氧氰化物及氰络合物	112.1
其他玩具	99.8	硅化物及硅酸盐	91.9

6-12 续表 5

(上年=100)

项目名称	指 数	项目名称	指 数
贵金属化合物	109.7	生物化学农药及微生物农药制造	99.6
有机化学原料制造	97.1	涂料、油墨、颜料及类似产品制造	101.4
芳烃	118.7	涂料制造	99.2
无环烃不饱和氯化衍生物	99.6	水性涂料	99.6
无环醇及其衍生物	97.8	非水性涂料	99.4
环醇	105.2	建筑涂料	98.6
羧酸及其衍生物	98.4	油墨及类似产品制造	97.0
氨基化合物	106.1	印刷油墨	97.0
醚	97.3	颜料制造	102.5
醛	94.5	无机颜料	102.8
有机－无机化合物	93.6	其他颜料及类似产品	93.3
其他有机化学原料	89.7	染料制造	107.4
其他基础化学原料制造	100.2	密封用填料及类似品制造	105.6
非金属无机氧化物	103.3	非定型密封材料	105.6
金属氧化物	101.6	合成材料制造	93.1
非金属基础化学品	97.4	初级形态塑料及合成树脂制造	95.1
其他未列明基础化学原料	99.8	合成纤维单(聚合)体制造	92.2
肥料制造	91.1	合成纤维单体	92.8
氮肥制造	95.3	合成纤维聚合物	85.8
氨及氨水	99.0	其他合成材料制造	82.9
氮肥(折含N100%)	95.0	油脂类高分子聚合物	81.0
磷肥制造	93.5	其他合成材料制造	84.7
钾肥制造	91.3	专用化学产品制造	91.9
复混肥料制造	86.5	化学试剂和助剂制造	90.0
有机肥料及微生物肥料制造	90.8	化学试剂	98.1
微生物肥料	90.7	催化剂及载体	89.1
动物、植物肥料	99.6	橡胶助剂	97.9
农药制造	101.2	塑料助剂	83.4
化学农药制造	101.4	造纸工业用整理剂、助剂	95.3
杀虫(杀螨)用原药及制剂	102.0	炭黑	90.9
杀菌用原药及制剂	99.7	专项化学用品制造	98.4
除草用原药及制剂	100.8	油田用化学制剂	97.0
其他化学农药	101.7	建工建材用化学助剂	100.3

6-12 续表 6

(上年=100)

项目名称	指 数	项目名称	指 数
林产化学产品制造	79.3	化学药品制剂制造	99.1
竹材、木材水解产品	79.3	粉针剂	98.3
信息化学品制造	99.2	注射液	96.9
感光胶片	83.6	输液	97.1
电子半导体材料	96.8	片剂	104.2
其他信息化学品	109.3	胶囊剂	100.4
环境污染处理专用药剂材料制造	100.4	冻干粉针剂	99.4
污水处理化学药剂	100.2	其他化学药品制剂	91.2
其它环境污染处理专用药剂材料制造	100.9	中药饮片加工	104.7
其他专用化学产品制造	86.0	植物类饮片	104.7
炸药、火工及焰火产品制造	95.0	中成药生产	99.2
炸药及火工产品制造	95.0	中成药丸剂	100.8
炸药	94.7	中成药颗粒剂	97.0
火工产品	100.4	中成药糖浆	99.4
日用化学产品制造	98.4	中成药片剂	95.6
肥皂及合成洗涤剂制造	94.4	中成药胶囊	99.3
肥(香)皂	101.1	中成药注射液	98.8
合成洗涤剂	93.1	中成药合剂	99.6
化妆品制造	99.6	药酒	99.6
护发用化妆品	99.6	膏药	99.1
香料、香精制造	101.3	兽用药品制造	99.9
香料	102.7	兽用疫苗	100.2
香精	100.5	兽用药品	99.5
其他日用化学产品制造	102.9	生物药品制造	103.9
其它日用化学品	102.9	酶类生化制剂	101.5
医药制造业	98.5	生物制剂	100.7
化学药品原料药制造	93.2	球蛋白、白蛋白	114.0
抗菌素(抗感染药)	99.5	血液制品制剂	104.5
消化系统用药	94.3	其他生物化学药品	99.6
解热镇痛药	99.6	卫生材料及医药用品制造	98.3
激素类药	94.7	卫生材料及敷料	98.3
抗肿瘤药	98.7	化学纤维制造业	98.3
心血管系统用药	73.6	纤维素纤维原料及纤维制造	101.9
血液系统用药	99.6	化纤浆粕制造	109.7

6-12 续表 7

(上年＝100)

项目名称	指　数	项目名称	指　数
人造纤维(纤维素纤维)制造	99.7	塑料编织布	95.0
人造纤维短纤维	103.7	塑料绳	88.0
人造纤维长丝	98.8	塑料编织袋	99.6
合成纤维制造	85.7	塑料袋	100.4
锦纶纤维制造	82.0	其他塑料丝、绳及编织品	99.5
涤纶纤维制造	89.9	泡沫塑料制造	99.4
其他合成纤维制造	98.2	聚乙烯泡沫塑料	96.7
橡胶和塑料制品业	97.9	聚苯乙烯泡沫塑料	98.0
橡胶制品业	95.1	聚氨酯泡沫塑料	105.5
轮胎制造	91.0	塑料人造革、合成革制造	97.7
斜交轮胎外胎	86.8	塑料人造革	97.3
子午线轮胎外胎	93.6	塑料合成革	98.7
橡胶内胎	94.6	塑料包装箱及容器制造	100.5
橡胶板、管、带制造	98.7	塑料容器	100.5
橡胶带	98.8	其他塑料制品制造	95.4
橡胶管	98.3	医疗卫生用塑料制品	94.2
橡胶零件制造	98.2	塑料粒料	97.3
橡胶密封件	100.5	其他未列明塑料制品	94.5
其他橡胶零件	96.7	非金属矿物制品业	98.7
日用及医用橡胶制品制造	92.5	水泥、石灰和石膏制造	101.6
日用橡胶制品	99.6	水泥制造	101.6
医疗、卫生用橡胶制品	91.4	通用硅酸盐水泥	103.2
其他橡胶制品制造	98.8	专用水泥	100.2
橡胶充气、减震制品	98.8	特性水泥	95.9
塑料制品业	99.2	硅酸盐水泥熟料	95.6
塑料薄膜制造	99.7	石膏、水泥制品及类似制品制造	99.5
聚乙烯(PE)塑料薄膜	99.7	水泥制品制造	99.5
聚氯乙烯(PVC)塑料薄膜	98.9	商品混凝土	101.7
塑料板、管、型材制造	99.4	水泥混凝土电杆	100.8
塑料板、片	99.2	预应力混凝土桩	103.2
塑料管及附件	99.5	混凝土轨枕及铁道用混凝土制品	97.4
其他塑料板、管、型材	99.2	水泥混凝土砖	99.6
塑料丝、绳及编织品制造	99.5	其他水泥制品	96.9

6-12 续表 8

(上年=100)

项目名称	指 数	项目名称	指 数
石棉水泥制品制造	99.9	玻璃纤维增强塑料制品制造	98.7
轻质建筑材料制造	98.6	陶瓷制品制造	101.7
石膏板	94.9	卫生陶瓷制品制造	100.5
其他轻质建筑材料	105.1	陶瓷制便器	101.0
砖瓦、石材等建筑材料制造	97.9	陶瓷制洗涤器	99.6
粘土砖瓦及建筑砌块制造	99.5	特种陶瓷制品制造	105.1
建筑砌块	99.6	其他特种陶瓷制品	105.1
砖	97.1	日用陶瓷制品制造	100.8
瓦	128.8	耐火材料制品制造	97.7
建筑陶瓷制品制造	95.2	耐火陶瓷制品及其他耐火材料制造	97.7
瓷质砖	95.2	致密定形耐火制品	96.0
建筑用石加工	97.1	隔热耐火制品	99.7
天然石材、石料	97.1	其他耐火材料制品	98.6
防水建筑材料制造	97.9	石墨及其他非金属矿物制品制造	98.0
沥青和改性沥青防水卷材	97.9	石墨及碳素制品制造	95.6
隔热和隔音材料制造	97.4	石墨制品	94.4
矿物材料制品	97.4	炭制品	97.5
玻璃制造	104.7	炭素新材料	99.1
平板玻璃制造	102.0	其他石墨及碳素产品	99.3
浮法玻璃	102.0	其他非金属矿物制品制造	99.3
其他玻璃制造	106.0	磨具	99.3
玻璃制品制造	98.6	磨料	96.7
技术玻璃制品制造	98.0	其他非金属矿物制品	107.7
钢化玻璃	96.7	黑色金属冶炼和压延加工业	107.5
夹层玻璃	98.7	炼铁	97.6
中空玻璃	103.7	生铁	97.6
日用玻璃制品制造	98.7	其他炼铁产品	96.4
玻璃包装容器制造	99.3	炼钢	115.9
制镜及类似品加工	95.3	非合金钢粗钢	121.0
玻璃纤维和玻璃纤维增强塑料制品制造	98.9	其他炼钢	88.7
玻璃纤维及制品制造	100.2	黑色金属铸造	93.2
玻璃纤维纱	101.4	铸铁件	92.7
玻璃纤维布	99.6	铸钢件	99.4

6-12 续表 9

(上年＝100)

项目名称	指　数	项目名称	指　数
钢压延加工	112.1	镁冶炼	106.6
大型型钢	114.8	贵金属冶炼	110.1
中小型型钢	112.9	金冶炼	110.3
钢筋	110.4	矿山成品金	112.2
棒材	106.9	冶炼产金	109.9
线材(盘条)	102.8	银冶炼	105.4
特厚板	110.8	矿料产银	106.1
厚钢板	115.4	再生银	98.1
中板	119.4	稀有稀土金属冶炼	98.5
热轧薄板	89.6	钨钼冶炼	98.5
冷轧薄板	106.5	钼	98.5
中厚宽钢带	118.2	有色金属合金制造	99.4
热轧薄宽钢带	154.8	镍合金	97.8
冷轧薄宽钢带	92.3	铝合金	100.4
热轧窄钢带	128.8	有色金属压延加工	100.1
冷轧窄钢带	98.9	铜压延加工	97.3
无缝钢管	108.0	铝压延加工	100.8
焊接钢管	104.5	铝棒材	97.1
其他钢材	102.6	铝型材	97.8
铁合金冶炼	101.3	铝板材	106.6
特种铁合金	101.7	铝带材	101.4
其他铁合金	95.4	铝箔材	93.6
有色金属冶炼和压延加工业	101.8	其他铝材及附件	98.2
常用有色金属冶炼	100.4	稀有稀土金属压延加工	90.3
铜冶炼	91.2	钼加工材	90.3
粗铜	93.0	其他有色金属压延加工	106.9
精炼铜(电解铜)	91.1	镁、钛及其他相关常用有色金属加工材	106.9
铅锌冶炼	105.6	金属制品业	98.3
铅	106.5	结构性金属制品制造	97.5
锌	103.3	金属结构制造	95.2
铝冶炼	98.3	钢结构	95.8
氧化铝	89.9	钢铁结构体部件、加工钢材	92.6
原铝(电解铝)	100.7	金属门窗制造	100.6

6-12 续表 10

(上年=100)

项目名称	指 数	项目名称	指 数
金属制门及其框架、门槛	100.7	通用设备制造业	98.2
金属制窗及窗框	100.7	锅炉及原动设备制造	97.8
金属护栏及类似品	99.6	锅炉及辅助设备制造	98.5
金属工具制造	99.6	工业锅炉	98.6
切削工具制造	99.6	锅炉用辅助设备及装置	96.8
金属切削机床用切削刀具	99.6	内燃机及配件制造	96.5
集装箱及金属包装容器制造	98.9	内燃机零部件及配件	96.5
金属压力容器制造	101.7	金属加工机械制造	99.1
金属压力容器	103.8	金属切削机床制造	100.6
大型金属容器，容积>300L	95.6	车床	105.1
金属包装容器制造	94.8	数控特种加工机床	100.7
钢铁制包装容器	94.8	数控车床	96.4
金属丝绳及其制品制造	101.5	数控铣床	100.7
钢丝	98.6	金属成形机床制造	96.2
钢丝绳	105.3	锻造机及冲压机	93.2
钢绞线	100.3	金属加工压力机	99.6
建筑、安全用金属制品制造	101.3	铸造机械制造	99.6
建筑装饰及水暖管道零件制造	102.0	其他金属加工机械制造	98.0
供暖用散热器(暖气片)	102.0	物料搬运设备制造	96.1
其他建筑、安全用金属制品制造	100.1	轻小型起重设备制造	99.3
搪瓷制品制造	99.8	起重机制造	95.7
搪瓷日用品及其他搪瓷制品制造	99.8	其他起重机制造	95.7
其他搪瓷日用品及其他搪瓷制品	99.8	生产专用车辆制造	99.6
金属制日用品制造	99.4	电动车辆	99.6
金属制餐具和器皿制造	99.3	连续搬运设备制造	94.4
铝制厨用器皿及餐具制造	97.7	输送机械(输送机和提升机)	94.4
铸铁及其他金属制厨方器具及餐具	100.9	电梯、自动扶梯及升降机制造	95.6
其他金属制日用品制造	99.5	电梯	95.6
其他金属制品制造	96.1	其他物料搬运设备制造	100.6
锻件及粉末冶金制品制造	95.0	泵、阀门、压缩机及类似机械制造	98.7
锻件	92.6	泵及真空设备制造	99.4
粉末冶金零件	100.8	动力式泵	99.6
交通及公共管理用金属标牌制造	99.6	真空泵	98.8

6-12 续表 11

（上年＝100）

项目名称	指　数	项目名称	指　数
泵、液体提升机零件及其他未列明泵及真空设备	97.4	其他文化、办公用机械制造	100.7
气体压缩机械制造	99.6	通用零部件制造	99.0
其他气体压缩机械及零件	99.6	金属密封件制造	92.5
阀门和旋塞制造	98.2	紧固件制造	99.2
阀门	98.2	钢铁制紧固件	99.2
液压和气压动力机械及元件制造	99.5	弹簧制造	99.6
液压元件	95.8	机械零部件加工	99.6
液压系统及装置	99.6	其他通用设备制造业	109.6
气动元件	99.6	其他通用设备	109.6
轴承、齿轮和传动部件制造	97.9	专用设备制造业	98.9
轴承制造	98.2	采矿、冶金、建筑专用设备制造	97.5
滚动轴承	98.2	矿山机械制造	96.9
齿轮及齿轮减、变速箱制造	96.8	采掘、凿岩设备	102.6
齿轮传动轴	99.9	矿物破碎机械	96.0
齿轮	96.6	矿物粉磨机械	95.7
其他传动部件制造	99.6	矿物筛分、洗选设备	98.5
离合器	99.6	矿山用牵引车及其矿车	101.9
烘炉、风机、衡器、包装等设备制造	97.6	矿山设备专用配套件及其他矿山专用设备	96.9
风机、风扇制造	99.6	石油钻采专用设备制造	96.9
离心式通风机	99.6	石油钻井设备	96.7
鼓风机	99.4	采油设备	97.2
气体、液体分离及纯净设备制造	99.6	石油钻井工具	94.7
气体分离及液化设备	99.6	石油钻探、开采专用设备零件及其他石油钻采专用设备	98.7
其他气体、液体分离及纯净设备	99.6	建筑工程用机械制造	97.4
制冷、空调设备制造	96.2	挖掘、铲土运输机械	93.6
工商用冷藏、冷冻柜及类似设备	94.6	压实机械	98.3
制冷、空调设备零部件	96.3	捣固机(车)	99.6
衡器制造	99.6	桩工机械	101.5
工业用衡器	99.8	建筑材料生产专用机械制造	100.3
商业用衡器	96.8	混凝土机械	101.0
包装专用设备制造	96.3	水泥专用设备	99.5
灌装、装填容器用机械	96.3	建筑材料专用窑炉	99.6
文化、办公用机械制造	100.7	非金属矿物混合搅拌机械	100.0

6-12 续表 12

(上年=100)

项目名称	指　数	项目名称	指　数
建筑材料制品成型机械	96.3	其他纺织专用设备制造	97.6
其他建筑材料生产专用机械及零件	100.7	电子和电工机械专用设备制造	99.8
冶金专用设备制造	98.5	电工机械专用设备制造	99.8
连续铸钢设备及铸锭设备	90.3	电线、电缆专用生产机械	99.8
金属轧制设备	99.6	农、林、牧、渔专用机械制造	99.3
化工、木材、非金属加工专用设备制造	100.1	拖拉机制造	99.9
炼油、化工生产专用设备制造	99.6	大型拖拉机	99.7
塔类设备	99.6	中型拖拉机	100.0
木材加工机械制造	99.6	机械化农业及园艺机具制造	98.4
木质板材挤压加工机械	99.6	播种机	99.4
模具制造	100.6	农作物收获机械	98.4
金属、硬质合金用型模	100.7	场上作业机械	106.3
其他模具	99.6	其他机械化农业及园艺机具制造	98.4
食品、饮料、烟草及饲料生产专用设备制造	100.9	畜牧机械制造	96.9
食品、酒、饮料及茶生产专用设备制造	102.7	家畜饲养机械	96.9
食品制造机械	102.7	农林牧渔机械配件制造	99.5
农副食品加工专用设备制造	100.7	拖拉机零配件	99.5
油脂加工机械	99.6	其他农、林、牧、渔业机械制造	99.5
磨粉机械	101.7	医疗仪器设备及器械制造	104.8
其他农副食品加工专用设备制造	99.6	医疗、外科及兽医用器械制造	104.9
烟草生产专用设备制造	99.4	注射器	109.5
印刷、制药、日化及日用品生产专用设备制造	102.2	中医治疗器具	100.0
制浆和造纸专用设备制造	99.7	呼吸机	96.9
造纸机	99.6	手术及急救装置	99.6
纸或纸板整理机械	99.6	机械治疗及病房护理设备制造	99.6
纸制品生产专用机械	100.8	电疗仪器	99.6
其他制浆和造纸专用设备及零件	99.6	环保、社会公共服务及其他专用设备制造	100.5
制药专用设备制造	110.2	环境保护专用设备制造	100.9
饮片生产机械	110.2	大气污染防治设备	100.9
其他日用品生产专用设备制造	99.6	商业、饮食、服务专用设备制造	100.4
纺织、服装和皮革加工专用设备制造	98.5	其他商业、饮食、服务业专用设备	100.4
纺织专用设备制造	98.5	社会公共安全设备及器材制造	92.2
纺织机械及其辅助机械零件、附件	99.1	消防自动系统	82.0

6-12 续表 13

(上年=100)

项目名称	指 数	项目名称	指 数
灭火器及零件	95.2	民用钢质船舶	104.6
水资源专用机械制造	100.1	摩托车制造	97.4
水利专用机械	100.5	摩托车整车制造	97.4
自来水生产专用设备	94.6	两轮摩托车	99.6
汽车制造业	99.6	三轮摩托车	96.3
汽车整车制造	98.6	自行车制造	98.7
多功能乘用车(MPV)	95.5	助动自行车制造	98.7
运动型多用途乘用车(SUV)	84.2	两轮助动自行车	98.7
交叉型乘用车	99.9	电气机械和器材制造业	97.4
大型客车	98.4	电机制造	100.9
中型客车	99.5	发电机及发电机组制造	99.6
轻型载货车	99.1	汽轮发电机组	99.6
半挂牵引车	95.6	内燃发电机组	99.5
改装汽车制造	95.9	电动机制造	101.5
低速载货汽车制造	100.0	直流电动机	92.4
汽车车身、挂车制造	97.1	交流电动机	102.2
汽车车身	98.3	输配电及控制设备制造	99.0
挂车、半挂车	97.1	变压器、整流器和电感器制造	98.7
汽车零部件及配件制造	100.5	变压器	98.7
机动车(汽车)零配件	100.5	电容器及其配套设备制造	85.6
汽车底盘、车架、车身及其零配件	100.6	电力电容器	85.6
铁路、船舶、航空航天和其他运输设备制造业	97.6	配电开关控制设备制造	98.9
铁路运输设备制造	95.1	高压开关设备	98.2
铁路机车车辆配件制造	99.3	隔离开关及断续开关	95.1
铁道车辆用制动装置及其零件	98.9	避雷器、电压限幅器及电涌抑制器	102.2
铁路机车用挂接装置及类似器材	98.6	高压开关、保护或连接用组合装置	90.6
其他铁路机车车辆配件	99.6	其他高压电路开关、保护电器装置	97.6
铁路专用设备及器材、配件制造	93.2	低压电路开关装置	89.7
平交道、道岔口控制器固定装置及附件	96.7	高压电力控制或电力分配装置	99.0
铁路用电动气动操纵设备	78.5	低压电力控制或电力分配装置	100.2
铁路用机械信号、交通管理装置	96.2	安全、自动化监控设备	98.5
船舶及相关装置制造	104.6	其他配电开关控制设备	97.3
金属船舶制造	104.6	电力电子元器件制造	108.7

6-12 续表 14

(上年=100)

项目名称	指 数	项目名称	指 数
继电器	115.5	燃气、太阳能及类似能源家用器具制造	98.6
其他电力电子元器件	94.2	太阳能用具	98.6
光伏设备及元器件制造	99.5	照明器具制造	93.4
其他输配电及控制设备制造	99.5	照明灯具制造	91.6
电线、电缆、光缆及电工器材制造	95.6	装饰用灯	99.6
电线、电缆制造	95.3	其他照明灯具	82.9
绝缘电线	86.2	灯用电器附件及其他照明器具制造	99.6
电力电缆	97.2	其他灯用电器附件及照明器具	99.6
通信及电子网络用电缆	99.4	其他电气机械及器材制造	99.6
其他电线、电缆	95.5	电气信号设备装置制造	97.5
光纤、光缆制造	94.5	其他电气信号设备装置	97.5
普通光缆	94.5	其他未列明电气机械及器材制造	104.5
绝缘制品制造	99.2	计算机、通信和其他电子设备制造业	96.2
混合绝缘材料制电气绝缘子	99.4	计算机制造	100.0
电气设备用绝缘配件	97.8	计算机零部件制造	99.6
其他电工器材制造	96.8	其他计算机制造	100.5
电池制造	99.6	其他未列明计算机设备制造	100.5
锂离子电池制造	99.1	通信设备制造	95.9
镍氢电池制造	101.7	通信系统设备制造	97.7
其他电池制造	100.2	其他通信系统设备	97.7
铅酸蓄电池	100.2	通信终端设备制造	95.9
家用电力器具制造	98.6	移动通信手持机(手机)	95.9
家用制冷电器具制造	99.3	广播电视设备制造	97.8
家用电冰箱	99.6	应用电视设备及其他广播电视设备制造	97.8
家用冷柜(家用冷冻箱)	98.7	电子器件制造	93.9
家用空气调节器制造	99.6	半导体分立器件制造	102.0
房间空气调节器	99.6	半导体二极管、三极管	99.1
家用厨房电器具制造	96.7	传感器	103.4
家用电炉灶	96.7	光电子器件及其他电子器件制造	93.6
家用清洁卫生电器具制造	94.7	显示器件	99.7
家用洗衣机	94.7	其他光电子器件及电子器件	89.9
其他家用电力器具制造	99.6	电子元件制造	97.7
非电力家用器具制造	98.6	电子元件及组件制造	97.7

6-12 续表 15

(上年＝100)

项目名称	指　数	项目名称	指　数
电容器	94.6	日用杂品制造	103.4
电阻器及电阻网络	100.0	鬃毛加工、制刷及清扫工具制造	99.6
磁性材料元件	99.6	刷子类制品	99.6
敏感元件	93.1	其他日用杂品制造	105.2
其他电子设备制造	98.4	打火机及其零件	105.2
仪器仪表制造业	99.4	煤制品制造	99.6
通用仪器仪表制造	97.7	其他未列明制造业	99.6
电工仪器仪表制造	97.2	金属制品、机械和设备修理业	99.6
电能表	95.4	铁路、船舶、航空航天等运输设备修理	99.6
其他电工仪器仪表	99.6	铁路运输设备修理	99.6
绘图、计算及测量仪器制造	96.6	电力、热力生产和供应业	93.6
绘图台及绘图机、绘图工具	95.2	电力生产	89.9
量仪	99.6	火力发电	89.3
实验分析仪器制造	100.1	水力发电	99.3
流量仪表	100.4	其他电力生产	98.1
电化学式分析仪器	99.6	电力供应	95.6
其他实验分析仪器	100.0	热力生产和供应	97.9
供应用仪表及其他通用仪器制造	96.0	热力生产	97.1
其他供应用仪表及通用仪器	96.0	热力供应	100.4
专用仪器仪表制造	103.3	燃气生产和供应业	91.6
环境监测专用仪器仪表制造	91.3	煤气生产	97.7
其他环境监测专用仪器仪表	91.3	人工煤气供应	99.6
电子测量仪器制造	109.0	天然气供应	91.7
通用电子测量仪器	104.2	液化天然气(LNG)供应	84.0
其他电子测量仪器	113.5	液化石油气供应	99.6
光学仪器及眼镜制造	99.0	水的生产和供应业	101.0
光学仪器制造	99.0	自来水生产和供应	101.2
光学望远镜	98.4	自来水生产	101.0
其他光学仪器及零件、附件	99.9	自来水供应	101.2
其他仪器仪表制造业	103.7	污水处理及其再生利用	100.1
其他制造业	101.2	污水的处理及深度净化	100.1

6-13 各月分类工业生产者

(上年同期=100)

项目名称	全年	1月	2月	3月	4月
总 指 数	**99.2**	**94.9**	**95.9**	**97.1**	**97.4**
按初级中间最终产品分					
初级产品	99.2	92.7	94.7	97.0	97.3
农产品	100.2	98.1	99.3	102.2	101.8
矿产品	98.6	87.6	90.5	92.5	93.4
废料	93.1	89.9	89.8	90.0	90.2
中间产品	99.3	95.9	96.4	97.1	97.4
九大类原材料购进价格指数					
燃料、动力类	98.1	91.6	94.4	94.1	94.2
黑色金属材料类	96.7	83.7	84.7	89.8	94.4
钢材	96.2	90.0	89.9	90.6	93.0
其它	97.3	76.2	78.4	88.8	96.1
有色金属材料和电线类	101.2	89.9	92.4	95.3	95.1
化工原料类	99.1	95.5	95.9	97.5	97.5
木材及纸浆类	98.1	96.1	96.2	96.8	96.8
建筑材料类及非金属矿类	97.7	97.2	96.4	96.5	96.0
其它工业原材料及半成品类	100.1	99.3	99.4	99.1	99.4
农副产品类	100.2	98.1	99.3	102.2	101.8
纺织原料类	100.0	97.8	99.0	98.7	98.8

6-14 各月分类工业生产者

(上月=100)

项目名称	全年	1月	2月	3月	4月
总 指 数	**106.7**	**99.8**	**99.9**	**100.7**	**100.2**
按初级中间最终产品分					
初级产品	109.9	99.8	99.9	101.5	100.2
农产品	100.5	100.4	100.0	101.9	99.8
矿产品	120.8	99.1	99.8	101.4	100.7
废料	100.4	99.1	99.5	99.7	99.7
中间产品	105.4	99.8	99.9	100.3	100.2
九大类原材料购进价格指数					
燃料、动力类	111.4	99.0	99.1	100.7	99.9
黑色金属材料类	115.8	98.6	99.6	102.4	102.7
钢材	107.0	98.8	99.5	100.0	101.1
其它	128.0	98.2	99.7	105.6	104.9
有色金属材料和电线类	121.4	100.1	101.5	102.4	100.3
化工原料类	106.5	99.6	99.7	100.7	100.4
木材及纸浆类	102.4	99.7	100.2	100.3	99.2
建筑材料类及非金属矿类	102.9	99.8	99.1	99.7	99.7
其它工业原材料及半成品类	102.0	100.1	100.0	99.5	100.3
农副产品类	100.5	100.4	100.0	101.9	99.8
纺织原料类	102.9	99.7	100.4	99.5	100.1

购进价格同比指数(2016年)

5月	6月	7月	8月	9月	10月	11月	12月
97.9	**98.1**	**98.2**	**98.8**	**99.9**	**101.8**	**104.4**	**106.7**
97.8	97.6	96.9	98.0	100.4	102.3	106.2	109.9
102.7	102.1	99.1	98.6	99.1	99.6	99.7	100.5
93.5	93.6	95.1	97.7	102.2	105.5	113.7	120.8
91.1	92.0	92.4	93.6	94.8	95.8	98.6	100.4
98.0	98.3	98.7	99.2	99.6	101.7	103.7	105.4
95.3	95.0	94.7	96.3	99.6	104.1	108.2	111.4
95.0	94.5	97.2	98.9	100.1	101.5	109.6	115.8
94.6	95.4	95.9	97.1	98.9	100.0	103.8	107.0
95.5	93.4	99.0	101.2	101.7	103.6	117.5	128.0
95.4	97.2	100.7	102.7	104.1	107.6	116.7	121.4
97.5	97.5	97.9	98.4	99.8	102.4	103.2	106.5
98.2	97.4	97.8	97.8	98.1	99.0	100.6	102.4
96.1	96.0	96.0	96.4	97.4	99.7	101.6	102.9
99.8	100.4	100.1	100.2	100.0	100.5	101.0	102.0
102.7	102.1	99.0	98.5	99.0	99.6	99.7	100.5
99.1	99.2	100.2	100.6	100.0	101.4	102.3	102.9

购进价格环比指数(2016年)

5月	6月	7月	8月	9月	10月	11月	12月
100.5	**99.9**	**100.2**	**100.2**	**100.4**	**101.4**	**101.9**	**101.5**
100.5	99.6	100.1	100.6	100.7	101.0	103.1	102.7
100.5	99.4	98.8	100.1	99.3	99.1	100.3	101.1
100.4	99.8	101.5	101.2	102.3	103.0	105.9	104.3
100.1	100.0	100.4	100.0	100.2	100.1	101.2	100.4
100.6	100.0	100.2	100.1	100.2	101.6	101.4	101.0
100.5	99.9	100.5	100.3	101.6	104.4	103.7	101.4
101.4	98.6	100.1	101.3	100.5	100.5	105.0	104.2
101.0	100.2	99.7	100.4	100.8	100.7	102.3	102.2
101.9	96.5	100.6	102.4	100.1	100.4	108.5	106.7
101.0	100.5	102.4	100.3	100.8	103.0	105.2	102.2
100.4	99.6	99.9	99.9	100.6	102.1	100.7	102.6
101.0	99.8	100.0	100.3	100.4	100.2	100.9	100.4
100.1	99.5	99.9	100.2	100.8	102.0	101.0	101.0
100.4	100.5	100.0	100.2	99.8	100.3	100.3	100.6
100.5	99.3	98.8	100.1	99.3	99.1	100.3	101.1
99.9	100.1	100.8	100.0	99.6	101.1	100.9	100.5

6-15 各月分类工业生产者

(2015年=100)

项目名称	全年	1月	2月	3月	4月
总 指 数	**99.2**	**97.2**	**97.1**	**97.8**	**98.0**
按初级中间最终产品分					
初级产品	99.2	96.3	96.2	97.7	97.9
农产品	100.2	99.8	99.8	101.6	101.4
矿产品	98.6	93.0	92.8	94.1	94.7
废料	93.1	93.4	92.9	92.6	92.4
中间产品	99.3	97.6	97.5	97.8	98.0
九大类原材料购进价格指数					
燃料、动力类	98.1	95.5	94.7	95.3	95.2
黑色金属材料类	96.7	91.2	90.8	93.0	95.5
钢材	96.2	94.0	93.6	93.6	94.7
其它	97.3	87.4	87.2	92.1	96.6
有色金属材料和电线类	101.2	93.4	94.9	97.1	97.4
化工原料类	99.1	97.4	97.1	97.9	98.3
木材及纸浆类	98.1	97.2	97.4	97.7	96.9
建筑材料类及非金属矿类	97.7	98.1	97.2	96.9	96.7
其它工业原材料及半成品类	100.1	99.6	99.6	99.1	99.3
农副产品类	100.2	99.8	99.8	101.6	101.4
纺织原料类	100.0	99.1	99.5	99.0	99.2

购进价格定基指数(2016年)

5月	6月	7月	8月	9月	10月	11月	12月
98.5	**98.4**	**98.6**	**98.8**	**99.2**	**100.6**	**102.5**	**104.0**
98.3	97.9	98.0	98.6	99.3	100.3	103.3	106.1
101.9	101.3	100.0	100.2	99.4	98.5	98.8	99.9
95.1	94.9	96.3	97.4	99.6	102.6	108.7	113.3
92.5	92.5	92.9	92.9	93.1	93.2	94.3	94.6
98.6	98.6	98.8	98.9	99.1	100.8	102.2	103.1
95.6	95.5	96.0	96.3	97.8	102.2	106.0	107.4
96.9	95.5	95.6	96.8	97.3	97.8	102.7	107.1
95.6	95.8	95.6	95.9	96.7	97.4	99.6	101.8
98.5	95.0	95.7	98.0	98.0	98.4	106.8	113.9
98.4	98.9	101.3	101.6	102.4	105.4	110.9	113.3
98.7	98.3	98.2	98.1	98.7	100.8	101.5	104.1
97.9	97.7	97.8	98.0	98.4	98.6	99.5	99.9
96.8	96.3	96.2	96.4	97.2	99.1	100.0	101.1
99.8	100.3	100.2	100.4	100.2	100.5	100.8	101.4
101.9	101.3	100.0	100.1	99.4	98.5	98.8	99.9
99.1	99.2	100.0	100.1	99.7	100.8	101.7	102.3

6-16 工业生产者购进价格完整同比指数(2016年)

(上年＝100)

项目名称	指 数	项目名称	指 数
农业	96.6	香料作物种植	97.2
谷物种植	93.5	调味香料	95.2
稻谷种植	100.7	香味料	101.6
小麦种植	96.8	茶及其他饮料作物种植	99.4
玉米种植	87.1	中药材种植	99.0
其他谷物种植	100.8	其他农业	101.5
谷子	96.8	林业	98.4
高粱	100.3	木材和竹材采运	101.2
大麦	100.0	木材采运	101.2
谷物茎、秆、根	101.3	针叶原木	100.1
其他谷物	100.9	非针叶原木	100.0
豆类、油料和薯类种植	99.4	其他木材	102.4
豆类种植	101.8	林产品采集	97.7
大豆	101.7	木竹材林产品采集	99.8
其他豆类及豆秸	104.4	非木竹材林产品采集	97.4
油料种植	98.2	天然橡胶	97.1
花生	98.6	天然树脂、树胶、栲胶原料	100.5
油菜籽	90.7	其他非木竹材林产品	91.8
芝麻	102.1	畜牧业	105.8
薯类种植	83.9	牲畜饲养	110.6
木薯	83.9	牛的饲养	100.0
棉、麻、糖、烟草种植	101.4	猪的饲养	114.5
棉花种植	101.5	羊的饲养	108.3
麻类种植	101.6	其他牲畜饲养	101.3
烟草种植	100.4	家禽饲养	97.6
蔬菜、食用菌及园艺作物种植	102.4	鸡的饲养	91.3
蔬菜种植	103.9	鸭的饲养	105.9
食用菌种植	100.4	其他畜牧业	100.3
水果种植	102.1	蚕茧	100.2
仁果类和核果类水果种植	101.4	其他未列明畜牧业产品	100.4
其他水果种植	102.4	农、林、牧、渔服务业	90.5
坚果、含油果、香料和饮料作物种植	98.3	农业服务业	90.5
坚果种植	96.9	农产品初加工服务	90.5

6-16 续表 1

(上年=100)

项目名称	指　数	项目名称	指　数
煤炭开采和洗选业	97.7	其他稀有金属矿采选	102.3
烟煤和无烟煤开采洗选	97.6	非金属矿采选业	98.7
无烟煤	92.2	土砂石开采	98.7
烟煤	99.6	石灰石、石膏开采	94.5
洗煤	97.6	石灰石	95.7
筛选煤	121.1	石膏类	84.3
其他煤炭采选	105.4	建筑装饰用石开采	100.5
石油和天然气开采业	83.5	天然大理石荒料	100.5
石油开采	83.2	天然花岗石荒料	100.5
原油	83.2	耐火土石开采	98.3
天然气开采	90.1	耐火粘土	99.5
黑色金属矿采选业	97.8	萤石	96.2
铁矿采选	97.8	其他耐火土石类	100.6
铁矿石成品矿	98.0	粘土及其他土砂石开采	101.1
铁矿石原矿	84.7	粘土	99.8
锰矿、铬矿采选	95.6	砂石	103.1
铬矿石	95.6	其他粘土及其他土砂石	100.4
有色金属矿采选业	105.1	化学矿开采	99.3
常用有色金属矿采选	107.7	磷矿石	99.0
铜矿采选	103.3	其他化学矿	99.8
铅锌矿采选	114.3	采盐	93.9
镍钴矿采选	100.2	海盐	90.9
镍矿	100.2	井盐	95.7
铝矿采选	97.4	矿盐	95.5
镁矿采选	100.5	其他采盐	95.5
其他常用有色金属矿采选	107.3	石棉及其他非金属矿采选	102.1
钛矿	107.6	石棉、云母矿采选	100.4
其他常用有色金属矿	98.3	石棉	100.3
贵金属矿采选	103.9	云母	100.8
金矿采选	103.9	石墨、滑石采选	111.2
稀有稀土金属矿采选	86.3	石墨	100.2
钨钼矿采选	85.9	滑石	111.3
钼矿	85.9	宝石、玉石采选	100.4

6-16 续表 2

(上年＝100)

项目名称	指　数	项目名称	指　数
天然玉石类矿	100.4	蔬菜、水果和坚果加工	99.3
其他未列明非金属矿采选	100.0	蔬菜加工	92.4
农副食品加工业	101.3	水果和坚果加工	100.9
谷物磨制	97.3	其他农副食品加工	97.5
小麦粉	96.1	淀粉及淀粉制品制造	97.5
小麦专用粉	102.1	豆制品制造	96.3
大米	100.7	蛋品加工	95.8
其他谷物磨制产品	97.8	其他未列明农副食品加工	99.0
饲料加工	98.8	食品制造业	98.9
浓缩饲料	96.1	糖果、巧克力及蜜饯制造	93.3
混合饲料	95.7	糖果、巧克力制造	93.3
预混合饲料	96.1	巧克力	93.3
蛋白质饲料	94.2	乳制品制造	95.5
其他饲料加工	105.9	液体乳	96.9
植物油加工	105.4	固体及半固体乳制品	88.5
食用植物油加工	106.0	调味品、发酵制品制造	100.2
毛油(初榨植物油)	102.6	味精制造	98.6
精制食用植物油	103.1	其他调味品、发酵制品制造	100.4
其他食用植物油	106.7	复合调味品	100.5
非食用植物油加工	103.4	发酵类制品	100.4
制糖业	101.1	其他食品制造	99.6
原糖	107.2	盐加工	99.6
成品糖	92.0	食用盐	100.2
加工糖	100.2	非食用盐	98.1
屠宰及肉类加工	106.0	食品及饲料添加剂制造	100.3
牲畜屠宰	105.7	食品添加剂	100.3
鲜、冷藏肉	105.7	酒、饮料和精制茶制造业	97.6
禽类屠宰	103.2	酒的制造	99.4
肉制品及副产品加工	119.3	酒精制造	99.5
动物肠衣	119.3	白酒制造	100.1
其他未列明肉制品	92.5	啤酒制造	95.7
水产品加工	103.6	葡萄酒制造	93.6
水产饲料制造	103.6	其他酒制造	99.9

6-16 续表 3

(上年=100)

项目名称	指 数	项目名称	指 数
饮料制造	96.9	毛皮鞣制加工	102.0
果菜汁及果菜汁饮料制造	95.8	羽毛(绒)加工及制品制造	92.7
固体饮料制造	99.8	羽毛(绒)加工	92.7
精制茶加工	100.8	制鞋业	100.4
精制茶	100.8	橡胶鞋制造	100.4
纺织业	100.0	木材加工和木、竹、藤、棕、草制品业	96.7
棉纺织及印染精加工	100.1	木材加工	96.5
棉纺纱加工	99.8	锯材加工	92.0
已梳皮棉	100.7	木片加工	101.0
纱	97.9	木片	100.4
线	95.6	其他木材加工	101.5
棉织造加工	101.2	人造板制造	99.6
布	99.6	胶合板制造	99.2
其他棉织造加工	110.9	纤维板制造	100.3
毛纺织及染整精加工	100.1	刨花板制造	99.0
毛条和毛纱线加工	99.2	木制品制造	100.5
毛织造加工	100.4	建筑用木料及木材组件加工	100.7
毛机织物(呢绒)	100.4	木门窗、楼梯制造	100.4
丝绢纺织及印染精加工	108.7	地板制造	100.4
缫丝加工	108.7	复合木地板	100.4
绢纺和丝织加工	105.0	竹、藤、棕、草等制品制造	100.6
蚕丝及交织机织物	115.1	竹制品制造	100.6
其他绢纺和丝织加工	96.9	造纸和纸制品业	99.4
非家用纺织制成品制造	90.7	纸浆制造	99.0
纺织带和帘子布制造	90.7	木竹浆制造	100.7
帘子布	89.1	非木竹浆制造	98.5
其他纺织带和帘子布	100.4	非木材纤维纸浆	110.4
皮革、毛皮、羽毛及其制品和制鞋业	100.4	废纸纸浆	96.6
皮革鞣制加工	98.2	化学溶解浆及其他纸浆	101.2
半成品革	97.7	造纸	99.9
成品革	100.4	机制纸及纸板制造	99.9
其他皮革	98.7	未涂布印刷书写用纸	99.1
毛皮鞣制及制品加工	102.0	新闻纸	100.3

6-16 续表 4

(上年=100)

项目名称	指　数	项目名称	指　数
其他机制纸及纸板	100.0	无机盐制造	100.4
加工纸制造	99.2	非金属卤化物及硫化物	101.6
纸制品制造	101.3	金属硫化物及硫酸盐	112.0
纸和纸板容器制造	101.1	金属硝酸盐、亚硝酸盐	95.4
其他纸制品制造	101.7	金属氧化物酸盐、金属过氧化物酸盐	93.2
其他纸制品	101.7	磷化物、金属磷酸盐	97.4
石油加工、炼焦和核燃料加工业	93.1	氟化物及其盐	96.9
精炼石油产品制造	88.2	氯化物及其盐	103.5
原油加工及石油制品制造	88.2	氯氧化物及氢氧基氯化物	69.8
汽油	97.8	氰化物、氧氰化物及氰络合物	95.6
柴油	96.1	硅化物及硅酸盐	100.6
润滑油基础油	101.1	硼化物、硼酸盐和过硼酸盐	100.2
燃料油	84.0	碳化物及碳酸盐	100.3
石脑油	74.2	贵金属化合物	103.4
溶剂油	91.3	有机化学原料制造	99.8
石油液化气	87.4	链烯烃	110.2
石油焦	88.5	芳烃	97.8
石油沥青	79.7	无环烃饱和氯化衍生物	94.9
白色油	101.6	无环烃不饱和氯化衍生物	107.7
其它原油加工及石油制品制造	91.0	烃磺化、硝化或亚硝化衍生物	96.9
炼焦	100.3	无环醇及其衍生物	95.1
焦炭	100.4	酚	94.8
煤焦油	97.1	羧酸及其衍生物	96.0
化学原料和化学制品制造业	99.7	氨基化合物	105.8
基础化学原料制造	101.1	含氮基化合物	98.8
无机酸制造	88.8	醚	101.8
硫酸	86.9	醛	99.4
盐酸	100.1	酮	103.8
其它无机酸产品	100.0	其他有机化学原料	102.2
无机碱制造	103.2	其他基础化学原料制造	102.2
烧碱	106.2	非金属无机氧化物	105.3
纯碱类	98.0	过氧化氢(双氧水)	98.7
其它无机碱产品	102.6	金属氧化物	96.9

6-16 续表 5

(上年＝100)

项目名称	指　数	项目名称	指　数
气体及稀有气体	99.5	氯丁橡胶	86.8
硫磺	83.0	其他合成橡胶	95.7
磷	94.8	合成纤维单(聚合)体制造	103.4
其他未列明基础化学原料	100.4	合成纤维单体	103.5
肥料制造	93.4	合成纤维聚合物	85.5
氮肥制造	92.4	其他合成材料制造	92.2
氮肥(折含N100%)	92.4	油脂类高分子聚合物	92.2
磷肥制造	94.4	专用化学产品制造	97.8
钾肥制造	93.5	化学试剂和助剂制造	97.3
复混肥料制造	100.4	化学试剂	98.0
农药制造	98.8	催化剂及载体	93.4
化学农药制造	98.8	橡胶助剂	94.4
杀虫(杀螨)用原药及制剂	100.4	塑料助剂	102.8
杀菌用原药及制剂	99.7	炭黑	98.8
除草用原药及制剂	96.0	其他化学试剂和助剂	97.9
其他化学农药	100.4	专项化学用品制造	121.1
涂料、油墨、颜料及类似产品制造	100.0	表面活性剂	121.1
涂料制造	100.3	林产化学产品制造	97.1
水性涂料	100.4	松香类产品	100.6
非水性涂料	99.2	其他林产化学产品	93.6
建筑涂料	100.4	信息化学品制造	98.1
涂料辅助材料	100.4	电子半导体材料	98.1
油墨及类似产品制造	99.0	其他专用化学产品制造	95.0
印刷油墨	100.8	炸药、火工及焰火产品制造	99.4
其它油墨及类似产品制造	68.9	炸药及火工产品制造	99.4
颜料制造	99.8	炸药	99.0
无机颜料	99.8	火工产品	100.4
合成材料制造	100.8	日用化学产品制造	99.6
初级形态塑料及合成树脂制造	96.0	香料、香精制造	99.6
合成橡胶制造	109.0	香料	100.6
顺丁橡胶	120.2	香精	99.5
丁苯橡胶	100.3	医药制造业	99.4
丁腈橡胶	89.6	化学药品原料药制造	98.2

6-16 续表 6

(上年=100)

项目名称	指　数	项目名称	指　数
抗菌素(抗感染药)	98.2	斜交轮胎外胎	90.6
消化系统用药	100.3	橡胶内胎	100.4
解热镇痛药	100.2	橡胶零件制造	101.0
维生素类	92.9	橡胶密封件	101.0
中枢神经系统用药	57.5	日用及医用橡胶制品制造	94.3
激素类药	100.5	医疗、卫生用橡胶制品	94.3
心血管系统用药	99.1	其他橡胶制品制造	95.8
呼吸系统用药	108.5	硬质橡胶及其制品	92.2
调解水、电解质、酸碱平衡药	97.1	其他橡胶制品	100.4
制剂用辅料及附加剂	107.6	塑料制品业	98.0
其他化学药品原料药	98.7	塑料薄膜制造	101.0
中成药生产	99.8	聚乙烯(PE)塑料薄膜	100.3
中成药丸剂	99.2	聚丙烯(PP)塑料薄膜	100.1
其他中成药	100.8	聚氯乙烯(PVC)塑料薄膜	101.3
兽用药品制造	99.0	聚酯塑料薄膜	96.9
兽用药品	99.0	其他塑料薄膜	102.6
生物药品制造	102.5	塑料板、管、型材制造	85.0
生物制剂	100.4	塑料板、片	85.0
抗血清类	100.4	塑料丝、绳及编织品制造	102.1
血液制品制剂	104.1	塑料编织布	102.0
化学纤维制造业	95.9	塑料单丝	99.9
纤维素纤维原料及纤维制造	111.7	塑料编织袋	108.8
化纤浆粕制造	120.1	塑料袋	101.9
人造纤维(纤维素纤维)制造	103.9	泡沫塑料制造	100.2
人造纤维短纤维	104.0	聚乙烯泡沫塑料	100.4
人造纤维长丝	101.1	聚苯乙烯泡沫塑料	98.1
合成纤维制造	95.4	聚氨酯泡沫塑料	100.4
锦纶纤维制造	87.5	塑料人造革、合成革制造	99.0
涤纶纤维制造	95.5	塑料人造革	99.0
其他合成纤维制造	92.6	塑料包装箱及容器制造	99.5
橡胶和塑料制品业	98.1	塑料盒及类似品	98.5
橡胶制品业	98.3	塑料容器	100.4
轮胎制造	99.3	其他塑料制品制造	97.0

6-16 续表 7

（上年＝100）

项目名称	指　数	项目名称	指　数
医疗卫生用塑料制品	97.1	玻璃纤维增强塑料制品制造	100.5
塑料粒料	97.6	陶瓷制品制造	107.5
其他未列明塑料制品	96.3	特种陶瓷制品制造	108.4
非金属矿物制品业	97.3	功能陶瓷制品	108.4
水泥、石灰和石膏制造	102.0	日用陶瓷制品制造	100.4
水泥制造	102.0	耐火材料制品制造	89.7
通用硅酸盐水泥	101.8	石棉制品制造	100.1
专用水泥	103.1	耐火陶瓷制品及其他耐火材料制造	88.7
硅酸盐水泥熟料	102.4	致密定形耐火制品	99.4
石灰和石膏制造	102.1	隔热耐火制品	77.2
石灰	98.0	其他耐火材料制品	99.2
熟石膏	105.5	石墨及其他非金属矿物制品制造	97.8
砖瓦、石材等建筑材料制造	95.6	石墨及碳素制品制造	91.4
其他建筑材料制造	95.6	石墨制品	98.8
玻璃制造	106.1	炭制品	83.3
平板玻璃制造	105.7	炭素新材料	97.6
浮法玻璃	105.9	其他石墨及碳素产品	100.3
压延玻璃	99.6	其他非金属矿物制品制造	100.9
其他玻璃制造	108.8	磨具	100.3
玻璃制品制造	100.8	磨料	101.5
技术玻璃制品制造	100.3	其他非金属矿物制品	100.4
钢化玻璃	100.4	黑色金属冶炼和压延加工业	96.6
夹层玻璃	100.3	炼铁	104.5
中空玻璃	100.4	生铁	104.7
光学玻璃制造	102.1	其他炼铁产品	97.2
光学仪器用玻璃	102.0	炼钢	92.7
信号玻璃器及其他玻璃制光学元件	103.1	非合金钢粗钢	91.7
日用玻璃制品制造	100.4	低合金钢粗钢	93.3
玻璃包装容器制造	101.4	合金钢粗钢	100.6
玻璃纤维和玻璃纤维增强塑料制品制造	100.2	不锈钢粗钢	94.4
玻璃纤维及制品制造	100.2	其他炼钢	93.4
玻璃纤维工业用玻璃球	100.0	黑色金属铸造	98.9
玻璃纤维布	100.4	铸铁件	96.2

6-16 续表 8

(上年=100)

项目名称	指 数	项目名称	指 数
铸钢件	100.4	精炼铜(电解铜)	88.5
钢压延加工	96.8	铅锌冶炼	108.2
非合金钢钢坯	99.3	铅	107.5
低合金钢钢坯	91.9	锌	108.6
合金钢钢坯	101.1	镍钴冶炼	95.0
大型型钢	101.7	镍	95.0
中小型型钢	98.4	铝冶炼	94.1
钢筋	101.9	氧化铝	91.7
棒材	98.5	原铝(电解铝)	97.5
线材(盘条)	114.3	再生铝	91.8
特厚板	94.6	镁冶炼	96.9
厚钢板	92.5	其他常用有色金属冶炼	92.9
中板	97.5	碱金属及碱土金属	92.9
热轧薄板	96.7	贵金属冶炼	114.9
冷轧薄板	95.9	金冶炼	114.9
中厚宽钢带	100.7	冶炼产金	114.9
热轧薄宽钢带	85.2	银冶炼	111.0
冷轧薄宽钢带	84.2	再生银	111.0
热轧窄钢带	100.5	稀有稀土金属冶炼	98.2
冷轧窄钢带	96.5	钨钼冶炼	74.4
镀层板带	90.3	钨	75.6
无缝钢管	93.3	钼	73.1
焊接钢管	94.8	稀土金属冶炼	98.6
其他钢材	101.2	混合稀土金属	98.6
铁合金冶炼	91.0	有色金属合金制造	104.5
普通铁合金	91.6	铝合金	105.6
特种铁合金	90.1	镁合金	104.3
其他铁合金	100.0	稀土金属合金	100.4
有色金属冶炼和压延加工业	98.9	其他有色金属合金	102.7
常用有色金属冶炼	94.8	有色金属铸造	119.2
铜冶炼	90.2	有色金属压延加工	99.4
粗铜	90.9	铜压延加工	92.6
阳极铜	107.5	铝压延加工	100.5

6-16 续表 9

(上年＝100)

项目名称	指　数	项目名称	指　数
铝棒材	104.3	其他未列明的金属制品制造	104.1
铝型材	98.7	通用设备制造业	102.6
铝板材	100.6	锅炉及原动设备制造	100.7
铝箔材	100.5	内燃机及配件制造	100.7
其他铝材及附件	97.6	船舶用汽、柴油发动机	100.4
铝盘条、铝粉及片状粉末	106.4	其他内燃机	100.7
稀有稀土金属压延加工	112.4	泵、阀门、压缩机及类似机械制造	98.1
钼加工材	112.4	泵及真空设备制造	98.6
其他有色金属压延加工	100.3	动力式泵	98.6
铅压延加工材	102.9	气体压缩机械制造	99.0
锌压延加工材	100.4	冰箱压缩机	99.0
镁、钛及其他相关常用有色金属加工材	95.2	其他气体压缩机械及零件	100.6
金属制品业	100.0	阀门和旋塞制造	95.0
集装箱及金属包装容器制造	96.0	阀门	95.0
金属包装容器制造	96.0	液压和气压动力机械及元件制造	100.4
钢铁制包装容器	95.8	液压元件	100.4
其他金属包装容器	100.4	轴承、齿轮和传动部件制造	95.8
金属丝绳及其制品制造	96.7	轴承制造	95.6
铁丝	99.5	轴承零配件	95.6
钢丝	96.8	齿轮及齿轮减、变速箱制造	95.4
铜丝	96.0	齿轮	94.5
钢丝绳	95.4	齿轮传动装置(齿轮箱)	100.4
其他金属丝绳及其制品	97.3	其他传动部件制造	100.4
建筑、安全用金属制品制造	100.4	其他齿轮、传动和驱动部件及零件	100.4
建筑装饰及水暖管道零件制造	100.4	烘炉、风机、衡器、包装等设备制造	102.4
供暖用散热器(暖气片)	100.4	制冷、空调设备制造	102.4
金属建筑装饰材料	100.4	工商用制冷设备	100.4
安全、消防用金属制品制造	100.4	制冷、空调设备零部件	104.4
其他安全、消防用金属制品	100.4	通用零部件制造	107.7
其他金属制品制造	103.7	金属密封件制造	107.7
锻件及粉末冶金制品制造	103.0	其他通用零部件制造	98.3
锻件	103.0	汽车制造业	99.2
其他未列明金属制品制造	104.1	汽车零部件及配件制造	99.2

6-16 续表 10

(上年＝100)

项目名称	指 数	项目名称	指 数
机动车(汽车)零配件	99.2	其他高压电路开关、保护电器装置	100.4
汽车底盘、车架、车身及其零配件	99.1	低压电路保护装置	100.9
铁路、船舶、航空航天和其他运输设备制造业	101.1	高压电力控制或电力分配装置	104.3
铁路运输设备制造	100.1	安全、自动化监控设备	100.4
铁路机车车辆配件制造	100.1	电力电子元器件制造	103.0
铁路机车转向架、轴、轮	100.4	继电器	100.5
铁道车辆用制动装置及其零件	99.9	其他电力电子元器件	103.3
摩托车制造	101.4	电线、电缆、光缆及电工器材制造	98.0
摩托车零部件及配件制造	101.4	电线、电缆制造	97.8
自行车制造	100.2	绝缘电线	97.3
助动自行车制造	100.2	其他电线、电缆	100.1
助动自行车零件	100.2	光纤、光缆制造	100.4
电气机械和器材制造业	99.7	光纤	100.4
电机制造	99.8	电池制造	98.4
发电机及发电机组制造	100.3	锂离子电池制造	99.1
直流发电机	100.1	镍氢电池制造	100.4
电机及发电机组专用零件	100.3	其他电池制造	98.3
电动机制造	98.8	铅酸蓄电池	98.3
交流电动机	99.5	家用电力器具制造	98.1
交直流两用电动机	96.3	家用清洁卫生电器具制造	98.1
其他电机及零件	100.7	电热水器	98.1
微电机及其他电机制造	100.7	照明器具制造	94.7
驱动微电机	100.7	电光源制造	94.2
输配电及控制设备制造	102.5	其他电光源、灯具零件	94.2
变压器、整流器和电感器制造	100.2	照明灯具制造	100.3
变压器	100.4	其他照明灯具	100.3
互感器	100.4	计算机、通信和其他电子设备制造业	99.9
静止式变流器	99.8	计算机制造	100.7
配电开关控制设备制造	102.4	计算机整机制造	101.6
高压开关设备	100.4	微型计算机设备	101.6
隔离开关及断续开关	102.3	计算机零部件制造	99.4
避雷器、电压限幅器及电涌抑制器	104.1	计算机外围设备制造	99.5
高压开关、保护或连接用组合装置	100.4	输入设备及装置	99.5

6-16 续表 11

(上年=100)

项目名称	指数	项目名称	指数
通信设备制造	99.6	电工仪器仪表制造	100.4
通信系统设备制造	100.3	电能表	100.4
卫星通信设备	100.4	其他电工仪器仪表	100.4
通信传输设备零件	100.3	供应用仪表及其他通用仪器制造	100.7
通信终端设备制造	92.6	执行器	100.9
移动通信终端设备零件	92.6	其他供应用仪表及通用仪器	100.4
广播电视设备制造	100.4	光学仪器及眼镜制造	100.4
广播电视接收设备及器材制造	100.4	光学仪器制造	100.4
其他广播电视接收设备及器材	100.4	其他光学仪器及零件、附件	100.4
电子器件制造	99.5	废弃资源综合利用业	93.1
电子真空器件制造	100.4	金属废料和碎屑加工处理	92.6
真空开关管	100.4	熔炼用废钢	91.9
半导体分立器件制造	100.4	熔炼用废铁	83.6
半导体二极管、三极管	100.4	有色金属废料与碎屑	98.0
传感器	100.4	非金属废料和碎屑加工处理	97.2
集成电路制造	99.9	造纸废料、废纸	94.9
集成电路成品	99.8	塑料废料	100.4
其他集成电路	100.4	其他非金属废料和碎屑	96.2
光电子器件及其他电子器件制造	96.8	电力、热力生产和供应业	103.5
显示器件	96.8	电力供应	103.6
电子元件制造	99.9	热力生产和供应	98.4
电子元件及组件制造	100.1	热力生产	102.2
电容器	100.2	热力供应	94.7
电阻器及电阻网络	100.4	燃气生产和供应业	93.9
磁性材料元件	100.2	煤气生产	100.4
电子元件、组件零件	100.1	人工煤气供应	99.9
其他电子元件及组件	99.6	天然气供应	92.0
印制电路板制造	99.8	液化天然气(LNG)供应	89.9
刚性印制电路板	93.1	水的生产和供应业	104.8
挠性印制电路板	100.4	自来水生产和供应	104.9
其他印制电路板	99.9	自来水生产	105.0
仪器仪表制造业	100.4	自来水供应	104.0
通用仪器仪表制造	100.5	其他水的处理、利用与分配	104.5

6-17 历年固定资产投资价格指数

(上年＝100)

年份	总指数	建筑安装工程	人工费	材料费	机械使用费	设备、工器具	其它费用
1989		113.4	105.5	120.0			
1990		113.9	156.4	114.3			
1991	109.4	109.7				108.6	109.6
1992	119.8	122.5	111.7	123.8		115.0	112.0
1993	126.7	128.8	202.4	125.7		121.4	125.0
1994	106.0	103.2	117.4	100.3		113.1	105.4
1995	105.9	103.8	112.8	100.9		111.3	104.0
1996	103.9	103.9	102.3	103.8	110.3	103.8	104.6
1997	102.9	103.9	115.5	100.7	113.1	101.2	102.2
1998	98.7	98.1	101.8	96.2	103.4	100.0	98.5
1999	98.0	98.1	100.8	97.3	101.3	97.5	98.9
2000	102.9	105.0	111.5	104.2	104.5	99.0	100.4
2001	100.4	101.5	101.3	101.9	100.5	97.3	101.2
2002	98.7	99.5	100.7	99.0	100.5	95.9	100.2
2003	103.8	105.8	103.5	107.5	100.6	99.2	102.1
2004	110.1	113.6	104.1	118.8	101.3	103.9	102.5
2005	101.4	101.3	104.4	100.4	101.6	101.5	101.9
2006	101.6	101.5	110.0	99.7	100.8	101.5	101.7
2007	104.6	106.3	109.8	106.3	100.8	101.4	101.9
2008	109.0	112.1	114.1	117.1	102.6	102.5	103.3
2009	96.4	94.6	110.2	88.2	105.0	98.8	102.5
2010	103.5	104.9	109.9	103.8	102.4	100.5	101.3
2011	107.4	110.1	111.0	111.0	103.6	102.3	103.0
2012	101.0	101.4	111.0	98.6	102.4	99.7	101.9
2013	99.9	99.8	107.5	97.1	101.9	99.7	101.2
2014	100.0	100.1	106.8	97.8	101.4	99.4	100.7
2015	97.6	96.5	103.3	93.6	101.2	99.0	100.5
2016	99.2	99.1	102.2	97.8	101.2	98.6	100.7

6-18 分季度固定资产投资价格指数(2016年)

(上年同期=100)

项目	年平均	一季度	二季度	三季度	四季度
总指数	**99.2**	**96.3**	**98.3**	**99.5**	**102.5**
建安、装饰工程	99.1	94.8	98.0	99.6	104.2
人工费	102.2	102.1	102.0	102.5	102.1
材料费	97.8	91.2	96.2	98.4	105.2
钢材	95.9	84.1	96.5	97.5	105.3
木材	99.6	99.8	99.8	96.9	101.9
水泥	97.9	95.6	93.4	97.7	104.9
地方建筑材料	100.9	97.0	99.0	99.9	107.7
化工材料	91.4	89.0	83.3	95.6	97.8
电料	100.8	99.9	99.0	100.0	104.1
其它材料	98.5	97.1	99.0	97.9	100.1
机械使用费	101.2	101.1	100.6	101.1	102.0
设备、工器具购置	98.6	98.3	98.3	98.8	99.1
其他费用	100.7	100.6	100.4	100.7	101.2

6-19 郑州市分月住宅

(上年同期=100)

项　　目	年平均	1月	2月	3月	4月	5月
新建住宅	**114.4**	**103.4**	**103.9**	**105.2**	**106.7**	**108.1**
新建商品住宅	114.7	103.4	104.0	105.3	106.8	108.2
90平方米及以下	115.7	103.6	104.1	105.4	107.3	108.9
90－144平方米	114.2	103.6	104.1	105.4	106.4	107.8
144平方米以上	112.9	102.5	103.4	104.8	106.3	107.5
二手住宅	**113.9**	**103.3**	**104.2**	**105.5**	**106.6**	**107.9**
90平方米及以下	113.9	104.0	104.8	106.1	106.8	108.0
90-144平方米	114.4	103.0	104.0	105.4	106.6	108.1
144平方米以上	112.8	102.6	103.3	104.6	106.0	107.2

6-19　续表

(上月=100)

项　　目	1月	2月	3月	4月	5月
新建住宅	**100.3**	**100.4**	**101.5**	**101.3**	**101.4**
新建商品住宅	100.3	100.4	101.5	101.3	101.4
90平方米及以下	100.4	100.3	101.3	101.7	101.7
90－144平方米	100.2	100.5	101.8	101.0	101.2
144平方米以上	100.3	100.3	101.3	100.9	101.1
二手住宅	**100.6**	**100.8**	**101.3**	**101.2**	**101.3**
90平方米及以下	100.7	100.9	101.2	100.9	101.2
90-144平方米	100.7	100.9	101.4	101.3	101.4
144平方米以上	100.3	100.6	101.4	101.5	101.3

销售价格指数(2016年)

6月	7月	8月	9月	10月	11月	12月
109.2	**111.0**	**116.5**	**124.5**	**128.1**	**128.5**	**128.0**
109.4	111.2	116.7	124.9	128.6	129.0	128.4
110.2	112.1	117.5	126.5	131.1	131.4	129.9
108.8	110.8	116.6	124.1	127.3	127.9	127.9
108.5	109.5	114.9	122.3	124.6	124.7	125.3
109.2	**110.3**	**115.3**	**123.5**	**126.7**	**126.9**	**127.4**
109.3	110.3	114.8	123.0	126.4	126.6	127.1
109.5	110.5	116.0	124.5	127.7	128.2	129.0
108.5	109.9	114.9	122.3	125.0	124.7	124.6

6月	7月	8月	9月	10月	11月	12月
101.6	**102.0**	**105.5**	**107.5**	**103.5**	**100.5**	**99.9**
101.6	102.0	105.6	107.6	103.5	100.5	99.9
101.6	102.2	105.4	108.4	104.2	100.4	99.2
101.6	101.9	105.8	107.1	103.1	100.8	100.3
101.5	101.6	105.7	106.4	102.6	100.2	101.0
101.4	**101.3**	**104.5**	**107.3**	**103.1**	**100.7**	**101.0**
101.5	101.2	104.3	107.3	103.3	100.7	101.1
101.4	101.2	104.8	107.6	103.2	100.9	101.1
101.3	101.8	104.2	106.5	102.6	100.3	100.6

6-20 洛阳市分月住宅

(上年同期=100)

项目	年平均	1月	2月	3月	4月	5月
新建住宅	**100.7**	**97.7**	**98.3**	**98.7**	**99.7**	**100.1**
新建商品住宅	100.7	97.6	98.2	98.7	99.7	100.1
90平方米及以下	102.9	99.3	99.7	100.0	100.8	102.0
90－144平方米	100.1	97.1	97.8	98.5	99.3	99.6
144平方米以上	100.6	97.5	98.0	98.0	100.0	100.1
二手住宅	**100.2**	**98.2**	**98.5**	**98.9**	**99.3**	**99.7**
90平方米及以下	101.5	99.8	100.0	100.6	101.0	101.5
90-144平方米	100.0	97.8	98.1	98.6	99.1	99.6
144平方米以上	99.2	97.3	97.4	97.5	97.7	98.0

6-20 续表

(上月=100)

项目	1月	2月	3月	4月	5月
新建住宅	**99.9**	**99.9**	**100.2**	**100.6**	**100.3**
新建商品住宅	99.9	99.9	100.2	100.6	100.3
90平方米及以下	100.3	99.8	100.3	100.9	100.6
90－144平方米	99.8	99.8	100.3	100.3	100.2
144平方米以上	99.8	100.2	99.7	101.1	100.3
二手住宅	**99.8**	**99.9**	**100.1**	**100.2**	**100.3**
90平方米及以下	100.0	100.0	100.1	100.3	100.3
90-144平方米	99.7	99.9	100.1	100.2	100.2
144平方米以上	99.6	99.9	99.9	99.9	100.2

销售价格指数(2016年)

6月	7月	8月	9月	10月	11月	12月
100.3	**100.6**	**100.9**	**101.6**	**102.0**	**103.7**	**104.5**
100.3	100.6	101.0	101.7	102.1	103.8	104.7
102.0	102.8	103.3	104.8	105.1	106.8	108.0
99.9	100.0	100.3	100.8	101.2	103.0	104.0
100.0	100.6	101.2	101.8	102.3	103.9	104.2
100.1	**100.3**	**100.7**	**100.9**	**101.2**	**102.1**	**102.5**
101.6	101.7	101.6	101.9	102.0	102.8	102.9
99.9	100.1	100.7	100.7	101.0	101.9	102.3
98.6	99.0	99.7	100.1	100.7	101.7	102.2

6月	7月	8月	9月	10月	11月	12月
100.1	**100.2**	**100.3**	**100.5**	**100.3**	**101.5**	**100.6**
100.1	100.3	100.3	100.5	100.4	101.6	100.6
100.1	100.8	100.7	101.6	100.3	101.5	100.8
100.1	100.0	100.3	100.2	100.4	101.7	100.8
100.0	100.6	100.2	100.5	100.3	101.3	100.2
100.2	**100.2**	**100.4**	**100.3**	**100.2**	**100.8**	**100.2**
100.1	100.3	100.2	100.4	100.2	100.9	100.2
100.1	100.3	100.6	100.2	100.2	100.8	100.2
100.4	100.2	100.4	100.5	100.4	100.7	100.1

6-21 平顶山市分月住宅

(上年同期=100)

项　　目	年平均	1月	2月	3月	4月	5月
新建住宅	**101.6**	**99.8**	**100.1**	**100.6**	**100.9**	**101.3**
新建商品住宅	101.7	99.8	100.1	100.6	100.9	101.3
90平方米及以下	100.6	98.8	98.9	99.6	99.8	100.1
90－144平方米	102.0	99.9	100.5	100.7	101.1	101.6
144平方米以上	102.1	100.9	100.5	101.5	101.8	102.0
二手住宅	**100.1**	**98.8**	**99.3**	**99.7**	**99.8**	**99.9**
90平方米及以下	97.8	97.9	97.8	98.4	98.3	98.3
90-144平方米	100.7	98.7	99.5	99.5	99.8	100.0
144平方米以上	102.9	100.6	101.4	102.0	102.3	102.2

6-21 续表

(上月=100)

项　　目	1月	2月	3月	4月	5月
新建住宅	**100.1**	**100.0**	**100.3**	**100.1**	**100.1**
新建商品住宅	100.1	100.0	100.3	100.1	100.1
90平方米及以下	100.0	100.0	100.4	99.9	99.8
90－144平方米	100.2	100.1	100.1	100.2	100.2
144平方米以上	100.0	99.7	100.6	100.1	100.1
二手住宅	**100.1**	**100.0**	**100.2**	**100.0**	**99.9**
90平方米及以下	99.5	99.6	100.2	99.7	100.1
90-144平方米	100.5	100.3	100.0	100.1	99.8
144平方米以上	100.7	100.0	100.4	100.1	99.9

销售价格指数(2016年)

6月	7月	8月	9月	10月	11月	12月
101.6	**101.5**	**101.7**	**102.3**	**102.8**	**103.3**	**103.7**
101.6	101.6	101.8	102.3	102.9	103.4	103.7
99.8	99.8	100.1	101.4	102.1	102.3	104.0
102.2	102.1	102.3	102.6	103.1	103.8	103.8
102.3	102.3	102.1	102.5	103.2	103.1	103.3
100.0	**100.1**	**100.3**	**100.9**	**100.9**	**100.9**	**100.7**
97.0	96.9	97.1	97.3	98.5	97.7	98.8
100.8	100.9	101.4	102.5	101.7	102.5	100.9
103.7	103.8	103.8	103.9	103.5	103.7	103.5

6月	7月	8月	9月	10月	11月	12月
100.2	**99.9**	**100.4**	**101.1**	**100.5**	**100.4**	**100.5**
100.2	99.9	100.4	101.1	100.6	100.4	100.5
99.7	100.0	100.2	101.2	100.7	100.2	101.7
100.4	99.9	100.5	101.0	100.4	100.7	100.0
100.1	100.1	100.1	101.3	100.8	99.8	100.5
99.9	**100.0**	**100.3**	**100.5**	**100.1**	**99.9**	**99.8**
98.7	100.0	100.3	100.4	101.2	98.8	100.3
100.4	100.0	100.5	100.4	99.1	100.6	99.0
100.9	100.1	100.0	100.7	100.1	100.5	100.1

6-22 郑州、洛阳、平顶山市

郑州市(以2015年价格为100)

项　　目	1月	2月	3月	4月	5月
新建住宅	**102.3**	**102.7**	**104.2**	**105.5**	**106.9**
新建商品住宅	102.3	102.7	104.2	105.6	107.0
90平方米及以下	102.5	102.8	104.2	105.9	107.7
90－144平方米	102.2	102.7	104.5	105.5	106.7
144平方米以上	102.3	102.5	103.8	104.8	106.0
二手住宅	**102.5**	**103.4**	**104.7**	**105.9**	**107.3**
90平方米及以下	102.9	103.8	105.1	106.0	107.3
90-144平方米	102.4	103.3	104.7	106.1	107.5
144平方米以上	102.0	102.6	104.0	105.5	106.8

6-22 续表 1

洛阳市(以2015年价格为100)

项　　目	1月	2月	3月	4月	5月
新建住宅	**99.1**	**99.0**	**99.2**	**99.8**	**100.1**
新建商品住宅	99.1	99.0	99.1	99.7	100.1
90平方米及以下	100.0	99.8	100.1	101.0	101.5
90－144平方米	98.9	98.7	99.1	99.4	99.6
144平方米以上	98.8	99.0	98.7	99.8	100.2
二手住宅	**99.2**	**99.2**	**99.2**	**99.4**	**99.6**
90平方米及以下	100.3	100.3	100.4	100.7	101.0
90-144平方米	99.0	98.9	99.1	99.2	99.5
144平方米以上	98.4	98.3	98.2	98.1	98.3

6-22 续表 2

平顶山市(以2015年价格为100)

项　　目	1月	2月	3月	4月	5月
新建住宅	**100.4**	**100.4**	**100.7**	**100.8**	**100.9**
新建商品住宅	100.4	100.4	100.7	100.8	100.9
90平方米及以下	99.7	99.7	100.1	100.0	99.9
90－144平方米	100.6	100.6	100.7	100.9	101.2
144平方米以上	100.9	100.6	101.3	101.4	101.5
二手住宅	**99.8**	**99.8**	**100.0**	**99.9**	**99.9**
90平方米及以下	98.5	98.1	98.4	98.1	98.2
90-144平方米	100.0	100.3	100.4	100.5	100.3
144平方米以上	101.6	101.6	102.0	102.1	102.0

住宅销售价格定基指数(2016年)

6月	7月	8月	9月	10月	11月	12月
108.6	**110.7**	**116.9**	**125.6**	**130.0**	**130.6**	**130.5**
108.7	110.9	117.1	126.0	130.4	131.1	131.0
109.4	111.9	117.9	127.8	133.2	133.7	132.6
108.4	110.5	116.8	125.1	129.0	130.0	130.4
107.6	109.3	115.6	123.0	126.2	126.5	127.8
108.8	**110.3**	**115.3**	**123.6**	**127.5**	**128.4**	**129.8**
108.9	110.2	114.9	123.4	127.5	128.4	129.8
109.1	110.5	115.8	124.6	128.5	129.7	131.2
108.2	110.2	114.8	122.3	125.4	125.8	126.7

6月	7月	8月	9月	10月	11月	12月
100.1	**100.4**	**100.7**	**101.2**	**101.5**	**103.1**	**103.7**
100.1	100.4	100.7	101.2	101.6	103.2	103.9
101.6	102.5	103.3	104.9	105.2	106.9	107.7
99.7	99.7	100.0	100.2	100.6	102.3	103.1
100.2	100.7	100.9	101.4	101.7	103.0	103.1
99.8	**100.0**	**100.4**	**100.8**	**101.0**	**101.8**	**101.9**
101.1	101.4	101.6	102.0	102.2	103.1	103.3
99.5	99.8	100.4	100.5	100.7	101.5	101.6
98.7	98.9	99.3	99.7	100.1	100.8	101.0

6月	7月	8月	9月	10月	11月	12月
101.1	**101.0**	**101.4**	**102.5**	**103.0**	**103.5**	**104.0**
101.1	101.0	101.4	102.5	103.1	103.5	104.1
99.6	99.6	99.8	101.0	101.7	101.9	103.7
101.6	101.4	101.9	103.0	103.4	104.1	104.2
101.6	101.6	101.8	103.1	103.9	103.6	104.2
99.8	**99.8**	**100.1**	**100.6**	**100.7**	**100.6**	**100.4**
96.9	96.9	97.2	97.6	98.7	97.5	97.9
100.7	100.7	101.2	101.6	100.8	101.4	100.4
102.9	103.0	102.9	103.7	103.8	104.3	104.4

主要统计指标解释

工业生产者出厂价格指数 是反映工业产品出厂价格水平变动趋势及变动程度的相对数。工业生产者出厂价格是指工业企业向商业（物资）部门或商业企业、其他生产单位、个人出售产品的价格，它是工业产品进入流通领域的最初价格，是制定工业产品批发价格和零售价格的基础。工业生产者出厂价格指数按轻重工业分类，可以分为轻工业出厂价格指数和重工业价格指数；按两大部类分类，可以分为生产资料出厂价格指数和生活资料价格指数。

工业生产者购进价格指数 是反映工业企业作为生产投入，而从物资交易市场或能源、原材料生产企业购买原材料、燃料及动力产品时，所支付的价格水平变动趋势和程度的统计指标，它是扣除工业企业物质消耗成本中的价格变动影响的重要依据。目前，编制的工业生产者购进价格指数所调查的产品包括燃料、动力类，黑色金属材料类，有色金属材料和电线类，化工原料类，木材及纸浆类，建筑材料及非金属矿类，其它工业原材料及半成品类，农副食品类，纺织原料类共九大类的产品。

国家统计局从 2011 年 1 月开始实施新的工业生产者价格统计调查制度方法。“工业品价格统计”改称为“工业生产者价格统计”，相应地将“工业品出厂价格指数”和“原材料、燃料、动力购进价格指数”分别改称为“工业生产者出厂价格指数”和“工业生产者购进价格指数”。

2012 年，按国家统计局的要求，新的国家标准《国民经济行业分类》（GB/T4754-2011）从 2012 年定报统一开始使用。2012 年工业生产者出厂和购进价格指数行业分类标准均按新的国民经济行业分类标准执行。

2016 年制度更名为《工业生产者价格统计报表制度》，基期年份更新为 2015 年，调整调查项目目录。

为适应分析的需要，在工业生产者出厂价格指数分类中增加了核心指数、高技术指数、能源类指数、初级产品、中间产品、最终产品等新的分类指数。

核心指数是指扣除农副食品加工产品、煤炭、石油、发电等能源类相关产品的其他产品价格变动总体情况的度量指标。

高技术指数是指核电、生物制品、部分药品及医疗器械、飞机制造、大部分通讯电子产品、部分仪表、机床等科技含量比较高的产品价格变动总体情况的度量指标。

能源指数是指煤炭开采、石油天然气开采及加工、核能发电、火力发电、风能发电等能源类产品价格变动总体情况的度量指标。

初级产品指数是指直接开采的产品及废旧物资回收直接粗加工的产品价格波动指数。

中间产品指数是指工业加工处理后可能重新投入生产环节的产品价格变动总体情况的度量指标。

最终产品指数是指工业加工处理后可能投入最终消费或者投资的产品价格变动总体情况的度量指标。

部分产品可以既是中间产品，又是最终产品。

固定资产投资价格指数 是反映全社会、国民经济各行业及各类工程固定资产投资中涉及的各类投资品和取费项目价格变动趋势和变动幅度的相对数。固定资产投资价格指数按构成分为：建筑安装工程投资价格指数，设备、工器具投资价格指数，其它费用投资价格指数。建筑安装工程投资价格指数主要有，人工费价格指数，材料费价格指数，机械使用费价格指数。材料费按使用材料的种类分为：钢材、木材、水泥、地方材料、化工材料、电料、其它材料共七大类。

住宅销售价格指数 住宅销售价格指数是综合反映住宅商品价格水平总体变化趋势和变化幅度的相对数。中国住宅销售价格指数由 70 个大中城市的新建住宅销售价格指数和二手住宅销售价格指数组成，河南只有郑州、洛阳、平顶山三市作为国家调查城市，开展住宅销售价格指数调查编制工作。

2011 年国家统计局对房地产价格统计调查方案进行了较大改革，调整了调查指标和数据采集方式，将房屋销售价格指数调整为新建住宅销售价格指数和二手住宅销售价格指数，新建住宅销售价格统计的数据来源由过去开发商填报改成了直接使用网签数据；采用国际通行的链式拉氏公式，编制定基住宅销售价格指数序列，对比基期 5 年调整一次， 2016 年开始基期年份更新为 2015 年。

农产品价格

资料整理：贾世云

7-1 历年农产品生产者价格指数

(上年=100)

农产品名称	2001年	2005年	2010年	2012年	2013年	2014年	2015年	2016年
总 指 数		**100.7**	**112.5**	**102.9**	**102.6**	**97.5**	**100.7**	**103.2**
农业产品	**105.2**	**99.8**	**120.5**	**103.2**	**102.7**	**98.9**	**95.9**	**96.4**
粮食	121.0	96.5	111.3	103.3	106.2	104.3	94.3	91.4
小麦	124.3	97.4	110.5	101.9	108.0	105.3	98.3	95.6
稻谷	10.6	97.5	105.4	101.9	103.5	102.4	98.0	100.2
玉米	117.9	94.4	115.0	103.5	103.4	102.8	86.5	81.2
薯类	94.4	111.5	115.9	96.4	103.2	102.1	95.1	111.7
豆类	93.9	88.8	112.0	101.2	102.8	102.2	84.9	92.3
油料	94.8	97.0	118.1	106.5	99.8	91.1	98.8	102.0
花生	92.4	97.1	118.1	107.9	98.1	87.7	102.0	105.1
油菜籽	103.2	87.3	105.4	102.9	104.5	100.4	99.6	100.0
芝麻	101.6	105.0	103.0	95.3	102.4	108.1	96.1	78.5
棉花(籽棉)	85.0	100.4	141.8	92.6	102.9	83.3	96.4	97.0
烟草	114.9	104.3	103.9	112.3	105.6	105.4	105.2	96.7
蔬菜	101.6	111.3	138.4	106.9	94.5	99.8	100.9	112.7
水果	85.2	118.0	120.5	107.7	101.3	111.7	87.0	98.2
林业产品		**104.9**	**92.3**	**105.3**	**103.1**	**106.2**	**84.9**	**102.9**
牧业(畜产品)		**102.0**	**99.5**	**100.9**	**102.0**	**94.7**	**109.2**	**114.0**
牛	126.8	112.6	105.9	115.3	118.7	102.3	100.2	97.9
羊	112.8	116.7	110.2	115.9	110.9	101.1	88.0	75.2
猪	95.8	96.4	97.7	92.7	99.3	89.3	116.9	123.4
家禽		102.5	113.3	94.8	102.1	104.6	93.3	101.8
肉禽	109.5	98.8	102.4	94.5	103.5	104.3	95.6	100.5
禽蛋	118.7	104.9	105.9	95.9	103.0	112.1	94.2	92.3
渔业	**89.2**	**103.0**	**102.0**	**106.2**	**110.8**	**106.1**	**99.4**	**99.3**

7-2 分季度农产品生产者价格指数(2016年)

(以上年同期价格为100)

农产品名称	全年	一季度	二季度	三季度	四季度
总 指 数	**103.2**	**113.0**	**112.4**	**97.2**	**98.3**
农业产品	**96.4**	**94.6**	**102.6**	**95.7**	**97.1**
粮食	91.4	89.2	89.9	90.7	95.3
小麦	95.6	97.8	94.6	90.5	99.1
稻谷	100.2	100.0		100.4	100.4
玉米	81.2	78.7	73.7	83.7	90.9
薯类	111.7	114.8			108.1
豆类	92.3	87.5	98.2	88.3	94.0
油料	102.0	104.7	101.0	98.9	104.3
花生	105.1	109.3	106.9	103.5	104.9
油菜籽	99.5		96.0		100.0
芝麻	78.5	66.2	73.1	88.3	100.9
棉花(籽棉)	97.0	94.4			99.4
烟草	96.7			95.4	98.1
蔬菜	112.7	130.5	131.0	110.7	93.5
水果	98.2	55.2	89.4	113.5	91.9
林业产品	**102.9**	**82.3**	**93.7**	**111.1**	**110.6**
牧业(畜产品)	**114.0**	**132.2**	**130.9**	**100.1**	**99.8**
牛	97.9	99.0	100.2	94.5	102.4
羊	75.2	77.2	69.1	82.5	83.8
猪	123.4	148.3	152.0	105.6	102.0
家禽	101.8	98.8	105.4	100.2	98.8
肉禽	101.4	107.5	98.5	100.4	101.8
禽蛋	92.3	92.5	96.1	90.0	91.2
渔业	**99.3**	**98.0**	**100.8**	**97.7**	**98.1**

7-3 各月农产品集贸

农产品名称	1月	2月	3月	4月	5月
粮食类					
籼稻(中等)	2.60	2.60	2.54	2.54	2.54
粳稻(中等)	3.20	3.20	3.20	3.20	3.20
小麦(中等)	2.17	2.18	2.22	2.26	2.26
玉米(中等)	1.75	1.72	1.66	1.60	1.61
大豆(中等)	5.09	5.05	5.03	5.02	5.16
籼米(中等)	4.80	4.80	4.80	4.82	4.85
粳米(中等)	5.12	5.16	5.13	5.12	5.15
经济类					
棉花[籽棉](中准级)	6.33	6.33	6.33	6.13	6.33
花生仁(中等)	11.07	10.84	10.98	11.17	11.67
油菜籽(普通)	4.40	4.40	4.50	4.50	4.50
畜产品类					
活猪(中等)	17.07	18.31	19.11	19.97	20.68
仔猪(普通)	32.35	39.15	45.30	50.30	53.33
猪肉(去骨统肉)	26.60	28.20	28.57	29.33	30.23
活牛(中等)	24.43	24.37	24.14	23.96	23.84
牛肉(去骨统肉)	56.46	56.96	55.79	55.58	55.42
活羊(中等)	24.27	24.45	24.15	23.82	23.64
羊肉(去骨统肉)	56.11	55.82	55.39	55.25	54.82
活鸡(普通肉鸡)	14.35	14.51	14.53	14.46	13.93
鸡蛋(普通鲜蛋)	9.41	8.12	7.30	7.03	7.28
水产品类					
草鱼(1-2公斤)	12.68	13.01	12.65	12.64	12.86
鲤鱼(1-2公斤)	12.47	12.63	12.43	12.29	12.47
鲢鱼(1-2公斤)	7.66	8.23	8.23	8.20	8.08
带鱼(0.5-1公斤)	19.75	18.67	18.00	17.38	17.25
蔬菜类					
大白菜(中等)	1.55	2.52	3.83	2.11	1.76
黄瓜(中等)	7.22	7.14	5.84	2.26	1.84
西红柿(中等)	6.13	6.30	7.05	5.57	2.56
菜椒(中等)	6.07	8.06	9.82	5.47	3.67
四季豆(中等)	9.29	12.08	12.33	9.27	5.23
水果类					
红富士苹果(中等)	7.48	7.64	7.27	6.85	6.65
香蕉(中等)	4.31	4.73	4.82	4.33	4.85
橙子(中等)	7.50	8.00	7.65	7.75	7.75

市场平均价格(2016年)

单位：元/公斤

6月	7月	8月	9月	10月	11月	12月
2.54	2.40	2.56	2.56	2.40	2.44	2.56
3.20	3.20	3.20	3.20	3.15	3.10	3.26
2.16	2.15	2.15	2.15	2.10	2.27	2.29
1.77	1.80	1.61	1.57	1.57	1.67	1.66
5.21	5.24	5.32	5.16	5.36	5.12	5.11
4.85	4.64	4.64	5.04	5.02	4.92	4.93
5.15	5.12	5.15	5.16	5.17	5.07	5.05
6.23	6.23	6.23	6.53	6.53	6.90	6.80
12.06	12.23	12.02	11.46	11.31	11.16	11.38
4.50	4.60	4.30	4.50	4.70	4.75	4.75
19.87	18.38	18.26	17.83	16.05	16.29	17.02
53.60	48.80	48.05	46.40	40.70	39.00	41.26
29.90	28.67	28.57	28.40	26.60	26.10	26.40
24.01	24.29	24.01	23.77	23.66	23.90	23.61
55.92	56.08	55.88	56.13	55.96	56.13	56.63
23.51	23.45	23.36	23.33	22.69	22.45	22.87
55.57	54.86	55.25	55.57	55.18	54.57	55.71
13.71	13.64	13.72	13.87	13.86	13.69	13.38
6.51	6.69	7.99	8.01	7.56	7.42	7.23
13.66	13.64	13.82	13.91	13.73	13.27	12.73
13.07	12.80	12.80	12.65	12.45	12.12	11.57
8.19	8.53	8.69	8.26	8.06	8.11	7.87
17.25	17.00	18.33	18.50	17.33	18.33	20.50
1.73	2.02	2.46	2.46	2.10	1.82	1.71
1.65	2.19	3.55	3.68	4.16	4.73	4.86
1.71	1.91	2.60	4.41	4.87	5.09	6.06
2.39	2.44	3.15	4.44	4.61	5.14	5.40
4.05	4.52	4.93	6.37	6.14	6.73	8.24
7.04	7.23	7.23	7.05	6.59	6.43	6.40
4.61	4.07	5.57	5.64	4.43	4.01	3.67
8.00	8.33	11.67	11.67	7.70	8.53	8.67

主要统计指标解释

农产品生产者价格指数 是指农产品生产者第一手（直接）出售其产品时实际获得的单位产品价格，采取抽样调查和重点调查相结合的方法。农产品生产者价格指数是反映一定时期内，农产品生产者出售的农产品价格水平变动趋势及幅度的相对数。该指数可以客观反映农产品生产价格水平和结构变动情况，满足农业与国民经济核算需要。其中某代表品生产价格指数是通过对全部有出售该产品行为的调查单位的个体指数进行几何平均求得的，类价格指数是通过对其所属的类（或代表品）的价格指数进行加权平均求得的。季度累计价格指数的计算方法与分季指数的计算方法相同。

农产品集贸市场价格 是指农产品主产区集贸市场主要农产品的成交价格。

人民生活

资料整理：党元生　张亚男　孙晓亮　宗瑞生
马　超

8-1 居民家庭基本情况(2016年)

指　　标	单位	绝对数
基本情况		
户均常住人口	人	3.30
户均劳动力人数	人	2.18
平均每户家庭从业人口比重	%	66.0
平均每一从业人口负担人数	人	1.51
户主文化程度		
未上过学	%	2.0
小学	%	15.0
初中	%	50.2
高中	%	19.9
大学专科	%	8.4
大学本科	%	4.4
研究生	%	0.2
常住从业人员就业类型		
雇主	%	1.8
公职人员	%	3.2
事业单位人员	%	6.4
国有企业雇员	%	4.4
其他雇员	%	39.5
农业自营	%	35.6
非农自营	%	9.1
常住从业人员从事主要行业		
第一产业	%	36.4
第二产业	%	21.4
第三产业	%	42.2

8-2 居民可支配收入(2016年)

指　　标	绝对数(元)	构成(%)
可支配收入	**18442.96**	**100.0**
工资性收入	**9265.54**	**50.2**
工资	8258.69	44.8
实物福利	16.65	0.1
其他	990.20	5.4
经营净收入	**4257.29**	**23.1**
第一产业经营净收入	2002.23	10.9
农业	1627.99	8.8
林业	58.11	0.3
牧业	298.12	1.6
渔业	18.01	0.1
第二产业经营净收入	266.27	1.4
第三产业经营净收入	1988.80	10.8
财产净收入	**1142.22**	**6.2**
转移净收入	**3777.91**	**20.5**

8-3 居民现金可支配收入(2016年)

指　　标	绝对数(元)	构成(%)
现金收入	**19362.26**	**100.0**
现金工资性收入	**9248.89**	**47.8**
工资	8258.69	42.7
其他工资性收入	990.20	5.1
现金经营性收入	**5527.33**	**28.5**
第一产业现金经营收入	2552.12	13.2
农业	1721.54	8.9
林业	48.80	0.3
牧业	739.28	3.8
渔业	42.51	0.2
第二产业现金经营收入	361.64	1.9
第三产业现金经营收入	2613.57	13.5
现金财产性收入	**559.18**	**2.9**
现金转移性收入	**4026.86**	**20.8**

8-4 居民生活消费支出(2016年)

指　　标	绝对数(元)	构成(%)
消费支出	**12712.21**	**100.0**
食品烟酒	3585.16	28.2
衣着	1141.70	9.0
居住	2629.89	20.7
生活用品及服务	953.78	7.5
交通通信	1550.84	12.2
教育文化娱乐	1439.45	11.3
医疗保健	1113.36	8.8
其他用品和服务	298.02	2.3

8-5 居民现金生活消费支出(2016年)

指　　标	绝对数(元)	构成(%)
现金消费支出	**10814.81**	**100.0**
食品烟酒	3478.69	32.2
衣着	1141.38	10.6
居住	1051.40	9.7
生活用品及服务	952.06	8.8
交通通信	1550.14	14.3
教育文化娱乐	1439.30	13.3
医疗保健	904.60	8.4
其他用品和服务	297.24	2.7

8-6 居民主要食品消费量(2016年)

指　　标	单位	绝对量(公斤)
粮食消费量	**公斤**	**125.14**
小麦	公斤	82.39
稻谷	公斤	24.52
玉米	公斤	3.91
薯类消费量	公斤	2.17
豆类消费量	公斤	7.72
油脂类消费量	**公斤**	**8.30**
植物油	公斤	8.24
动物油	公斤	0.06
蔬菜及菜制品消费量	**公斤**	**86.33**
肉类	**公斤**	**15.89**
猪肉	公斤	10.75
牛肉	公斤	1.20
羊肉	公斤	1.13
其他肉类及制品	公斤	2.81
禽类	**公斤**	**5.67**
水产品	**公斤**	**4.05**
蛋类及蛋制品	**公斤**	**12.85**
奶和奶制品	**公斤**	**11.05**
干鲜瓜果类	**公斤**	**55.05**
糖果糕点类	**公斤**	**5.62**
酒	**公斤**	**6.73**

8-7 居民每百户年末主要耐用消费品拥有量(2016年)

指　　标	单位	绝对数
家用汽车	辆	23.71
摩托车	辆	40.39
助力车	台	103.49
洗衣机	台	97.49
电冰箱(柜)	台	92.42
微波炉	台	25.08
彩色电视机	台	117.93
其中：接入有线电视	台	67.79
空调	台	109.33
热水器	台	71.49
其中：太阳能热水器	台	43.31
消毒碗柜	台	3.24
洗碗机	台	0.88
排油烟机	台	37.28
固定电话	线	20.67
移动电话	部	238.54
其中：接入互联网	部	113.46
计算机	台	51.12
其中：接入互联网	台	40.00
摄像机	台	2.53
照相机	台	11.28
中高档乐器	架	1.75
健身器材	台	2.37
组合音响	套	2.69

8-8 历年城镇居民家庭基本情况

单位：户、人、元

年份	调查户数	家庭人口	平均每户就业人口	每一就业者负担人数	平均每人全年总收入	#平均每人生活费收入	#平均每人可支配收入	平均每人全年总支出
1978		4.65	2.08	2.24	315.86	291.00	315.00	
1980	948	4.60	2.16	2.13	365.12	341.60	365.00	
1981	1000	4.58	2.36	1.94	395.59	369.73	395.00	
1982	1020	4.51	2.39	1.89	429.50	402.23	429.00	
1983	1020	4.42	2.44	1.81	456.98	422.06	452.50	
1984	1542	4.29	2.37	1.81	501.46	466.82	497.49	
1985	1800	4.11	2.25	1.83	605.15	560.95	600.59	
1986	1781	4.02	2.21	1.82	728.57	667.55	724.21	705.56
1987	1781	3.91	2.18	1.79	818.29	744.25	814.20	775.24
1988	1860	3.80	2.15	1.77	950.99	862.12	946.10	992.56
1989	1862	3.70	2.10	1.76	1116.00	1015.01	1111.46	1078.03
1990	1860	3.60	2.09	1.72	1274.62	1152.95	1267.73	1188.91
1991	2040	3.49	2.01	1.73	1388.93	1249.50	1384.81	1355.56
1992	2200	3.47	2.03	1.71	1609.37	1459.15	1608.03	1532.10
1993	2200	3.43	2.00	1.72	1962.75	1792.88	1962.75	1870.02
1994	2200	3.37	1.90	1.77	2619.44	2398.35	2618.55	2598.42
1995	2200	3.34	1.89	1.77	3302.14	3029.47	3299.46	3161.27
1996	2400	3.33	1.89	1.76	3756.78	3450.11	3755.44	3586.22
1997	2440	3.29	1.92	1.71	4111.54	3713.47	4093.62	3945.82
1998	2440	3.24	1.85	1.75	4238.49	3797.27	4219.42	4073.45
1999	2440	3.21	1.82	1.77	4553.74	4077.48	4532.36	4320.88
2000	2820	3.23	1.66	1.94	4784.04	4303.74	4766.26	4486.47
2001	2920	3.18	1.60	1.98	5292.09	4781.95	5267.42	4894.74
2002	2551	3.07	1.52	2.02	6515.52		6245.40	5745.12
2003	2444	3.03	1.52	1.99	7245.00		6926.12	6465.61
2004	2414	3.00	1.53	1.96	8073.36		7704.90	6734.01
2005	2408	2.97	1.53	1.94	9145.98		8667.97	7830.68
2006	2459	2.94	1.53	1.92	10339.20		9810.26	8722.49
2007	2459	2.90	1.53	1.90	12082.99		11477.05	10039.21
2008	2399	2.88	1.44	2.00	13907.80		13231.11	11135.44
2009	2399	2.85	1.43	1.99	15408.04		14371.56	12902.14
2010	2400	2.84	1.46	1.95	17141.80		15930.26	13802.49
2011	2299	2.87	1.48	1.94	19526.92		18194.80	15477.17
2012	2298	2.85	1.50	1.90	21897.23		20442.62	17300.48
2013	2300	2.99	1.55	1.92	23686.53		22398.03	17837.95
2014新口径	3263	3.17	1.80	1.76	25595.32		23672.06	20337.92
2015	3305	3.17	1.76	1.80	27484.28		25575.61	21339.12
2016	3367	3.11	1.66	1.88	29220.70		27232.92	22644.47

注：本表1978年数据为估算数；1980数据为推算数。1981-1991年城镇居民可支配收入根据当年生活费收入测算。2014年为新口径(下同)。

8-9 历年城镇居民家庭平均每人消费支出

单位：元

年 份	平均每人消费支出	食 品 支 出	衣 着 支 出	居 住 支 出	家庭设备用品服务	交通通信支 出	娱乐教育文化服务	医疗保健支 出	其它商品与 服 务
1978	274.00	163.00	43.00	12.00	20.00	5.20	14.00	2.90	13.90
1980	335.02	192.66	50.19	15.30	24.30	8.86	20.84	3.22	19.65
1981	363.23	205.18	54.88	16.91	26.74	10.04	25.31	3.68	20.49
1982	382.47	214.17	56.49	19.70	29.03	12.19	25.27	3.93	21.69
1983	405.00	232.07	57.97	19.92	28.55	13.64	28.31	3.83	20.71
1984	431.68	244.37	65.23	22.65	32.56	11.47	28.63	5.01	21.76
1985	556.72	277.74	80.90	33.76	55.15	12.19	62.50	7.69	26.79
1986	653.83	333.59	96.56	39.35	62.66	15.64	63.97	8.75	33.31
1987	711.27	379.57	100.18	41.09	66.80	16.52	57.22	9.68	40.21
1988	896.55	465.99	124.21	42.02	104.28	17.18	82.66	16.23	43.98
1989	963.97	533.19	131.09	44.17	86.31	16.88	86.84	18.96	46.53
1990	1067.67	585.27	156.43	54.19	91.90	19.33	86.93	23.24	50.38
1991	1199.95	644.26	191.31	59.16	92.98	23.95	101.38	29.61	57.30
1992	1342.58	716.99	221.79	67.88	108.89	27.53	102.65	38.92	57.93
1993	1609.24	798.78	260.17	96.38	148.94	49.29	136.80	50.01	68.89
1994	2155.15	1074.18	347.31	131.89	185.55	92.86	159.78	70.07	93.51
1995	2673.95	1338.93	437.45	159.31	220.24	114.35	200.18	96.67	106.82
1996	3009.35	1439.32	488.52	281.61	215.52	131.74	211.41	125.97	115.26
1997	3378.02	1506.25	491.33	352.46	256.77	171.60	299.00	159.64	140.97
1998	3415.65	1454.99	442.34	406.54	280.23	193.65	320.88	172.84	144.19
1999	3497.53	1427.65	431.79	421.31	288.55	217.00	337.76	208.14	165.32
2000	3830.71	1386.76	460.99	547.19	312.97	246.24	407.26	280.78	188.52
2001	4110.17	1424.90	484.16	650.25	333.24	299.89	427.88	298.74	191.10
2002	4504.68	1517.04	570.48	499.44	324.48	477.60	586.32	389.64	139.80
2003	4941.60	1662.30	602.64	566.30	345.68	533.86	629.91	443.27	157.63
2004	5294.19	1855.44	650.30	578.60	332.06	569.85	694.56	436.53	176.84
2005	6038.02	2067.51	806.39	651.98	376.27	636.57	805.08	472.31	221.91
2006	6685.18	2215.32	919.31	737.00	431.02	762.08	847.12	520.57	252.76
2007	7826.72	2707.44	1053.13	795.39	549.14	858.33	936.55	626.55	300.19
2008	8837.46	3079.82	1141.76	963.59	633.32	915.12	988.95	790.87	324.03
2009	9566.99	3272.75	1270.74	1004.37	684.79	1033.99	1048.14	875.52	376.70
2010	10838.49	3575.75	1444.63	1080.10	866.72	1374.76	1137.16	941.32	418.04
2011	12336.47	4212.76	1706.94	1087.08	977.52	1573.64	1373.94	919.83	484.76
2012	13732.96	4607.47	1885.99	1190.81	1145.42	1730.35	1525.33	1085.47	562.13
2013	14821.98	4913.87	1916.99	1315.28	1281.06	1768.28	1911.16	1054.54	660.81
2014新口径	16184.46	4662.45	1823.36	3136.02	1389.25	1735.02	1721.92	1204.14	512.28
2015	17154.30	4818.75	1797.63	3391.14	1382.18	1874.12	1991.87	1365.49	533.12
2016	18087.79	5067.71	1746.62	3753.39	1430.23	1993.75	2078.78	1524.52	492.79

注：本表1978年数据为估算数；1980年数据为推算数。2014年后的食品支出指的是食品烟酒的支出

8-10 城镇居民家庭居住情况(2016年)

指　　标	计量单位	数值
家庭居住人口数	**人/户**	**3.11**
现住房总建筑面积	**平方米/人**	**40.04**
现住房房屋来源	**%**	**100.00**
租赁公房	%	0.67
租赁私房	%	4.64
自建住房	%	31.71
购买商品房	%	34.19
购买房改住房	%	19.95
购买保障性住房	%	1.95
拆迁安置房	%	5.19
继承或获赠住房	%	0.43
免费借用房	%	0.52
雇主提供免费住房	%	0.01
其他来源	%	0.74
本住户居住空间样式	**%**	**100.00**
单栋楼房	%	22.57
单栋平房	%	10.15
四居室及以上单元房	%	4.43
三居室单元房	%	35.03
二居室单元房	%	24.31
一居室单元房	%	1.31
筒子楼或连片平房	%	1.79
其他	%	0.41
住户主要饮用水来源情况	**%**	**100.00**
经过净化处理的自来水	%	91.05
受保护的井水和泉水	%	6.30
不受保护的井水和泉水	%	1.54
江河湖泊水	%	0.36
收集雨水	%	0.02
桶装水	%	0.29
其他水源	%	0.45
住户厕所类型	**%**	**100.00**
水冲式卫生厕所	%	85.24
水冲式非卫生厕所	%	1.74
卫生旱厕	%	4.61
普通旱厕	%	7.11
无厕所	%	1.29
住户洗澡设施情况	**%**	**100.00**
统一供热水	%	2.86
家庭自装热水器	%	83.41
其他	%	4.18
无洗澡设施	%	9.55
住户主要取暖设备状况	**%**	**100.00**
由市政或小区集中供暖	%	22.74
自行供暖	%	51.63
无取暖设备	%	25.63
期末拥有房屋面积	**平方米/人**	**42.20**
自有现住房面积	平方米/人	38.46
出租住房面积	平方米/人	2.77
出租商用建筑物面积	平方米/人	0.39
偶尔居住房面积	平方米/人	0.22
空宅或其他用途房面积	平方米/人	0.35

8-11 城镇居民家庭人口情况(2016年)

单位：人

指标	城镇平均	按比例分组				
		城镇低收入户	城镇中低收入户	城镇中等收入户	城镇中高收入户	城镇高收入户
期内住户常住成员数	3.11	3.73	3.49	3.12	2.81	2.42
是否离退休人员	2.19	2.28	2.38	2.25	2.11	1.93
行政事业单位离退休	0.09	0.02	0.03	0.06	0.14	0.21
其他单位离退休	0.30	0.14	0.25	0.36	0.41	0.37
未退休	1.79	2.12	2.10	1.83	1.57	1.34
户均就业人数	1.66	1.79	1.89	1.76	1.52	1.34
雇主	0.03	0.02	0.01	0.03	0.03	0.07
公职人员	0.12	0.05	0.13	0.16	0.12	0.14
事业单位人员	0.23	0.10	0.25	0.24	0.27	0.28
国有企业雇员	0.17	0.13	0.15	0.24	0.20	0.14
其他雇员	0.85	1.05	1.10	0.90	0.72	0.47
农业自营	0.10	0.28	0.10	0.04	0.03	0.05
非农自营	0.16	0.16	0.15	0.15	0.15	0.20

8-12 城镇居民家庭人均收入(2016年)

单位：元

指标	城镇平均	按比例分组				
		城镇低收入户	城镇中低收入户	城镇中等收入户	城镇中高收入户	城镇高收入户
可支配收入	**27232.92**	**12312.36**	**19693.03**	**25881.09**	**34370.56**	**54460.48**
工资性收入	15829.02	8867.57	14200.07	16895.72	19250.08	23530.07
工资	14779.60	8040.07	13372.36	16064.69	17887.40	21905.26
按月发放的工资	13640.63	6999.09	12280.73	15296.08	16682.00	20151.12
补发工资	218.87	100.47	106.09	173.87	356.66	460.62
不按月发放的奖金、津贴、过节费等	920.09	940.51	985.54	594.74	848.74	1293.52
实物福利	32.69	9.62	26.98	47.19	24.52	67.37
其他	1016.73	817.87	800.72	783.84	1338.16	1557.44
住房公积金	338.50	69.98	146.43	274.69	525.77	891.80
辞退金	1.01	1.21				4.60
自由职业劳动所得(如稿费、翻译费)	73.61	46.96	11.39	46.21	57.12	258.63
安家费						
股票期权	8.93	0.89	12.44	9.55	11.25	12.76
其他劳动所得	594.68	698.83	630.46	453.39	744.03	389.66
经营净收入	3754.51	1342.34	1468.29	2300.18	4286.86	12001.14
财产净收入	2411.84	868.16	1430.31	2171.92	2871.43	5972.44
利息净收入	41.74	8.41	-9.20	39.88	33.36	178.59
红利收入	247.31	52.58	170.04	185.67	299.77	675.84
储蓄性保险净收益	6.58		4.63	0.38	6.64	27.39
转让承包土地经营权租金净收入	43.30	57.00	51.71	26.93	55.18	17.23
出租房屋财产性收入	614.48	101.90	310.93	543.83	743.01	1781.03
出租机械、专利、版权等资产的收入	50.16	0.78	1.31	2.37	5.74	309.40
其他财产净收入	33.67	2.83	7.77	-0.17	18.28	179.66
房屋虚拟租金	1374.60	644.65	893.13	1373.03	1709.44	2803.29
转移净收入	5237.55	1234.30	2594.37	4513.27	7962.19	12956.83
转移性收入	6061.02	1719.26	3161.51	5372.93	9030.89	14338.53
养老金或离退休金	4910.86	1056.82	2439.40	4394.98	7369.81	12196.05
离退休金	4849.71	993.63	2388.96	4330.46	7298.09	12139.23
(城镇)居民社会养老保险	15.79	14.77	11.51	18.06	16.14	20.22
新型农村养老保险	19.82	41.86	18.49	9.10	17.39	4.43
其他养老金	25.53	6.55	20.44	37.36	38.19	32.18
社会救济和补助	42.28	96.97	24.54	16.77	6.64	57.96
政策性生活补贴	42.33	8.99	10.34	9.05	79.75	138.71
报销医疗费	292.66	81.15	173.40	212.40	393.55	774.99
家庭外出从业人员寄回带回收入	457.53	284.31	293.53	466.91	751.86	605.51
赡养收入	207.97	119.24	139.97	147.00	340.90	365.58
其他经常转移收入	89.36	43.54	63.77	114.40	71.94	184.95
失业保险金	11.09	4.20		10.21	6.86	43.76
经常性捐赠收入	7.72	4.30	2.30	9.53	11.50	14.10
经常性赔偿收入	0.14	0.40			0.23	
其他转移性收入	70.40	34.63	61.48	94.66	53.35	127.10
从政府和组织得到的实物产品和服务折价	6.66	2.82	7.47	4.55	8.57	11.85
现金政策性惠农补贴	11.37	25.42	9.09	6.85	7.87	2.92
转移性支出	823.47	484.96	567.15	859.66	1068.69	1381.70

8-13　城镇居民家庭人均支出(2016年)

单位：元

指　　标	城镇平均	按比例分组				
		城镇低收入户	城镇中低收入户	城镇中等收入户	城镇中高收入户	城镇高收入户
总支出	**22644.47**	**12863.20**	**16386.75**	**22741.15**	**27937.10**	**40419.07**
消费支出	18087.79	10036.57	13798.35	18167.30	22624.05	31266.16
食品烟酒	5067.71	3095.14	4260.35	5209.72	6209.08	7753.34
衣着	1746.62	990.12	1389.09	1853.22	2166.38	2799.95
居住	3753.39	2000.81	2838.84	3565.24	4473.84	7168.28
生活用品及服务	1430.23	678.38	1015.69	1547.90	1779.80	2626.32
交通通信	1993.75	956.37	1374.81	1906.00	2746.77	3716.33
教育文化娱乐	2078.78	1465.54	1569.54	2320.84	2442.29	3023.12
医疗保健	1524.52	641.40	1031.92	1263.58	2250.93	3080.15
其他用品和服务	492.79	208.82	318.13	500.81	554.96	1098.66
生产经营费用支出	934.89	839.41	280.22	740.62	869.79	2350.65
财产性支出	24.12	4.14	27.18	24.01	24.92	49.65
生活贷款利息支出	19.66	2.82	21.48	19.01	24.85	37.73
住房贷款利息支出	15.86	2.82	20.57	8.21	21.77	32.00
其他生活贷款利息支出	3.80		0.91	10.80	3.07	5.72
其他财产性支出	4.46	1.32	5.70	5.01	0.08	11.92
转移性支出	823.45	484.96	567.13	859.65	1068.63	1381.67
个人所得税	30.49	3.33	5.20	13.37	57.58	99.02
社会保障支出	672.90	392.53	480.06	749.41	874.39	1049.50
个人缴纳的养老保险	451.84	253.29	323.28	516.66	586.05	703.30
个人缴纳的医疗保险	189.24	127.85	140.76	199.66	236.51	285.15
个人缴纳的失业保险	22.13	8.71	9.44	20.50	34.76	48.47
其他社会保障支出	9.68	2.69	6.58	12.59	17.08	12.59
外来从业人员寄给家人的支出	9.06	5.65	1.06	4.86	0.15	41.60
赡养支出	61.32	42.80	47.80	54.21	65.77	113.22
其他转移性支出	49.69	40.64	33.01	37.79	70.74	78.32
部分商业保险支出	97.70	34.67	45.04	101.91	182.68	166.18
意外伤害保险	14.35	2.73	5.12	29.94	15.74	23.98
商业医疗保险(含大病保险)	23.92	11.31	9.77	18.50	40.96	50.79
其他非储蓄性商业保险	18.08	3.52	19.43	17.22	36.46	18.20
其他储蓄性商业保险	41.36	17.12	10.72	36.26	89.52	73.22
购置资产及非经常性转移支出	2225.46	1273.84	1363.22	2252.92	2664.51	4385.73
购置资产支出	514.16	288.60	57.76	426.37	769.64	1334.05
建造住房支出	97.19	176.02	19.97	27.04	22.88	263.75
购买住房支出	365.05	0.72	34.85	373.34	735.16	959.68
购建第一产业生产性固定资产	27.60	99.45	0.64	0.68	1.14	21.32
购建第二产业生产性固定资产支出	1.04				5.76	
购建第三产业生产性固定资产支出	17.59	3.46	2.30	25.28	2.09	69.61
购建其他资产支出	5.69	8.95		0.03	2.63	19.70
非经常性转移支出	1711.30	985.24	1305.46	1826.55	1894.87	3051.68
博彩支出	4.81	1.95	3.15	4.73	10.68	4.83
婚丧嫁娶礼金支出	929.45	554.51	779.08	984.34	1056.11	1505.04
一次性赔偿支出	26.70	2.33	0.21	130.05	0.87	0.31
一次性馈赠支出	618.73	276.06	449.96	616.51	682.92	1317.05
其他非经常性转移支出	58.16	108.56	19.48	42.17	49.53	67.01
借贷性支出	451.05	189.61	305.61	594.74	502.52	819.04
存入储蓄款	146.67	59.96	105.52	166.30	166.69	290.90
借出款	5.77	13.75	1.43	1.69	3.40	7.74
归还借款	20.15	21.82	3.38	28.62	45.12	1.83
购买有价证券	1.01	1.64		0.60		3.19
其他投资支出	1.95	1.53	0.00	0.63	5.04	3.53
归还住房贷款	224.60	82.26	162.51	302.38	214.39	445.43
归还汽车贷款	31.53	1.46	3.66	92.83	16.63	56.90
归还教育贷款						
归还其他贷款	18.02	7.18	27.99	1.02	51.19	3.41
其他借贷支出	1.35	0.01	1.13	0.67	0.06	6.10

8-14 城镇居民家庭人均购买生活消费品及服务现金支出(2016年)

单位：元

指　　标	城镇平均	按比例分组				
		城镇低收入户	城镇中低收入户	城镇中等收入户	城镇中高收入户	城镇高收入户
购买生活消费品及服务	**15631.46**	**8626.73**	**12023.88**	**15703.23**	**19605.55**	**26882.17**
食品烟酒	**4961.30**	**3020.22**	**4193.18**	**5090.39**	**6062.33**	**7605.41**
食品	3262.52	2155.61	2814.52	3386.73	3890.46	4719.95
谷物	411.79	331.25	368.12	409.82	471.14	531.98
小麦	0.37	0.18	0.35	0.81	0.08	0.48
面粉	71.76	60.93	69.99	65.09	78.86	91.23
稻谷	0.19	0.09	0.24	0.14	0.25	0.26
大米	106.83	78.29	98.54	103.00	122.45	149.33
玉米	4.14	2.28	3.48	3.53	5.20	7.47
小米	21.66	14.64	17.77	21.20	24.55	35.29
其他谷物	7.80	4.29	7.46	6.91	10.38	11.83
面粉制品	175.87	157.18	151.79	177.69	200.12	208.75
其他谷物制品	23.17	13.36	18.49	31.46	29.24	27.34
薯类	57.41	43.22	45.43	64.00	67.34	76.52
红薯	11.01	8.45	8.77	11.99	12.04	15.71
马铃薯	16.86	13.27	14.32	17.17	19.98	21.98
其他薯类及制品	29.55	21.51	22.34	34.83	35.31	38.84
豆类	59.64	45.51	51.03	64.75	68.29	77.18
大豆	3.86	2.03	3.26	3.93	4.49	6.75
其他豆类及制品	55.78	43.47	47.77	60.82	63.81	70.43
食用油	140.45	101.26	118.82	138.31	171.49	198.50
食用植物油	139.80	100.57	118.21	137.76	170.99	197.51
食用动物油	0.66	0.68	0.62	0.55	0.51	0.98
蔬菜和食用菌	441.04	287.70	371.85	440.13	540.35	662.04
鲜菜	381.14	250.10	324.93	381.40	470.11	559.66
干菜及制品	21.45	14.96	16.96	22.68	22.75	34.79
鲜菌	26.68	16.63	20.43	25.68	31.89	46.39
干菌及制品	11.77	6.01	9.53	10.36	15.60	21.19
肉类	692.05	442.69	575.69	730.91	849.11	1010.54
猪肉	363.29	259.29	316.50	377.28	414.94	512.60
牛肉	100.79	47.70	80.58	108.48	132.82	164.41
羊肉	93.23	50.65	73.52	100.24	126.64	139.23
其他肉类及制品	134.74	85.06	105.09	144.92	174.71	194.29
禽类	146.26	100.12	139.52	143.71	172.29	199.84
鸡	87.08	61.71	85.48	83.96	99.57	117.82
鸭	12.68	8.45	15.14	12.64	13.70	14.50
鹅	1.27	1.36	0.96	1.27	1.32	1.51
其他禽类及制品	45.23	28.61	37.94	45.84	57.69	66.01
水产品	115.54	56.65	83.17	111.76	156.37	210.06
鱼类	73.77	40.07	60.27	72.32	96.88	120.01
虾类	24.15	7.56	10.83	19.60	36.14	60.70
蟹类	1.86	0.25	1.36	1.43	3.07	4.23
贝类	0.94	0.25	0.49	0.66	1.58	2.25
藻类	3.88	2.27	3.12	5.15	3.92	5.75
其他水产品及制品	10.94	6.25	7.10	12.61	14.78	17.11
蛋类	128.31	99.60	118.86	129.98	141.75	168.26
鲜蛋	117.81	93.13	110.44	118.03	130.05	151.84
蛋制品	10.50	6.47	8.42	11.95	11.70	16.42

8-14 续表 1

单位：元

指　　标	城镇平均	按比例分组				
		城镇低收入户	城镇中低收入户	城镇中等收入户	城镇中高收入户	城镇高收入户
奶类	294.73	163.07	271.21	337.42	338.16	425.86
鲜奶	118.37	65.13	85.93	130.77	147.85	196.81
酸奶	58.86	24.79	41.09	56.99	84.20	109.71
奶粉	80.18	43.07	109.81	105.12	65.95	79.16
其他奶制品	37.32	30.08	34.37	44.54	40.16	40.19
干鲜瓜果类	404.09	223.94	313.05	432.92	493.62	671.18
鲜瓜果	292.45	167.21	232.85	315.27	352.51	471.76
瓜果制品	23.66	13.85	16.23	27.82	27.17	40.06
坚果类	87.98	42.88	63.97	89.83	113.94	159.35
糖果糕点类	128.87	79.53	106.11	131.91	160.08	197.34
食糖	10.08	7.97	10.25	9.81	10.54	12.88
糖果	15.33	9.04	11.78	13.68	18.97	27.99
糕点	86.27	53.89	72.39	92.24	103.30	128.56
其他糖果糕点	17.20	8.64	11.69	16.17	27.25	27.90
其他食品	242.33	181.07	251.65	251.11	260.47	290.65
调味品	84.92	59.87	72.46	87.06	95.46	126.38
其他食品	157.41	121.20	179.19	164.05	165.01	164.26
饮料	152.34	86.90	129.33	161.91	184.77	236.11
茶叶	52.98	16.65	38.64	56.32	71.50	103.64
咖啡	3.56	1.57	1.58	1.73	4.84	10.35
其他固体饮料	5.09	5.02	3.92	5.17	4.53	7.46
瓶装饮用水	9.09	5.63	7.94	8.70	11.86	13.34
果汁饮料	20.32	11.50	19.20	21.10	21.92	32.62
其他液体饮料	61.30	46.52	58.05	68.90	70.12	68.70
烟酒	538.29	305.39	465.04	500.47	674.66	891.46
烟草	253.18	157.74	224.91	256.64	313.20	366.32
卷烟	252.34	156.55	223.80	256.06	312.77	365.57
烟丝、烟叶	0.85	1.19	1.11	0.58	0.44	0.75
酒类	285.11	147.64	240.12	243.83	361.46	525.14
啤酒	26.94	16.90	25.62	22.37	35.81	39.79
白酒	240.36	124.36	206.26	209.67	296.05	442.22
果酒	8.33	3.22	3.00	6.25	15.06	18.67
其他酒	9.48	3.16	5.25	5.54	14.54	24.45
饮食服务	1008.15	472.32	784.29	1041.28	1312.43	1757.90
食堂用餐	53.07	32.55	40.10	52.76	47.73	109.95
其他在外饮食	952.81	437.80	741.97	985.60	1262.48	1645.92
食品加工服务费	2.27	1.97	2.21	2.93	2.22	2.03
衣着	**1731.10**	**981.76**	**1384.39**	**1834.97**	**2143.19**	**2770.29**
衣类	1310.47	738.20	1025.43	1390.35	1624.57	2133.28
服装	1250.63	705.22	982.00	1322.90	1545.31	2040.85
服装材料	5.74	2.44	4.54	6.11	8.13	9.30
其他衣类及配件	50.80	28.42	36.54	57.92	67.15	77.63
衣类加工服务费	3.29	2.12	2.35	3.42	3.98	5.49
鞋类	420.64	243.56	358.95	444.61	518.62	637.01
鞋	415.97	241.10	354.42	438.79	513.02	631.33
鞋类配件及加工服务费	4.66	2.46	4.53	5.82	5.60	5.68

8-14 续表 2

单位：元

指　　标	城镇平均	按比例分组				
		城镇低收入户	城镇中低收入户	城镇中等收入户	城镇中高收入户	城镇高收入户
居住	**1561.63**	**783.81**	**1201.83**	**1351.94**	**1818.78**	**3245.01**
租赁房房租	123.87	28.37	81.38	76.71	180.02	326.87
租赁公房房租	9.66	1.24	2.33	7.06	11.31	34.57
租赁私房房租	114.21	27.13	79.05	69.65	168.71	292.31
住房维修及管理	625.45	200.82	431.31	523.90	706.17	1594.13
住房装潢	405.35	75.04	344.60	349.00	426.21	1048.50
住房维修	126.09	99.01	32.80	97.14	165.94	292.90
物业管理费	60.38	14.64	34.35	54.95	76.53	156.37
其他	33.64	12.14	19.56	22.80	37.49	96.36
水电燃料及其他	812.31	554.61	689.15	751.33	932.60	1324.01
水	85.54	50.82	73.46	84.84	103.65	136.13
电	406.79	310.38	381.77	406.16	446.36	545.79
燃料	184.16	135.44	175.62	163.43	204.29	274.46
柴	0.02	0.00	0.07			
草						
煤炭	19.94	24.78	25.52	16.62	14.39	15.13
沼气	0.09	0.01		0.05	0.00	0.52
管道天然气	98.81	44.74	75.07	89.72	133.98	186.80
管道煤气	1.28	0.50	2.39	1.28	0.72	1.54
管道液化石油气	0.25	0.07	0.72	0.04	0.17	0.22
罐装液化石油气	56.93	64.05	67.95	52.79	47.35	46.54
汽油(生活燃料)	6.11	0.42	2.92	2.54	7.08	22.91
柴油(生活燃料)	0.01	0.03				0.03
其他油(生活燃料)	0.19	0.01	0.19	0.25	0.22	0.38
其他生活燃料	0.53	0.84	0.78	0.14	0.38	0.40
取暖费	96.72	25.18	36.56	83.91	120.58	282.08
其他	39.10	32.79	21.74	12.99	57.71	85.55
生活用品及服务	**1413.68**	**668.80**	**1007.01**	**1530.24**	**1748.58**	**2606.24**
家具及室内装饰品	311.20	122.99	178.20	298.55	391.90	714.55
家具	284.70	103.55	166.82	274.69	341.61	679.78
家具材料	10.41	11.09	3.42	2.13	27.93	9.65
室内装饰品	16.08	8.35	7.96	21.74	22.35	25.12
家用器具	343.97	135.27	226.74	388.69	436.79	668.57
耐用消费品	292.75	113.19	192.90	325.81	368.79	582.01
洗衣机	40.39	17.43	28.84	35.40	46.23	91.95
电冰箱(柜)	40.05	25.07	30.86	44.46	61.38	45.82
空调器	101.20	21.08	66.82	144.13	111.01	207.67
吸尘器	1.73	0.29	0.08	0.48	1.13	8.62
抽油烟机	14.57	4.30	6.97	12.43	27.31	29.20
微波炉	3.24	0.50	2.90	2.28	6.32	5.57
非太阳能热水器	16.31	6.46	4.28	10.87	24.46	46.25
太阳能热水器	7.41	5.36	4.20	8.03	8.12	13.57
燃气炉具	5.23	1.62	4.04	4.88	8.35	9.33
太阳能炉具	0.59	0.13	0.31			3.16
洗碗机	1.14	0.08		1.60	3.18	1.42
消毒碗柜	0.81		1.35	2.06	0.07	0.56
其他	60.08	30.88	42.26	59.18	71.21	118.89
小家电	51.21	22.08	33.85	62.88	68.00	86.56

8-14 续表 3

单位：元

指　　标	城镇平均	按比例分组				
		城镇低收入户	城镇中低收入户	城镇中等收入户	城镇中高收入户	城镇高收入户
家用纺织品	139.72	54.59	104.78	184.20	176.50	221.25
床上用品	118.13	46.95	90.80	155.40	151.26	180.70
窗帘门帘	11.18	3.59	7.24	16.64	10.73	22.10
其他家用纺织品	10.41	4.05	6.75	12.16	14.50	18.45
家庭日用杂品	346.05	220.79	305.78	376.06	400.90	494.40
洗涤及卫生用品	130.37	85.57	124.36	138.55	151.28	173.10
厨具、餐具、茶具	58.03	30.52	41.96	66.89	70.27	97.89
家用手工工具	2.23	1.09	1.45	1.95	3.44	4.07
其他	155.42	103.61	138.01	168.67	175.91	219.35
个人用品	225.01	119.91	167.30	230.88	289.29	387.44
化妆品	121.24	49.00	85.77	114.43	166.51	239.43
其他个人用品	103.77	70.91	81.52	116.45	122.77	148.01
家庭服务	47.74	15.24	24.21	51.86	53.21	120.03
家政服务	19.53	0.69	3.83	25.59	9.54	75.01
家庭设备修理费	28.22	14.55	20.38	26.26	43.67	45.03
交通通信	**1928.38**	**927.67**	**1330.56**	**1846.67**	**2650.64**	**3592.21**
交通	1199.47	503.08	692.35	1086.41	1762.77	2489.96
交通工具	623.46	290.01	295.61	491.89	989.58	1350.79
汽车	475.15	193.45	148.14	367.70	815.85	1120.47
摩托车	14.43	5.51	10.65	21.63	19.99	17.90
自行车	13.26	6.71	7.43	20.85	18.51	15.93
电动自行车	82.93	54.18	67.27	65.65	96.82	155.67
其他交通工具	37.69	30.17	62.12	16.06	38.40	40.81
交通费	142.46	60.54	87.66	122.73	193.26	313.48
飞机	28.84	4.21	13.39	19.08	36.12	93.00
火车	45.17	12.46	21.10	43.27	69.97	103.71
长途汽车	26.46	17.74	21.98	24.57	31.57	42.78
市内公共交通	14.32	10.57	9.76	13.13	19.79	21.82
出租汽车费	15.75	8.09	8.81	13.94	18.32	36.85
其他交通费	11.91	7.46	12.62	8.73	17.48	15.33
交通工具用燃料	282.76	89.45	204.16	305.01	396.68	532.14
汽油	277.66	85.60	200.45	300.07	390.28	524.42
柴油	1.60	2.63	0.67	0.75	1.78	2.27
其他燃料和润滑剂	3.50	1.22	3.05	4.19	4.62	5.45
交通工具使用及维修	150.79	63.09	104.92	166.78	183.26	293.55
交通工具零配件和维修	91.08	51.49	71.44	101.50	105.87	149.73
停车费	8.03	2.32	4.68	11.14	9.33	16.16
车辆使用税费(含过桥过路费)	32.68	6.29	16.12	34.18	55.78	68.28
其他	19.01	2.99	12.68	19.97	12.27	59.38
通信	728.91	424.59	638.21	760.26	887.87	1102.24
通信工具	253.08	127.08	208.26	264.60	313.49	426.30
电话机	1.81	1.58	0.58	1.83	4.71	0.52
移动电话机	241.58	118.89	198.16	252.92	296.78	414.02
其他通信工具及零配件	9.69	6.61	9.52	9.85	12.00	11.76
通信服务	475.83	297.51	429.95	495.66	574.38	675.95
固定电话费	15.70	6.03	12.64	15.17	19.76	30.93
移动电话费	348.39	222.41	321.21	364.83	419.29	477.63
上网费	105.92	65.79	90.92	109.65	127.39	159.48
邮费	2.03	0.72	1.68	2.04	3.00	3.41
其他通信服务费	3.79	2.57	3.50	3.98	4.93	4.49

8-14 续表 4

单位：元

指　　标	城镇平均	按比例分组				
		城镇低收入户	城镇中低收入户	城镇中等收入户	城镇中高收入户	城镇高收入户
教育文化娱乐	**2052.96**	**1411.08**	**1564.02**	**2299.72**	**2413.92**	**3008.98**
教育	1122.26	1055.95	994.99	1292.49	1202.59	1096.47
学前教育	178.44	167.18	155.64	175.07	185.65	224.54
教育用品	2.16	0.83	1.98	1.89	2.71	4.14
学杂费	71.59	78.96	70.35	52.25	65.02	94.46
培训费	23.94	9.74	13.81	19.85	34.99	52.76
赞助费	0.92	3.17		0.03	0.88	
一揽子教育服务(含食宿)	57.14	54.14	48.23	85.36	57.52	38.03
其他费用	22.69	20.34	21.28	15.69	24.53	35.16
小学教育	160.15	138.77	139.67	162.30	211.42	160.09
教育用品	7.34	7.82	7.01	7.72	6.97	7.02
学杂费	14.69	18.83	4.43	15.02	18.27	18.53
培训费	59.70	35.84	44.10	71.50	101.33	55.28
赞助费	5.55	2.16	4.88	1.42	9.81	12.01
一揽子教育服务(含食宿)	43.25	55.00	44.39	33.79	36.70	43.28
其他费用	29.63	19.11	34.86	32.85	38.34	23.97
初中教育	161.19	148.86	130.79	135.90	241.43	162.85
教育用品	8.38	9.60	5.86	5.81	11.41	9.93
学杂费	17.04	7.80	23.43	14.03	12.70	30.91
培训费	50.29	22.70	33.15	25.55	120.54	67.20
赞助费	2.48	2.42	7.81		0.82	
一揽子教育服务(含食宿)	66.06	91.75	52.78	73.49	59.62	43.72
其他费用	16.94	14.58	7.75	17.03	36.33	11.10
高中教育	178.80	198.90	170.92	211.96	107.48	199.95
教育用品	5.22	4.11	10.53	4.77	2.00	3.57
学杂费	30.36	30.32	17.73	42.77	14.80	50.89
培训费	21.87	18.18	15.48	24.36	17.20	39.04
赞助费	7.37	3.91		30.84	1.65	
一揽子教育服务(含食宿)	95.98	122.98	112.69	94.26	62.74	71.25
其他费用	18.00	19.40	14.49	14.96	9.10	35.20
中专职高教育	8.45	8.43	8.75	4.19	6.25	16.08
教育用品	0.47	0.83	0.23	0.38	0.61	0.21
学杂费	2.92	1.17	3.60	1.18	0.20	10.01
培训费	0.59	0.58	0.25	0.10	2.09	
一揽子教育服务(含食宿)	3.61	4.16	3.85	1.32	3.17	5.87
其他费用	0.87	1.70	0.82	1.22	0.19	
大专及以上教育	357.41	344.74	338.39	502.13	341.46	237.84
教育用品	2.66	2.79	3.78	0.88	1.95	3.95
学杂费	94.20	95.30	86.41	129.78	93.24	59.36
培训费	11.17	14.99	13.59	1.64	17.32	6.84
一揽子教育服务(含食宿)	228.27	216.35	222.10	327.39	202.37	158.90
其他费用	21.11	15.32	12.51	42.44	26.58	8.78
成人教育	77.81	49.06	50.83	100.94	108.90	95.12
教育用品	3.09	2.74	3.43	3.05	4.38	1.70
培训费	52.93	27.12	32.64	82.52	64.73	70.26
其他费用	21.79	19.20	14.77	15.37	39.80	23.16

8-14 续表 5

单位：元

指　　标	城镇平均	按比例分组				
		城镇低收入户	城镇中低收入户	城镇中等收入户	城镇中高收入户	城镇高收入户
文化娱乐	930.70	355.14	569.02	1007.22	1211.33	1912.50
文娱耐用消费品	185.89	65.74	120.54	281.06	157.35	376.39
组合音响	4.64	3.67	10.89	0.12	6.04	1.22
彩色电视机	59.27	21.38	40.28	91.38	69.97	91.37
影碟机	0.03	0.05		0.05		0.07
摄像机						
照相机	11.83	2.07	7.47	9.21	4.24	45.29
家用台式电脑	24.55	12.92	9.39	41.49	16.56	51.97
家用笔记本电脑	30.49	13.51	16.47	47.12	27.26	59.31
中高档乐器	9.87	0.03	0.46	13.78	6.36	37.69
健身器材	16.98	0.78	6.82	41.69	7.39	36.12
其他文娱耐用消费品	12.46	5.06	10.87	17.32	11.63	20.91
文娱耐用消费品的零配件及维修	15.76	6.27	17.90	18.90	7.89	32.44
其他文娱用品	171.55	111.53	140.61	192.75	215.73	229.86
书、报、杂志及音像制品	31.14	20.70	20.39	37.82	34.80	49.88
文具纸张	30.96	31.38	31.45	30.95	31.92	28.46
体育户外用品	10.50	2.61	9.92	7.73	12.91	24.17
游戏用品和玩具	35.13	19.81	30.53	35.67	44.97	53.16
园艺花卉及有关产品	14.17	4.28	13.45	18.09	19.03	19.75
宠物及有关产品	7.61	2.65	5.00	11.81	12.86	7.50
其他文娱用品及维修	42.05	30.09	29.88	50.66	59.25	46.93
文化娱乐服务	573.27	177.87	307.87	533.41	838.24	1306.26
团体旅游	402.44	98.77	181.66	371.93	607.36	988.03
景点门票	33.26	9.61	19.13	39.19	47.88	65.42
体育健身活动	13.45	2.38	9.93	9.56	20.96	31.77
电影、话剧、演出票	13.66	2.72	6.10	9.66	27.16	30.80
有线电视费	58.17	38.51	48.79	54.82	70.96	91.33
其他文化娱乐服务	52.28	25.88	42.26	48.25	63.93	98.91
医疗保健	**1499.87**	**633.58**	**1028.15**	**1254.53**	**2224.69**	**2981.42**
医疗器具及药品	556.01	247.48	411.76	478.91	677.05	1195.99
药品	390.29	218.66	327.67	360.54	493.69	662.05
滋补保健品	126.02	24.04	68.83	83.29	131.27	413.86
医疗卫生器具	13.66	2.48	3.50	12.77	11.91	48.70
保健器具	26.03	2.30	11.76	22.32	40.18	71.39
医疗服务	943.86	386.10	616.40	775.62	1547.63	1785.42
门诊医疗总费用	265.94	172.59	177.65	300.26	273.74	483.83
住院医疗总费用	677.92	213.50	438.74	475.36	1273.89	1301.59
其他用品和服务	**482.54**	**199.82**	**314.75**	**494.78**	**543.44**	**1072.62**
其他用品	286.13	103.91	182.84	273.62	321.85	689.67
首饰及手表	193.67	49.25	105.78	157.30	237.95	537.38
其他杂项用品	92.47	54.66	77.07	116.32	83.90	152.30
其他服务	196.40	95.91	131.91	221.16	221.59	382.95
旅馆住宿费	29.18	10.41	8.94	22.25	43.48	79.46
美容美发洗浴	100.19	53.79	71.33	111.54	116.69	179.42
其他杂项服务	67.03	31.71	51.64	87.37	61.42	124.06

8-15 城镇居民家庭平均每人购买食品数量(2016年)

单位：千克、盒

指　　标	城镇平均	按比例分组				
		最低收入户	更低户	低收入户	较低收入户	中间收入户
面粉	19.57	17.11	19.60	18.17	20.44	24.05
大米	19.01	14.68	18.15	18.20	21.54	25.03
食用植物油	9.34	7.61	8.62	9.16	10.70	11.72
鲜菜	95.82	71.17	87.01	97.08	112.93	124.84
猪肉	12.95	9.46	11.39	13.60	14.66	17.72
牛肉	1.89	0.89	1.51	2.07	2.48	3.05
羊肉	1.88	1.03	1.51	2.02	2.55	2.79
鸡	4.83	3.69	4.83	4.61	5.54	6.01
鸭	0.66	0.44	0.75	0.63	0.78	0.72
鱼类	4.38	2.52	3.82	4.35	5.75	6.48
虾类	0.50	0.18	0.25	0.43	0.72	1.16
鲜蛋	13.94	11.36	13.36	14.14	15.33	16.86
鲜奶	10.13	6.01	7.91	10.90	13.06	15.30
酸奶	4.65	2.05	3.34	4.49	6.72	8.36
奶粉	0.51	0.33	0.62	0.76	0.39	0.45
鲜瓜果	60.67	42.95	53.40	66.27	69.42	81.03
坚果类	4.43	2.63	3.58	4.85	5.52	6.59
糕点	4.13	2.91	3.60	4.46	4.86	5.48
茶叶	0.25	0.11	0.18	0.26	0.33	0.44
卷烟	19.73	15.09	18.19	20.43	22.53	24.92
啤酒	4.07	2.98	4.42	3.35	5.01	5.05
白酒	2.78	1.76	2.34	2.74	3.55	4.11
果酒	0.14	0.06	0.06	0.09	0.24	0.29

注：卷烟单位为盒。

8-16 城镇居民家庭购买非食品数量(2016年)

指　　标	计量单位	城镇平均	按比例分组				
			城镇低收入户	城镇中低收入户	城镇中等收入户	城镇中高收入户	城镇高收入户
鞋	双/人	3.31	2.82	3.19	3.34	3.54	3.95
水	吨/人	33.63	22.62	33.79	33.57	36.86	46.62
电	度/人	706.72	540.94	660.92	702.19	776.88	951.67
煤炭	千克/人	26.11	33.67	32.92	21.98	18.49	18.86
管道天然气	立方米/人	44.17	20.07	33.52	40.39	58.18	85.12
管道煤气	立方米/人	0.81	0.30	1.29	0.75	0.51	1.32
管道液化石油气	千克/人	0.08	0.04	0.23	0.02	0.03	0.09
罐装液化石油气	千克/人	9.26	10.45	10.73	8.41	7.76	8.17
洗衣机	台/百户	6.45	3.75	4.85	5.75	9.17	8.70
电冰箱(柜)	台/百户	4.72	4.24	4.15	5.34	5.75	4.12
空调器	台/百户	8.55	2.95	6.89	12.28	8.08	12.57
吸尘器	台/百户	0.74	0.31	0.27	0.38	1.38	1.35
抽油烟机	台/百户	4.03	1.30	2.31	3.66	6.48	6.38
微波炉	台/百户	1.55	0.84	1.53	1.15	2.26	1.97
非太阳能热水器	台/百户	3.01	1.90	1.55	2.20	4.02	5.39
太阳能热水器	台/百户	1.18	1.21	1.29	1.38	1.15	0.86
燃气炉具	套/百户	2.80	2.49	2.44	2.65	2.70	3.73
太阳能炉具	套/百户	0.18	0.07	0.11			0.74
洗碗机	台/百户	0.32	0.22		0.23	0.80	0.35
消毒碗柜	台/百户	0.14		0.37	0.17	0.02	0.15
汽车	辆/百户	1.53	1.08	0.56	1.20	2.74	2.05
摩托车	辆/百户	0.68	0.28	0.85	0.70	0.65	0.94
自行车	辆/百户	5.62	3.01	5.25	8.99	6.61	4.25
电动自行车	辆/百户	10.48	8.88	10.33	8.31	10.49	14.36
电话机	部/百户	1.97	0.66	0.93	2.22	3.80	2.26
移动电话机	部/百户	52.36	45.22	58.58	51.24	50.92	55.79
组合音响	台/百户	0.82	0.80	0.85	0.14	1.17	1.11
彩色电视机	台/百户	6.26	3.02	5.41	9.12	6.57	7.15
影碟机	台/百户	0.06	0.10		0.11		0.10
摄像机	台/百户						
照相机	台/百户	0.79	0.33	0.79	0.76	0.30	1.77
家用台式电脑	台/百户	1.99	1.45	0.86	3.32	1.22	3.11
家用笔记本电脑	台/百户	2.14	1.17	1.86	2.65	1.98	3.06

8-17 城镇居民家庭平均每百户主要消费品年末拥有量(2016年)

指标	单位	城镇平均	按比例分组				
			城镇低收入户	城镇中低收入户	城镇中等收入户	城镇中高收入户	城镇高收入户
家用汽车	辆	30.30	16.37	31.43	29.51	32.72	41.42
摩托车	辆	19.56	30.17	22.42	17.31	13.98	13.95
助力车	台	105.71	113.63	125.80	111.06	93.26	84.91
洗衣机	台	100.23	97.55	99.63	102.55	99.69	101.75
电冰箱(柜)	台	98.04	91.99	98.50	99.58	98.29	101.86
微波炉	台	44.27	24.60	38.78	47.07	51.19	59.64
彩色电视机	台	121.28	119.42	123.12	120.60	119.76	123.49
其中：接入有线电视	台	85.34	68.21	87.52	87.21	90.32	93.38
空调	台	155.11	116.03	151.78	158.05	164.98	184.58
热水器	台	87.41	77.29	82.61	91.11	90.32	95.69
其中：太阳能热水器	台	37.56	42.66	38.26	40.98	34.71	31.22
消毒碗柜	台	6.47	2.34	5.68	6.95	7.32	10.04
洗碗机	台	0.93	0.42	0.66	1.71	0.57	1.30
排油烟机	台	68.80	48.31	63.74	70.25	78.43	83.21
固定电话	线	28.59	19.51	26.53	28.13	28.27	40.49
移动电话	部	234.39	230.83	254.84	241.34	225.78	219.21
其中：接入互联网	部	128.27	115.85	133.42	131.66	132.69	127.68
计算机	台	74.62	57.46	75.06	79.66	78.03	82.84
其中：接入互联网	台	60.46	45.67	59.60	65.47	63.09	68.44
摄像机	台	5.12	1.52	3.78	6.06	7.03	7.21
照相机	台	21.85	7.68	16.03	23.94	25.23	36.32
中高档乐器	架	3.27	0.32	3.02	4.96	3.62	4.46
健身器材	台	4.16	0.83	4.38	5.94	3.83	5.83
组合音响	套	4.33	2.64	4.33	3.38	5.37	5.91

8-18 历年农村居民收支

(指数以上年为100，按可比口径计算)

单位：元

年份	农民家庭人均可支配收入	可支配收入指数	农民家庭人均生活消费支出	#食品
1978	104.71		81.70	
1979	133.56		110.83	67.32
1980	160.78		135.51	78.49
1981	215.57		165.57	89.08
1982	216.74		177.90	101.18
1983	272.00		196.35	113.71
1984	301.17		219.64	122.46
1985	328.78		260.19	145.83
1986	333.64	99.7	292.48	159.88
1987	377.72	110.1	309.90	164.03
1988	401.32	98.2	346.73	179.42
1989	457.06	102.5	390.05	199.99
1990	526.95	105.5	437.73	240.93
1991	539.29	102.3	454.68	242.83
1992	588.48	104.9	472.61	264.02
1993	695.85	109.0	564.93	334.52
1994	909.81	103.4	731.78	426.17
1995	1231.97	109.5	929.39	544.26
1996	1579.19	113.8	1206.43	670.89
1997	1733.89	107.4	1270.52	693.09
1998	1864.05	106.5	1240.30	700.78
1999	1948.36	106.4	1163.98	617.46
2000	1985.82	103.9	1315.83	654.13
2001	2097.86	104.9	1375.60	668.77
2002	2215.74	105.1	1451.51	697.02
2003	2235.68	99.6	1508.67	726.57
2004	2553.15	108.1	1664.09	808.27
2005	2870.58	107.5	1891.57	858.97
2006	3261.03	112.1	2229.28	911.48
2007	3851.60	112.2	2676.41	1017.43
2008	4454.24	107.2	3044.21	1165.81
2009	4806.95	107.5	3388.47	1220.36
2010	5523.73	111.0	3682.21	1371.17
2011	6604.03	112.7	4319.95	1559.74
2012	7524.94	111.3	5032.14	1701.75
2013	8475.34	109.5	5627.73	1938.47
2014	9966.07	109.4	7277.21	2153.81
2015	10852.86	107.6	7887.45	2301.27
2016	11696.74	105.7	8586.59	2447.29

注:2013年以前为纯收入口径

8-19 农民家庭人口与劳动力状况

项　　目	单 位	2005年	2010年	2012年	2013年	2014年	2015年	2016年
调查户数	**户**	**4200**	**4200**	**4200**	**5032**	**3795**	**3806**	**3837**
调查户常住人口	**人**	**17591**	**17007**	**17154**	**19744**	**13312**	**13403**	**13359**
平均每户常住人口	人	4.19	4.05	4.08	3.91	3.51	3.52	3.79
整半劳动力	人	2.87	2.92	2.89	2.69	2.24	2.21	2.23
劳动力占常住人口比重	%	68.50	72.20	70.70	68.70	63.8	62.8	64.2
平均每个劳动力负担人口	人	1.46	1.39	1.41	1.46	1.57	1.59	1.56
平均每百个常住人口中								
学龄前人数	人	6.44	6.21	9.63	8.19	6.51	6.65	7.29
6-15岁人数	人	14.69	10.27	11.21	11.05	15.37	16.79	17.14
16-60岁人数	人	72.63	73.91	69.50	67.2	62.69	61.64	61.12
61岁及以上人数	人	6.24	9.66	9.49	13.3	15.43	14.91	14.46

8-20 农民家庭劳动力就业情况

项　　目	单位	2005年	2010年	2012年	2013年	2014年	2015年	2016年
每百个就业劳动力文化程度								
未上过学	人	6.65	5.26	5.14	3.21	4.07	4.00	2.66
小学	人	18.48	16.20	16.58	18.15	20.52	19.89	18.85
初中	人	61.23	60.90	60.93	61.51	58.94	59.75	59.7
高中	人	10.52	12.91	12.01	13.50	12.86	12.68	14.99
大学专科	人	2.11	2.78	2.47		2.71	2.63	2.85
大学本科	人	1.01	1.95	2.87	3.63	0.83	0.95	0.89
研究生						0.09	0.10	0.06
每百个就业劳动力从事的主要行业								
一产业就业劳动力	人	66.75	56.88	49.72	54.22	60.42	58.94	50.85
二产业就业劳动力	人	17.27	24.15	31.9	25.68	20.33	21.61	26.12
三产业就业劳动力	人	15.98	18.97	18.34	20.10	19.25	19.44	23.03

8-21 农民家庭居住情况

项 目	单 位	2005年	2010年	2012年	2013年	2014年	2015年	2016年
期末人均住房情况								
住房面积	平方米	27.21	34.69	38.46	35.18	42.94	43.60	46.65
#租用住房面积	平方米	0.04	0.09	0.50	0.06	0.31	0.42	0.25
住房价值	万元	0.58	1.12	1.96	2.21	2.88	3.10	3.69
主要建筑材料								
钢筋混凝土	%					12.12	14.29	17.86
砖混材料	%					61.55	61.13	62.02
砖瓦砖木	%					24.90	23.42	19.02
竹草土坯	%					1.03	0.78	0.74
其他	%					0.40	0.38	0.37
住宅外道路路面情况								
水泥或柏油路面	%	26.07	44.88	52.95	50.23	52.56	52.49	59.51
沙石或石板等硬质路面	%	8.93	11.95	13.57	12.94	12.63	15.79	16.08
其他	%	65.00	43.17	33.48	36.83	34.81	31.72	24.41
住户主要饮用水来源情况								
经过净化处理的自来水	%					26.60	33.84	45.41
受保护的井水和泉水	%					38.40	32.82	31.34
不受保护的井水和泉水	%					31.05	28.56	18.94
江河湖泊水	%					0.32	0.49	0.61
收集雨水	%							
桶装水	%						0.02	0.04
其他水源	%					3.64	4.28	3.65
住户厕所类型								
水冲式卫生厕所	%					6.52	4.76	7.20
水冲式非卫生厕所	%					1.05	1.44	2.57
卫生旱厕	%					14.28	21.28	22.78
普通旱厕	%					76.83	71.83	66.74
无厕所	%					1.32	0.69	0.70
住户主要取暖用能源状况								
柴草	%					11.10	13.03	13.20
煤炭	%					22.93	23.61	20.59
罐装液化石油气	%					3.25	3.04	5.04
管道液化石油气	%					0.03		0.03
管道煤气	%							
管道天然气	%						0.18	0.48
电	%					16.48	18.36	23.82
燃料用油	%							0.03
沼气	%					0.16	0.15	0.36
其他	%					2.87	2.16	2.55
无取暖行为	%					43.19	39.47	33.89
主要炊用能源状况								
柴草	%					30.30	30.64	26.10
煤炭	%					20.31	18.86	15.03
罐装液化石油气	%					24.85	28.57	33.81
管道液化石油气	%					0.26	0.66	0.28
管道煤气	%					0.03		0.13
管道天然气	%					0.58	0.78	0.82
电	%					19.75	17.46	21.52
燃料用油	%							
沼气	%					1.66	1.75	1.15
其他	%					1.70	1.01	0.61
无炊用行为	%					0.55	0.28	0.55

8-22 农民家庭土地经营情况

项　　目	单 位	2005年	2010年	2012年	2013年	2014年	2015年	2016年
平均每百人土地经营情况								
期初实际经营土地面积	亩	158.88	172.61	170.15	178.83	198.67	201.45	204.06
耕地	亩	150.43	166.09	158.31	159.26	183.52	184.41	187.08
有效灌溉面积	亩	110.19	122.97	118.83	127.81	149.17	153.70	157.58
山地	亩	0.92	2.45	8.31	13.34	9.65	10.86	11.50
园地	亩	3.29	3.48	2.78	4.12	3.91	4.52	3.82
牧草地	亩	0.09	0.08	0.03	0.30		0.17	0.01
养殖水面	亩	4.15	0.52	0.71	1.81	1.59	1.49	1.66
期末实际经营的土地面积	亩	160.69	174.61	173.11	179.40	198.90	198.55	206.82
耕地	亩	151.65	168.00	162.25	159.99	185.11	183.81	189.90
有效灌溉面积	亩	110.62	125.20	121.09	127.90	150.32	151.97	158.86
山地	亩	0.92	2.38	7.80	13.28	8.30	8.78	10.94
园地	亩	3.30	3.40	2.31	4.38	3.97	4.47	4.31
牧草地	亩	0.09	0.08	0.03			0.05	
养殖水面	亩	4.74	0.75	0.71	1.75	1.51	1.45	1.68
期内主要粮食播种面积	亩	233.70	269.52	262.02	263.94	294.78	284.36	289.26
#小麦播种面积	亩	125.69	134.93	130.43	132.90	144.26	140.40	141.86
水稻播种面积	亩	11.69	15.69	15.70	20.08	24.26	22.88	24.46
玉米播种面积	亩	71.62	103.40	107.98	101.97	115.60	110.98	108.74
豆类播种面积	亩	19.56	12.86	6.88	7.91	9.28	8.44	11.77
薯类播种面积	亩	3.39	1.93	0.77	1.01	1.38	1.66	2.43
经济作物播种面积	亩	70.12	35.18	30.87	33.49	31.33	32.70	40.65
#棉花播种面积	亩	19.10	5.24	3.65	0.77	0.70	0.39	0.31
油料播种面积	亩	30.15	16.09	15.40	23.93	21.77	22.43	29.65
蔬菜播种面积	亩	12.45	7.98	7.47	5.50	5.19	5.54	6.19
果用瓜播种面积	亩	2.55	2.92	1.96	3.18	3.63	3.58	4.49

8-23 农民家庭生产经营情况

项　目	单 位	2005年	2010年	2012年	2013年	2014年	2015年	2016年
谷物产量	公斤/人	845.87	1170.43	1249.96	1234.56	1412.60	1447.88	1397.22
#小麦产量	公斤/人	461.33	599.19	595.32	607.57	718.72	692.56	666.40
稻谷产量	公斤/人	67.83	80.22	85.16	102.71	142.73	143.06	151.83
玉米产量	公斤/人	312.21	489.62	568.90	524.19	550.99	611.02	578.39
薯类产量	公斤/人	4.31	5.67	2.13	3.02	5.64	8.79	11.83
豆类产量	公斤/人	26.62	21.27	14.03	13.91	16.14	19.90	22.86
棉花产量	公斤/人	25.68	10.94	8.03	0.93	1.37	0.94	0.56
油料产量	公斤/人	50.23	34.45	43.58	65.56	61.60	65.33	88.46

8-24 农民家庭出售产品情况

项　目	单　位	2005年	2010年	2012年	2013年	2014年	2015年	2016年
出售粮食数量	公斤/人	367.21	540.63	670.84	709.73	843.98	897.57	972.61
#小麦	公斤/人	177.84	260.74	308.12	323.33	414.59	420.91	417.62
稻谷	公斤/人	40.70	43.55	41.75	59.72	93.81	121.88	109.51
玉米	公斤/人	133.44	222.44	309.77	309.62	333.87	354.13	421.53
薯类	公斤/人	0.31	2.08	0.92	0.98	1.92	4.03	5.19
豆类	公斤/人	13.61	11.49	9.78	14.34	10.36	15.89	17.41
出售棉花数量	公斤/人	17.96	4.42	3.90	0.66	0.20	0.42	0.34
出售油料数量	公斤/人	22.70	15.12	26.74	32.16	39.03	32.47	54.46
出售麻类数量	公斤/人	0.60	0.47	0.02	1.01	0.66	0.38	0.50
出售烟叶数量	公斤/人	3.11	4.12	6.47	4.98	2.22	4.30	2.87
出售蔬菜数量	公斤/人	116.79	126.29	146.68	112.71	105.41	144.62	137.53
出售水果数量	公斤/人	49.22	39.25	24.37	60.83	44.91	50.45	42.68
出售猪肉数量	公斤/人	39.54	47.95	49.23	43.38	50.56	54.21	44.56
出售牛肉数量	公斤/人	3.96	3.13	2.09	2.22	2.21	1.49	2.74
出售羊肉数量	公斤/人	1.36	1.18	1.12	1.94	2.94	3.10	2.54
出售家禽数量	公斤/人	4.59	6.84	5.87	1.87	2.71	6.72	10.76
出售蛋类数量	公斤/人	13.67	17.46	9.06	27.7	19.53	12.66	11.81
出售水产品数量	公斤/人	4.24	4.05	4.75	4.90	4.62	7.24	7.64

8-25 农民家庭主要食品消费量

项 目	单 位	2005年	2010年	2012年	2013年	2014年	2015年	2016年
粮食消费量	公斤/人	211.62	188.47	143.97	151.29	124.86	132.45	126.91
小麦	公斤/人	170.48	145.21	106.98	109.15	87.51	91.75	88.26
稻谷	公斤/人	19.58	20.84	20.03	22.83	22.78	24.19	21.97
玉米	公斤/人	16.86	15.51	10.90	12.09	6.10	5.98	5.84
薯类消费量	公斤/人	0.86	0.95	0.89	1.35	1.69	2.05	1.88
豆类消费量	公斤/人	2.93	1.87	1.71	3.81	4.60	4.87	6.13
油脂类消费量	公斤/人	4.36	4.85	6.91	6.62	8.42	7.61	7.49
植物油	公斤/人	4.25	4.79	6.85	6.53	8.31	7.53	7.41
动物油	公斤/人	0.11	0.05	0.06	0.09	0.11	0.08	0.07
蔬菜及菜制品消费量	公斤/人	100.75	88.03	70.46	63.65	68.71	67.72	73.71
肉类	公斤/人	8.68	12.42	10.91	12.93	12.34	12.79	12.36
猪肉	公斤/人	5.46	8.03	6.56	7.92	9.75	9.74	9.04
牛肉	公斤/人	0.83	0.34	0.26	0.37	0.49	0.66	0.67
羊肉	公斤/人	0.14	0.15	0.11	0.20	0.28	0.47	0.54
其他肉类及制品	公斤/人					1.81	1.92	2.11
禽类	公斤/人	1.57	2.28	2.27	2.69	3.64	3.88	4.53
水产品	公斤/人	1.30	1.50	1.74	1.91	2.40	2.53	2.80
蛋类及蛋制品	公斤/人	8.48	9.10	9.06	7.86	9.38	10.73	11.29
奶和奶制品	公斤/人	0.85	2.44	3.04	3.66	4.95	5.03	5.82
干鲜瓜果类	公斤/人	15.39	20.96	27.88	32.64	37.81	39.10	46.40
糖果糕点类	公斤/人					4.65	4.56	4.86
酒	公斤/人	5.97	6.24	6.14	6.43	7.10	6.71	6.54

8-26 农民家庭平均每百户主要耐用消费品年末拥有量

项 目	单位	2005年	2010年	2012年	2013年	2014年	2015年	2016年
家用汽车	辆	0.33	1.76	5.07	8.99	10.13	11.99	18.10
摩托车	辆	39.14	54.88	51.31	66.58	70.01	65.18	58.12
助力车	辆					79.50	87.64	101.60
洗衣机	台	55.67	84.64	92.57	91.60	89.84	92.92	95.15
电冰箱(柜)	台	13.48	46.12	66.86	71.93	73.07	79.11	87.63
微波炉	台	0.67	5.12	5.29	10.51	10.04	8.99	8.75
彩色电视机	台	81.69	106.26	111.21	115.12	112.00	112.61	115.08
其中：接入有线电视	台	10.07	30.83	46.57	42.08	40.60	51.50	52.86
空调	台	5.19	22.86	37.24	46.22	48.05	54.78	70.37
热水器	台	3.24	16.26	32.48	40.90	41.55	48.32	57.94
其中：太阳能热水器	台					32.36	39.40	48.21
消毒碗柜	台					0.99	0.43	0.48
洗碗机	台					0.33	0.45	0.84
排油烟机	台	0.48	3.02	4.05	4.22	5.08	6.29	10.45
固定电话	部	51.33	34.26	26.33	18.92	28.14	20.06	13.93
移动电话	部	55.38	151.67	194.10	215.25	214.84	220.99	242.07
其中：接入互联网	部	1.69	13.45	26.05	46.30	54.31	67.71	100.86
计算机	台	0.57	7.50	20.21	22.90	24.42	26.56	31.13
其中：接入互联网	台	0.24	5.00	15.67	17.04	16.31	19.92	22.59
摄像机	架	0.31	0.69	0.79	0.55	0.59	0.44	0.31
照相机	架	2.14	2.83	2.67	3.51	3.10	3.10	2.28
中高档乐器	台	0.07	0.21	0.38	0.47	0.32	0.23	0.46
健身器材	台					0.48	0.45	0.84
组合音响	台					2.18	1.58	1.30

8-27 农民家庭平均每人总收入

单位：元

项目	2005年	2010年	2012年	2013年	2014年	2015年	2016年
总收入	**3945.67**	**7293.38**	**9829.40**	**11344.74**	**12737.66**	**13666.79**	**14383.60**
工资性收入	**853.95**	**1943.86**	**2989.36**	**3581.56**	**3260.22**	**3728.36**	**4227.98**
工资					2395.50	2807.33	3253.79
实物福利					4.83	3.78	4.34
其他					859.90	917.24	969.84
经营性收入	**2965.64**	**4968.63**	**6196.90**	**6804.50**	**6868.04**	**7082.78**	**7140.18**
第一产业经营收入	2532.24	4099.02	4928.92	5303.76	5348.70	5319.44	5275.01
农业	1801.64	2977.76	3550.44	3874.40	4062.25	4055.98	3921.63
林业	34.24	51.45	79.50	87.25	132.97	105.12	115.54
牧业	672.68	1041.67	1256.72	1297.41	1105.70	1089.49	1162.45
渔业	23.68	28.14	42.26	44.71	47.78	68.86	75.39
第二产业经营收入	129.81	241.37	302.02	355.16	396.39	392.19	348.17
第三产业经营收入	303.59	628.24	965.96	1145.58	1122.95	1371.15	1517.00
财产性收入	**35.85**	**59.29**	**135.49**	**160.30**	**152.85**	**161.11**	**173.75**
转移性收入	**90.24**	**321.59**	**507.66**	**798.37**	**2456.55**	**2694.55**	**2841.70**
家庭外出从业人员寄回带回收入					1687.60	1877.18	2011.64

8-28 农民家庭平均每人总收入构成

单位：%

项目	2005年	2010年	2012年	2013年	2014年	2015年	2016年
总收入	**100.0**	**100.0**	**100.0**	**100.0**	**100.0**	**100.0**	**100.0**
工资性收入	**21.6**	**26.7**	**30.4**	**31.6**	**25.6**	**27.3**	**29.4**
工资					18.8	20.5	22.6
实物福利					0.0	0.0	0.0
其他					6.8	6.7	6.7
经营性收入	**75.2**	**68.1**	**63.0**	**60.0**	**53.9**	**51.8**	**49.6**
第一产业经营收入	64.2	56.2	50.1	46.8	42.0	38.9	36.7
农业	45.7	40.8	36.1	34.2	31.9	29.7	27.3
林业	0.9	0.7	0.8	0.8	1.0	0.8	0.8
牧业	17.0	14.3	12.8	11.4	8.7	8.0	8.1
渔业	0.6	0.4	0.4	0.4	0.4	0.5	0.5
第二产业经营收入	3.3	3.3	3.1	3.1	3.1	2.9	2.4
第三产业经营收入	7.7	8.6	9.8	10.1	8.8	10.0	10.6
财产性收入	**0.9**	**0.8**	**1.4**	**1.4**	**1.2**	**1.2**	**1.2**
转移性收入	**2.3**	**4.4**	**5.2**	**7.0**	**19.3**	**19.7**	**19.8**
家庭外出从业人员寄回带回收入					13.2	13.7	14.0

8-29 农民家庭平均每人总支出

单位：元

项　　目	2005年	2010年	2012年	2013年	2014年	2015年	2016年
总支出	**3106.97**	**5767.35**	**7852.11**	**8692.59**	**11750.66**	**12175.63**	**13006.08**
消费支出	**1891.57**	**3682.21**	**5032.14**	**5627.73**	**7277.21**	**7887.45**	**8586.59**
生产经营费用支出	**944.69**	**1562.48**	**2009.50**	**2250.28**	**2248.20**	**2339.18**	**2247.18**
第一产业经营费用支出	841.82	1320.02	1679.80	1871.50	1879.97	1907.83	1791.93
农业	470.37	723.59	875.35	1036.24	1144.39	1203.18	1063.12
林业	3.89	2.36	13.34	17.60	20.72	15.34	15.73
牧业	357.09	586.91	779.26	797.35	695.25	651.39	669.95
渔业	10.49	7.15	11.85	10.03	19.61	37.92	43.13
第二产业经营费用支出	40.72	91.66	105.28	107.07	106.04	109.46	97.95
第三产业经营费用支出	62.15	150.80	224.42	271.72	262.18	321.89	357.29
财产性支出	**4.95**	**7.11**	**2.32**	**0.63**	**6.02**	**4.15**	**5.77**
转移性支出	**133.65**	**323.36**	**603.67**	**499.35**	**174.42**	**189.22**	**184.06**
部分商业保险支出					**30.08**	**33.12**	**40.70**
购置资产及非经常性转移支出					**1649.66**	**1484.28**	**1710.55**
借贷性支出					**365.06**	**238.22**	**231.24**

8-30 农民家庭平均每人总支出构成

单位：%

项　　目	2005年	2010年	2012年	2013年	2014年	2015年	2016年
总支出	**100.0**	**100.0**	**100.0**	**100.0**	**100.0**	**100.0**	**100.0**
消费支出	**60.9**	**63.8**	**64.1**	**64.7**	**61.9**	**64.8**	**66.0**
生产经营费用支出	**30.4**	**27.1**	**25.6**	**25.9**	**19.1**	**19.2**	**17.3**
第一产业经营费用支出	27.1	22.9	21.4	21.5	16.0	15.7	13.8
农业	15.1	12.5	11.1	11.9	9.7	9.9	8.2
林业	0.1	0.0	0.2	0.2	0.2	0.1	0.1
牧业	11.5	10.2	9.9	9.2	5.9	5.3	5.2
渔业	0.3	0.1	0.2	0.1	0.2	0.3	0.3
第二产业经营费用支出	1.3	1.6	1.3	1.2	0.9	0.9	0.8
第三产业经营费用支出	2.0	2.6	2.9	3.1	2.2	2.6	2.7
财产性支出	**0.2**	**0.1**	**0.0**	**0.0**	**0.1**	**0.0**	**0.0**
转移性支出	**4.3**	**5.6**	**7.7**	**5.7**	**1.5**	**1.6**	**1.4**
部分商业保险支出					**0.3**	**0.3**	**0.3**
购置资产及非经常性转移支出					**14.0**	**12.2**	**13.2**
借贷性支出					**3.1**	**2.0**	**1.8**

8-31 农民家庭平均每人生活消费支出

单位：元

项目	2005年	2010年	2012年	2013年	2014年	2015年	2016年
全年生活消费支出	**1891.57**	**3682.21**	**5032.14**	**5627.73**	**7277.21**	**7887.45**	**8586.59**
食品	858.97	1371.17	1701.75	1938.47	2153.81	2301.27	2447.29
衣着	132.36	261.52	424.12	481.78	600.71	655.17	677.41
居住	317.97	765.18	1060.70	1043.93	1542.58	1643.28	1767.81
家庭设备、用品及服务	82.69	254.47	361.63	415.97	505.88	560.58	588.10
交通和通讯	159.73	401.44	525.11	632.88	859.57	970.34	1210.89
文化、教育、娱乐用品及服务	177.66	250.47	343.83	391.27	757.83	851.38	948.76
医疗保健	123.41	287.83	468.81	603.73	731.37	768.98	797.80
其他商品和服务	38.76	90.14	146.21	119.70	125.45	136.45	148.54

8-32 农民家庭平均每人生活消费支出构成

单位：%

项目	2005年	2010年	2012年	2013年	2014年	2015年	2016年
全年生活消费支出	**100.0**	**100.0**	**100.0**	**100.0**	**100.0**	**100.0**	**100.0**
食品	45.4	37.2	33.8	34.4	29.6	29.2	28.5
衣着	7.0	7.1	8.4	8.6	8.3	8.3	7.9
居住	16.8	20.8	21.1	18.5	21.2	20.8	20.6
家庭设备、用品及服务	4.4	6.9	7.2	7.4	7.0	7.1	6.8
交通和通讯	8.4	10.9	10.4	11.2	11.8	12.3	14.1
文化、教育、娱乐用品及服务	9.4	6.8	6.8	7.0	10.4	10.8	11.0
医疗保健	6.5	7.8	9.3	10.7	10.1	9.7	9.3
其他商品和服务	2.0	2.4	2.9	2.1	1.7	1.7	1.7

8-33 农民家庭平均每人可支配收入

单位：元

项　目	2005年	2010年	2012年	2013年	2014年	2015年	2016年
可支配收入	**2870.58**	**5523.73**	**7524.94**	**8475.34**	**9966.07**	**10852.86**	**11696.74**
工资性收入	**853.95**	**1943.86**	**2989.36**	**3581.56**	**3260.22**	**3728.36**	**4227.98**
工资					2395.50	2807.33	3253.79
实物福利					4.83	3.78	4.34
其他					859.90	917.24	969.84
经营净收入	**1913.66**	**3240.43**	**3973.43**	**4285.38**	**4277.59**	**4462.22**	**4643.18**
第一产业经营净收入	1610.82	2658.12	3102.46	3266.60	3275.99	3265.14	3338.90
农业	1260.82	2154.11	2558.07	2696.55	2762.36	2721.77	2737.55
林业	30.22	49.00	66.12	69.11	110.22	89.28	98.60
牧业	306.82	434.27	448.27	466.69	375.66	423.76	471.16
渔业	12.96	20.74	30.00	34.25	27.75	30.34	31.59
第二产业经营净收入	80.67	137.21	187.12	213.81	253.13	262.89	238.19
第三产业经营净收入	222.17	445.10	683.86	804.97	748.48	934.18	1066.09
财产净收入	**35.85**	**59.29**	**135.49**	**160.30**	**146.13**	**156.96**	**167.97**
转移净收入	**67.13**	**280.14**	**426.66**	**448.08**	**2282.13**	**2505.33**	**2657.61**
家庭外出从业人员寄回带回收入					**1687.60**	**1877.18**	**2011.64**

8-34 农民家庭平均每人可支配收入构成

单位：%

项　目	2005年	2010年	2012年	2013年	2014年	2015年	2016年
可支配收入	**100.0**	**100.0**	**100.0**	**100.0**	**100.0**	**100.0**	**100.0**
工资性收入	**29.7**	**35.2**	**39.7**	**42.3**	**32.7**	**34.4**	**36.1**
工资					24.0	25.9	27.8
实物福利					0.0	0.0	0.0
其他					8.6	8.5	8.3
经营净收入	**66.7**	**58.7**	**52.8**	**50.6**	**42.9**	**41.1**	**39.7**
第一产业经营净收入	56.1	48.1	41.2	38.5	32.9	30.1	28.5
农业	43.9	39.0	34.0	31.8	27.7	25.1	23.4
林业	1.1	0.9	0.9	0.8	1.1	0.8	0.8
牧业	10.7	7.9	6.0	5.5	3.8	3.9	4.0
渔业	0.5	0.4	0.4	0.4	0.3	0.3	0.3
第二产业经营净收入	2.8	2.5	2.5	2.5	2.5	2.4	2.0
第三产业经营净收入	7.7	8.1	9.1	9.5	7.5	8.6	9.1
财产净收入	**1.2**	**1.1**	**1.8**	**1.9**	**1.5**	**1.4**	**1.4**
转移净收入	**2.3**	**5.1**	**5.7**	**5.3**	**22.9**	**23.1**	**22.7**
家庭外出从业人员寄回带回收入					**16.9**	**17.3**	**17.2**

8-35 农民家庭平均每人现金收入

单位：元

项目	2005年	2010年	2012年	2013年	2014年	2015年	2016年
现金可支配收入	**3015.69**	**5899.95**	**8444.61**	**9965.44**	**11241.27**	**12311.29**	**13171.81**
现金工资性收入	**850.94**	**1942.05**	**2987.96**	**3578.33**	**3255.40**	**3724.58**	**4223.63**
工资					2395.50	2807.33	3253.79
其他工资性收入					859.90	917.24	969.84
现金经营净收入	**2046.46**	**3586.81**	**4829.64**	**5430.25**	**5506.92**	**5878.51**	**6079.09**
第一产业现金经营净收入	1614.99	2717.20	3561.76	3929.42	3987.58	4115.17	4213.92
农业	918.61	1623.14	2192.91	2515.38	2733.56	2874.50	2902.96
林业	26.25	49.51	77.53	87.96	109.57	90.78	82.15
牧业	648.04	1016.82	1249.08	1281.59	1097.04	1081.65	1153.92
渔业	22.09	27.73	42.24	44.48	47.41	68.24	74.89
第二产业现金经营净收入	128.95	241.37	301.93	355.16	396.39	392.19	348.17
第三产业现金经营净收入	302.52	628.24	965.96	1145.67	1122.95	1371.15	1517.00
现金财产净收入	**31.88**	**54.78**	**125.10**	**160.30**	**152.85**	**161.11**	**173.75**
现金转移净收入	**86.40**	**316.31**	**501.91**	**796.56**	**2326.10**	**2547.09**	**2695.35**
家庭外出从业人员寄回带回收入					**1687.60**	**1877.18**	**2011.64**

8-36 农民家庭平均每人现金收入构成

单位：%

项目	2005年	2010年	2012年	2013年	2014年	2015年	2016年
现金可支配收入	**100.0**	**100.0**	**100.0**	**100.0**	**100.0**	**100.0**	**100.0**
现金工资性收入	**28.2**	**32.9**	**35.4**	**35.9**	**29.0**	**30.3**	**32.1**
工资					21.3	22.8	24.7
其他工资性收入					7.6	7.5	7.4
现金经营净收入	**67.9**	**60.8**	**57.2**	**54.5**	**49.0**	**47.7**	**46.2**
第一产业现金经营净收入	53.6	46.1	42.2	39.4	35.5	33.4	32.0
农业	30.5	27.5	26.0	25.2	24.3	23.3	22.0
林业	0.9	0.8	0.9	0.9	1.0	0.7	0.6
牧业	21.5	17.2	14.8	12.9	9.8	8.8	8.8
渔业	0.7	0.5	0.5	0.4	0.4	0.6	0.6
第二产业现金经营净收入	4.3	4.1	3.6	3.6	3.5	3.2	2.6
第三产业现金经营净收入	10.0	10.6	11.4	11.5	10.0	11.1	11.5
现金财产净收入	**1.1**	**0.9**	**1.5**	**1.6**	**1.4**	**1.3**	**1.3**
现金转移净收入	**2.9**	**5.4**	**5.9**	**8.0**	**20.7**	**20.7**	**20.5**
家庭外出从业人员寄回带回收入					**15.0**	**15.2**	**15.3**

8-37 农民家庭平均每人现金支出

单位：元

项　目	2005年	2010年	2012年	2013年	2014年	2015年	2016年
现金支出	**2657.85**	**5767.35**	**7585.54**	**8392.55**	**10567.03**	**10906.80**	**11569.41**
现金消费支出	**1520.18**	**3682.21**	**4779.64**	**5353.04**	**6113.69**	**6635.06**	**7167.24**
生产经营现金费用支出	**868.03**	**1562.48**	**1996.74**	**2224.97**	**2228.09**	**2322.74**	**2229.86**
第一产业经营现金费用支出	765.60	1320.02	1667.06	1846.19	1859.87	1891.39	1774.61
农业	451.87	723.59	872.97	1025.88	1133.91	1194.18	1053.61
林业	3.89	2.36	13.34	17.60	20.70	15.34	15.73
牧业	299.39	586.91	768.90	782.53	687.21	643.95	662.14
渔业	10.45	7.15	11.85	9.94	18.05	37.92	43.13
第二产业经营现金费用支出	40.60	91.66	105.28	107.07	106.04	109.46	97.95
第三产业经营现金费用支出	61.84	150.80	224.41	271.72	262.18	321.89	357.29
现金财产性支出	**4.95**	**7.11**	**2.32**	**0.63**	**6.02**	**4.15**	**5.77**
现金转移性支出	**132.64**	**323.36**	**602.35**	**499.31**	**174.42**	**189.22**	**184.06**
部分商业保险支出					**30.08**	**33.12**	**40.70**
购置资产及非经常性转移支出					**1649.66**	**1484.28**	**1710.55**
借贷性支出					**365.06**	**238.22**	**231.24**

8-38 农民家庭平均每人现金支出构成

单位：%

项　目	2005年	2010年	2012年	2013年	2014年	2015年	2016年
现金支出	**100.0**	**100.0**	**100.0**	**100.0**	**100.0**	**100.0**	**100.0**
现金消费支出	**57.2**	**63.8**	**63.0**	**63.8**	**57.9**	**60.8**	**61.9**
生产经营现金费用支出	**32.7**	**27.1**	**26.3**	**26.5**	**21.1**	**21.3**	**19.3**
第一产业经营现金费用支出	28.8	22.9	22.0	22.0	17.6	17.3	15.3
农业	17.0	12.5	11.5	12.2	10.7	10.9	9.1
林业	0.1	0.0	0.2	0.2	0.2	0.1	0.1
牧业	11.3	10.2	10.1	9.3	6.5	5.9	5.7
渔业	0.4	0.1	0.2	0.1	0.2	0.3	0.4
第二产业经营现金费用支出	1.5	1.6	1.4	1.3	1.0	1.0	0.8
第三产业经营现金费用支出	2.3	2.6	3.0	3.2	2.5	3.0	3.1
现金财产性支出	**0.2**	**0.1**	**0.0**	**0.0**	**0.1**	**0.0**	**0.0**
现金转移性支出	**5.0**	**5.6**	**7.9**	**5.9**	**1.7**	**1.7**	**1.6**
部分商业保险支出					**0.3**	**0.3**	**0.4**
购置资产及非经常性转移支出					**15.6**	**13.6**	**14.8**
借贷性支出					**3.5**	**2.2**	**2.0**

8-39 农民家庭平均每人生活消费现金支出

单位：元

项　　目	2005年	2010年	2012年	2013年	2014年	2015年	2016年
全年生活消费现金支出	**1520.20**	**3292.00**	**4779.64**	**5353.04**	**6113.69**	**6635.06**	**7167.24**
食品	533.67	1024.32	1474.20	1707.13	1986.01	2135.59	2296.02
衣着	131.94	261.44	424.10	481.66	600.52	655.16	677.25
居住	272.55	722.56	1035.81	1001.11	675.03	701.49	645.18
家庭设备、用品及服务	82.62	253.81	361.58	415.77	505.75	560.43	587.06
交通和通讯	159.73	401.44	525.11	632.87	859.54	970.31	1210.39
文化、教育、娱乐用品及服务	177.66	250.47	343.83	391.22	757.78	851.38	948.73
医疗保健	123.41	287.83	468.81	603.73	603.66	624.34	654.25
其他商品和服务	38.59	90.14	146.21	119.55	125.39	136.37	148.36

8-40 农民家庭平均每人生活消费现金支出构成

单位：%

项　　目	2005年	2010年	2012年	2013年	2014年	2015年	2016年
全年生活消费现金支出	**100.0**	**100.0**	**100.0**	**100.0**	**100.0**	**100.0**	**100.0**
食品	35.1	31.1	30.8	31.9	32.5	32.2	32.0
衣着	8.7	7.9	8.9	9.0	9.8	9.9	9.4
居住	17.9	21.9	21.7	18.7	11.0	10.6	9.0
家庭设备、用品及服务	5.4	7.7	7.6	7.8	8.3	8.4	8.2
交通和通讯	10.5	12.2	11.0	11.8	14.1	14.6	16.9
文化、教育、娱乐用品及服务	11.7	7.6	7.2	7.3	12.4	12.8	13.2
医疗保健	8.1	8.7	9.8	11.3	9.9	9.4	9.1
其他商品和服务	2.5	2.7	3.1	2.2	2.1	2.1	2.1

8-41 按收入分组的农民家庭人口与劳动力状况(2016年)

项　　目	单 位	低收入户	中低收入户	中等收入户	中高收入户	高收入户
调查户数	**户**	**767**	**768**	**769**	**766**	**767**
调查户常住人口	**人**	**2972**	**2906**	**2783**	**2553**	**2146**
平均每户常住人口	人	3.87	3.79	3.62	3.33	2.80
整半劳动力	人	2.25	2.24	2.29	2.25	2.14
劳动力占常住人口比重	%	58.0	59.3	63.3	67.7	76.4
平均每个劳动力负担人口	人	1.72	1.69	1.58	1.48	1.31
平均每百个常住人口中						
5岁及以下	人	8.18	8.39	8.39	6.38	4.22
6-15岁	人	20.13	19.23	18.27	15.89	10.25
16-19岁	人	5.40	6.50	6.19	5.49	3.94
20-24岁	人	4.17	4.70	5.58	5.73	6.66
25-29岁	人	6.59	6.96	6.12	6.57	7.40
30-34岁	人	5.04	4.43	5.55	4.20	3.30
35-40岁	人	6.50	6.46	5.31	5.47	3.33
41-50岁	人	14.29	16.01	16.72	20.03	23.05
51-60岁	人	11.84	12.59	14.37	18.62	23.86
61-65岁	人	7.48	6.69	6.77	5.52	7.22
66岁及以上	人	10.38	8.03	6.74	6.09	6.77

8-42 按收入分组的农民家庭劳动力就业情况(2016年)

项　　目	单 位	低收入户	中低收入户	中等收入户	中高收入户	高收入户
每百个就业劳动力文化程度						
未上过学	人	4.93	2.79	2.66	3.72	2.21
小学	人	21.39	21.13	18.85	18.07	16.19
初中	人	63.52	62.95	59.70	59.88	58.41
高中	人	8.28	10.63	14.99	13.64	15.10
大学专科	人	1.49	2.30	2.85	3.78	5.28
大学本科	人	0.32	0.19	0.89	0.90	2.48
研究生		0.06		0.06		0.33
每百个就业劳动力从事的主要行业						
一产业就业劳动力	人	67.56	62.29	50.85	49.40	46.21
二产业就业劳动力	人	17.23	21.39	26.12	24.32	22.82
三产业就业劳动力	人	15.21	16.32	23.03	26.28	30.96

8-43 按收入分组的农民家庭居住情况(2016年)

项　　目	单 位	低收入户	中低收入户	中等收入户	中高收入户	高收入户
期末人均住房情况						
住房面积	平方米	38.57	41.09	45.52	51.24	61.45
租用住房面积	平方米		0.09	0.29	0.09	0.96
住房价值	万元	2.73	3.21	3.51	4.02	5.53
主要建筑材料						
钢筋混凝土	%	15.73	17.34	16.70	20.44	19.07
砖混材料	%	57.28	63.91	64.02	61.99	62.88
砖瓦砖木	%	24.95	17.48	19.13	16.41	17.12
竹草土坯	%	1.59	0.53	0.16	1.02	0.40
其他	%	0.45	0.73		0.13	0.53
住宅外道路路面情况						
水泥或柏油路面	%	54.77	60.40	58.80	63.59	59.98
沙石或石板等硬质路面	%	18.63	14.73	16.66	14.91	15.46
其他	%	26.59	24.88	24.54	21.49	24.56
住户主要饮用水来源情况						
经过净化处理的自来水	%	46.98	44.19	44.74	42.84	48.31
受保护的井水和泉水	%	28.12	30.00	33.79	33.55	31.25
不受保护的井水和泉水	%	19.96	21.43	16.55	19.46	17.32
江河湖泊水	%	0.33	0.20	0.49	1.49	0.57
收集雨水	%					
桶装水	%	0.09	0.13			
其他水源	%	4.53	4.04	4.44	2.66	2.55
住户厕所类型						
水冲式卫生厕所	%	5.08	6.15	6.92	5.97	11.88
水冲式非卫生厕所	%	1.55	3.16	2.25	3.09	2.79
卫生旱厕	%	21.89	23.30	22.79	22.35	23.58
普通旱厕	%	70.52	66.30	67.25	68.40	61.23
无厕所	%	0.95	1.08	0.78	0.19	0.52
住户主要取暖用能源状况						
柴草	%	15.96	13.20	13.23	11.74	11.87
煤炭	%	18.92	17.90	19.68	22.46	24.02
罐装液化石油气	%	4.34	5.94	5.25	4.47	5.22
管道液化石油气	%			0.04		0.12
管道煤气	%					
管道天然气	%			0.06	0.44	1.89
电	%	19.98	23.27	24.42	26.42	25.00
燃料用油	%			0.15		
沼气	%	0.38	0.52	0.44	0.28	0.16
其他	%	1.62	3.27	2.15	2.27	3.46
无取暖行为	%	38.80	35.90	34.57	31.92	28.26
主要炊用能源状况						
柴草	%	31.65	27.89	26.10	24.55	20.34
煤炭	%	14.32	14.23	14.42	15.60	16.59
罐装液化石油气	%	34.78	33.63	36.25	31.58	32.80
管道液化石油气	%	0.07	0.59	0.03	0.73	
管道煤气	%				0.13	0.53
管道天然气	%		0.07	0.06	0.88	3.08
电	%	18.10	20.73	21.09	24.72	22.93
燃料用油	%					
沼气	%	0.74	1.42	0.83	1.04	1.70
其他	%	0.29	0.44	0.62	0.40	1.30
无炊用行为	%	0.06	1.01	0.60	0.36	0.72

8-44 按收入分组的农民家庭土地经营情况(2016年)

项　　目	单 位	低收入户	中低收入户	中等收入户	中高收入户	高收入户
平均每百人土地经营情况						
期初实际经营土地面积	亩	159.60	172.70	192.65	226.35	296.75
耕地面积	亩	148.00	161.16	172.73	208.63	269.54
其中：有效灌溉面积	亩	118.08	137.11	149.30	174.82	230.52
林地面积	亩	9.26	7.38	12.51	10.47	20.11
园地面积	亩	2.23	2.01	4.37	4.69	6.72
牧草地面积	亩					0.06
养殖水面面积	亩	0.10	2.16	3.04	2.55	0.32
期末实际经营土地面积	亩	163.25	175.68	189.73	236.29	296.80
耕地面积	亩	149.80	163.58	174.40	215.44	271.09
其中：有效灌溉面积	亩	118.33	137.75	149.55	178.28	232.85
林地面积	亩	9.85	7.77	7.31	12.87	19.13
园地面积	亩	3.50	2.17	4.88	5.43	6.27
牧草地面积	亩					
养殖水面面积	亩	0.10	2.16	3.14	2.55	0.31
期内主要粮食播种面积	亩	226.55	261.60	277.49	320.17	392.64
小麦播种面积	亩	112.81	132.13	136.86	155.47	185.86
水稻播种面积	亩	16.56	15.10	24.43	29.57	42.11
玉米播种面积	亩	87.79	103.60	104.95	120.55	135.81
大豆播种面积	亩	7.98	8.62	10.20	11.42	23.75
薯类播种面积	亩	1.41	2.15	1.05	3.16	5.11
期内主要经济作物播种面积	亩	30.88	33.21	35.89	49.62	59.85
棉花播种面积	亩	0.15	0.16	0.44	0.41	0.45
油料作物播种面积	亩	22.79	25.92	23.94	38.65	40.96
蔬菜播种面积	亩	3.64	4.85	6.65	6.51	10.57
水果播种面积	亩	4.29	2.24	4.86	4.04	7.84

8-45 按收入分组的农民家庭生产经营情况(2016年)

项 目	单 位	低收入户	中低收入户	中等收入户	中高收入户	高收入户
谷物产量	公斤/人	1032.32	1223.43	1329.52	1594.44	1994.62
#小麦产量	公斤/人	503.29	603.98	632.92	763.67	906.23
稻谷产量	公斤/人	78.24	78.16	130.00	183.63	344.37
玉米产量	公斤/人	450.33	541.21	566.44	645.48	743.23
薯类产量	公斤/人	4.77	11.16	4.34	14.50	29.06
豆类产量	公斤/人	14.55	16.65	19.44	21.22	49.16
棉花产量	公斤/人	0.14	0.25	0.63	0.99	1.00
油料产量	公斤/人	58.74	79.72	76.14	118.25	122.41

8-46 按收入分组的农民家庭出售产品情况(2016年)

项 目	单 位	低收入户	中低收入户	中等收入户	中高收入户	高收入户
出售粮食数量	公斤/人	736.95	831.33	899.83	1131.01	1398.39
#小麦	公斤/人	317.56	394.58	385.86	477.23	558.63
稻谷	公斤/人	52.79	35.80	87.85	146.62	272.16
玉米	公斤/人	351.60	383.92	411.83	483.27	509.45
薯类	公斤/人	2.17	4.72	0.37	8.91	11.83
豆类	公斤/人	9.45	11.67	13.74	13.92	45.07
出售棉花数量	公斤/人	0.04		0.44	0.71	0.65
出售油料数量	公斤/人	32.99	57.66	48.29	70.01	69.66
出售麻类数量	公斤/人	0.18	0.26	0.70	1.27	0.10
出售烟叶数量	公斤/人	0.10	0.37	1.35	5.61	8.85
出售蔬菜数量	公斤/人	43.53	68.08	108.04	185.41	343.70
出售水果数量	公斤/人	30.25	25.46	51.29	66.67	43.91
出售猪肉数量	公斤/人	20.48	5.89	11.50	20.96	200.59
出售牛肉数量	公斤/人	0.75	0.92	0.82	3.36	9.72
出售羊肉数量	公斤/人	2.44	2.10	1.27	4.83	2.22
出售家禽总重量	公斤/人	8.43	0.41	2.20	0.39	51.21
出售蛋类数量	公斤/人	0.50	0.18	9.09	0.35	60.24
出售水产品数量	公斤/人	0.84	3.92	17.53	10.02	6.63

8-47 按收入分组的农民家庭主要食品消费量(2016年)

项　　目	单 位	低收入户	中低收入户	中等收入户	中高收入户	高收入户
粮食消费量	**公斤/人**	**106.34**	**115.41**	**124.66**	**141.54**	**156.71**
小麦	公斤/人	76.48	81.68	84.01	96.95	108.77
稻谷	公斤/人	16.83	19.20	23.37	25.57	26.80
玉米	公斤/人	4.47	5.06	5.66	8.14	6.32
薯类消费量	公斤/人	1.71	1.58	1.88	1.92	2.45
豆类消费量	公斤/人	4.64	5.11	7.25	6.30	7.92
油脂类消费量	**公斤/人**	**6.25**	**6.58**	**7.26**	**8.12**	**9.99**
植物油	公斤/人	6.19	6.50	7.20	8.02	9.91
动物油	公斤/人	0.06	0.08	0.06	0.10	0.07
蔬菜及菜制品消费量	**公斤/人**	**61.59**	**65.20**	**70.44**	**82.50**	**95.94**
肉类	**公斤/人**	**9.76**	**11.57**	**11.79**	**13.40**	**16.55**
猪肉	公斤/人	7.25	8.54	8.76	9.76	11.69
牛肉	公斤/人	0.41	0.62	0.57	0.66	1.24
羊肉	公斤/人	0.35	0.49	0.44	0.51	1.03
其他肉类及制品	公斤/人	1.74	1.91	2.02	2.46	2.60
禽类	**公斤/人**	**3.82**	**4.04**	**4.46**	**5.04**	**5.66**
水产品	**公斤/人**	**2.33**	**2.62**	**2.59**	**3.03**	**3.69**
蛋类及蛋制品	**公斤/人**	**9.21**	**10.29**	**10.90**	**13.04**	**13.95**
奶和奶制品	**公斤/人**	**3.95**	**5.06**	**5.44**	**6.48**	**9.15**
干鲜瓜果类	**公斤/人**	**38.92**	**41.96**	**45.78**	**50.08**	**59.28**
糖果糕点类	**公斤/人**	**4.13**	**4.49**	**4.42**	**4.79**	**7.04**
酒	**公斤/人**	**5.32**	**5.23**	**6.38**	**7.43**	**9.15**

8-48 按收入分组的农民家庭平均每百户主要耐用消费品年末拥有量(2016年)

项　　目	单 位	低收入户	中低收入户	中等收入户	中高收入户	高收入户
家用汽车	台	13.46	13.19	16.97	18.46	28.43
摩托车	台	53.24	54.52	62.50	63.21	57.13
助力车	台	94.30	101.38	105.16	108.17	98.96
洗衣机	台	92.22	96.59	96.21	96.78	93.95
电冰箱(柜)	台	81.76	85.27	89.95	89.96	91.22
微波炉	台	5.25	7.29	8.43	7.27	15.51
彩色电视机	台	113.24	112.16	114.97	116.82	118.22
其中：接入有线电视	辆	44.33	48.50	53.12	51.46	66.89
空调	辆	48.91	62.52	73.27	74.71	92.40
热水器	辆	46.61	57.01	58.20	61.03	66.84
其中：太阳能热水器	部	38.80	48.26	49.46	52.32	52.22
消毒碗柜	部	0.35	0.28	0.44	0.64	0.69
洗碗机	部	0.50	0.43	0.24	1.52	1.52
排油烟机	台	7.06	6.62	9.82	10.62	18.10
固定电话	台	11.21	14.46	13.27	14.45	16.28
移动电话	台	232.47	235.90	243.34	249.88	248.74
其中：接入互联网	台	87.22	98.11	101.08	101.36	116.53
计算机	架	22.29	29.21	31.48	31.82	40.82
其中：接入互联网	台	15.76	19.87	22.28	23.48	31.56
摄像机	架	0.11		0.29	0.33	0.84
照相机	台	1.26	1.59	1.40	2.20	4.94
中高档乐器	台	0.28	0.17	0.30	0.29	1.26
健身器材	台	0.41	1.13	0.69	0.46	1.53
组合音响	台	1.29	1.08	1.34	1.46	1.34

8-49 农民家庭平均每户年末生产性固定资产原值

单位：元

指标名称	2005年	2010年	2012年	2013年	2014年	2015年	2016年
农业固定资产原价	4353.48	5990.78	7144.15	8626.47	7990.48	6848.49	6264.57
生产性用房及建筑物	675.79	1192.92	1756.55	2053.01	2143.54	1525.05	1364.15
役畜	248.36	199.46	144.19	252.79	174.08	138.28	103.31
农业设施					606.22	508.59	330.71
农业机械	3039.92	3999.67	4422.53	4903.67	4540.13	4392.50	4273.89
林业固定资产原价	7.80	5.35	2.17	35.37	92.84	26.10	62.43
生产性用房及建筑物	0.24	0.42	0.55	1.14	13.18	11.21	3.75
机械设备	7.56	0.98		14.64	20.42	11.44	48.33
牧业固定资产原价	534.36	1221.65	1786.03	2193.21	1761.52	749.67	1104.88
生产性用房及建筑物	261.52	618.31	1005.00	1185.15	995.62	342.67	631.63
产品畜	259.07	547.07	634.28	959.20	699.58	369.29	456.32
渔业固定资产原价	15.07	14.82	25.01	27.88	39.53	31.31	34.80
农林牧渔服务业固定资产原价					108.94	36.05	158.63
期末非农产业固定资产原价							
采矿业	138.10	107.14	96.54	165.91	5.40	4.96	7.57
制造业	301.21	416.91	329.44	948.12	1269.54	353.13	201.46
电力、热力、燃气及水生产和供应业		54.76		631.76	263.52	475.98	0.70
建筑业	60.12	136.05	145.76	507.07	399.64	202.61	413.28
批发和零售业	169.58	370.48	863.24	1735.81	2220.21	2966.26	1489.95
交通运输、仓储和邮政业	692.95	1193.25	1850.72	1689.23	1611.82	1857.63	2180.93
住宿和餐饮业	84.48	121.47	246.00	179.82	472.97	305.05	190.15
房地产业					19.82	3.54	16.19
租赁和商务服务业					55.68	49.85	107.68
居民服务、修理和其他服务业					519.82	705.27	551.07
其他行业	34.19	64.55	112.13	351.98	511.06	95.29	169.57

8-50 农民家庭平均每百户拥有主要生产性固定资产数量

指 标	单 位	2005年	2010年	2012年	2013年	2014年	2015年	2016年
生产性用房及建筑物	平方米	1208.12	1490.96	2060.18	1264.98	1349.85	805.81	872.52
大中型农用拖拉机	台	5.58	10.11	4.75	4.47	4.20	2.31	2.64
小型农用拖拉机	台	44.18	31.17	34.07	47.99	43.56	41.92	36.49
农用排灌动力机械	台	14.73	14.51	14.19	25.95	26.04	26.33	22.75
插秧机	台					0.08	0.73	0.34
收割机	台	1.82	2.20	1.27	1.20	1.66	1.44	1.46
脱粒机	台	6.51	7.15	10.35	10.02	10.30	12.44	12.40
役畜	头	12.92	5.57	9.08	4.19	3.21	30.05	7.68
产品畜	头	31.69	26.83	35.43	29.69	40.03	43.62	51.08

8-51 按收入分组的农民家庭平均每户年末生产性固定资产原值(2016年)

项　　目	单位	低收入户	中低收入户	中等收入户	中高收入户	高收入户
期末农业生产性固定资产原价	--					
农业固定资产原价	元	7262.36	5055.70	5487.78	6847.83	6669.94
生产性用房及建筑物	元	1717.84	1027.13	878.86	1837.68	1359.68
役畜	元	130.74	84.81	92.39	82.55	126.06
农业设施	元	301.52	176.22	440.61	382.30	352.72
农业机械	元	4722.59	3620.55	3894.87	4326.09	4805.59
林业固定资产原价	元	47.10	133.79	0.14	94.51	36.64
生产性用房及建筑物	元			0.01	18.72	
机械设备	元	14.21	133.79		75.73	17.96
牧业固定资产原价	元	864.33	142.55	312.48	888.96	3315.29
生产性用房及建筑物	元	352.22	16.71	58.05	394.40	2336.11
产品畜	元	525.05	83.49	254.43	442.87	975.61
渔业固定资产原价	元	24.30	47.17	50.96	45.47	6.09
农林牧渔服务业固定资产原价	元	244.92	10.98	113.82	393.40	30.09
期末非农产业固定资产原价	--					
采矿业	元		13.26		24.59	
制造业	元	175.86	106.41	81.09	93.94	549.92
电力、热力、燃气及水生产和供应业	元				3.49	
建筑业	元	320.79	614.53	483.59	52.84	594.60
批发和零售业	元	1478.86	1610.53	1085.66	1249.86	2024.96
交通运输、仓储和邮政业	元	3404.82	879.34	789.01	2328.70	3503.84
住宿和餐饮业	元	64.51	245.08	248.54	151.77	240.73
房地产业	元		53.08		17.56	10.33
租赁和商务服务业	元		95.10		186.17	257.02
居民服务、修理和其他服务业	元	831.63	462.53	576.58	370.32	514.54
其他行业	元	457.01	29.33	45.83	233.32	82.66

8-52 按收入分组的农民家庭平均每百户拥有主要生产性固定资产数量(2016年)

项　　目	单位	低收入户	中低收入户	中等收入户	中高收入户	高收入户
生产性用房及建筑物	平方米	1193.25	528.27	630.95	1286.21	724.23
大中型农用拖拉机	台	2.74	1.56	1.96	3.05	3.90
小型农用拖拉机	台	35.21	37.43	37.46	37.85	34.49
农用排灌动力机械	台	21.87	21.23	25.83	22.75	22.06
插秧机	台	0.24			0.68	0.78
收割机	台	1.44	0.54	1.82	1.83	1.68
脱粒机	台	13.16	12.59	12.36	11.98	11.90
役畜	头	4.50	1.08	1.74	29.91	1.13
产品畜	头	7.71	14.69	14.87	67.27	150.78

8-53 按收入分组的农民家庭平均每人总收入(2016年)

单位：元

项目	低收入户	中低收入户	中等收入户	中高收入户	高收入户
总收入	**6624.93**	**9488.79**	**12489.50**	**16992.14**	**31156.10**
工资性收入	**1484.30**	**2842.83**	**4296.24**	**5571.44**	**8248.04**
工资	921.30	2034.49	3468.45	4330.89	6603.13
实物福利	0.31	2.80	2.10	10.51	7.67
其他	562.69	805.54	825.68	1230.05	1637.24
经营性收入	**3737.25**	**4282.92**	**5224.58**	**7635.73**	**17613.61**
第一产业经营收入	3197.82	3474.26	4215.45	5690.34	11470.68
农业	2538.31	3131.17	3552.87	4796.29	6358.47
林业	55.50	64.24	105.18	125.47	270.03
牧业	596.15	236.23	401.05	646.18	4787.93
(渔业	7.86	42.62	156.34	122.40	54.25
第二产业经营收入	48.05	84.54	82.47	419.60	1379.25
第三产业经营收入	491.38	724.12	926.67	1525.80	4763.68
财产性收入	**57.68**	**119.98**	**142.07**	**176.34**	**445.58**
转移性收入	**1345.70**	**2243.06**	**2826.61**	**3608.62**	**4848.87**
家庭外出从业人员寄回带回收入	940.02	1689.14	2174.62	2776.76	2828.43

8-54 按收入分组的农民家庭平均每人总支出(2016年)

单位：元

项目	低收入户	中低收入户	中等收入户	中高收入户	高收入户
总支出	**9437.62**	**9917.80**	**11376.43**	**13795.14**	**23308.82**
消费支出	**6058.93**	**7120.49**	**8045.47**	**9469.38**	**13740.84**
生产经营费用支出	**1945.04**	**1255.29**	**1475.48**	**2051.33**	**5229.37**
第一产业经营费用支出	1643.14	1026.23	1302.46	1539.89	3958.79
农业	941.73	886.13	952.42	1159.21	1500.15
林业	12.77	21.02	12.95	15.99	16.01
牧业	684.22	108.38	228.85	290.91	2421.63
渔业	4.43	10.71	108.23	73.79	21.00
第二产业经营费用支出	14.63	35.30	12.29	182.94	308.51
第三产业经营费用支出	287.27	193.76	160.74	328.50	962.07
财产性支出	**1.55**	**4.24**	**6.10**	**6.44**	**12.52**
转移性支出	**178.50**	**150.98**	**180.67**	**189.87**	**233.95**
部分商业保险支出	**19.86**	**18.77**	**30.21**	**46.90**	**105.49**
购置资产及非经常性转移支出	**1147.88**	**1223.27**	**1452.85**	**1779.49**	**3401.80**
借贷性支出	**85.87**	**144.76**	**185.64**	**251.73**	**584.84**

8-55 按收入分组的农民家庭平均每人可支配收入(2016年)

单位：元

项 目	低收入户	中低收入户	中等收入户	中高收入户	高收入户
可支配收入	**4238.85**	**7910.69**	**10654.08**	**14480.67**	**25252.75**
工资性收入	**1484.30**	**2842.83**	**4296.24**	**5571.44**	**8248.04**
工资	921.30	2034.49	3468.45	4330.89	6603.13
实物福利	0.31	2.80	2.10	10.51	7.67
其他	562.69	805.54	825.68	1230.05	1637.24
经营净收入	**1531.21**	**2860.04**	**3575.98**	**5320.57**	**11956.88**
第一产业经营净收入	1413.69	2352.59	2803.78	3990.16	7271.49
农业	1471.69	2155.35	2498.03	3497.73	4698.42
林业	41.92	40.85	92.23	107.56	253.14
牧业	-102.93	125.32	166.36	337.18	2286.82
渔业	3.02	31.08	47.16	47.68	33.10
第二产业经营净收入	24.88	36.21	59.64	233.10	1043.30
第三产业经营净收入	92.64	471.23	712.56	1097.31	3642.09
财产净收入	**56.13**	**115.74**	**135.97**	**169.90**	**433.06**
转移净收入	**1167.20**	**2092.08**	**2645.89**	**3418.76**	**4614.77**
家庭外出从业人员寄回带回收入	**940.02**	**1689.14**	**2174.62**	**2776.76**	**2828.43**

8-56 按收入分组的农民家庭平均每人现金可支配收入(2016年)

单位：元

项 目	低收入户	中低收入户	中等收入户	中高收入户	高收入户
现金收入(未扣除生产费用)	**5846.40**	**8499.02**	**11365.85**	**15544.81**	**29205.55**
现金工资性收入	**1484.00**	**2840.03**	**4294.14**	**5560.94**	**8240.37**
工资	921.30	2034.49	3468.45	4330.89	6603.13
其他工资性收入	562.69	805.54	825.68	1230.05	1637.24
现金经营性收入	**3012.53**	**3374.55**	**4205.96**	**6402.86**	**16025.79**
第一产业现金经营收入	2473.10	2565.89	3196.82	4457.46	9882.86
农业	1835.70	2254.48	2576.12	3627.18	4831.35
林业	39.18	38.81	77.04	71.92	219.10
牧业	590.40	229.98	388.90	636.57	4778.41
渔业	7.82	42.61	154.76	121.80	53.99
第二产业现金经营收入	48.05	84.54	82.47	419.60	1379.25
第三产业现金经营收入	491.38	724.12	926.67	1525.80	4763.68
现金财产性收入	**57.68**	**119.98**	**142.07**	**176.34**	**445.58**
现金转移性收入	**1292.19**	**2164.46**	**2723.68**	**3404.68**	**4493.81**
家庭外出从业人员寄回带回收入	940.02	1689.14	2174.62	2776.76	2828.43

8-57 按收入分组的农民家庭平均每人现金支出(2016年)

单位：元

项　目	低收入户	中低收入户	中等收入户	中高收入户	高收入户
现金支出	**8425.62**	**8703.65**	**10042.47**	**12138.54**	**21107.50**
现金消费支出	**5062.09**	**5917.28**	**6725.06**	**7832.93**	**11569.97**
生产经营现金费用支出	**1929.87**	**1244.35**	**1461.93**	**2031.18**	**5198.94**
第一产业经营现金费用支出	1627.97	1015.29	1288.90	1519.75	3928.35
农业	936.52	879.16	946.22	1145.73	1481.63
林业	12.77	21.02	12.95	15.99	16.01
牧业	674.26	104.40	221.50	284.24	2409.70
渔业	4.43	10.71	108.23	73.79	21.00
第二产业经营现金费用支出	14.63	35.30	12.29	182.94	308.51
第三产业经营现金费用支出	287.27	193.76	160.74	328.50	962.07
现金财产性支出	**1.55**	**4.24**	**6.10**	**6.44**	**12.52**
现金转移性支出	**178.50**	**150.98**	**180.67**	**189.87**	**233.95**
部分商业保险支出	**19.86**	**18.77**	**30.21**	**46.90**	**105.49**
购置资产及非经常性转移支出	**1147.88**	**1223.27**	**1452.85**	**1779.49**	**3401.80**
借贷性支出	**85.87**	**144.76**	**185.64**	**251.73**	**584.84**

8-58 按收入分组的农民家庭平均每人生活消费支出(2016年)

单位：元

项　目	低收入户	中低收入户	中等收入户	中高收入户	高收入户
全年生活消费支出	**6058.93**	**7120.49**	**8045.47**	**9469.38**	**13740.84**
食品	1849.12	2123.13	2308.30	2746.30	3544.15
衣着	467.60	578.63	634.55	770.83	1047.96
居住	1273.62	1535.63	1638.14	1930.23	2744.66
家庭设备、用品及服务	382.54	482.05	535.66	675.99	981.35
交通和通讯	694.54	732.26	1193.63	1271.06	2527.39
文化、教育、娱乐用品及服务	719.26	939.85	969.60	922.78	1284.12
医疗保健	584.20	616.41	643.76	985.09	1317.41
其他商品和服务	88.06	112.52	121.84	167.11	293.81

8-59 按收入分组的农民家庭平均每人生活消费现金支出(2016年)

单位：元

项　　目	低收入户	中低收入户	中等收入户	中高收入户	高收入户
全年生活消费支出	**5062.09**	**5917.28**	**6725.06**	**7832.93**	**11569.97**
食品	1722.70	1989.88	2145.67	2565.66	3383.13
衣着	467.51	578.54	634.47	770.45	1047.75
居住	453.99	544.15	581.62	679.92	1088.53
家庭设备、用品及服务	382.05	481.44	535.42	672.49	980.86
交通和通讯	694.19	732.26	1193.50	1269.96	2526.24
文化、教育、娱乐用品及服务	719.24	939.85	969.53	922.76	1284.11
医疗保健	534.36	539.36	543.03	784.63	965.61
其他商品和服务	88.05	111.81	121.83	167.05	293.74

8-60 贫困地区农民家庭平均每人总收入

单位：元

项　　目	2000年	2005年	2010年	2011年	2012年	2013年	2014年	2015年	2016年
全年总收入(未扣除生产费用)	**2348.31**	**3151.89**	**5577.39**	**6359.92**	**7317.40**	**9503.68**	**10924.61**	**11696.51**	**12344.28**
工资性收入	**454.22**	**763.18**	**1709.82**	**2168.13**	**2540.66**	**3412.98**	**2042.32**	**2424.47**	**2829.11**
工资	88.77	76.43	135.15	148.12	175.24		1307.34	1477.61	1806.91
实物福利	135.81	195.48	452.61	606.94	753.98		1.94	1.23	0.91
其他	229.64	491.27	1122.07	1413.06	1611.45		733.04	945.64	1021.28
经营性收入	**1788.70**	**2260.04**	**3582.47**	**3834.99**	**4397.29**	**5236.71**	**6366.63**	**6374.38**	**6442.34**
第一产业经营收入	**1553.94**	**1986.31**	**3050.84**	**3267.28**	**3705.98**	**4307.72**	**5204.93**	**5097.82**	**4868.79**
农业	1162.36	1457.49	2310.89	2477.05	2787.05	3282.85	3905.19	3937.37	3770.77
林业	43.22	52.85	107.30	119.43	132.73	120.55	158.77	155.42	126.80
牧业	343.27	467.94	613.46	654.92	763.36	882.62	1123.71	988.84	954.92
渔业	5.09	8.03	19.18	15.89	22.84	21.70	17.27	16.19	16.30
第二产业经营收入	**63.84**	**70.83**	**141.75**	**153.42**	**179.21**	**228.30**	**267.64**	**297.63**	**364.69**
第三产业经营收入	**170.92**	**202.90**	**389.88**	**414.29**	**512.11**	**700.69**	**894.05**	**978.93**	**1208.86**
财产性收入	**12.21**	**28.58**	**28.86**	**64.04**	**56.6**	**87.65**	**77.49**	**96.63**	**122.98**
转移性收入	**93.18**	**100.09**	**256.24**	**292.76**	**322.85**	**766.34**	**2438.18**	**2801.02**	**2949.85**
其中：家庭外出从业人员寄回带回收入							1821.81	2128.88	2277.60

注：2007年以前为44个扶贫开发重点县数据，2008-2012年为31个国家级扶贫开发重点县数据，2013年以后为53个贫困县数据。2014年开始为新口径数据。

8-61 贫困地区农民家庭平均每人总支出

单位：元

项　　目	2000年	2005年	2010年	2011年	2012年	2013年	2014年	2015年	2016年
全年总支出	**1771.76**	**2573.91**	**4567.50**	**5420.41**	**6111.64**	**7506.79**	**10480.75**	**10646.53**	**10976.24**
生产经营费用支出	**433.97**	**700.13**	**1225.27**	**1326.27**	**1519.86**	**1727.40**	**2144.58**	**2106.26**	**1930.84**
第一产业经营费用支出	**381.61**	**630.77**	**1058.27**	**1137.45**	**1281.00**	**1500.70**	**1841.02**	**1784.36**	**1524.61**
农业	247.80	406.12	754.92	805.67	861.75	960.60	1164.09	1223.34	1057.88
林业	2.21	7.52	13.39	19.87	25.2	19.59	20.32	18.91	10.45
牧业	130.42	215.07	282.58	307.55	384.49	503.50	652.95	538.66	451.75
渔业	1.18	2.06	7.38	4.36	9.55	4.05	3.66	3.46	4.53
第二产业经营费用支出	**15.98**	**24.74**	**63.71**	**66.81**	**82.83**	**55.73**	**65.73**	**81.19**	**118.21**
第三产业经营费用支出	**36.38**	**44.62**	**103.28**	**122.00**	**156.03**	**170.97**	**237.83**	**240.71**	**288.02**
部分商业保险支出							16.93	13.41	16.16
购置资产及非经常性转移支出							1558.54	1368.04	1369.82
借贷性支出							**242.34**	**134.99**	**130.47**
消费支出	**1128.84**	**1694.82**	**3088.58**	**3610.86**	**4043.22**	**5164.21**	**6357.58**	**6865.51**	**7360.17**
食品烟酒	567.39	823.10	1306.01	1543.56	1698.14	1884.19	1976.11	2157.17	2261.08
衣着	76.86	109.15	224.72	289.99	334.42	429.52	499.70	539.16	558.01
居住	155.79	289.02	654.85	682.39	786.93	1025.41	1407.45	1482.22	1559.60
生活用品及服务	49.08	73.14	178.58	214.80	258.78	397.40	493.66	502.32	550.83
交通通信	50.89	127.63	297.07	342.72	369.82	537.35	670.79	784.73	916.71
教育文化娱乐	128.04	160.65	175.69	182.99	202.39	323.94	615.69	658.09	755.31
医疗保健	54.67	84.82	196.00	273.86	297.76	435.14	551.95	598.70	607.22
其他用品和服务	46.12	27.31	55.67	80.55	94.97	131.27	142.24	143.11	151.42
财产性支出	**16.56**	**2.38**	**2.92**	**1.12**	**0.23**	**2.39**	**3.37**	**2.02**	**3.15**
转移性支出	**67.69**	**93.12**	**214.77**	**332.80**	**383.41**	**382.68**	**157.41**	**156.31**	**165.62**

注：2007年以前为44个扶贫开发重点县数据，2008-2012年为31个国家级扶贫开发重点县数据，2013年以后为53个贫困县数据。2014年开始为新口径数据。

8-62 贫困地区农民家庭平均每人可支配收入

单位：元

项　　目	2000年	2005年	2010年	2011年	2012年	2013年	2014年	2015年	2016年
全年可支配收入	**1749.31**	**2330.90**	**4208.78**	**4867.38**	**5625.91**	**7165.17**	**8336.19**	**9176.02**	**10020.66**
工资性收入	**454.22**	**763.18**	**1709.82**	**2168.13**	**2540.66**	**3412.98**	**2042.32**	**2424.47**	**2829.11**
工资							1307.34	1477.61	1806.91
实物福利							1.94	1.23	0.91
其他							733.04	945.64	1021.28
经营净收入	**1215.22**	**1472.65**	**2254.07**	**2393.41**	**2751.21**	**3291.11**	**3939.62**	**4013.96**	**4287.49**
第一产业经营净收入	**1050.51**	**1276.41**	**1904.26**	**2031.55**	**2317.34**	**2660.26**	**3169.48**	**3163.01**	**3201.51**
农业	835.46	994.33	1485.23	1589.92	1839.96	2182.92	2575.73	2575.58	2586.79
林业	40.30	44.58	93.01	98.37	106.15	100.52	135.18	135.90	114.72
牧业	171.22	231.70	314.56	331.87	358.34	359.64	445.28	439.04	488.40
渔业	3.53	5.80	11.46	11.38	12.89	17.17	13.29	12.49	11.60
第二产业经营净收入	**42.10**	**44.04**	**74.82**	**83.19**	**92.25**	**160.04**	**188.88**	**203.63**	**234.15**
第三产业经营净收入	**122.61**	**152.20**	**274.99**	**278.67**	**341.62**	**470.81**	**581.25**	**647.32**	**851.83**
财产净收入	**12.21**	**29.04**	**28.86**	**64.04**	**56.60**	**87.65**	**73.49**	**91.78**	**119.83**
转移净收入	**67.66**	**66.03**	**216.03**	**241.79**	**277.44**	**373.43**	**2280.77**	**2645.80**	**2784.23**
其中：家庭外出从业人员寄回带回收入							1821.81	2128.88	2277.60

注：2007年以前为44个扶贫开发重点县数据，2008-2012年为31个国家级扶贫开发重点县数据，2013年以后为53个贫困县数据。2014年以前为老口径(纯收入)，2014年开始为新口径(可支配收入)

8-63 贫困地区农民家庭平均每人现金收入

单位：元

项　　目	2000年	2005年	2010年	2011年	2012年	2013年	2014年	2015年	2016年
全年现金收入(未扣除生产费用)	**1500.48**	**2237.64**	**4234.55**	**5120.68**	**5865.65**	**8166.82**	**9482.11**	**10160.85**	**11109.43**
现金工资性收入	**450.17**	**763.18**	**1708.34**	**2164.99**	**2529.74**	**3410.97**	**2040.38**	**2423.25**	**2828.20**
工资							1307.34	1477.61	1806.91
其他工资性收入							733.04	945.64	1021.28
现金经营性收入	**960.63**	**1358.43**	**2250.75**	**2629.85**	**2966.97**	**3906.42**	**5021.91**	**4961.61**	**5333.35**
第一产业现金经营收入	**739.87**	**1084.70**	**1719.69**	**2064.93**	**2281.88**	**2977.37**	**3860.21**	**3685.05**	**3759.79**
农业	452.32	598.97	1030.96	1262.61	1416.19	1983.22	2615.42	2564.01	2710.76
林业	23.96	42.77	96.61	119.44	128.87	120.68	124.28	132.76	94.52
牧业	260.74	435.95	576.07	664.57	715.62	852.03	1103.53	972.46	938.70
渔业	2.85	7.01	16.04	18.31	21.21	21.44	16.99	15.83	15.81
第二产业现金经营收入	**58.11**	**70.83**	**141.18**	**152.14**	**172.98**	**228.30**	**267.64**	**297.63**	**364.69**
第三产业现金经营收入	**162.65**	**202.90**	**389.87**	**412.78**	**512.11**	**700.75**	**894.05**	**978.93**	**1208.86**
现金财产性收入	**10.60**	**28.58**	**27.11**	**37.82**	**50.14**	**87.65**	**77.49**	**95.37**	**122.98**
现金转移性收入	**79.08**	**87.45**	**248.35**	**288.02**	**318.80**	**761.78**	**2342.34**	**2680.63**	**2824.91**
家庭外出从业人员寄回带回收入							1821.81	2128.88	2277.60

注：2007年以前为44个扶贫开发重点县数据，2008-2012年为31个国家级扶贫开发重点县数据，2013年以后为53个贫困县数据。2014年开始为新口径数据。

8-64 贫困地区农民家庭平均每人现金支出

单位：元

项目	2000年	2005年	2010年	2011年	2012年	2013年	2014年	2015年	2016年
全年现金支出	**1317.56**	**2033.84**	**4056.58**	**4929.06**	**5585.29**	**7093.35**	**9425.51**	**9454.47**	**9734.81**
生产经营现金费用支出	**339.65**	**562.10**	**1071.24**	**1212.54**	**1396.32**	**1666.02**	**2097.50**	**2078.91**	**1903.04**
第一产业经营现金费用支出	**290.79**	**501.90**	**909.73**	**1033.78**	**1160.78**	**1439.51**	**1793.94**	**1757.01**	**1496.80**
农业	210.30	345.09	655.81	723.03	763.9	925.97	1129.35	1208.24	1037.08
林业	2.16	6.27	12.68	19.75	23.54	18.96	20.30	18.88	10.45
牧业	77.48	149.22	236.36	288.06	367.58	480.85	640.65	526.44	444.75
渔业	0.85	1.32	4.87	2.94	5.76	3.86	3.63	3.45	4.53
第二产业经营现金费用支出	**15.74**	**23.83**	**60.50**	**62.25**	**80.68**	**55.54**	**65.73**	**81.19**	**118.21**
第三产业经营现金费用支出	**33.12**	**36.37**	**101.01**	**116.51**	**154.86**	**95.04**	**237.83**	**240.71**	**288.02**
部分商业保险支出							**16.93**	**13.41**	**16.16**
购置资产及非经常性转移支出							**1558.54**	**1368.04**	**1369.82**
借贷性支出							**242.34**	**134.99**	**130.47**
现金消费支出	**786.88**	**1294.62**	**2643.34**	**3236.66**	**3641.54**	**4812.17**	**5349.43**	**5700.80**	**6146.55**
食品烟酒	263.59	473.12	901.51	1210.76	1342.25	1606.25	1770.82	1929.50	2087.55
衣着	73.87	109.15	224.72	289.54	334.42	429.17	499.61	539.04	557.88
居住	120.64	238.81	614.11	641.02	741.15	960.12	704.19	665.12	644.38
生活用品及服务	49.07	73.14	178.57	214.80	258.78	397.17	491.76	501.49	548.87
交通通信	50.89	127.63	297.07	342.72	369.82	537.15	670.67	784.73	916.70
教育文化娱乐	128.04	160.65	175.69	182.99	202.39	323.04	615.34	657.78	754.74
医疗保健	54.67	84.82	196.00	273.86	297.76	435.13	457.08	480.05	485.15
其他用品和服务	46.11	27.30	55.67	80.55	94.97	124.14	139.96	143.08	151.28
现金财产性支出	**6.67**	**2.38**	**2.92**	**1.12**	**0.23**	**2.39**	**3.37**	**2.02**	**3.15**
现金转移性支出	**66.42**	**91.38**	**213.13**	**329.38**	**382.39**	**382.67**	**157.41**	**156.31**	**165.62**

注：2007年以前为44个扶贫开发重点县数据，2008-2012年为31个国家级扶贫开发重点县数据，2013年以后为53个贫困县数据。2014年开始为新口径数据。

8-65 主要年份农村农户固定资产投资情况

单位：万元

指　　标	2000年	2010年	2012年	2013年	2014年	2015年	2016年
农村投资总额	**2549526**	**7866446**	**8913847**	**8993980**	**7698843**	**7090634**	**6611615**
按投资来源分							
国内贷款	209704	35450	474023	54509	52759	97688	247007
自筹资金	3758	7732178	8790566	8876829	7576030	6922895	6321870
其他资金	2294758	98818	75878	62642	70054	70051	42737
按投资构成分							
建筑工程	1834257	6923459	7933324	7939924	6910537	6413649	5842618
安装工程	10741	7873	8914	8498	8507		
设备工器具购置	604245	800540	900298	975146	707069	595780	617002
其他	100283	134574	71311	70412	72730	81205	151995
按投资方向分							
农林牧渔业	495605	850420	791550	888041	783825	724561	906768
采矿业						126	
制造业	111632	40859	49936	55055	60450	66211	41796
电力煤气及水的生产和供应业		4006	6525	6981	6617	7544	
建筑业	19399	26340	53287	52020	48081	45680	
交通运输仓储和邮电业	170367	280767	304515	328448	332508	312028	143329
信息传输、计算机服务和软件							99292
批发和零售	28518	34536	32054	39698	39798	40094	
住宿和餐饮		2544	2404	2671	2761	36945	
金融业							
房地产业	1678599	6412652	7450197	7341969	6122039	5592884	5350269
租赁和商务服务业				27801	26775	28344	51334
科学研究、技术服务和地质勘探业							
水利、环境和公共设施管理业				5160	5817	2935	3344
居民服务和其他服务业		214322	224379	246139	270173	233283	15482
教育							
卫生、社会保障和社会福利业	36240						
文化、体育和娱乐业	137						
公共管理和社会组织	9029						

8-66 农村劳动力外出从业情况构成

单位：%

项　　目	2010年	2011年	2012年	2013年	2014年	2015年	2016年
年末就业状况	**100**	**100**	**100**	**100**	**100**	**100**	**100**
本地务农	51.2	51.4	48.1	40.8	40.1	40.1	38.8
本地非农自营	5.6	5.6	5.6	6.6	6.9	6.8	7.0
本地非农务工	8.9	10.0	11.5	18.2	18.5	19.7	19.7
外出从业	28.2	26.9	28.2	26.5	26.3	26.8	28.0
未从业及其他	6.1	6.1	6.6	7.9	8.2	6.6	6.5
外出从业地区(人)	**100**	**100**	**100**	**100**	**100**	**100**	**100**
本省	38.9	42.0	43.0	51.4	51.3	54.3	54.8
乡外县内	49.5	39.3	39.9	43.7	42.2	46.4	41.3
县外省内	50.5	60.7	60.1	56.3	57.8	53.6	58.7
省外	61.1	58.0	57.0	48.6	48.7	45.7	45.2
东部地区	81.1	81.9	79.9	81.6	80.9	80.1	78.5
北京	12.2	9.8	10.0	12.5	13.1	11.1	14.0
上海	6.5	10.1	9.2	6.8	7.4	8.6	8.6
江苏	11.6	13.5	12.9	17.8	16.4	15.9	16.1
浙江	13.8	15.7	17.1	16.8	18.0	18.1	17.4
广东	40.4	33.4	34.3	30.2	30.3	32.2	28.9
中部地区	10.2	9.8	9.1	7.8	9.4	9.6	10.7
西部地区	8.4	7.8	10.5	10.2	9.0	9.8	8.8
其他地区	0.3	0.5	0.5	0.4	0.7	0.5	2.0
外出从事行业	**100**	**100**	**100**	**100**	**100**	**100**	**100**
一产业	1.2	2.0	2.0	1.6	1.3	1.1	1.7
二产业	64.9	68.9	67.8	65.2	63.8	62.1	58.5
制造业	54.7	53.4	52.5	44.2	46.9	45.6	44.3
建筑业	40.7	42.5	43.8	51.3	49.6	50.3	50.6
三产业	33.9	29.0	30.2	33.2	34.9	36.8	39.8
批发和零售业	7.5	5.3	4.9	23.5	24.2	26.6	21.5
住宿和餐饮业	5.6	5.5	6.0	18.1	20.0	16.1	17.7
外出务工月均收入(元)	**1640**	**2108**	**2315**	**2858**	**2930**	**3123**	**3295**
社会保障与福利情况							
外出从业的劳动关系	100	100	100	100	100	100	100
无固定期限劳动合同工	14.3	15.0	14.5	14.3	17.0	17.0	9.3
一年及以上劳动合同工	9.6	9.5	9.7	13.2	13.9	10.5	11.9
一年以下劳动合同工	2.5	2.5	2.7	2.6	2.7	2.7	2.6
没有劳动合同	61.4	68.1	68.3	64.8	59.1	62.6	68.6
自营及其他	12.2	4.9	4.8	5.1	7.3	7.2	7.5

注：①2012年以前为全省42个县，2013年以后为全省92个县(区)。
②外出从业地区类型里“中部地区”不包含河南。
③外出从业不含本地非农自营和本地非农务工。

8-66 续表

单位：%

项 目	2010年	2011年	2012年	2013年	2014年	2015年	2016年
单位或雇主提供伙食情况	100	100	100	100	100	100	100
每天提供三顿	42.3	39.8	41.1	37.7	35.7	28.7	30.9
每天提供两顿	6.6	9.5	10.3	8.3	8.9	12.7	10.1
每天提供一顿	9.3	10.9	12.7	13.1	12.2	15.4	14.9
不提供，但补贴部分伙食费	3.8	5.5	5.9	5.0	5.6	5.1	5.0
不提供，也没有补贴	38.0	34.3	30.0	35.9	37.6	38.1	39.1
单位或雇主提供住宿情况	100	100	100	100	100	100	100
提供住宿	57.8	66.3	64.3	55.0	52.6	56.5	53.3
不提供住宿，但住房有补贴	6.8	5.0	7.5	7.8	8.3	5.7	5.3
不提供住宿，也没有住房补贴	35.4	28.7	28.2	37.2	39.1	37.8	41.4
单位或雇主拖欠工资情况							
被拖欠工资人数	2.2	0.8	0.6	0.7	0.5	1.8	2.0
被拖欠工资的金额(元)		105800	77100	173150	172800	541800	847700
五险一金缴纳情况							
缴纳养老保险	5.9	4.6	5.1	9.0	10.7	9.1	8.5
缴纳工伤保险	15.9	11.6	14.1	15.7	17.4	15.2	18.3
缴纳医疗保险	8.0	7.5	7.4	9.4	12.2	10.2	18.3
缴纳失业保险	3.3	2.5	2.4	3.9	4.5	5.1	5.6
缴纳生育保险	1.9	1.3	1.3	2.8	3.0	3.4	3.8
缴纳住房公积金	1.8	2.4	2.5	3.6	4.2	4.2	4.9

主要统计指标解释

一、住户收支与生活状况调查指标解释

从2013年度起，国家统计局对分别进行的城乡住户调查实施了一体化改革，规范了城乡划分范围，统一了城乡居民收入指标名称、分类和统计标准，建立了城乡统一的一体化住户调查，并据此采集全国居民有关数据。

（一）居民可支配收入

居民可支配收入指居民可用于最终消费支出和储蓄的总和，即居民可用于自由支配的收入。既包括现金收入，也包括实物收入。按照收入的来源，可支配收入包含四项，分别为：工资性收入、经营性净收入、转移性净收入和财产性净收入。

工资性收入　指就业人员通过各种途径得到的全部劳动报酬和各种福利，包括受雇于单位或个人、从事各种自由职业、兼职和零星劳动得到的全部劳动报酬和福利。

经营净收入　指住户或住户成员从事生产经营活动所获得的净收入，是全部经营收入中扣除经营费用、生产性固定资产折旧和生产税之后得到的净收入。计算公式具体为：

经营净收入=经营收入-经营费用-生产性固定资产折旧-生产税

财产净收入　指住户或住户成员将其所拥有的金融资产、住房等非金融资产和自然资源交由其他机构单位、住户或个人支配而获得的回报并扣除相关的费用之后得到的净收入。财产净收入包括利息净收入、红利收入、储蓄性保险净收益、转让承包土地经营权租金净收入、出租房屋净收入、出租其他资产净收入和自有住房折算净租金等。财产净收入不包括转让资产所有权的溢价所得。

转移净收入　计算公式为：转移净收入=转移性收入-转移性支出

转移性收入　指国家、单位、社会团体对住户的各种经常性转移支付和住户之间的经常性收入转移。包括养老金或退休金、社会救济和补助、政策性生产补贴、政策性生活补贴、救灾款、经常性捐赠和赔偿、报销医疗费、住户之间的赡养收入，本住户非常住成员寄回带回的收入等。转移性收入不包括住户之间的实物馈赠。

转移性支出　指居民家庭对国家、单位、住户或个人的经常性或义务性转移支付。包括缴纳的税款、各项社会保障支出、赡养支出、经常性捐赠和赔偿支出以及其他经常转移支出等。

（二）居民消费支出

居民消费支出是指居民用于满足家庭日常生活消费需要的全部支出，既包括现金消费支出，也包括实物消费支出。消费支出可划分为食品烟酒、衣着、居住、生活用品及服务、交通通信、教育文化娱乐、医疗保健以及其他用品及服务八大类。

食品烟酒　指用于各种食品和烟草、酒类的支出。

衣着　指与居民穿着有关的支出，包括服装、服装材料、鞋类、其他衣类及配件、衣着相关加工服务的支出。

居住　指与居住有关的支出，包括房租、水、电、燃料、物业管理等方面的支出，也包括自有住房折算租金。

生活用品及服务　指家庭及个人的各类生活品及家庭服务。包括家具及室内装饰品、家用器具、家用

纺织品、家庭日用杂品、个人用品和家庭服务。

交通通信 指用于交通和通信工具及相关的各种服务费、维修费和车辆保险等支出。

教育文化娱乐 指用于教育、文化和娱乐方面的支出。

医疗保健 指用于医疗和保健的药品、用品和服务的总费用。包括医疗器具及药品，以及医疗服务。

其他用品及服务 指无法直接归入上述各类支出的其他用品与服务支出。

二、2012 年及以前的分城镇和农村住户调查指标解释

2012 年及以前年份，中国的住户调查一直分城乡分别开展。由于分别调查，农村与城镇居民收入、支出等指标的统计口径有所不同，数据也不完全可比，城镇调查城镇居民可支配收入，农村调查农村居民纯收入。城镇居民收入与支出数据，指现金收入或现金支出，不包括实物收支；其中，计算城镇居民人均可支配收入和消费支出时，不包括自有住房折算租金，也不包括购建房支出。农村居民收入与支出数据，分为总收支和现金收支，即农村居民的总收支部分包括了自产自用的实物收支；其中，计算农村居民人均纯收入和消费支出时，也不包括自有住房折算租金，但农村居民居住消费支出中，包括了购建房支出。

为了保持历史数据的可比，本年鉴中 2012 年及以前年份的数据和指标解释仍保持了原城镇住户调查和农村住户调查方案的原貌。

（一）城镇住户调查主要收支指标解释

1．城镇居民家庭总收入

家庭总收入 指居民家庭中生活在一起的所有家庭成员在调查期得到的工薪收入、经营净收入、财产性收入、转移性收入的总和，不包括出售财物和借贷收入。收入的统计标准以实际发生的数额为准，无论收入是补发还是预发，只要是调查期得到的都应如实计算，不作分摊。

工薪收入 指就业人员通过各种途径得到的全部劳动报酬，包括所从事的主要职业的工资以及从事第二职业、其他兼职和零星劳动得到的其它劳动收入。

经营净收入 指家庭成员从事生产经营活动所获得的净收入。是全部生产经营收入中扣除生产成本和税金后所得的收入。如当期收入小于生产费用的开支，其差额记入“其他借贷支出 ”中。

财产性收入 指家庭拥有的动产（如银行存款、有价证券）、不动产（如房屋、车辆、土地、收藏品等）所获得的收入。包括出让财产使用权所获得的利息、租金、专利收入；财产营运所获得的红利收入、财产增值收益等。

利息收入 指资产所有者按预先约定的利率获得的高于存款本金以外的那部分收入。包括各类定期和活期存款利息、债券利息、储蓄性奖券和存款的“中奖”收入。利息与红利的差异：利息一般是预先约定的，与企业的经营状况无关，而红利的多少与企业的经营效益直接有关，一般不预先约定。利息收入是应得收入，包括银行代扣的利息所得税。

转移性收入 指国家、单位、社会团体对居民家庭的各种转移支付和居民家庭间的收入转移。包括政府对个人收入转移的离退休金、失业救济金、赔偿等；单位对个人收入转移的辞退金、保险索赔、住房公积金、家庭间的赠送和赡养等。

记账补贴 指居民家庭因承担记账工作从统计部门、工作单位和其它途径所得到的现金。不包括实物部分。

2．城镇居民可支配收入

可支配收入 指居民家庭可用于最终消费支出和其它非义务性支出以及储蓄的总和，即居民家庭可以用来自由支配的收入。它是家庭总收入扣除交纳的所得税、个人交纳的社会保障费以及调查户的记账补贴后的收入。计算公式为：

可支配收入=家庭总收入-交纳所得税-个人交纳的社会保障支出-记账补贴

3．城镇居民家庭总支出

家庭总支出 指家庭除借贷支出以外的全部实际支出。包括消费支出、购房建房支出、转移性支出、财产性支出、社会保障支出。支出统计是以实际购得的商品或服务的总价值填报，不论其付款方式是一次付清、分期付款，还是赊购，只要商品或服务已被消费就要按其总价值计量。如果采用分期付款或赊购形式，则要在借贷收入类相应的项目填入实付款与总的应付款的差额。

4．城镇居民消费支出

消费支出 指居民家庭用于满足家庭日常生活消费需要的全部支出，包括食品、衣着、居住、家庭设备及用品、交通通信、文教娱乐、医疗保健、其他等八大类。消费支出构成是按照商品或服务的用途进行分类，如果消费支出的目的与用途不一致时，必须按照用途归入相应类内。

服务性消费支出 指居民家庭用于本家庭支付社会提供的各种文化和生活方面的非商品性服务费用。不包括为别人付款的服务。服务消费与商品消费不同，其特点在于其劳动过程和消费过程在时间与空间上的统一。

财产性支出 指家庭购买或维护财产所支付的利息等有关费用。

社会保障支出 指居民家庭成员参加国家法律、法规规定的社会保障项目中由个人交纳的保障支出。不包括职工所在单位交纳的那部分社会保障金。

食品支出 指居民为摄取身体所需要的营养和满足某种嗜好而进食的各种消费品，包括在商店、集市、工作单位食堂和饮食业购买的主食、副食、烟草、酒、饮料以及干鲜瓜果、糖果、糕点、奶制品等。

衣着支出 指各种穿着用品及加工穿着品的各种材料，包括棉、麻、丝、毛和各种人造纤维、合成纤维纺织的各种布匹、呢绒、绸缎及其加工的服装，各种鞋、袜、帽及其他零星穿着用品等。

居住支出 指与居住有关的支出，包括住房、水、电、燃料方面的支出。其中的住房支出：指居民家庭用于住房的直接支出，包括房租、房屋维修支出、物业管理费、房屋装潢支出。不包括购建房支出，也不包括自有住房虚拟租金。

家庭设备及用品支出 指家庭各类日用消费品及家庭服务。包括日用耐用消费品、室内装饰品、床上用品、家庭日用杂品、家具、家庭服务。不含个人用品和服务。

交通通信支出 指用于交通和通信工具和相关的各种服务费、维修等支出。

交通 指购置交通工具及零配件、支付各种交通费、修理服务费、油料费等的支出。

通信 指家庭用于通信方面的全部支出。包括通信工具、电话费、邮费及其他通信费用。

文教娱乐支出 指居民家庭用于教育和文化娱乐方面的支出。

文化娱乐用品 指居民家庭用于购置家庭文娱用耐用消费品和其它文娱用品的支出。其中，购买家庭影院的根据其设备配置情况分别记为彩色电视机、影碟机、组合音响等。

文化娱乐服务 指和文化娱乐活动有关的各种服务费用。

教育支出 是指按一定的目的要求，对受教育者的德育、智育、体育、爱好、技能等诸方面施以影响的一种有计划的活动，与这一活动直接相关的支出即为教育支出。包括学费、教材费、家教费、赞助费、寄宿学生的住宿费等。

医疗保健支出 指用于医疗和保健的药品、用品和服务费用。包括医疗器具、保健用品、医药费、滋补保健品、医疗保健服务及其他医疗保健费用。实行医疗改革的单位，医疗基金（医保卡）支付的全部费用计入工资及补贴收入中，同时记入相应的医疗保健支出中。个人先现金支付然后到单位报销的医疗费在记入相应消费的同时，如果是在职职工则记入工资性收入，如果是离退休职工则记入离退休金中。

其他支出 指无法直接归入上述各类支出以外的个人用品和其他商品与服务支出。

其他商品 指七大类以外的个人用品和各种其他商品。

服务 指用于个人消费中的服务费，包括旅馆住宿费、理发洗澡费、美容费等。

（二）农村住户调查主要收支指标解释

1．农村居民总收入与总支出

总收入 指调查期内农村住户和住户成员从各种来源渠道得到的收入总和。按收入的性质划分为工资性收入、家庭经营收入、财产性收入和转移性收入。

工资性收入 指农村住户成员受雇于单位或个人，靠出卖劳动而获得的收入。

在非企业组织中劳动得到的收入 指农村住户成员在不具备企业性质的行政事业单位和各种组织中劳动得到的收入。包括村干部和民办教师的工资(奖金、补贴)，乡及以上行政、事业单位工作人员的工资(奖金、补贴)等。

在本地劳动得到的收入 指农村住户成员在住户所属乡(镇)地域范围内受雇于单位或个人，靠出卖劳动而获得的收入。

常住人口外出从业得到的收入 指农村住户成员到住户所属乡(镇)地域范围以外从业得到的收入。

家庭经营收入 指农村住户以家庭为生产经营单位进行生产筹划和管理而获得的收入。农村住户家庭经营活动按行业划分为农业、林业、牧业、渔业、工业、建筑业、交通运输业邮电业、批发和零贸易餐饮业、社会服务业、文教卫生业和其他家庭经营。

农业收入 指包括谷物种植业，豆类和薯类作物种植业，棉、麻等植物性纺织原料种植业，油料、糖料作物种植业，烟草种植业，药材种植业，蔬菜、瓜类作物种植业，饲料作物种植业，茶、桑、果树种植业。

种植业收入 是指农村住户当年从承包地和自营地上收获的粮食、经济作物、蔬菜、茶叶、水果、水生植物（如菱、藕等）等的主产品和副产品的全部收入。但生产用的绿肥和青饲料不作为收入，用来沤肥的副产品以及野生植物的采集和家庭兼营商品性手工业不作为种植业收入。

林业收入 是指农村住户当年采伐竹木收入、出售树苗和从人工栽培的竹林上不经砍伐而取得的各种林产品收入，如生漆、棕片、五倍籽、松脂、紫胶、竹笋、油桐籽、油茶籽、乌桕籽、核桃、各种林木子实，以及修剪竹木枝叶（荆条、柳条、蒲葵叶）等等；包括野生林木的采集产品收入；但不包括桑叶、茶叶、水果、花卉，它们算在种植业收入中。

畜牧业收入 是指农村住户当年出售、屠宰的畜禽、小动物和畜禽产品收入。包括家畜（仔畜、架子猪也包括在内）、家禽（包括幼禽）及其他小动物收入；也包括出售鹌鹑、鸽子等收入，按出售和屠宰的产品计算。畜禽的繁殖和增重，不计算收入；活的家畜、家禽及其他小动物的产品（如蛋类、羊毛、蜂蜜、蜂蜡等）收入，按全部产品计算；动物屠宰和死后的畜产品（如猪鬃、羊皮、蚕茧等）收入，按全部产品计算。牧区和半牧区农民出卖大牲畜的收入，应作为畜牧业收入；农户出售肉牛的收入和专门饲养大牲畜出售的收入应作为畜牧业收入，但变卖属于固定资产的役畜的现金收入，不能作为牧业收入，而应计算在出售财物收入中；包括野生动物的狩猎及其产品的采集收入。

渔业收入 是指农村住户当年捕捞天然水生的和人工养殖的鱼、虾、蟹、贝、藻类等淡水水产品和海水水产品的全部收入。包括养殖观赏鱼类的收入。

工业收入 是指农村住户的个体企业（有固定场所和生产设备、有专业生产劳动力，年内生产三个月以上）利用手工和机械进行自然资源开采，农副产品,工业品加工和修理以及从事手工业(手工业指依靠手工劳动，使用简单工具从事的工业性生产活动，包括各种制作、刺绣、编织、雕刻、加工等手工业。)所得全部产品收入，来料加工的产品，按加工费计算收入。自制自用的产品不计收入。

建筑业收入 是指农村住户成员当年从事房屋或建筑物的新建和维修以及设备安装所得到的劳动报酬，参加国家举办的基本建设工程所得到的收入。

交通运输业、邮电业收入 是指农村住户成员当年从事对本户以外的单位或个人进行货物运送、旅客运送及从事邮电行业活动的收入。

批零和零售贸易、餐饮业收入 是指从事批发贸易、零售商业和餐饮业活动的收入。

社会服务业 是指从事于日常生活及社会公共服务等服务活动的收入。包括从事社会服务业、金融保险业、房地产管理、旅馆、车店、理发、照相、洗染、缝纫、修理、导游等收入。

文教卫生业 指在文教卫生等单位从事有关活动的收入。如在教育、文化艺术事业、广播电视业从事有关活动的收入；在体育事业单位、体育设施管理单位、体育队、体育训练机构等从事体育活动的收入；在医疗、防治、检疫及其他卫生事业的收入等。

财产性收入 指金融资产或有形非生产性资产的所有者向其他机构单位提供资金或将有形非生产性资产供其支配，作为回报而从中获得的收入。

转移性收入 指农村住户和住户成员无需付出任何对应物而获得的货物、服务、资金或资产所有权等，不包括无偿提供的用于固定资本形成的资金。一般情况下，是指农村住户在二次分配中的所有收入。包括在外人口寄回和带回、农村外部亲友赠送、救济金、保险赔偿收入、退休金、土地征用补偿收入等。

总支出 是指农村住户全年用于生产、生活和再分配等方面的全部实际支出。包括家庭经营费用支出、购置生产性固定资产支出、税费支出、生活消费支出、转移性支出和财产性支出。

家庭经营费用支出 指农村住户以家庭为基本生产经营单位从事生产经营活动而消费的商品和服务、自产自用产品。所消费的未计算为住户收入的自产自用产品，不计算为费用支出；库存的化肥、农药也不计算为本期费用支出。

农业生产支出 指用于农业生产活动费用。如种籽、肥料、农药、小农具购置和修理、油料费、耕畜的饲料、饲草费、机耕费、排灌费、电费等，此外还包括家庭兼营商品性手工业等所支付的有关费用。

种植业生产支出 是指种植各种农作物所支付的生产费用。如种籽、肥料、农药、小农具购置和修理、油料费、耕畜的饲料、饲草费、机耕费、排灌费、电费等。

林业生产支出 是指经营林业生产而支付的费用。如树种、树苗、肥料、农药、电费及小型工具的购置维修等开支，但不包括林业的基本建设投资。

牧业生产支出 是指经营牧业生产所支付的费用。如购买仔畜（包括架子猪）、幼禽支出；肉用牛、羊的饲料、饲草支出；生猪、家禽等的饲料、燃料、防疫医疗费；电费和小型用具购置、维修等支出。但耕畜的饲料费应列为“种植业生产费用支出”。

渔业生产支出 是指养殖水生动物、培养海藻和捕捞生产过程中的开支。包括鱼苗、饵料、电费以及小型渔具和用具的购置、维修及油料费等支出。但不包括添置的固定资产支出。

工业生产支出 是指进行工业生产所支付的生产费用。包括工业生产耗用的原料、燃料、电费及小型工具的购置、维修等开支，还包括来料加工产品所耗用的燃料、电费，但不包括自产自用和来料加工产品所耗用的原材料。

建筑业生产支出 是指为了从事本户以外的房屋或建筑物的新建与维修以及设备安装而耗用的建筑材料、电器设备、燃料、电费以及小型工具的购置、维修等开支。

交通运输业生产支出 是指为从事对本户以外单位或个人进行货物运送和旅客运送所耗用燃料和小型工具的购置、维修等开支。

批零和零售贸易、餐饮业生产支出 是指从事批发贸易、零售商业、和餐饮业活动时所购买的生产用具支出、租用铺面支出、帮工工资支出、燃料支出、电费支出及其他费用开支。

社会服务业生产支出 指用于包括金融保险业、房地产管理、旅馆、车店、理发、照相、洗染、缝纫、修理、导游等日常生活及社会公共服务等服务活动的费用支出。

文教卫生业生产支出 指在文教卫生等单位从事有关活动的支出。如在教育、文化艺术事业、广播电视业从事有关活动的支出；在体育事业单位、体育设施管理单位、体育队、体育训练机构等从事体育活动的支出；在医疗、防治、检疫及其他卫生事业的支出等。

其他家庭生产经营支出 是指上述各项家庭经营费用支出以外的其他支出，包括各项劳务所支出的费用。

购置生产性固定资产支出 指农村住户用于建造和购置生产性固定资产所支出的费用。

税费支出：是指农村住户从事生产经营活动以现金和实物形式缴纳的各种税费。

消费支出 指农村住户用于物质生活和精神生活方面的消费支出。消费支出分为食品支出、衣着支出、居住支出、家庭设备及用品支出、交通通信支出、文教娱乐支出、医疗保健支出、其他支出。

食品支出 指农村居民年内消费各类食品支出。包括主食、副食、其他食品、在外饮食和食品加工费支出。

衣着支出 指农村住户用于各种穿着用品及加工穿着用品的材料支出。包括棉花、丝棉、化纤棉、驼毛、棉布、各种化纤布、绸、缎、呢绒、各类成衣、棉、毛、丝、麻纺织品，背心、汗衫、棉毛衫裤、卫生衫裤、袜子等针织品，毛线、毛线织品、各种鞋、帽等消费品及衣着的加工修理费(指农村住户为加工或修补服装、鞋帽等衣着所支付的服务费)。但不包括用各种布料做的床上用品，室内装饰品。

居住支出 指与农村住户居住有关的所有支出。包括新建(购)房屋、房屋维修、居住服务、租赁住房所付的租金、生活用水、生活用电、用于生活的燃料等支出。

家庭设备及用品支出 指农村住户消费的各种耐用消费品、其他家庭用品及用品的加工修理费用。

交通通信支出 指农村住户用于交通和通讯的工具、各种服务费、维修费用支出。

文教娱乐支出 指农村住户用于文化、教育、娱乐方面的支出。包括文化教育娱乐用品支出和文化教育娱乐服务支出。

医疗保健支出 指农村住户用于医疗和保健的药品、医疗器械和服务费用。包括医药卫生保健用品、医疗保健服务费和医疗卫生设备、用品加工修理费等。

其他支出 指上述各类支出以外的商品和服务支出。

财产性支出 为获得其他住户财产(包括无形资产)的使用权而支付的各种费用。

转移性支出 指农村住户和住户成员没有获得任何对应物而支出的货物、服务、资金或资产所有权等，不包括无偿提供的用于固定资本形成的资金。一般情况下，指农村住户在二次分配中的所有支出。

2．农村居民现金收入与支出

现金收入 指农村住户和住户成员在调查期内得到以现金形态表现的收入。按来源分成工资性收入、家庭经营现金收入、财产性收入、转移性收入。

现金支出 指农村住户在调查期内用于生产、生活和再分配所支付的现金。包括家庭经营费用支出、缴纳的税费、购买生产性固定资产、生活消费、财产性和转移性支出。

3．农村居民纯收入

纯收入 指农村住户当年从各个来源得到的总收入相应地扣除所发生的费用后的收入总和。纯收入主要用于再生产投入和当年生活消费支出，也可用于储蓄和各种非义务性支出。“农民人均纯收入”按人口平均的纯收入水平，反映的是一个地区或一个农户农村居民的平均收入水平。计算方法：

纯收入＝总收入-家庭经营费用支出-税费支出-生产性固定资产折旧-农村内部亲友赠送

九 县域经济

资料整理：赵　宝

9-1 各县(市)人口及从业人员(2016年)

县 市	年末总户数(万户)	年末总人口(万人)	年平均总人口(万人)	常住人口(万人)	#城镇	城镇化率(%)	从业人员(万人)	第一产业	第二、三产业	#乡村从业人员
郑州市										
中牟县	17.76	113.09	108.80	113.09	54.67	48.34	36.69	16.27	20.41	24.61
巩义市	21.30	84.11	83.85	82.79	44.91	54.25	50.07	11.65	38.42	33.39
荥阳市	17.55	62.10	61.84	62.10	33.30	53.62	47.76	8.94	38.82	31.93
新密市	20.98	80.69	80.53	80.69	45.07	55.86	49.58	8.66	40.92	33.33
新郑市	18.93	92.53	90.54	92.53	52.03	56.23	45.76	9.54	36.23	25.63
登封市	17.40	70.14	69.79	70.14	37.61	53.62	54.40	14.62	39.78	34.79
开封市										
杞县	38.67	112.99	112.65	90.55	31.86	35.19	67.78	36.11	31.67	59.07
通许县	18.24	64.60	64.41	52.46	18.46	35.19	40.83	19.68	21.15	33.03
尉氏县	27.14	96.84	96.55	86.10	30.43	35.34	57.34	30.63	26.71	47.34
兰考县	28.43	85.18	84.90	63.67	23.95	37.61	59.74	19.14	40.61	46.45
洛阳市										
孟津县	16.29	46.46	46.32	42.78	19.73	46.13	34.40	12.40	22.00	21.60
新安县	15.90	53.25	53.12	48.41	21.42	44.25	40.10	13.80	26.30	26.30
栾川县	10.84	34.21	34.07	35.15	16.25	46.23	24.10	7.40	16.70	17.40
嵩县	17.27	60.22	60.07	52.10	17.08	32.78	35.90	18.10	17.80	30.60
汝阳县	12.87	48.48	48.27	42.66	14.25	33.41	30.20	15.30	14.90	25.40
宜阳县	20.32	69.80	69.67	61.22	21.02	34.33	42.20	18.90	23.30	34.80
洛宁县	14.08	49.13	48.99	43.23	13.75	31.80	33.10	19.60	13.50	26.80
伊川县	25.63	83.89	83.45	79.00	32.98	41.75	55.50	21.80	33.70	43.10
偃师市	18.28	60.71	60.58	57.17	32.48	56.82	42.90	12.10	30.80	28.60
平顶山市										
宝丰县	17.09	53.27	53.18	49.77	19.96	40.10	35.39	19.35	16.05	28.00
叶县	23.38	91.01	90.73	78.13	27.23	34.85	54.04	33.16	20.89	47.86
鲁山县	24.49	95.33	95.04	78.66	27.28	34.69	54.10	27.90	26.20	46.32
郏县	21.15	63.97	63.76	57.65	22.36	38.79	40.62	22.94	17.68	34.03
舞钢市	10.58	34.69	34.57	32.13	17.77	55.31	21.73	10.38	11.35	15.92
汝州市	30.94	108.36	108.01	93.60	40.54	43.31	69.22	33.54	35.68	54.14
安阳市										
安阳县	32.39	101.29	101.02	86.51	38.63	44.65	62.44	21.49	40.95	52.16
汤阴县	15.00	50.59	50.46	44.00	19.94	45.33	33.52	12.88	20.64	26.04
滑县	45.40	137.58	137.14	109.50	31.83	29.07	78.13	33.07	45.06	68.41
内黄县	19.75	78.35	78.14	67.04	18.93	28.24	54.47	21.01	33.46	46.60
林州市	32.39	107.70	107.40	80.23	41.32	51.50	76.81	22.83	53.97	54.56
鹤壁市										
浚县	19.60	71.15	70.94	67.56	23.56	34.88	46.15	11.65	34.50	34.81
淇县	8.88	29.39	29.29	27.67	14.91	53.88	21.58	7.76	13.82	13.56

9-1 续表 1

县 市	年末总户数(万户)	年末总人口(万人)	年平均总人口(万人)	常住人口(万人)	#城镇	城镇化率(%)	从业人员(万人)	第一产业	第二、三产业	#乡村从业人员
新乡市										
新乡县	9.16	34.69	34.58	34.34	17.95	52.26	29.57	2.68	26.89	19.93
获嘉县	12.48	44.10	43.96	41.17	17.67	42.91	29.71	13.97	15.74	22.20
原阳县	18.91	74.66	74.42	65.50	20.94	31.97	43.23	22.30	20.93	37.56
延津县	14.96	50.38	50.22	46.32	16.08	34.71	30.85	15.20	15.66	22.89
封丘县	21.90	82.48	82.22	72.28	24.50	33.90	41.93	19.27	22.65	35.06
长垣县	28.20	86.88	86.60	75.70	33.18	43.83	58.04	9.29	48.75	33.10
卫辉市	15.66	52.32	52.15	49.37	20.87	42.28	28.07	13.47	14.60	23.03
辉县市	26.36	85.51	85.23	75.13	33.61	44.73	48.79	20.46	28.32	36.03
焦作市										
修武县	7.00	27.19	27.12	25.25	12.20	48.33	16.44	4.14	12.30	11.48
博爱县	10.37	40.26	40.13	37.59	19.45	51.73	25.30	9.12	16.17	17.18
武陟县	18.96	71.76	71.55	66.10	26.66	40.34	48.95	20.53	28.42	34.42
温县	14.23	45.53	45.40	41.92	19.58	46.72	36.19	14.18	22.01	24.40
沁阳市	12.06	49.64	49.49	43.78	25.90	59.16	33.60	10.50	23.09	24.85
孟州市	11.40	38.93	38.80	37.10	17.69	47.68	34.67	6.05	28.62	20.11
濮阳市										
清丰县	22.33	71.67	71.46	64.27	18.11	28.18	48.73	24.51	24.22	39.76
南乐县	14.79	53.95	53.81	47.78	14.80	30.98	35.26	14.85	20.41	25.54
范县	16.96	55.68	55.51	46.74	14.87	31.81	40.58	18.49	22.09	26.35
台前县	10.98	38.19	38.02	33.47	10.37	30.97	24.02	8.51	15.51	19.45
濮阳县	32.03	115.61	115.36	98.68	38.45	38.96	70.90	25.03	45.87	53.02
许昌市										
鄢陵县	19.58	66.76	66.56	56.25	22.08	39.25	36.40	12.26	24.14	25.06
襄城县	29.20	87.16	86.89	68.38	26.37	38.57	50.17	39.16	11.01	42.47
禹州市	42.83	129.09	128.69	114.87	51.98	45.25	77.01	34.92	42.08	59.73
长葛市	20.60	78.07	77.83	68.91	35.90	52.10	55.17	12.17	43.00	34.41
漯河市										
舞阳县	17.31	61.76	61.62	55.78	23.56	42.23	39.16	18.96	20.20	32.26
临颍县	20.73	77.48	77.34	73.02	32.56	44.59	51.54	28.12	23.41	40.85
三门峡市										
渑池县	12.59	35.74	35.66	35.09	16.30	46.44	22.22	8.36	13.87	16.79
卢氏县	13.31	36.83	36.75	35.68	12.85	36.01	21.43	13.47	7.96	17.75
义马市	5.20	16.74	16.71	14.68	14.13	96.26	10.23	0.82	9.41	2.11
灵宝市	21.67	75.06	74.89	73.06	31.45	43.05	48.52	25.89	22.63	35.23
南阳市										
南召县	22.10	65.53	65.37	54.21	20.39	37.61	39.10	24.24	14.86	32.66
方城县	34.67	109.73	109.45	89.40	31.85	35.63	72.83	40.62	32.22	63.99
西峡县	15.83	47.20	47.08	43.91	20.57	46.85	43.75	5.01	38.75	30.13

9-1 续表 2

县 市	年末总户数(万户)	年末总人口(万人)	年平均总人口(万人)	常住人口(万人)	#城镇	城镇化率(%)	从业人员(万人)	第一产业	第二、三产业	#乡村从业人员
镇平县	28.75	103.89	103.63	84.74	32.48	38.33	60.27	24.16	36.11	47.88
内乡县	22.97	72.19	72.01	55.69	21.34	38.32	39.29	17.39	21.91	30.72
淅川县	21.04	71.86	71.68	66.27	26.56	40.08	41.62	20.08	21.53	31.59
社旗县	21.73	74.11	73.92	61.60	23.32	37.86	47.32	27.72	19.60	40.45
唐河县	42.25	145.37	145.01	121.17	47.45	39.16	76.58	38.63	37.95	64.33
新野县	23.07	83.76	83.55	61.28	23.53	38.40	53.28	25.88	27.40	42.55
桐柏县	15.68	47.98	47.86	38.16	16.45	43.11	28.20	10.53	17.67	21.45
邓州市	49.38	177.72	177.27	143.47	55.14	38.43	94.18	54.69	39.49	80.68
商丘市										
民权县	42.08	92.06	91.83	70.25	24.13	34.35	57.90	26.60	31.30	47.03
睢县	25.42	88.03	87.82	66.15	23.21	35.09	63.83	25.49	38.34	50.31
宁陵县	21.35	65.86	65.66	50.12	16.38	32.69	41.99	21.29	20.70	34.17
柘城县	33.10	103.18	103.03	68.22	23.45	34.38	57.01	23.60	33.41	43.30
虞城县	40.91	113.05	113.50	84.10	29.96	35.62	73.44	29.45	43.99	59.73
夏邑县	42.10	121.06	121.13	86.80	32.35	37.27	72.85	27.39	45.46	60.48
永城市	45.03	155.84	155.39	123.15	55.10	44.74	98.50	27.94	70.56	76.29
信阳市										
罗山县	22.70	76.53	76.33	51.66	20.62	39.92	44.30	19.34	24.96	38.29
光山县	29.98	85.02	84.79	60.25	22.60	37.51	50.29	22.63	27.66	41.88
新县	14.04	36.85	36.74	28.25	12.96	45.86	24.04	8.24	15.80	17.53
商城县	24.83	79.11	78.88	52.37	19.54	37.31	42.20	16.47	25.73	37.40
固始县	56.85	176.15	175.63	108.90	42.82	39.32	102.25	32.41	69.84	79.19
潢川县	28.15	87.13	86.70	65.86	31.98	48.55	47.05	29.45	17.60	38.50
淮滨县	21.25	77.58	77.14	57.10	21.58	37.80	47.22	22.34	24.88	38.36
息县	33.05	104.32	104.01	79.42	29.58	37.24	62.34	32.96	29.38	54.06
周口市										
扶沟县	21.95	76.56	76.33	60.01	22.07	36.77	46.33	22.00	24.32	37.00
西华县	27.76	97.23	96.95	75.41	27.61	36.61	57.92	25.65	32.27	52.10
商水县	32.98	124.63	124.22	89.61	30.43	33.96	77.12	37.94	39.19	66.30
沈丘县	35.19	131.35	130.96	95.98	35.52	37.01	76.95	39.47	37.48	62.50
郸城县	43.10	135.03	134.61	94.67	34.70	36.65	84.46	41.33	43.14	72.20
淮阳县	38.81	131.75	131.38	99.53	36.46	36.63	85.95	46.68	39.27	67.80
太康县	43.84	151.00	150.55	105.90	37.20	35.13	88.16	50.49	37.67	72.30
鹿邑县	35.49	122.22	121.82	89.07	35.42	39.77	77.48	18.00	59.49	64.28
项城市	37.99	125.14	124.76	100.25	45.48	45.37	73.79	28.48	45.31	48.30
驻马店市										
西平县	25.56	89.86	89.59	67.98	24.44	35.95	64.22	12.53	51.69	55.93
上蔡县	48.18	152.56	152.11	97.90	35.03	35.78	84.57	41.37	43.20	72.46
平舆县	32.93	101.26	100.94	71.89	27.71	38.54	64.91	30.28	34.63	52.90
正阳县	25.87	83.32	83.06	62.77	19.72	31.41	50.25	24.93	25.32	43.25
确山县	15.49	53.13	52.96	40.11	16.02	39.93	36.82	16.81	20.01	26.80
泌阳县	28.70	92.52	92.24	67.87	26.03	38.36	62.05	18.99	43.06	46.53
汝南县	21.62	85.93	85.68	65.69	23.56	35.86	55.12	31.77	23.35	47.96
遂平县	17.41	56.61	56.44	42.46	17.09	40.26	38.93	17.72	21.21	29.27
新蔡县	34.12	113.42	113.08	84.09	26.79	31.86	75.72	21.12	54.60	67.95

9-2 各县(市)生产总值

县 市	生产总值（亿元）	第一产业	第二产业	第三产业
郑州市				
中牟县	825.28	43.12	524.43	257.74
巩义市	680.00	11.75	409.01	259.24
荥阳市	629.62	29.31	373.94	226.37
新密市	684.30	20.87	351.07	312.36
新郑市	978.94	22.65	563.41	392.89
登封市	571.97	17.66	320.49	233.82
开封市				
杞县	288.72	77.81	98.68	112.22
通许县	232.10	48.11	93.00	91.00
尉氏县	337.96	51.95	179.26	106.75
兰考县	259.22	39.58	113.05	106.59
洛阳市				
孟津县	260.69	24.10	141.74	94.85
新安县	415.50	22.68	251.25	141.57
栾川县	164.83	14.37	93.33	57.14
嵩县	156.61	29.54	54.42	72.65
汝阳县	138.80	14.10	72.45	52.25
宜阳县	247.05	35.75	108.12	103.18
洛宁县	169.57	27.85	67.84	73.89
伊川县	328.71	26.79	176.55	125.36
偃师市	449.84	20.11	237.95	191.78
平顶山市				
宝丰县	262.61	21.33	142.05	99.23
叶县	216.04	44.99	111.55	59.51
鲁山县	151.02	27.79	51.33	71.90
郏县	161.83	24.25	91.03	46.56
舞钢市	126.52	13.01	59.38	54.13
汝州市	396.15	38.49	172.69	184.97
安阳市				
安阳县	371.85	35.72	189.37	146.75
汤阴县	184.37	24.97	101.68	57.73
滑县	228.92	66.17	84.26	78.49
内黄县	199.78	56.40	82.90	60.49
林州市	491.74	21.04	259.68	211.02
鹤壁市				
浚县	179.68	30.37	98.87	50.45
淇县	222.71	19.49	170.41	32.81

和指数(2016年)

人均生产总值(元)(按常住人口计算)	生产总值指数(%)(上年=100)				人均生产总值指数(%)
		第一产业	第二产业	第三产业	
75851	105.2	99.3	103.2	111.1	96.4
82329	108.7	104.1	107.9	110.3	108.2
101816	108.1	104.8	107.0	110.6	107.6
84974	107.6	104.7	105.3	110.9	107.3
108122	110.2	106.9	107.1	115.7	106.5
81961	108.3	104.9	107.0	110.6	107.4
31792	108.8	104.2	108.6	112.5	109.6
44139	108.6	104.3	108.5	111.3	109.4
39145	108.9	104.3	109.1	111.0	109.7
40844	109.4	104.2	109.0	112.0	108.7
61288	108.9	104.5	108.6	110.8	108.0
86275	108.8	104.6	108.6	110	107.9
46928	108.5	104.2	108.6	109.6	108.2
30138	108.4	104.7	108.2	110.3	107.8
32608	108.4	104.4	108	110.2	107.1
40344	108.9	104.1	108.2	111.5	108.7
39408	108.7	104.6	108.9	110.2	108.1
41801	108.6	104.5	107.4	111.3	107.8
78954	108.6	104.3	108.1	109.7	108.0
52832	107.9	104.4	108	108.5	107.7
27676	106.2	104.3	105.8	108.4	106.0
19217	106.6	104.5	105	108.8	106.5
28121	109.4	103.9	109.5	112.1	109.2
39449	107.6	104.3	107.7	108.3	107.3
42551	109.6	104.3	107.8	112.8	109.5
43117	107.1	102.5	105.8	110.2	106.4
42003	112.4	103.1	115.0	112.0	111.5
20792	108.7	103.9	109.1	112.8	109.3
29728	110.9	104.5	115.2	111.3	110.9
61534	108.6	103.0	106.5	112.1	107.7
26631	107.8	103.9	109.4	107.3	107.4
80680	109.7	104.1	110.5	109.3	109.1

9-2 续表 1

县 市	生产总值（亿元）	第一产业	第二产业	第三产业
新乡市				
新乡县	212.17	9.13	154.69	48.34
获嘉县	101.22	14.37	60.49	26.35
原阳县	128.61	27.28	59.69	41.64
延津县	129.79	24.59	68.37	36.82
封丘县	131.63	42.52	53.03	36.07
长垣县	302.43	33.10	153.45	115.88
卫辉市	107.03	24.49	22.05	60.50
辉县市	333.98	38.99	188.10	106.89
焦作市				
修武县	124.67	7.33	69.87	47.48
博爱县	240.88	18.11	152.79	69.98
武陟县	318.04	35.40	195.41	87.23
温县	263.29	26.42	166.49	70.37
沁阳市	380.35	20.49	243.92	115.94
孟州市	294.28	19.53	204.69	70.06
濮阳市				
清丰县	225.07	41.32	127.68	56.07
南乐县	171.58	32.22	94.06	45.29
范县	186.67	17.28	122.10	47.29
台前县	101.17	9.82	58.69	32.66
濮阳县	377.81	42.22	210.04	125.55
许昌市				
鄢陵县	277.95	46.95	135.65	95.36
襄城县	321.60	33.09	161.32	127.20
禹州市	565.18	29.45	326.95	208.78
长葛市	552.93	26.55	409.11	117.27
漯河市				
舞阳县	172.81	26.85	94.11	51.86
临颍县	261.48	34.80	172.97	53.70
三门峡市				
渑池县	244.90	19.76	159.81	65.32
卢氏县	81.59	21.18	25.72	34.69
义马市	127.53	1.27	89.66	36.60
灵宝市	486.84	55.55	301.71	129.57
南阳市				
南召县	131.72	19.01	64.67	48.04
方城县	191.70	38.18	81.87	71.66
西峡县	244.12	28.85	143.79	71.48

人均生产总值 (元) (按常住人口计算)	生产总值指数 (%) (上年=100)	第一产业	第二产业	第三产业	人均生产总值指数 (%)
61902	105.1	103.3	104.9	106.1	104.6
24684	109.8	104.3	112.2	107.8	108.9
19596	109.3	104.5	110.6	110.9	109.7
27914	112.4	104.2	116.7	111	113.3
18160	108.7	104.3	112.2	108.6	109.3
40111	109.5	104.1	109.4	111.3	109.5
21630	108.3	104.6	101.6	112.8	108.8
44617	108.3	104.2	106.1	114.3	107.5
49559	109.2	104.3	108.3	111.6	111.8
64291	107.9	103.7	107.1	111.1	107.3
48129	108.0	104.3	107.9	110.1	108.7
62965	108.2	104.4	108	110.4	107.7
86753	109.0	104.3	108.9	110.1	109.4
79504	108.6	104.2	108.5	110.7	108.0
35346	110.0	103.8	111.7	111.0	108.9
35989	109.7	104.6	111.2	110.5	109.5
40191	110.4	104.3	111.6	109.6	109.7
30792	109.6	104.4	110.8	109.1	107.3
37823	110.4	104.5	111.5	110.6	111.8
49679	108.6	103.4	108.6	111.5	107.7
47274	109.3	103.8	108.7	112.0	108.4
49374	109.1	103.9	108.4	111.1	108.4
80709	110.4	104.0	111.1	109.7	109.4
31028	107.9	103.6	108.5	109.0	107.3
35851	107.7	103.2	107.9	110.0	107.2
69945	109.0	104.6	109.7	108.5	108.8
22913	108.0	104.6	110.3	108.4	107.8
87018	99.7	106.4	96.0	111.7	99.5
66789	107.6	104.7	108.0	108.1	107.4
24302	108.5	104.4	110.0	108.2	108.5
21485	109.7	104.5	111.8	110.5	109.4
55730	109.7	104.4	111.0	109.3	109.4

9-2 续表 2

县　市	生产总值（亿元）	第一产业	第二产业	第三产业
镇平县	235.47	30.86	114.19	90.42
内乡县	162.89	36.07	68.78	58.04
淅川县	211.74	36.27	108.17	67.30
社旗县	153.02	35.38	64.74	52.90
唐河县	284.94	71.89	117.17	95.89
新野县	259.62	44.43	129.15	86.04
桐柏县	149.26	21.71	76.86	50.68
邓州市	373.83	102.50	130.44	140.90
商丘市				
民权县	202.47	45.43	74.20	82.85
睢县	157.07	43.22	59.35	54.51
宁陵县	105.29	26.26	42.12	36.91
柘城县	184.49	43.46	65.18	75.85
虞城县	235.50	45.15	94.56	95.79
夏邑县	208.44	48.43	79.77	80.23
永城市	465.85	64.51	224.51	176.84
信阳市				
罗山县	171.99	45.31	61.61	65.07
光山县	178.51	47.34	70.31	60.86
新县	117.94	25.79	50.00	42.15
商城县	167.89	42.78	67.52	57.60
固始县	296.27	76.83	92.86	126.58
潢川县	227.02	53.38	80.33	93.31
淮滨县	152.45	35.59	64.44	52.42
息县	189.57	48.35	75.52	65.71
周口市				
扶沟县	165.43	39.15	79.32	46.96
西华县	209.05	54.04	98.44	56.58
商水县	224.79	61.26	92.06	71.47
沈丘县	235.60	44.31	106.28	85.01
郸城县	221.73	50.89	106.46	64.39
淮阳县	196.48	47.11	91.09	58.28
太康县	230.61	57.52	94.86	78.22
鹿邑县	285.29	51.14	132.22	101.93
项城市	283.68	43.44	134.82	105.43
驻马店市				
西平县	201.87	48.35	67.41	86.11
上蔡县	201.73	41.16	79.10	81.47
平舆县	192.34	38.33	81.29	72.72
正阳县	159.82	51.18	43.97	64.66
确山县	150.22	31.95	61.30	56.98
泌阳县	202.83	50.50	80.85	71.49
汝南县	177.15	46.60	66.57	63.98
遂平县	181.14	29.66	80.67	70.81
新蔡县	173.56	47.71	58.56	67.30

人均生产总值 (元) (按常住人口计算)	生产总值指数 (%) (上年=100)				人均生产总值指数 (%)
		第一产业	第二产业	第三产业	
27834	110.1	104.3	112.1	109.7	109.9
29292	110.5	104.7	113.4	111	110.3
31979	109.1	104.2	110.5	109.6	109.0
24814	110.2	104.4	112.3	111.8	110.3
23514	108.9	104.4	110.5	110.6	108.7
42459	109.7	104.4	110.6	111.3	109.5
39192	108.1	104.6	106.4	112.6	107.8
26143	108.3	104.4	108.6	111.2	107.4
28612	109.2	104.4	108.6	112.7	110.6
23620	108.0	104.7	108.6	110.2	108.5
20918	108.2	104.5	108.7	110.4	109.2
27045	109.0	104.5	109.2	111.6	110.0
27574	109.0	104.4	108.6	111.9	112.0
23979	109.1	104.6	109.3	112.1	109.7
37916	108.8	104.3	108.1	111.8	107.9
33439	108.4	104.5	109.2	110.6	109.3
29702	108.2	104.3	109.1	110.4	108.4
41972	108.8	104.2	108.6	112.2	109.4
32734	108.2	104.2	108.7	111	108.1
27331	108.6	104.5	107.7	112.2	107.7
34699	108.5	103.7	109	111.6	108.9
26822	108.6	104.2	109	111.5	109.6
23293	108.2	104.3	108.4	111.3	109.3
27594	108.4	104.3	109.2	111.0	108.3
27742	108.3	104.4	109.5	110.2	108.2
25098	108.6	104.4	109.2	110.4	108.5
24563	108.8	104.6	109.0	111.1	108.7
23434	108.6	104.5	109.0	111.2	108.5
19751	108.6	104.4	109.4	112.3	108.5
21788	108.6	104.4	110.4	109.7	108.5
32057	109.5	104.2	109.8	112.1	109.3
28312	108.5	104.3	108.6	110.3	108.4
29645	108.7	104.3	108.2	111.8	108.9
20552	108.6	104.1	108.8	110.9	109.2
26785	108.8	104.6	108.3	112.1	108.6
25494	108.4	104.4	108.7	111.7	108.2
37378	108.4	104.4	108.6	110.7	108.6
29810	108.5	104.5	108.5	111.6	108.7
27026	108.3	104.2	109.4	110.4	107.9
43028	109.0	104.1	109.5	110.9	108.0
20657	108.0	104.4	108.6	110.4	107.9

9-3 各县(市)固定资产投资、建筑业及规模以上工业主要指标(2016年)

县 市	全社会固定资产投资(亿元)	#固定资产投资	#房地产开发	建筑业总产值(亿元)	工业增加值增速(%)	主营业务收入(亿元)	利润总额(亿元)
郑州市							
中牟县	1014.42	1009.42	291.93	30.71	5.0	578.72	42.33
巩义市	550.69	543.54	47.34	16.36	8.5	2063.45	114.17
荥阳市	591.68	579.27	122.60	78.87	8.0	1868.76	177.98
新密市	524.60	509.16	68.35	70.87	6.6	1472.81	159.27
新郑市	870.94	854.98	215.10	33.73	11.8	1542.76	181.54
登封市	478.27	468.35	26.57	10.20	7.0	1397.94	171.71
开封市							
杞县	238.57	232.68	4.09	8.02	9.8	439.00	38.11
通许县	191.49	185.39	8.21	22.29	9.8	354.90	14.44
尉氏县	303.71	298.59	18.65	15.23	10.0	898.00	107.57
兰考县	181.24	174.95	21.59	14.64	9.9	412.61	39.55
洛阳市							
孟津县	316.41	313.68	0.18	8.73	10.5	760.70	35.80
新安县	522.57	519.08	3.29	13.09	10.5	1212.62	32.59
栾川县	250.97	248.01	7.20	22.44	9.6	199.58	11.74
嵩县	239.81	235.43	1.37	2.71	10.6	123.23	3.58
汝阳县	186.60	185.12	3.81	4.52	9.8	91.92	2.33
宜阳县	321.90	317.54	3.86	10.50	10.2	353.79	17.69
洛宁县	238.67	234.68	19.38	12.17	10.4	336.82	16.96
伊川县	477.85	473.55	9.28	2.89	9.7	533.42	0.59
偃师市	340.53	334.53	6.50	8.77	9.6	1263.87	86.00
平顶山市							
宝丰县	254.66	251.13	7.79	1.60	9.5	294.68	28.98
叶县	233.13	228.66	1.43	6.07	5.9	426.50	46.92
鲁山县	190.66	185.82	7.01	9.32	4.9	144.89	6.35
郏县	222.92	220.60	3.13	4.65	10.0	381.05	38.27
舞钢市	213.04	210.36	2.77	3.26	6.8	215.21	1.08
汝州市	332.56	329.27	10.25	5.37	9.4	347.95	21.35
安阳市							
安阳县	513.37	507.37	3.54	90.04	7.1	697.17	28.39
汤阴县	139.53	137.60	11.19	15.06	16.8	466.52	28.42
滑县	178.70	173.82	15.25	38.22	9.9	342.81	24.53
内黄县	135.07	131.43	12.69	12.21	17.7	380.30	38.14
林州市	628.17	620.20	46.59	414.31	7.4	1023.14	34.80
鹤壁市							
浚县	151.43	146.75	10.03	3.92	10.6	451.13	32.23
淇县	172.97	171.08	11.11	0.93	11.1	739.42	92.76

9-3 续表 1

县 市	全社会固定资产投资(亿元)	#固定资产投资	#房地产开发	建筑业总产值(亿元)	工业增加值增速(%)	主营业务收入(亿元)	利润总额(亿元)
新乡市							
新乡县	124.27	121.96	12.26	28.84	5.2	655.99	28.48
获嘉县	105.40	101.94	3.01	10.98	15.1	244.38	10.17
原阳县	259.10	254.73	62.82	10.49	13.4	180.86	5.78
延津县	104.33	100.29	9.50	8.40	12.2	293.60	26.20
封丘县	170.51	165.70	22.81	66.00	13.8	162.43	25.17
长垣县	295.92	290.99	25.73	177.06	10.0	564.53	51.80
卫辉市	102.43	99.11	6.99	11.75	1.9	70.65	1.65
辉县市	241.95	236.52	26.18	7.58	6.6	859.75	33.29
焦作市							
修武县	181.47	178.79	7.65	3.62	7.9	388.48	17.50
博爱县	220.13	216.85	3.26	1.08	7.0	655.25	55.10
武陟县	350.06	346.18	5.52	2.83	7.7	932.11	54.60
温县	243.07	239.31	3.45	2.30	8.7	742.00	58.60
沁阳市	338.53	334.72	11.61	7.18	9.0	1016.01	69.80
孟州市	347.53	343.77	1.60	4.19	8.6	930.65	72.90
濮阳市							
清丰县	279.43	275.47	14.71	1.97	12.2	591.45	47.57
南乐县	203.37	199.05	8.47	1.98	12.3	419.84	46.54
范县	178.50	175.04	6.65	1.97	12.5	576.93	48.22
台前县	88.33	87.06	7.45	6.16	11.9	281.91	7.00
濮阳县	382.51	377.53	9.35	14.72	12.0	1117.83	151.73
许昌市							
鄢陵县	284.25	277.60	20.05	35.17	9.7	628.55	63.21
襄城县	284.99	283.34	7.96	2.97	9.5	590.16	51.37
禹州市	618.21	606.74	25.18	4.44	9.4	1551.92	140.46
长葛市	421.64	415.15	19.04	6.27	12.3	2158.08	179.19
漯河市							
舞阳县	206.98	202.23	7.17	1.83	9.4	419.96	45.50
临颍县	224.91	220.11	7.67	8.80	8.8	830.29	112.79
三门峡市							
渑池县	348.01	346.30	2.84	7.96	10.1	555.70	61.49
卢氏县	128.41	127.20	5.04	5.22	12.9	57.90	2.36
义马市	244.88	244.70	6.10	6.59	-4.7	429.20	-36.12
灵宝市	405.68	400.95	15.07	10.87	8.0	1477.60	121.96
南阳市							
南召县	188.77	186.73	3.83	13.83	10.5	250.95	15.21
方城县	239.91	231.22	11.01	13.99	13.6	302.35	24.80
西峡县	310.51	307.99	1.53	13.41	10.0	476.82	24.22

9-3 续表 2

县市	全社会固定资产投资(亿元)	#固定资产投资	#房地产开发	建筑业总产值(亿元)	工业增加值增速(%)	主营业务收入(亿元)	利润总额(亿元)
镇平县	286.94	277.32	7.26	5.66	12.9	413.84	23.71
内乡县	256.77	250.37	2.32	22.12	14.8	301.36	29.96
淅川县	290.16	284.99	6.21	32.03	10.6	347.44	13.62
社旗县	185.13	180.29	7.48	20.46	14.0	263.63	12.13
唐河县	285.21	273.68	6.51	26.69	10.8	394.03	16.16
新野县	300.88	295.06	2.38	10.95	10.3	512.15	31.82
桐柏县	214.88	212.59	2.95	17.94	4.8	209.30	-2.62
邓州市	335.57	326.28	14.46	51.47	9.5	444.75	20.54
商丘市							
民权县	217.13	211.60	22.13	45.90	9.3	384.25	28.20
睢县	203.24	196.50	31.17	18.59	8.9	208.24	20.14
宁陵县	107.33	103.36	7.10	9.73	9.2	219.65	17.12
柘城县	176.33	169.16	29.44	19.08	9.3	257.13	29.81
虞城县	217.75	210.93	22.26	12.94	9.1	546.95	40.54
夏邑县	225.66	218.51	29.95	29.79	9.7	355.44	36.34
永城市	357.55	354.88	55.27	54.10	8.6	848.58	24.13
信阳市							
罗山县	167.90	161.03	43.14	73.97	10.1	203.88	16.99
光山县	231.23	224.30	39.96	34.67	9.6	251.07	15.54
新县	166.55	163.60	17.11	33.42	9.5	176.52	17.37
商城县	192.38	186.27	10.82	36.58	9.2	196.19	11.32
固始县	300.43	291.06	29.66	38.50	8.1	294.29	19.56
潢川县	205.11	198.11	30.06	48.99	9.6	244.42	11.89
淮滨县	170.18	166.20	28.19	32.25	9.7	222.79	22.21
息县	251.22	244.92	36.69	59.36	9.0	267.56	18.99
周口市							
扶沟县	208.20	204.76	22.13	14.45	9.9	337.27	55.14
西华县	152.64	145.82	7.81	34.71	9.8	412.98	42.88
商水县	175.46	167.50	2.91	36.67	9.7	375.93	44.97
沈丘县	232.86	224.14	21.07	16.59	10.0	479.34	52.11
郸城县	198.99	189.01	7.75	23.60	9.7	503.12	33.52
淮阳县	177.02	169.17	24.19	16.20	10.0	339.20	45.58
太康县	195.47	184.41	18.37	64.46	10.1	489.06	54.44
鹿邑县	199.98	188.63	11.69	40.94	10.1	540.46	55.79
项城市	179.16	169.53	30.05	34.90	9.8	633.05	65.48
驻马店市							
西平县	152.94	140.13	16.94	32.18	9.3	237.62	25.30
上蔡县	152.66	143.53	17.90	19.52	10.0	308.45	22.81
平舆县	166.94	160.87	17.50	48.41	9.0	411.78	37.87
正阳县	135.62	130.33	12.40	25.29	9.8	182.14	12.09
确山县	146.98	144.05	28.22	86.52	9.3	225.60	21.69
泌阳县	164.28	157.13	22.64	34.37	9.3	390.42	33.98
汝南县	149.12	143.07	18.31	11.16	10.1	267.72	17.69
遂平县	172.51	168.43	30.18	20.89	9.4	301.94	12.43
新蔡县	149.17	142.25	18.26	26.04	8.9	202.86	8.55

9-4 各县(市)城镇从业人员和工资(2016年)

县 市	城镇单位年末从业人员(人)	城镇单位年平均从业人员(人)	城镇单位从业人员平均工资(元)	#在岗职工平均工资
郑州市				
中牟县	63130	61063	53242	53890
巩义市	83787	82557	44657	44870
荥阳市	99387	97284	52338	52435
新密市	99760	97208	43025	43201
新郑市	116555	112239	52868	53481
登封市	107322	104493	43580	43841
开封市				
杞县	69165	67791	47507	47358
通许县	46977	45727	46169	46520
尉氏县	53168	52052	50387	50614
兰考县	51337	49767	50881	51047
洛阳市				
孟津县	41750	40909	38471	38817
新安县	84433	84987	43763	46334
栾川县	29655	29314	50591	52351
嵩县	20413	20442	46430	47308
汝阳县	27473	27467	40386	40502
宜阳县	36482	36274	41655	42685
洛宁县	34814	36616	35451	35462
伊川县	38845	38908	39321	40322
偃师市	32465	32591	41161	41527
平顶山市				
宝丰县	31761	29582	40806	42744
叶县	36185	34795	40150	41087
鲁山县	33533	32610	45179	45177
郏县	36774	34563	41123	41478
舞钢市	37684	37563	42027	42746
汝州市	65196	64394	50302	50811
安阳市				
安阳县	72898	70953	39975	41442
汤阴县	49094	46882	40111	40227
滑县	66873	66539	40295	40685
内黄县	28773	28297	37592	37761
林州市	170925	165743	46642	47057
鹤壁市				
浚县	34551	33923	39620	40169
淇县	47152	47392	39817	39985

9-4 续表 1

县 市	城镇单位年末从业人员（人）	城镇单位年平均从业人员（人）	城镇单位从业人员平均工资（元）	#在岗职工平均工资
新乡市				
新乡县	64424	62660	39786	40166
获嘉县	39260	38617	36799	36969
原阳县	31069	29820	36810	36870
延津县	40995	39897	41992	42307
封丘县	39830	39364	42913	42963
长垣县	145107	139390	40800	40930
卫辉市	24481	24263	42018	42228
辉县市	72568	70845	42045	43172
焦作市				
修武县	35474	35097	43390	43462
博爱县	29108	28634	42245	42411
武陟县	74235	71248	41550	41612
温县	54918	53910	42810	43083
沁阳市	34979	34302	47946	48137
孟州市	91216	90320	46221	46247
濮阳市				
清丰县	39091	37262	42253	42720
南乐县	25228	23746	40318	40940
范县	31570	30415	38323	38519
台前县	19602	19306	37592	36961
濮阳县	72654	68850	39220	39230
许昌市				
鄢陵县	57141	56589	41773	41761
襄城县	52304	49763	44446	44382
禹州市	49414	48946	48375	48339
长葛市	130782	119747	48108	48107
漯河市				
舞阳县	48950	48537	42613	42805
临颍县	64456	64093	43267	43240
三门峡市				
渑池县	22891	22354	49513	49894
卢氏县	13852	13504	50348	50452
义马市	63534	66506	34716	34800
灵宝市	58455	57450	40939	41402
南阳市				
南召县	36067	35747	43562	43921
方城县	47012	46076	47628	48281
西峡县	73483	72195	46422	46673

9-4 续表 2

县 市	城镇单位年末从业人员(人)	城镇单位年平均从业人员(人)	城镇单位从业人员平均工资(元)	#在岗职工平均工资
镇平县	69006	67021	48269	48301
内乡县	59452	55371	46061	45960
淅川县	69102	64174	50046	49733
社旗县	42786	43946	37261	37306
唐河县	75042	73838	47186	47191
新野县	53817	53068	38362	38715
桐柏县	36566	36127	34575	34381
邓州市	82134	78299	43266	43597
商丘市				
民权县	73192	71903	52335	52825
睢县	85561	78646	48500	48576
宁陵县	46088	44641	43270	43376
柘城县	59814	58905	47885	49041
虞城县	87004	80171	46302	46187
夏邑县	91311	85221	45208	45102
永城市	98631	95506	48065	48358
信阳市				
罗山县	36880	34848	43086	43733
光山县	53988	52758	39636	41917
新县	34508	34011	43000	43133
商城县	34796	34410	43240	43571
固始县	89378	86453	47935	47974
潢川县	62668	62023	42670	42658
淮滨县	59100	59288	45619	45808
息县	56541	55010	47466	47474
周口市				
扶沟县	34943	33232	41653	41625
西华县	50810	50818	41100	41180
商水县	64298	63454	46783	46903
沈丘县	83659	81277	41102	41105
郸城县	84529	81966	38997	39019
淮阳县	46332	45581	49676	49815
太康县	84148	83968	48950	49050
鹿邑县	75640	74502	43311	43354
项城市	78476	76656	42343	42288
驻马店市				
西平县	51505	50516	45849	46117
上蔡县	66454	64960	42662	42811
平舆县	64424	60596	42798	42979
正阳县	39140	38527	46596	46651
确山县	57332	54705	45526	45484
泌阳县	89032	87677	46616	46660
汝南县	37285	36258	42288	42835
遂平县	56160	54896	42435	42401
新蔡县	38700	38386	44502	44436

9-5 各县(市)农业增加值、城乡居民收入和社会消费品零售总额(2016年)

县 市	农林牧渔业增加值(万元)	#农 业	#牧 业	农村居民人均可支配收入(元)	城镇居民人均可支配收入(元)	社会消费品零售总额(亿元)
郑州市						
中牟县	242778	139293	76020	16561	25966	106.16
巩义市	125231	44486	61193	19459	27854	276.73
荥阳市	295619	165904	105119	17458	28465	256.88
新密市	211584	111214	67704	17460	28337	280.50
新郑市	203955	102378	95298	18367	28388	271.43
登封市	179769	84169	62210	15784	27333	221.08
开封市						
杞县	829107	460286	276050	11422	20027	69.90
通许县	495243	344634	125929	11825	20757	64.80
尉氏县	542405	315168	158958	11638	22484	87.50
兰考县	412146	221348	149799	9943	21124	94.07
洛阳市						
孟津县	256582	119602	98113	11436	25193	70.47
新安县	242841	143919	44639	13207	28859	103.47
栾川县	153570	108837	11087	9800	26832	65.21
嵩县	316409	176189	59546	9777	24981	78.67
汝阳县	152936	85759	17464	9099	23246	64.40
宜阳县	380269	257372	93835	9282	24526	87.23
洛宁县	304317	190145	55636	9020	24312	63.03
伊川县	285002	149354	111273	11886	25989	176.54
偃师市	215582	95356	103446	16506	27772	164.85
平顶山市						
宝丰县	218213	91387	112095	13340	22930	52.54
叶县	447298	201956	206178	10233	21302	72.54
鲁山县	283157	190589	65052	7889	19737	56.43
郏县	246557	137560	79986	10100	20260	53.28
舞钢市	133578	44919	76829	12371	24748	45.14
汝州市	406727	154601	187064	14145	23884	132.98
安阳市						
安阳县	323808	185254	80632	14242	24946	77.72
汤阴县	258159	189800	53486	12534	23575	37.70
滑县	696244	551972	102607	9942	22184	93.14
内黄县	581939	482003	68502	10256	19989	65.41
林州市	217097	84052	120409	16877	26991	118.19
鹤壁市						
浚县	319305	172418	126507	14360	20967	50.93
淇县	201818	49971	138192	14446	23928	44.86

9-5 续表 1

县　市	农林牧渔业增加值(万元)	#农　业	#牧　业	农村居民人均可支配收入(元)	城镇居民人均可支配收入(元)	社会消费品零售总额(亿元)
新乡市						
新乡县	94676	58046	29412	15744	25829	38.80
获嘉县	146790	89488	47260	12695	19595	40.94
原阳县	282043	159146	99519	10673	20002	48.85
延津县	251577	184847	45576	13332	21216	43.37
封丘县	432008	265148	128399	9337	20452	42.96
长垣县	339021	246492	65959	16236	23109	77.23
卫辉市	250624	115980	115748	12806	21163	46.58
辉县市	396578	207430	173576	13822	26143	109.18
焦作市						
修武县	77459	35394	34511	14179	25950	46.90
博爱县	185982	139570	31198	14225	26026	63.17
武陟县	374092	248251	97560	14953	26153	98.28
温县	280023	198882	63463	14916	25692	76.98
沁阳市	213989	145278	55952	15944	27071	97.04
孟州市	208003	149294	44773	15592	26966	81.88
濮阳市						
清丰县	423054	289326	110354	12052	21424	76.15
南乐县	327833	173298	128338	11285	21496	58.23
范县	175995	71686	87927	8469	19238	65.26
台前县	99878	46408	47569	8068	18676	36.33
濮阳县	428126	256896	148724	11074	24039	155.24
许昌市						
鄢陵县	508028	315540	118782	14487	25121	75.05
襄城县	337389	182993	132755	13455	23792	76.02
禹州市	297018	166719	116730	14869	27274	208.87
长葛市	268086	116806	122690	14619	25553	153.44
漯河市						
舞阳县	273609	148012	116142	8636	20297	87.43
临颍县	359694	175090	169117	13595	22963	99.26
三门峡市						
渑池县	198657	115726	73066	13457	27281	54.01
卢氏县	212567	177170	21320	8016	22561	40.85
义马市	12897	5439	6673	15189	24719	38.67
灵宝市	560300	495014	47079	13797	25548	155.22
南阳市						
南召县	191375	106820	39171	9686	23517	94.21
方城县	397650	288626	72791	10845	24206	120.10
西峡县	289918	200113	51081	13944	27126	84.26

9-5 续表 2

县 市	农林牧渔业增加值(万元)	#农业	#牧业	农村居民人均可支配收入(元)	城镇居民人均可支配收入(元)	社会消费品零售总额(亿元)
镇平县	314480	227446	63616	12050	24043	158.77
内乡县	362339	198579	147263	11355	25002	96.76
淅川县	363836	217067	111811	9991	25942	105.28
社旗县	359163	242257	101646	9791	22601	71.12
唐河县	725779	461728	241252	11931	24476	157.92
新野县	452177	280087	152913	13970	25832	126.58
桐柏县	219789	129377	46583	9566	24242	89.47
邓州市	1061493	714085	296702	12797	24654	157.75
商丘市						
民权县	467115	291688	125272	9153	22333	65.04
睢县	435879	333131	90549	9133	22962	64.20
宁陵县	264542	195602	57427	9094	20183	43.91
柘城县	447573	298017	122110	9273	21471	69.63
虞城县	461799	341703	94485	9485	23550	73.66
夏邑县	490002	345638	119666	9415	24179	79.45
永城市	660394	449705	170899	12051	26784	164.53
信阳市						
罗山县	466452	310552	81255	10534	23281	70.42
光山县	485829	336604	92615	10701	23210	84.84
新县	266119	134632	30625	10707	23180	44.87
商城县	440186	248350	94618	10337	23213	66.93
固始县	776273	490709	208490	11420	23186	170.59
潢川县	608251	307223	160380	11564	23352	96.20
淮滨县	380618	230942	93670	9756	22649	65.86
息县	515232	359140	76808	9807	23021	91.78
周口市						
扶沟县	407701	317981	62019	9510	21030	66.00
西华县	564855	385012	129910	8943	21518	104.23
商水县	632884	455271	126476	8959	21689	79.06
沈丘县	453916	305018	124172	9109	21905	98.55
郸城县	529441	384873	109548	9448	22192	90.85
淮阳县	483691	323839	115629	8699	21733	114.19
太康县	590426	390444	164836	9513	21279	122.10
鹿邑县	545896	317368	180438	10959	22661	124.72
项城市	445206	325234	95498	10461	22604	135.56
驻马店市						
西平县	509457	295481	179178	10720	21963	101.80
上蔡县	433627	257426	143652	9656	22573	86.10
平舆县	403999	252416	121541	10036	23129	81.60
正阳县	539081	290192	208839	9710	20397	66.40
确山县	336596	191650	107314	9738	22703	56.60
泌阳县	532194	291783	196752	9916	23159	76.10
汝南县	490969	259116	167333	10049	20706	74.00
遂平县	308842	154987	132875	10525	23187	69.10
新蔡县	492716	265631	197431	10163	21271	62.74

9-6 各县(市)农业生产条件(2016年)

县 市	农用机械总动力(万千瓦)	农村用电量(万千瓦时)	化肥施用折纯量(吨)	农药使用量(吨)	农用塑料薄膜使用量(吨)
郑州市					
中牟县	61.97	18216.02	38941	1025	2834
巩义市	49.57	138494.74	28951	266	125
荥阳市	43.70	33037.53	30178	593	863
新密市	88.05	44158.59	27482	281	736
新郑市	58.50	42549.54	33795	620	502
登封市	66.64	45750.99	25227	325	218
开封市					
杞县	156.88	16283.84	71870	1493	2555
通许县	75.11	4704.89	32438	1834	1993
尉氏县	112.73	21978.74	49970	962	2371
兰考县	70.87	25990.32	76860	748	1145
洛阳市					
孟津县	41.63	22535.82	18558	438	364
新安县	47.90	5408.10	21356	515	551
栾川县	28.34	29808.41	7824	79	95
嵩县	59.77	11930.90	24967	467	305
汝阳县	43.80	20542.92	17114	457	528
宜阳县	62.37	20669.13	46485	965	1008
洛宁县	46.94	7396.26	22088	495	990
伊川县	74.53	35161.49	25454	342	520
偃师市	88.56	29926.36	34010	507	230
平顶山市					
宝丰县	43.53	16307.48	52237	449	320
叶县	62.80	20263.77	106253	787	976
鲁山县	36.18	28662.27	44929	600	328
郏县	36.92	11650.83	45876	758	822
舞钢市	28.11	5390.85	20278	724	347
汝州市	152.25	33226.24	97545	717	717
安阳市					
安阳县	64.76	79020.18	51088	1267	184
汤阴县	51.66	60483.80	44705	576	476
滑县	276.89	48093.22	216226	1972	3965
内黄县	73.36	36244.13	81915	1603	16117
林州市	42.46	42339.96	40795	370	49
鹤壁市					
浚县	141.61	5158.45	52842	834	1294
淇县	30.68	5367.60	7300	315	51

9-6 续表 1

县 市	农用机械总动力(万千瓦)	农村用电量(万千瓦时)	化肥施用折纯量(吨)	农药使用量(吨)	农用塑料薄膜使用量(吨)
新乡市					
新乡县	50.95	146404.82	29378	570	75
获嘉县	55.96	19639.83	52745	974	94
原阳县	132.05	50168.97	169855	1101	817
延津县	96.50	15783.23	115113	1054	93
封丘县	119.77	12322.97	80762	14094	216
长垣县	95.88	55992.00	77139	1135	687
卫辉市	66.08	25607.22	47439	647	676
辉县市	83.56	257671.80	85459	974	694
焦作市					
修武县	19.96	8683.33	12933	327	82
博爱县	18.48	10214.91	29017	465	587
武陟县	61.45	17255.21	54092	1384	338
温县	34.27	29236.11	23178	441	220
沁阳市	38.17	38835.51	31464	729	260
孟州市	32.05	20120.52	29624	584	683
濮阳市					
清丰县	70.94	12750.86	64163	745	597
南乐县	63.30	29563.00	57952	544	3358
范县	72.38	17734.96	34631	493	180
台前县	33.25	7744.44	11461	206	234
濮阳县	140.83	8782.04	85173	1547	485
许昌市					
鄢陵县	81.49	7735.66	36147	857	872
襄城县	62.37	13684.99	42296	553	662
禹州市	83.93	28808.43	102781	539	894
长葛市	55.13	29182.37	44692	749	495
漯河市					
舞阳县	58.78	10196.63	35313	649	410
临颍县	89.31	21675.90	52336	932	1366
三门峡市					
渑池县	31.77	5560.16	20754	324	900
卢氏县	17.80	3010.67	13910	243	788
义马市	1.32	2145.38	1028	25	76
灵宝市	38.40	15122.19	38328	1481	1034
南阳市					
南召县	40.20	6866.81	17095	444	913
方城县	135.77	12596.39	92808	1801	4216
西峡县	14.49	25921.37	29241	429	2712

9-6 续表 2

县 市	农用机械总动力(万千瓦)	农村用电量(万千瓦时)	化肥施用折纯量(吨)	农药使用量(吨)	农用塑料薄膜使用量(吨)
镇平县	102.25	15975.75	45675	918	970
内乡县	74.40	20872.61	30338	534	911
淅川县	48.14	27492.54	47444	740	1170
社旗县	88.43	7039.19	65403	1440	1310
唐河县	239.53	20888.38	110678	3638	2406
新野县	156.75	28857.26	107278	3144	7436
桐柏县	83.41	7385.39	41435	428	817
邓州市	189.32	23677.71	187680	3501	3612
商丘市					
民权县	93.72	17636.36	57245	2398	2125
睢县	93.49	8700.05	53578	943	933
宁陵县	60.84	15884.14	53478	1302	1153
柘城县	82.41	13691.31	55425	868	252
虞城县	110.23	45519.50	135051	5120	2400
夏邑县	96.63	52013.69	128050	1668	1709
永城市	130.24	40094.76	126969	2159	2680
信阳市					
罗山县	73.82	9999.61	36482	674	692
光山县	41.00	26418.59	38853	797	478
新县	23.84	6458.00	10474	396	170
商城县	34.84	15720.69	24300	600	668
固始县	123.67	28732.00	101299	2891	3180
潢川县	50.21	26462.15	65925	566	2537
淮滨县	74.09	16998.32	89135	1142	2758
息县	110.61	17898.00	63846	1734	1172
周口市					
扶沟县	103.94	16387.08	65453	1999	3672
西华县	101.62	20013.41	114043	3028	2112
商水县	88.94	17126.31	69303	1026	1297
沈丘县	78.04	23814.00	113613	1555	1926
郸城县	110.94	16459.65	74650	2140	1988
淮阳县	95.38	27510.07	116498	2884	3961
太康县	160.23	15463.95	119704	2653	2853
鹿邑县	91.03	15273.79	93810	1135	720
项城市	64.93	29982.00	49420	1538	1188
驻马店市					
西平县	112.75	35100.23	70008	326	1281
上蔡县	134.08	24668.53	97589	1045	989
平舆县	156.43	8825.65	58428	525	952
正阳县	217.97	6987.57	123603	317	1031
确山县	93.83	14544.42	70289	967	2319
泌阳县	147.26	9007.37	62368	354	2175
汝南县	127.39	9580.55	89163	843	1125
遂平县	104.67	7726.45	62445	561	485
新蔡县	131.88	9097.00	69650	1190	1720

9-7 各县(市)主要农作物播种面积(2016年)

县 市	总播种面积(千公顷)	#粮食	#谷物	#小麦	#玉米	#豆类	#棉花	#油料
郑州市								
中牟县	71.01	31.33	28.73	12.56	16.17	1.23	0.95	9.77
巩义市	48.68	42.94	41.70	22.43	19.02	0.46	0.62	2.81
荥阳市	72.53	59.62	57.63	31.19	26.08	0.77	0.12	2.97
新密市	64.03	56.18	52.13	27.65	24.42	2.22	0.04	1.93
新郑市	62.62	50.54	48.44	25.35	22.99	0.91	0.01	6.46
登封市	55.88	51.03	45.23	24.66	20.49	3.01	0.33	3.76
开封市								
杞县	202.74	113.68	104.38	65.37	39.00	4.51	4.27	20.05
通许县	135.06	62.26	59.18	38.69	20.49	1.52	1.57	8.35
尉氏县	151.27	101.81	94.14	63.07	31.08	3.28	4.41	24.81
兰考县	123.51	94.20	90.48	57.72	32.44	1.81	2.49	17.37
洛阳市								
孟津县	66.65	54.54	52.27	28.50	21.46	0.57	0.61	1.52
新安县	65.12	48.31	43.35	22.54	20.18	2.47	0.21	2.09
栾川县	21.81	11.32	10.14	3.71	6.44	0.91	0.02	0.67
嵩县	74.98	51.83	43.21	23.26	19.78	3.80	0.26	4.88
汝阳县	57.03	44.03	38.18	19.86	18.04	2.08	0.23	3.73
宜阳县	132.64	88.68	76.60	42.10	29.97	6.68	1.50	17.99
洛宁县	82.87	63.57	50.10	30.27	16.96	9.94	0.14	5.71
伊川县	95.09	79.50	69.73	38.48	24.53	2.81	0.95	4.80
偃师市	53.50	43.76	42.79	22.82	19.60	0.54	0.10	1.21
平顶山市								
宝丰县	64.50	48.83	48.24	25.76	22.48	0.23	0.10	5.97
叶县	141.30	112.09	106.08	56.77	49.31	4.29	0.05	12.88
鲁山县	73.64	58.89	55.71	29.83	25.07	0.89		8.46
郏县	83.83	58.41	47.79	30.21	17.58	4.36	0.89	6.24
舞钢市	37.40	31.74	29.93	15.84	14.09	1.30	0.00	2.28
汝州市	117.03	96.89	91.71	46.91	44.68	1.22	0.71	8.99
安阳市								
安阳县	124.47	107.45	106.52	49.99	55.48	0.41	1.45	2.37
汤阴县	87.42	70.50	68.92	36.81	31.97	0.91	1.13	2.81
滑县	259.51	190.54	189.35	118.34	70.73	0.35	1.32	26.94
内黄县	154.63	89.27	88.20	60.08	28.12	0.20	0.51	23.68
林州市	89.31	81.22	73.43	35.13	34.49	3.01	0.48	3.32
鹤壁市								
浚县	115.84	100.50	98.97	53.71	45.14	1.25	0.41	9.37
淇县	43.93	42.13	41.65	20.54	21.09	0.02	0.09	0.36

9-7 续表 1

县 市	总播种面积（千公顷）	#粮食	#谷物	#小麦	#玉米	#豆类	#棉花	#油料
新乡市								
新乡县	40.46	37.05	34.65	19.43	15.21	2.32	0.05	1.86
获嘉县	54.62	49.65	47.03	22.30	20.48	2.54	0.05	0.13
原阳县	134.34	119.43	116.53	65.40	39.45	2.20	0.39	8.14
延津县	111.46	73.81	71.98	48.71	23.26	0.29	0.06	29.73
封丘县	136.45	98.97	95.25	56.23	38.96	1.10	1.01	12.69
长垣县	121.80	97.59	93.66	54.45	37.19	3.09	0.53	13.32
卫辉市	68.26	56.95	56.25	29.36	26.74	0.38	0.35	3.23
辉县市	107.52	92.24	90.81	46.48	43.99	0.19	0.01	6.85
焦作市								
修武县	31.65	30.24	29.59	15.13	14.46	0.53	0.01	0.20
博爱县	36.76	27.26	26.62	13.38	13.19	0.40	0.01	0.59
武陟县	88.92	68.03	66.18	35.82	25.42	1.31	0.16	8.21
温县	54.34	39.57	38.88	21.83	17.06	0.11	0.08	3.16
沁阳市	56.31	46.17	44.56	22.60	21.96	1.11	0.04	1.02
孟州市	54.49	38.85	38.59	22.11	16.49	0.12	0.17	7.78
濮阳市								
清丰县	110.62	76.05	74.80	47.11	27.69	0.54	0.18	12.79
南乐县	82.54	61.56	60.46	33.13	27.31	0.33	0.55	4.91
范县	59.17	54.22	51.66	26.42	9.41	2.29	0.19	1.49
台前县	37.52	32.94	29.82	17.35	12.39	3.11	0.17	0.95
濮阳县	169.85	140.43	131.82	77.30	35.78	6.78	1.63	7.09
许昌市								
鄢陵县	118.19	76.43	75.96	41.17	34.79	0.30	0.11	0.42
襄城县	114.87	87.25	68.02	41.87	26.14	3.55	0.27	4.39
禹州市	121.47	96.15	85.52	44.59	40.93	1.90	0.14	4.66
长葛市	88.34	78.16	75.82	37.70	38.12	1.91	0.00	2.85
漯河市								
舞阳县	97.98	83.55	79.45	40.90	38.55	1.75	0.79	4.18
临颍县	116.66	74.92	63.07	40.73	22.34	7.27	3.61	1.39
三门峡市								
渑池县	67.85	44.75	34.41	22.40	10.99	7.80	0.14	8.21
卢氏县	46.89	32.54	26.68	14.28	12.31	4.99		0.46
义马市	3.14	2.23	2.00	0.94	1.05	0.10	0.01	0.19
灵宝市	80.81	56.42	48.36	26.32	22.05	6.34	1.18	3.79
南阳市								
南召县	62.69	37.16	32.49	16.37	8.73	1.60		12.61
方城县	214.34	126.53	107.83	66.00	41.50	12.70	0.81	53.29
西峡县	41.35	24.30	20.47	10.76	8.67	1.30		2.99

9-7 续表 2

县 市	总播种面积 (千公顷)	#粮食	#谷物	#小麦	#玉米	#豆类	#棉花	#油料
镇平县	135.88	97.97	94.50	51.16	42.61	1.84	0.45	23.08
内乡县	110.85	65.05	59.23	29.51	28.94	0.32	0.78	21.11
淅川县	138.07	63.82	55.09	34.26	18.25	4.43	0.32	45.92
社旗县	140.53	91.87	76.26	52.91	23.35	9.66	2.68	23.25
唐河县	306.73	227.68	208.52	134.09	68.25	8.10	4.36	38.64
新野县	135.47	78.69	74.20	50.95	23.25	2.47	1.18	29.45
桐柏县	74.68	45.00	39.30	20.26	2.43	4.31	0.07	21.53
邓州市	339.89	213.28	195.36	133.79	61.11	14.80	2.30	67.97
商丘市								
民权县	150.32	98.27	93.73	68.33	25.05	1.94	1.46	16.25
睢县	136.00	97.20	90.72	58.40	32.32	4.32	1.27	13.15
宁陵县	104.21	68.80	65.03	43.40	21.63	1.87	0.49	20.54
柘城县	137.86	108.97	107.12	63.75	43.37	1.29	1.54	1.41
虞城县	190.25	129.07	125.59	73.07	52.53	2.15	3.95	10.24
夏邑县	184.75	155.94	145.29	80.25	65.05	6.77	0.65	5.80
永城市	237.99	205.85	171.58	108.08	63.50	32.28	0.30	1.48
信阳市								
罗山县	158.37	97.20	93.50	27.62	0.10	2.03	0.15	29.77
光山县	149.23	73.46	70.19	17.98		2.00	0.20	33.41
新县	27.39	14.82	13.62	1.28	0.03	0.20	0.04	9.29
商城县	74.60	44.79	42.23	10.69	0.07	1.77	0.10	20.43
固始县	240.76	157.47	155.60	41.38	3.00	0.67	0.15	44.70
潢川县	146.19	103.30	99.85	38.12	0.17	2.14	0.24	22.88
淮滨县	135.80	100.70	93.20	53.83	5.27	2.67	0.33	20.45
息县	194.80	162.19	156.83	90.93	17.67	2.40	0.71	16.00
周口市								
扶沟县	141.09	91.72	81.85	59.78	21.84	9.60	1.55	8.51
西华县	173.70	119.42	108.27	67.92	40.35	9.94	0.42	9.76
商水县	210.78	152.30	132.04	73.79	58.10	17.27	0.80	15.28
沈丘县	169.23	134.66	123.45	67.60	55.85	6.74	0.36	12.64
郸城县	205.53	151.90	128.49	82.01	46.47	12.20	0.58	8.95
淮阳县	215.74	145.79	133.82	76.05	57.77	7.72	0.23	28.48
太康县	233.29	173.98	162.17	100.70	61.47	9.01	1.88	7.35
鹿邑县	174.27	134.31	118.29	70.38	47.84	14.47	2.76	6.09
项城市	174.08	125.57	105.15	69.68	35.47	18.25	0.74	16.87
驻马店市								
西平县	171.57	140.91	140.55	70.68	69.87	0.25		12.96
上蔡县	204.82	169.59	160.54	91.55	68.98	8.17	0.69	19.67
平舆县	169.36	124.93	114.79	72.26	42.52	7.27	0.03	25.14
正阳县	250.25	149.93	146.43	108.41	20.47	2.08	0.03	89.73
确山县	139.59	95.40	92.93	51.17	36.51	0.19	0.02	30.31
泌阳县	177.37	117.49	111.01	65.70	41.67	1.67	0.11	46.37
汝南县	178.98	121.48	116.69	74.20	40.04	3.63	0.00	37.32
遂平县	127.12	99.04	95.79	48.83	46.66	1.24	0.04	16.90
新蔡县	184.13	141.44	136.27	83.54	48.74	2.12	0.72	23.32

9-8 各县(市)主要农作物产量(2016年)

县 市	粮食产量(吨)	#谷物	#小麦	#玉米	#豆类	棉花产量(吨)	油料产量(吨)	园林水果产量(吨)
郑州市								
中牟县	184112	169623	72072	97551	3101	993	48214	17851
巩义市	158108	153838	84257	69152	349	663	4184	30704
荥阳市	338823	329052	175852	152256	860	127	8226	47382
新密市	211019	201497	113909	87317	3209	28	7227	20072
新郑市	267966	259492	137384	121739	2256	18	22465	85650
登封市	195578	165941	92837	72989	4584	311	5359	25163
开封市								
杞县	661840	621577	412236	209341	13724	5138	106353	23165
通许县	372687	357502	248234	109268	5053	1955	40436	90585
尉氏县	589261	557511	392183	165328	10505	5320	126866	125189
兰考县	524991	505459	338163	164823	5458	3074	75390	169560
洛阳市								
孟津县	244550	231173	137210	84356	620	620	3945	65200
新安县	204822	184162	100095	82557	3487	680	5025	63021
栾川县	43965	41114	14526	26588	1564	18	947	5441
嵩县	207530	182890	95266	87216	5168	259	9657	79256
汝阳县	179099	146445	80433	64783	5279	315	10874	11066
宜阳县	371196	326148	182509	129300	9419	2014	73195	114413
洛宁县	256017	227600	132111	77599	14800	87	7765	397587
伊川县	369092	325088	179229	122575	2194	966	11198	11123
偃师市	250143	245721	123960	120444	994	105	2767	86961
平顶山市								
宝丰县	237149	235762	140280	95482	277	147	15728	11880
叶县	606373	567031	315943	251088	23526	39	40503	18337
鲁山县	209054	198689	108958	85158	1708		21970	39918
郏县	316101	274826	170129	104695	10835	980	19947	12129
舞钢市	156247	151381	86618	64763	2463	1	6324	10386
汝州市	469701	449816	246281	203195	2024	708	31779	40292
安阳市								
安阳县	647684	639080	314592	320333	1433	1523	6273	42127
汤阴县	440037	432479	240461	191538	2931	1815	10986	48059
滑县	1445689	1436301	892366	541614	1310	1735	132065	168692
内黄县	521617	515123	365901	149222	581	902	116165	364445
林州市	360409	327590	135799	178250	6863	758	4679	85361
鹤壁市								
浚县	737462	731429	406643	324252	3816	326	27070	25449
淇县	296630	292247	150028	142131	33	66	998	4370

9-8 续表 1

县 市	粮食产量 (吨)	#谷物	#小麦	#玉米	#豆类	棉花产量 (吨)	油料产量 (吨)	园林水果产量 (吨)
新乡市								
新乡县	265897	254308	148230	106011	7321	191	9831	3748
获嘉县	328046	320898	156561	133731	6670	53	350	12013
原阳县	731930	694615	419558	179851	7286	904	34450	49167
延津县	459868	452383	333462	118875	1039	131	139183	28048
封丘县	652906	607258	427559	179389	2438	1519	54248	16581
长垣县	653673	637908	405449	212609	8105	655	50773	13779
卫辉市	356013	347759	198709	148685	1171	1057	11522	50012
辉县市	561345	557056	297384	258845	558	16	45141	20994
焦作市								
修武县	210200	208249	107376	100870	1240	9	909	7299
博爱县	200013	197084	106496	90400	1179	32	595	14963
武陟县	521516	512246	287200	186134	3970	169	41438	18645
温县	307008	303370	177110	126260	188	77	16387	18773
沁阳市	337088	329991	176604	153359	3355	68	3808	30496
孟州市	292004	290852	169292	121560	422	209	43631	39990
濮阳市								
清丰县	554900	547309	358437	188872	1651	171	57166	38236
南乐县	452877	443323	257727	185504	1339	475	26490	166582
范县	351888	344357	181339	54564	5626	347	7182	7122
台前县	235240	221498	129283	91291	13606	401	3949	1967
濮阳县	928629	890162	545788	218307	22107	1850	30370	42735
许昌市								
鄢陵县	539318	536930	312244	224686	1246	111	1697	8363
襄城县	552768	465301	312881	152420	8601	263	13541	23353
禹州市	535520	489359	275558	213801	3209	106	10087	18266
长葛市	539927	530393	283341	247052	6242	4	9725	4430
漯河市								
舞阳县	536361	521762	289278	232484	3718	927	12301	15557
临颍县	511383	471529	309528	162001	15471	2686	3701	1896
三门峡市								
渑池县	179548	148095	95995	48995	14458	109	20547	182138
卢氏县	119791	100465	57949	42284	13313		881	75335
义马市	9234	8650	4259	4370	152	54	425	808
灵宝市	223459	202437	109812	92625	11726	1077	8400	1572151
南阳市								
南召县	180316	161602	66714	43614	2890		62701	14064
方城县	614725	562473	347990	213209	23661	800	259131	44647
西峡县	96287	81734	36591	36758	2708		8888	530553

9-8 续表 2

县 市	粮食产量 (吨)	#谷物	#小麦	#玉米	#豆类	棉花产量 (吨)	油料产量 (吨)	园林水果产 量 (吨)
镇平县	502581	489704	272270	213949	3847	327	78401	8943
内乡县	318480	284541	153280	125815	526	715	85246	54475
淅川县	249985	223878	130971	69241	10633	280	133448	61656
社旗县	525052	463045	319843	143202	23397	2320	99131	5368
唐河县	1279669	1185410	874629	272236	12150	4128	136652	87745
新野县	500547	484153	362470	121683	6696	1179	138630	13385
桐柏县	239203	228540	88291	10397	4751	69	72011	17314
邓州市	1172119	1115451	788147	324459	36296	2143	292399	29472
商丘市								
民权县	662388	638244	492000	142756	13501	1095	81704	293411
睢县	638148	618195	420480	197715	8408	1400	64553	53084
宁陵县	458562	445287	313782	131505	6091	495	97518	282215
柘城县	740785	732214	470497	261710	4735	2174	5866	18923
虞城县	857408	845036	534743	310293	6665	4500	46100	425405
夏邑县	1040121	1007785	590146	417639	20288	636	21101	307680
永城市	1320148	1225953	797355	428598	90850	900	5109	265783
信阳市								
罗山县	713289	701853	116341	636	1756	123	71621	7778
光山县	568772	559557	76156		1658	141	83025	6856
新县	119176	113043	4218	235	190	35	33356	3615
商城县	320839	314986	44385	430	1399	78	58185	12000
固始县	1166610	1153590	186222	22095	2580	145	123227	27689
潢川县	679943	676380	175431	550	3486	1361	62146	3950
淮滨县	583543	568050	274318	13296	2003	333	68134	31350
息县	963358	943956	482853	116617	2120	665	41683	20568
周口市								
扶沟县	596341	568822	448962	117808	25895	1625	43350	26233
西华县	741876	716206	508600	207606	18400	2019	42736	176973
商水县	1010630	935057	549692	384786	56133	892	54262	50087
沈丘县	882156	831768	503951	327817	24142	701	50145	103127
郸城县	986365	903764	625162	278602	23652	680	31520	18710
淮阳县	986362	939055	598665	340390	16558	818	147912	18374
太康县	1121059	1084842	749230	335612	23628	2200	37227	39179
鹿邑县	905071	841576	532004	302886	48559	2903	17705	10631
项城市	804874	751998	513817	238181	35763	988	46050	47600
驻马店市								
西平县	938800	937468	512349	425119	558		60999	15301
上蔡县	1048123	1009315	650158	359128	32076	687	53310	7574
平舆县	778979	747104	508836	238236	17688	31	62443	5512
正阳县	857052	843109	649810	93971	4986	28	446613	10546
确山县	540337	523421	318770	172143	533	18	134315	6456
泌阳县	632460	599814	374482	206371	3369	87	167563	34289
汝南县	757762	737411	514065	206344	11728	20	185833	8974
遂平县	599103	582355	341080	239698	3594	45	65054	21665
新蔡县	832596	814057	541214	251903	5043	647	70905	18740

9-9 各县(市)牧渔业生产情况(2016年)

县 市	肉类产量(吨)	#猪肉	#牛肉	#羊肉	大牲畜年底头数(头)	猪年底头数(万头)	禽蛋产量(吨)	水产品产量(吨)
郑州市								
中牟县	40528	29360	3311	2060	28062	14.95	15609	64539
巩义市	29625	25053	990	501	8080	20.40	12196	5264
荥阳市	43734	32910	2960	491	12197	20.60	54013	19500
新密市	22108	14301	1171	335	15986	18.56	28455	880
新郑市	49567	34126	1016	578	12774	35.62	42872	340
登封市	27754	18258	4561	914	15734	21.20	24497	1100
开封市								
杞县	107021	69950	18680	7177	136392	64.32	99611	3474
通许县	64882	53505	3376	2126	49682	49.52	28639	1887
尉氏县	79857	58083	9208	5264	97834	60.03	91252	20715
兰考县	54428	33759	4455	4114	34858	32.12	51572	10158
洛阳市								
孟津县	21645	17101	2084	483	45820	17.69	14695	18010
新安县	22021	14413	1595	1240	23959	14.17	15101	8922
栾川县	7300	5157	901	297	9320	5.64	5912	640
嵩县	28629	17924	6374	1403	86772	17.76	15423	3980
汝阳县	11957	9430	865	337	14227	8.80	4153	283
宜阳县	45739	32576	6414	1626	90247	26.13	20985	3310
洛宁县	23182	9236	8116	1362	85498	8.90	19667	3833
伊川县	43849	33865	5568	515	85339	30.66	26754	598
偃师市	30731	25363	811	159	30182	23.53	20998	293
平顶山市								
宝丰县	46750	35474	4972	930	76613	38.69	19937	332
叶县	104181	70554	15025	6067	46339	64.22	33773	16427
鲁山县	28889	20592	3095	1568	22830	19.56	20179	11971
郏县	42210	25357	6220	1950	48025	15.72	12290	700
舞钢市	49020	35527	1133	845	24744	34.57	3950	4600
汝州市	100889	65974	15037	2115	60444	62.76	73898	3135
安阳市								
安阳县	32703	20701	2521	598	41448	19.93	58764	5320
汤阴县	36882	9908	1030	985	12283	9.54	30319	1800
滑县	55425	30503	1238	3827	14340	30.42	56596	710
内黄县	61551	33500	1279	4190	9860	32.26	36319	641
林州市	76389	70487	387	400	4623	67.87	19387	3498
鹤壁市								
浚县	70898	43742	1959	2010	9128	44.16	29407	3675
淇县	82671	34203	351	251	9132	29.82	25981	5600

9-9 续表 1

县 市	肉类产量 (吨)	#猪肉	#牛肉	#羊肉	大牲畜年底头数 (头)	猪年底头数 (万头)	禽蛋产量 (吨)	水产品产量 (吨)
新乡市								
新乡县	14358	9120	1210	248	6608	8.54	10284	3900
获嘉县	28074	18384	204	348	1791	20.50	14864	5300
原阳县	36684	20819	4245	2550	89746	22.51	41732	5340
延津县	29006	17345	1136	765	7558	16.53	10747	19175
封丘县	77657	57584	7200	2716	45001	42.57	34566	14050
长垣县	37461	22849	1249	1120	6541	17.28	18600	5150
卫辉市	53912	40307	5548	592	14305	41.45	78526	5309
辉县市	86352	72129	3487	870	32811	73.62	70365	700
焦作市								
修武县	24750	15140	1115	297	9106	15.08	12572	370
博爱县	14289	12032	493	260	6152	10.47	8352	256
武陟县	60325	38571	5993	1617	36397	35.98	28617	9120
温县	18902	13370	1516	404	7568	14.06	30385	
沁阳市	19264	13484	1797	888	8463	13.15	11978	255
孟州市	35155	24595	745	362	8528	28.60	9126	3124
濮阳市								
清丰县	59250	32201	1269	2570	6700	24.67	71627	1260
南乐县	76852	34533	13924	654	63295	40.19	75237	2161
范县	28711	13965	1850	3252	20212	12.02	35363	28441
台前县	15424	5729	607	1139	6997	5.52	35083	1015
濮阳县	76148	40402	2243	5855	25908	40.17	72070	6680
许昌市								
鄢陵县	74515	66454	1312	1017	3123	56.63	27175	6400
襄城县	75027	59886	5963	2486	79660	54.48	43883	9018
禹州市	80667	64102	3348	4701	20332	57.02	15374	1685
长葛市	76716	63898	2162	1674	12470	46.62	55047	1531
漯河市								
舞阳县	67203	56246	3089	1752	22230	53.86	20316	4463
临颍县	74757	62726	2653	560	18010	46.83	42941	1850
三门峡市								
渑池县	39026	27020	7312	1401	75214	22.95	26655	5350
卢氏县	10011	5142	3758	409	44933	4.44	3766	1975
义马市	4856	4265	83	110	300	4.50	926	150
灵宝市	30964	22877	3852	929	81647	22.65	9636	7859
南阳市								
南召县	23557	15317	4188	1718	51227	14.13	12521	8666
方城县	42296	29701	4519	2769	35900	27.01	20832	6740
西峡县	29913	20066	4885	2670	42876	14.60	12930	5550

9-9 续表 2

县 市	肉类产量 (吨)	#猪肉	#牛肉	#羊肉	大牲畜年底头数 (头)	猪年底头数 (万头)	禽蛋产量 (吨)	水产品产量 (吨)
镇平县	34703	22043	3966	1858	62489	21.99	29614	6462
内乡县	95839	70124	11943	7219	92759	68.35	25931	6870
淅川县	47589	25401	14125	2069	67239	21.63	29377	29806
社旗县	68365	44720	13130	1985	91461	47.45	22503	6200
唐河县	114191	68451	27259	5206	292911	69.06	54466	16980
新野县	50614	23667	14230	2709	114763	23.59	28875	6610
桐柏县	27438	16397	5814	1401	48996	11.28	15102	12300
邓州市	147030	94569	29663	7251	220517	91.43	73896	12915
商丘市								
民权县	58756	33352	7715	6413	45356	26.45	35142	22680
睢县	54913	36293	4858	3516	8342	36.24	36456	5010
宁陵县	41722	33264	3201	2375	19645	22.50	17360	4034
柘城县	68107	45925	9518	4418	46519	45.49	21472	5820
虞城县	45943	24504	6392	4102	140104	18.05	28240	14941
夏邑县	88155	64574	6050	3784	46150	71.50	39663	6223
永城市	83971	42881	4008	9920	20628	40.79	70820	18239
信阳市								
罗山县	45046	34676	839	426	14630	30.14	17986	32881
光山县	43890	15792	1632	258	29315	16.57	27972	29528
新县	20249	11950	973	386	16173	10.95	9532	4900
商城县	42050	15159	792	1488	14133	15.70	24086	34312
固始县	149379	81269	2335	4187	11183	62.03	92557	50662
潢川县	142884	63547	628	569	20936	49.44	69958	46400
淮滨县	49050	16103	2038	1494	17135	17.35	14097	14770
息县	59205	43322	1562	1231	14394	40.54	17670	19170
周口市								
扶沟县	43623	35350	1602	945	10594	38.11	16000	5032
西华县	85118	62700	3542	3550	34570	61.51	35300	3525
商水县	92499	61900	8691	4760	54994	62.42	39000	3902
沈丘县	88551	54455	8287	7300	51404	49.00	45000	7550
郸城县	68740	42490	6269	4200	34160	46.80	32100	6300
淮阳县	103178	62050	5819	6840	45579	45.66	35900	27550
太康县	108289	63900	11560	7432	33491	51.97	60133	3425
鹿邑县	77297	56338	6316	2980	15413	52.88	33669	6399
项城市	67364	42350	7592	2030	60545	54.10	31200	5410
驻马店市								
西平县	107235	82226	1147	2128	16404	78.51	64795	7081
上蔡县	73254	58741	4472	1747	32008	59.44	48302	8434
平舆县	74514	57979	4528	2965	43961	50.52	26171	9010
正阳县	93022	86254	954	517	27569	92.80	23186	12091
确山县	62660	44908	9653	3086	78630	50.47	22442	13496
泌阳县	99564	55518	34208	3240	394946	37.40	27148	19344
汝南县	81167	60674	7743	4038	52055	60.92	24096	38352
遂平县	75778	57299	6959	1379	31755	57.58	65193	7124
新蔡县	101914	63228	19232	2975	156680	63.15	38370	14425

9-10 各县(市)财政、金融主要指标(2016年)

单位：亿元

县 市	一般公共预算收入	一般公共预算支出	#教育	#农林水事务	金融机构存款余额	金融机构贷款余额
郑州市						
中牟县	41.62	70.07	10.24	8.65	520.03	253.89
巩义市	38.37	58.27	8.63	4.98	369.01	207.55
荥阳市	37.22	56.40	9.12	5.40	362.92	187.32
新密市	30.85	47.80	7.61	7.15	383.78	177.70
新郑市	65.31	83.84	10.61	14.52	618.72	458.24
登封市	23.57	45.14	9.32	7.99	300.12	132.07
开封市						
杞县	13.07	41.62	7.22	6.24	174.51	80.49
通许县	7.73	30.17	4.61	3.79	128.03	60.94
尉氏县	16.23	42.15	9.04	6.68	180.84	100.65
兰考县	14.10	52.56	9.84	9.17	185.35	117.12
洛阳市						
孟津县	13.93	27.92	6.00	5.66	141.44	69.88
新安县	19.43	31.29	7.85	4.02	187.75	106.89
栾川县	18.14	29.76	6.53	5.04	165.98	70.02
嵩县	6.47	28.81	6.82	7.11	130.07	44.83
汝阳县	8.21	23.74	5.75	4.55	105.39	56.61
宜阳县	10.34	30.78	6.62	5.82	138.21	72.50
洛宁县	8.32	27.77	5.36	6.47	104.91	40.06
伊川县	18.23	33.98	8.21	5.12	398.07	200.82
偃师市	18.32	29.67	7.80	5.30	281.56	129.90
平顶山市						
宝丰县	9.07	22.33	3.48	3.85	147.42	105.99
叶县	6.60	30.92	5.03	5.62	167.25	68.34
鲁山县	6.52	31.97	7.30	5.30	193.21	79.48
郏县	7.23	24.26	3.66	4.08	138.87	68.70
舞钢市	7.82	20.02	3.18	2.87	136.51	91.03
汝州市	23.06	49.73	9.78	6.86	290.60	173.84
安阳市						
安阳县	10.21	36.72	8.45	5.62	316.15	127.68
汤阴县	11.08	24.55	6.49	4.35	114.44	63.36
滑县	10.16	50.83	11.37	10.58	271.30	106.15
内黄县	6.13	29.37	6.92	5.39	131.09	51.24
林州市	16.63	41.58	9.15	5.00	436.67	154.97
鹤壁市						
浚县	6.63	28.22	5.01	4.45	133.30	108.90
淇县	8.53	18.28	3.41	2.78	98.87	133.40

9-10 续表 1

单位：亿元

县 市	一般公共预算收入	一般公共预算支出	#教育	#农林水事务	金融机构存款余额	金融机构贷款余额
新乡市						
新乡县	7.04	14.53	3.41	1.56	143.15	100.30
获嘉县	3.96	15.53	4.09	1.96	99.00	29.82
原阳县	7.04	26.24	5.04	4.34	122.09	74.67
延津县	7.25	20.91	4.38	3.33	88.90	27.59
封丘县	4.27	32.75	6.20	10.28	150.03	32.55
长垣县	16.76	45.76	9.03	6.44	338.15	182.56
卫辉市	8.69	22.20	4.47	3.08	122.25	70.15
辉县市	22.20	36.83	8.53	6.33	260.06	134.38
焦作市						
修武县	10.41	17.09	3.20	2.21	87.01	60.64
博爱县	7.48	16.25	2.71	2.98	109.33	70.76
武陟县	11.90	27.00	4.79	2.68	154.16	89.97
温县	6.86	18.16	3.44	2.54	117.78	63.45
沁阳市	13.29	26.62	3.67	2.37	148.25	82.13
孟州市	12.61	20.02	3.11	2.82	129.46	70.17
濮阳市						
清丰县	6.03	32.00	5.37	5.63	122.44	42.82
南乐县	4.74	23.21	4.52	4.02	103.41	37.59
范县	5.44	24.03	3.79	5.89	123.11	38.23
台前县	3.01	20.01	4.37	3.77	93.75	40.95
濮阳县	9.60	45.32	9.63	9.44	201.05	108.58
许昌市						
鄢陵县	10.31	30.29	6.56	4.45	168.52	122.72
襄城县	14.76	33.87	9.37	5.25	238.63	155.50
禹州市	16.92	53.19	10.14	5.79	346.15	190.02
长葛市	22.62	39.04	10.15	4.66	286.77	187.45
漯河市						
舞阳县	9.48	30.37	3.49	5.08	134.35	38.60
临颍县	11.66	31.14	6.64	4.13	164.22	80.25
三门峡市						
渑池县	22.03	29.45	7.45	5.24	135.11	63.43
卢氏县	5.54	23.55	4.61	6.81	111.54	41.11
义马市	12.71	15.43	3.27	0.48	114.60	80.49
灵宝市	19.81	38.84	6.96	4.30	295.94	152.50
南阳市						
南召县	5.75	28.59	7.04	4.94	119.24	63.83
方城县	9.17	40.67	8.95	7.65	168.46	95.12
西峡县	12.81	28.97	7.33	4.82	171.64	113.86

9-10 续表 2

单位：亿元

县　市	一般公共预算收入	一般公共预算支出	#教育	#农林水事务	金融机构存款余额	金融机构贷款余额
镇平县	8.23	35.14	7.27	5.62	232.52	94.82
内乡县	8.21	32.36	7.35	6.94	169.12	108.00
淅川县	8.41	39.78	7.64	7.50	203.94	98.70
社旗县	5.32	27.68	6.32	4.40	122.48	65.22
唐河县	8.38	45.98	8.45	8.07	254.89	81.08
新野县	6.85	28.34	5.68	5.02	187.61	100.20
桐柏县	8.51	24.31	4.76	4.77	120.80	54.15
邓州市	13.10	64.44	13.41	10.15	316.63	166.36
商丘市						
民权县	8.28	37.14	6.75	6.69	158.35	98.43
睢县	5.91	33.13	6.02	5.37	159.58	62.06
宁陵县	4.26	27.68	6.00	4.39	114.62	71.62
柘城县	6.60	38.44	7.27	6.33	166.30	57.15
虞城县	8.25	41.33	7.38	5.89	211.76	87.96
夏邑县	6.95	47.37	8.50	6.92	243.52	74.97
永城市	35.05	73.95	10.40	9.28	418.36	258.30
信阳市						
罗山县	5.11	29.90	5.79	5.55	222.90	88.87
光山县	5.00	35.73	9.75	6.87	216.61	91.94
新县	4.25	21.95	5.10	5.05	115.36	53.22
商城县	5.65	32.78	9.29	6.44	190.35	73.35
固始县	11.31	70.56	14.44	12.49	406.96	167.47
潢川县	5.55	32.74	8.44	5.64	205.61	215.13
淮滨县	4.70	34.96	7.07	6.74	166.57	62.55
息县	4.72	35.18	9.57	5.17	241.81	70.63
周口市						
扶沟县	6.58	30.87	7.51	5.08	169.86	51.74
西华县	6.59	33.00	6.43	4.88	184.27	54.64
商水县	6.29	46.31	10.34	6.08	218.88	49.59
沈丘县	12.10	50.01	12.24	6.95	242.37	114.17
郸城县	9.60	48.70	11.92	7.84	221.47	57.95
淮阳县	7.38	49.00	7.57	5.51	227.41	54.18
太康县	9.53	50.85	10.39	7.50	238.38	74.18
鹿邑县	11.07	47.67	9.79	7.16	225.38	100.18
项城市	10.03	41.59	10.08	4.99	259.78	54.43
驻马店市						
西平县	7.61	32.66	6.19	4.80	212.92	93.98
上蔡县	6.27	48.63	9.28	8.15	281.69	90.58
平舆县	7.17	34.81	7.49	4.55	227.35	71.31
正阳县	5.41	40.49	7.02	7.37	210.51	82.90
确山县	7.37	26.46	4.78	4.73	174.30	57.91
泌阳县	8.01	40.60	8.93	6.32	177.60	63.46
汝南县	6.27	31.79	7.17	7.04	187.49	66.03
遂平县	7.55	23.44	5.19	4.10	155.74	93.30
新蔡县	6.31	49.79	10.35	8.16	223.78	76.87

9-11 各县(市)教育主要指标(2016年)

县 市	在校学生数(人)		小学在校生巩固率(%)	初中在校生巩固率(%)	高中阶段毛入学率(%)
	小学	普通中学			
郑州市					
中牟县	102368	43888	99.2	87.5	58.8
巩义市	52106	37766	97.6	101.7	69.8
荥阳市	45762	31047	104.1	93.1	109.2
新密市	67837	47426	95.7	102.3	86.1
新郑市	88834	50576	117.8	95.5	234.7
登封市	81370	62833	121.9	115.3	154.4
开封市					
杞县	91795	63095	80.8	111.8	45.1
通许县	56402	37989	72.1	99.7	71.1
尉氏县	92554	45753	83.5	91.9	57.1
兰考县	75364	52505	86.4	85.1	61.5
洛阳市					
孟津县	30445	27688	98.8	99.6	107.2
新安县	38123	32671	90.0	99.6	119.9
栾川县	28795	19317	101.1	99.3	79.2
嵩县	58209	34946	98.9	93.5	65.1
汝阳县	51269	32373	90.4	93.9	40.8
宜阳县	51205	40356	89.8	92.3	48.2
洛宁县	40052	26633	92.3	96.5	40.9
伊川县	84037	50482	95.2	86.9	52.3
偃师市	38133	30110	79.8	95.5	58.4
平顶山市					
宝丰县	57094	25830	95.9	89.7	65.8
叶县	74111	39129	84.1	93.2	64.4
鲁山县	109768	46727	111.7	87.8	79.2
郏县	61220	29342	113.1	93.6	39.1
舞钢市	28962	15347	66.3	94.0	85.2
汝州市	120519	57297	98.4	87.0	79.7
安阳市					
安阳县	99876	52377	109.8	99.2	60.1
汤阴县	52123	28734	86.6	94.5	62.2
滑县	146575	69053	94.2	95.9	52.5
内黄县	80823	39969	107.5	97.9	46.8
林州市	104651	59108	95.5	99.5	70.7
鹤壁市					
浚县	65034	41599	92.8	101.9	40.9
淇县	25979	16648	78.4	103.0	42.2

9-11 续表 1

县　市	在校学生数(人)		小学在校生巩固率(%)	初中在校生巩固率(%)	高中阶段毛入学率(%)
	小学	普通中学			
新乡市					
新乡县	32008	21044	105.0	95.3	50.9
获嘉县	39245	25428	96.4	103.0	57.7
原阳县	71547	42451	109.2	94.0	41.6
延津县	51585	32934	103.6	95.7	70.5
封丘县	76588	44194	86.5	95.5	42.3
长垣县	94199	60268	104.3	95.7	91.3
卫辉市	61837	23885	66.2	94.0	55.2
辉县市	96134	43213	105.1	97.3	77.7
焦作市					
修武县	19441	16582	92.0	102.6	69.4
博爱县	30283	21335	90.7	111.0	56.2
武陟县	51252	41141	85.5	111.3	59.9
温县	28179	26757	92.6	108.1	68.8
沁阳市	32784	30696	86.1	98.0	87.2
孟州市	19639	15581	95.4	111.5	62.8
濮阳市					
清丰县	62450	25327	73.5	94.1	37.7
南乐县	52083	33221	79.7	106.3	54.3
范县	48791	32561	78.6	91.1	42.7
台前县	38182	22284	59.0	96.9	62.0
濮阳县	100125	42344	61.1	110.1	44.4
许昌市					
鄢陵县	57743	27663	102.5	95.9	47.9
襄城县	71104	45486	97.6	95.4	68.9
禹州市	106819	59969	99.2	95.2	59.1
长葛市	67143	38809	98.7	93.8	70.6
漯河市					
舞阳县	41715	21856	101.8	89.8	50.7
临颍县	52330	37049	76.7	95.5	57.2
三门峡市					
渑池县	30823	20839	97.6	103.8	54.0
卢氏县	20241	21421	89.1	106.9	68.7
义马市	9962	5209	93.9	93.9	43.5
灵宝市	49168	35907	87.2	99.0	82.7
南阳市					
南召县	68287	40120	87.8	95.2	59.3
方城县	126924	51162	85.6	89.7	48.0
西峡县	46665	36855	93.9	115.4	83.4

9-11 续表 2

县 市	在校学生数(人)		小学在校生巩固率(%)	初中在校生巩固率(%)	高中阶段毛入学率(%)
	小学	普通中学			
镇平县	106022	50256	96.3	88.2	50.8
内乡县	76290	40828	110.7	94.7	74.1
淅川县	65356	49453	91.0	95.3	54.0
社旗县	70427	32517	86.4	92.5	41.1
唐河县	137413	50992	82.5	83.4	42.2
新野县	83598	36403	84.4	92.4	49.6
桐柏县	51761	25739	87.4	92.4	63.3
邓州市	185712	87728	86.8	96.8	49.9
商丘市					
民权县	70709	53435	92.3	77.9	90.4
睢县	65536	47122	82.1	89.9	69.7
宁陵县	57767	29586	76.2	97.2	44.5
柘城县	70950	53500	72.6	90.9	61.1
虞城县	102746	72460	65.8	91.3	82.3
夏邑县	85047	54131	69.1	100.9	54.0
永城市	156185	73199	93.7	88.2	61.7
信阳市					
罗山县	61852	38846	75.5	92.2	113.4
光山县	66929	64073	85.4	102.4	80.6
新县	27488	24232	95.7	98.0	94.4
商城县	52095	49620	66.7	99.3	79.0
固始县	128320	100657	82.3	100.0	91.0
潢川县	58491	43101	66.6	99.7	83.9
淮滨县	58446	44792	65.8	91.8	62.0
息县	93300	52416	92.5	95.3	50.1
周口市					
扶沟县	50254	47426	68.6	100.9	67.6
西华县	65894	48686	70.9	101.8	55.9
商水县	100252	76875	74.6	109.5	51.8
沈丘县	98282	73600	90.8	102.9	60.6
郸城县	117550	95889	73.0	110.9	73.8
淮阳县	105889	84795	73.2	93.3	59.8
太康县	131255	85025	80.6	94.7	52.5
鹿邑县	95517	68758	65.5	109.3	42.3
项城市	96085	76843	69.4	108.1	78.9
驻马店市					
西平县	48460	40271	69.8	112.5	51.7
上蔡县	120378	87467	85.6	104.2	51.3
平舆县	82706	49148	69.4	95.6	64.6
正阳县	82044	40499	84.5	92.9	72.7
确山县	50957	36968	95.4	106.7	52.4
泌阳县	85035	51268	81.0	96.0	78.0
汝南县	63919	41726	69.3	103.8	49.2
遂平县	45592	26792	77.6	96.8	88.0
新蔡县	99953	61521	77.4	90.1	40.3

9-12 各县(市)卫生主要指标(2016年)

县 市	卫生机构床位数(张)	卫生技术人员(人)	执业医师(人)	助理医师(人)	注册护士(人)
郑州市					
中牟县	3161	3057	826	272	1331
巩义市	3407	4844	1395	453	2120
荥阳市	2591	3286	792	333	1277
新密市	4707	4072	1133	337	1843
新郑市	4255	3783	1132	293	1642
登封市	3417	3218	888	337	1374
开封市					
杞县	3184	3646	839	825	1194
通许县	2430	2605	606	348	1090
尉氏县	3046	3043	795	431	1279
兰考县	4914	4749	967	600	1818
洛阳市					
孟津县	1800	2029	537	317	679
新安县	2209	1717	482	229	591
栾川县	1889	1720	450	188	751
嵩县	2261	1754	480	286	613
汝阳县	1738	1729	429	213	709
宜阳县	3065	2808	676	454	1063
洛宁县	2422	1726	424	286	639
伊川县	2606	2930	702	493	1042
偃师市	2722	3007	1064	336	1133
平顶山市					
宝丰县	2435	2473	612	568	862
叶县	2759	2866	652	604	794
鲁山县	3091	2910	684	450	1086
郏县	2457	2803	663	407	1011
舞钢市	1403	1481	462	100	615
汝州市	5863	4525	1051	609	1483
安阳市					
安阳县	3102	2236	647	796	421
汤阴县	1718	1709	431	444	335
滑县	6141	5540	1375	1008	2262
内黄县	2975	2813	648	540	921
林州市	4102	3884	1251	692	1135
鹤壁市					
浚县	2439	1738	512	446	428
淇县	1682	1661	478	149	713

9-12 续表 1

县 市	卫生机构床位数(张)	卫生技术人员(人)	执业医师(人)	助理医师(人)	注册护士(人)
新乡市					
新乡县	1231	1218	370	283	358
获嘉县	2239	1836	511	195	657
原阳县	2810	3060	831	371	1196
延津县	2439	1829	496	279	648
封丘县	3134	2534	561	375	896
长垣县	3864	4917	1381	721	1957
卫辉市	4694	3899	1192	197	1821
辉县市	3003	3103	863	436	1053
焦作市					
修武县	1173	1359	391	298	395
博爱县	2086	1391	488	307	291
武陟县	3194	2877	788	437	1027
温县	2067	2000	604	182	744
沁阳市	1746	2209	715	292	651
孟州市	2110	1676	536	178	627
濮阳市					
清丰县	2368	1850	441	300	556
南乐县	1957	1607	350	221	591
范县	1842	1804	392	235	601
台前县	1473	1735	402	197	611
濮阳县	3591	3143	761	634	901
许昌市					
鄢陵县	2719	2884	727	592	951
襄城县	2434	2717	592	337	1019
禹州市	4151	5390	1563	872	1777
长葛市	2113	3486	1026	480	1179
漯河市					
舞阳县	2300	2448	572	282	926
临颍县	2470	2428	562	231	1021
三门峡市					
渑池县	1973	1568	321	171	576
卢氏县	1615	1623	424	286	485
义马市	1549	1565	444	81	741
灵宝市	2686	2677	912	395	806
南阳市					
南召县	1973	2742	550	419	1000
方城县	3107	2674	672	454	930
西峡县	2426	2055	473	140	952

9-12 续表 2

县　市	卫生机构床位数(张)	卫生技术人员(人)	执业医师(人)	助理医师(人)	注册护士(人)
镇平县	2798	2349	635	471	541
内乡县	2191	1692	386	275	488
淅川县	2188	2374	576	228	781
社旗县	2306	1936	342	394	635
唐河县	2800	3517	830	382	1438
新野县	1942	2504	546	381	856
桐柏县	1459	1581	319	205	466
邓州市	5485	4934	1074	571	1926
商丘市					
民权县	3274	2542	702	425	885
睢县	3342	3697	741	402	1375
宁陵县	2111	3313	644	508	795
柘城县	4488	4236	1013	752	1511
虞城县	2701	4191	866	1188	934
夏邑县	3206	3985	809	574	1406
永城市	6292	5869	1235	691	2219
信阳市					
罗山县	2080	2052	600	191	789
光山县	2289	2037	607	180	654
新县	785	996	265	108	356
商城县	1888	1642	489	238	502
固始县	4237	4156	1016	427	1530
潢川县	1846	1845	448	311	546
淮滨县	1929	1851	422	359	638
息县	1914	2247	479	326	769
周口市					
扶沟县	2477	2603	646	492	837
西华县	2632	3306	707	411	1021
商水县	2923	2918	782	539	989
沈丘县	3397	3700	826	731	924
郸城县	3975	4421	901	623	1631
淮阳县	3233	4323	825	726	1406
太康县	6386	4664	1187	757	1622
鹿邑县	4409	4079	878	905	1268
项城市	3105	3027	767	424	1139
驻马店市					
西平县	3076	3041	804	425	1112
上蔡县	4459	3512	796	435	1310
平舆县	3120	3617	846	576	1591
正阳县	2549	2684	662	399	850
确山县	2312	2145	510	271	922
泌阳县	2803	2474	720	405	816
汝南县	2321	2477	564	339	968
遂平县	2999	2597	655	303	997
新蔡县	2378	3427	592	929	925

9-13 各县(市)社会保险和低保参保人数(2016年)

单位：人

县 市	城镇基本养老保险参保人数	城镇基本医疗保险参保人数	城镇居民最低生活保障人数	农村居民最低生活保障人数	新型农村合作医疗参保人数	新型农村社会养老保险参保人数
郑州市						
中牟县	65387	85914	875	7113	450720	264236
巩义市	111550	102428	1571	16856	638405	386881
荥阳市	92171	118133	1007	16281	546586	349818
新密市	90196	144013	861	13534	644761	411930
新郑市	95312	231416	1950	9189	442086	344313
登封市	67530	71465	2363	6747	528710	368500
开封市						
杞县		59000		46497	994979	673542
通许县	12044	49018	5188	29244	578535	310654
尉氏县	56245	38803	2999	42386	825656	325505
兰考县	43057	70762	5878	39423	751179	516540
洛阳市						
孟津县	30505	49171	2912	12600	406461	270790
新安县	56783	80931	5481	9248	418229	236010
栾川县	22903	59785	371	4257	267919	187242
嵩县	34057	52049	1067	14600	522888	319016
汝阳县	33892	52075	2163	9222	441395	242276
宜阳县	43997	72738	1829	22603	588266	372958
洛宁县	15113	56254	1809	9345	421945	208231
伊川县	40438	105133	5391	24559	687826	348906
偃师市	26899	68315	1776	6973	520872	332368
平顶山市						
宝丰县	10726	65563	6177	18694	453296	281642
叶县	28562	66361	5393	22768	692700	468395
鲁山县	32456	80451	4438	13775	834686	441032
郏县	25642	80451	5332	26338	541404	349758
舞钢市	25176	66663	4567	8235	221449	143272
汝州市	64490	111200	6417	48242	926323	582430
安阳市						
安阳县	111484	121171	2078	25617	795898	515619
汤阴县	306242	73180	2962	16557	393789	
滑县	61618	140154	4048	46426	1234691	737999
内黄县	518021	47479	1514	21712	755682	
林州市	70341	179539	5188	48253	845734	599783
鹤壁市						
浚县	38773	62314	1334	10550	620213	289136
淇县	34533	53006	2195	9917	237739	99471

9-13 续表 1

单位：人

县 市	城镇基本养老保险参保人数	城镇基本医疗保险参保人数	城镇居民最低生活保障人数	农村居民最低生活保障人数	新型农村合作医疗参保人数	新型农村社会养老保险参保人数
新乡市						
新乡县	50600	71000	246	4160	302827	159731
获嘉县	33047	76300	833	5254	344127	212385
原阳县	36098	63000	5548	26909	522696	206541
延津县	33601	79532	1964	11397	391078	238851
封丘县	29223	55375	2667	14359	696435	460054
长垣县	469843	34392	57113	93993	761120	469843
卫辉市	52608	109087	5481	10042	353630	211815
辉县市	79107	135504	544	12543	712853	449014
焦作市						
修武县	137996	48003	459	4296	206184	119783
博爱县	213377	73078	2762	12975	340078	210112
武陟县	42197	74962	2574	23059	629191	348237
温县	35345	44502	2242	9841	387680	250334
沁阳市	50763	85954	4187	15723	387453	227471
孟州市	41729	48900	2344	12612	319255	220367
濮阳市						
清丰县	36173	86584	3469	31061	618261	350680
南乐县	36205	40211	1652	16382	501652	289701
范县	24232	29730	2081	8450	504850	287590
台前县	24114	14620	1139	16759	353906	165793
濮阳县	41887	59645	6178	54808	1066367	627283
许昌市						
鄢陵县	378027	12146	2260	7964	633174	374477
襄城县	56160	35937	1872	14909	768402	506741
禹州市			7254	27129		
长葛市	76557	70752	1122	5541	669127	405642
漯河市						
舞阳县	39704	37000	3229	40481	513063	317196
临颍县	14508	85150	1350	29034	618619	329850
三门峡市						
渑池县	44110	101218	1577	14576	264027	148900
卢氏县	19289	22000	3109	22352	345600	203874
义马市	33388	44568	4831		47068	26865
灵宝市	52960	113005	1487	18095	620452	418104
南阳市						
南召县	31681	60133	6339	32694	632167	375890
方城县	51779	96375	8052	68397	974846	575192
西峡县	62705	89762	3815	11585	412756	215962

9-13 续表 2

单位：人

县　市	城镇基本养老保险参保人数	城镇基本医疗保险参保人数	城镇居民最低生活保障人数	农村居民最低生活保障人数	新型农村合作医疗参保人数	新型农村社会养老保险参保人数
镇平县	53772	106041	5757	52097	908766	566329
内乡县	50000	85000	4464	26228	629700	355200
淅川县	59484	109917	5716	45974	628645	301000
社旗县	54342	93124	9025	32543	623657	342562
唐河县	59563	114022	5478	47860	1218798	669000
新野县	69090	94741	12905	30888	649449	422310
桐柏县	40639	70737	6470	20994	370447	215306
邓州市	31935	85830	16185	59706	1510100	925036
商丘市						
民权县	38620	69000	803	23076	814637	466828
睢县	35175	39568	4596	26788	735885	448100
宁陵县	26629	42589	5492	25666	576263	300078
柘城县	37100	223600	10506	54366	935800	559130
虞城县	41567	125689	8716	48821	1131722	477811
夏邑县	39500	54200	6791	33833	1055366	732000
永城市	85236	157029	6135	52569	1309650	837120
信阳市						
罗山县	33776	109831	11688	31986	634007	409611
光山县	42254	83944	1967	21704	729016	398000
新县	19650	35545	12127	17273	280679	273191
商城县	31373	85399	7936	30186	649371	411300
固始县	130412	102905	18460	69570	1467542	1042950
潢川县	71700	133600	8524	33103	664600	376400
淮滨县	33105	119825	10285	29610	628524	371552
息县	35014	96360	12319	59796	867240	526248
周口市						
扶沟县	24133	46012	9340	37539	630419	422165
西华县	32314	101730	7658	43797	441985	817902
商水县	20224	105368	11617	63980	1055300	594216
沈丘县	48079	155450	7378	52088	1072875	646921
郸城县	49282	134153	12230	65380	1239500	642620
淮阳县	50703	79265	12009	73715	1228321	741442
太康县	49894	148765	13731	74164	1402913	741486
鹿邑县	78461	106678	9382	52614	1114440	543525
项城市	83400	1180777	4310	48768	1066361	691100
驻马店市						
西平县	56796	114000	9300	25940	696503	513256
上蔡县	722580	42000	10014	71465	1218682	735000
平舆县	41845	128267	16405	39956	866990	550739
正阳县	31720	116150	19568	42910	601200	451760
确山县	47850	117696	4588	7599	373674	271183
泌阳县	47002	88845	5901	32150	714604	493991
汝南县	32278	107086	10354	47205	692086	501035
遂平县	39616	39678	3718	20066	436561	316000
新蔡县	46649	90023	18359	51000	993519	535300

9-14 各市区主要统计指标(2016年)

单位：亿元

区	常住人口(万人)	#城镇	城镇化率(%)	生产总值	第一产业	第二产业	第三产业	人均生产总值(元)
郑州市								
中原区	103.37	93.79	90.74	622.12	0.86	237.47	383.79	61213
二七区	79.25	71.34	90.02	515.36	0.33	91.27	423.76	65489
管城区	77.29	66.46	85.99	713.87	1.37	340.47	372.03	93383
金水区	168.15	153.64	91.37	1337.60	1.70	109.07	1226.84	78151
上街区	13.84	12.64	91.34	125.94	0.37	75.19	50.38	91541
惠济区	29.15	21.40	73.41	123.51	5.99	46.62	70.90	42772
开封市								
龙亭区	42.22	34.07	80.69	166.10	8.31	66.67	91.12	39804
顺河区	24.39	21.22	87.01	90.20	3.52	35.39	51.29	37179
鼓楼区	15.17	14.46	95.31	71.75	1.81	14.03	55.91	47646
禹王台区	13.68	10.74	78.52	73.74	3.74	27.65	42.34	54321
祥符区	66.43	23.42	35.26	235.63	52.88	85.22	97.53	35358
洛阳市								
老城区	19.32	18.03	93.30	75.18	1.56	17.27	56.35	38963
西工区	36.16	33.93	93.84	315.86	0.30	107.13	208.43	87606
瀍河区	19.06	17.84	93.61	92.56	0.63	32.37	59.56	48550
涧西区	65.22	60.68	93.04	463.26	1.27	235.25	226.74	71502
吉利区	7.01	4.84	69.00	95.90	1.57	61.17	33.17	137596
洛龙区	71.61	44.65	62.35	254.25	6.67	86.18	161.39	35911
平顶山市								
新华区	40.72	38.15	93.71	217.86	2.48	116.78	98.61	53615
卫东区	32.11	31.28	97.40	126.34	1.33	56.62	68.39	39657
石龙区	5.61	4.86	86.70	47.27	0.40	36.57	10.30	83930
湛河区	30.02	23.74	79.08	120.87	2.69	59.14	59.03	40287
安阳市								
文峰区	48.51	37.15	76.58	155.62	2.01	46.06	107.55	32378
北关区	27.76	24.44	88.04	115.58	1.29	26.91	87.39	41991
殷都区	26.69	23.31	87.36	143.75	1.27	74.56	67.92	53915
龙安区	23.18	13.50	58.25	137.11	2.18	105.04	29.89	59759
鹤壁市								
鹤山区	12.89	10.96	84.99	93.15	3.47	68.08	21.61	72358
山城区	23.99	20.79	86.65	114.00	2.43	85.21	26.35	47705
淇滨区	29.27	22.12	75.58	162.57	6.24	80.45	75.88	55778

9-14 续表 1

单位：亿元

区	常住人口（万人）	#城镇	城镇化率（%）	生产总值	第一产业	第二产业	第三产业	人均生产总值（元）
新乡市								
红旗区	43.99	41.98	95.43	361.71	2.04	184.90	174.77	83266
卫滨区	21.59	21.59	100.00	112.37	0.96	22.73	88.67	52741
凤泉区	15.54	9.04	58.17	89.46	3.18	34.54	51.75	57756
牧野区	33.37	32.14	96.32	158.09	2.39	76.20	79.50	47425
焦作市								
解放区	30.30	29.47	97.25	115.74	0.23	13.60	101.91	38297
中站区	10.62	6.87	64.73	63.97	0.53	42.64	20.80	60363
马村区	14.06	8.98	63.89	48.81	1.19	28.00	19.61	34791
山阳区	47.90	33.36	69.64	245.04	4.71	124.48	115.85	51279
濮阳市								
华龙区	71.77	55.90	77.89	387.27	19.01	181.28	186.98	54304
许昌市								
魏都区	51.32	49.19	95.85	299.21	1.03	144.94	153.24	58474
建安区	78.32	30.79	39.31	358.29	25.29	218.64	114.37	45953
漯河市								
源汇区	33.99	22.09	65.00	145.77	8.68	62.54	74.54	42993
郾城区	51.12	27.21	53.23	190.28	21.23	104.56	64.49	37284
召陵区	49.59	24.30	49.00	311.10	21.71	240.03	49.36	62938
三门峡市								
湖滨区	32.29	29.42	91.11	184.29	5.63	64.64	114.02	57209
陕州区	34.82	15.67	45.01	200.62	20.20	107.19	73.23	57736
南阳市								
宛城区	92.17	55.88	60.63	321.33	28.50	135.15	157.69	35165
卧龙区	94.80	57.82	60.99	393.55	21.86	130.14	241.56	41692
商丘市								
梁园区	92.71	47.88	51.64	216.10	29.72	99.68	86.70	23897
睢阳区	86.66	38.83	44.81	210.35	38.23	82.08	90.04	24365
信阳市								
浉河区	66.65	44.20	66.31	259.86	32.93	95.92	131.01	39027
平桥区	73.90	40.43	54.71	278.14	39.06	148.32	90.75	38298
周口市								
川汇区	71.64	43.64	60.92	212.23	8.99	104.74	98.49	29653
驻马店市								
驿城区	97.78	64.18	65.64	330.27	27.73	154.20	148.34	34258

9-14 续表 2

单位：亿元

区	固定资产投资	工业增加值增速(%)	规模以上工业利润	社会消费品零售总额	城镇居民人均可支配收入(元)	农村居民人均可支配收入(元)	一般公共预算收入	一般公共预算支出
郑州市								
中原区	674.29	3.5	47.79	158.63	34314	19617	28.49	28.84
二七区	395.88	0.9	8.96	424.88	35499	20829	29.50	29.43
管城区	697.50	1.9	104.02	283.61	33629	22194	24.08	23.78
金水区	967.88	-36.0	3.25	720.74	39194	22199	52.53	50.09
上街区	110.29	-4.0	0.48	54.26	38551	19160	10.40	13.34
惠济区	188.08	-1.3	1.13	118.91	28718	21666	16.33	14.53
开封市								
龙亭区	277.33	7.4	8.02	43.70	26642	12694	5.84	12.58
顺河区	34.93	-2.2	4.11	61.40	25012	12195	1.14	6.38
鼓楼区	44.76	6.9	-0.10	107.50	27278	13108	1.72	4.30
禹王台区	43.83	1.2	1.88	49.20	25101	12535	1.73	4.27
祥符区	234.18	9.7	44.11	69.10	20931	10881	8.69	29.70
洛阳市								
老城区	80.28	9.7	0.83	81.95	30777	12913	5.79	11.37
西工区	191.72	10.2	6.04	312.76	35463	14345	16.50	18.63
瀍河区	94.27	9.5	-0.78	91.73	31752	14663	5.37	8.66
涧西区	333.33	10.2	7.23	230.81	32171	16985	23.23	22.86
吉利区	43.17	10.4	-1.14	24.91	36131	13889	6.21	7.00
洛龙区	478.30	11.5	56.55	198.82	31451	13012	17.01	28.73
平顶山市								
新华区	148.16	6.6	10.76	141.46	28389	14841	7.40	8.96
卫东区	97.20	7.0	5.99	154.76	28779	15880	5.23	7.27
石龙区	11.55	3.5	1.11	6.67	17003	13848	2.08	5.15
湛河区	49.99	7.2	25.71	55.97	28823	15391	6.62	8.44
安阳市								
文峰区	266.86	14.0	3.20	80.51	31127	17158	7.89	12.86
北关区	91.08	15.2	0.20	97.49	27890	17326	6.03	7.22
殷都区	58.11	-1.2	2.80	58.09	31071	17283	3.69	5.42
龙安区	88.40	-3.9	7.10	43.93	26622	14598	4.82	8.10
鹤壁市								
鹤山区	75.70	5.8	7.15	19.44	25206	13298	2.21	6.55
山城区	137.95	6.1	6.98	36.89	26655	14139	6.36	10.85
淇滨区	122.58	8.3	11.25	53.77	28776	12980	10.39	17.29

9-14 续表 3

单位：亿元

区	固定资产投资	工业增加值增速(%)	规模以上工业利润	社会消费品零售总额	城镇居民人均可支配收入(元)	农村居民人均可支配收入(元)	一般公共预算收入	一般公共预算支出
新乡市								
红旗区	368.64	11.1	71.19	155.16	28929	14669	6.83	8.91
卫滨区	81.96	-2.2	-0.27	159.55	28766	—	2.65	5.00
凤泉区	32.64	2.8	3.63	16.56	25571	13160	2.93	5.33
牧野区	152.38	4.6	8.41	83.21	29506	15764	5.47	8.65
焦作市								
解放区	122.13	-28.4	0.40	92.20	28093	—	7.06	8.56
中站区	68.62	16.3	13.80	17.05	22862	13729	4.36	5.49
马村区	61.42	9.2	1.30	17.21	22892	13682	3.01	5.55
山阳区	286.22	1.5	18.50	108.21	28022	14441	5.30	6.97
濮阳市								
华龙区	409.13	-1.0	-122.80	139.19	29143	13196	11.22	14.56
许昌市								
魏都区	283.27	8.0	32.28	170.08	28467	13229	9.14	16.04
建安区	397.68	1.4	67.95	87.95	25372	14445	13.54	30.16
漯河市								
源汇区	159.50	8.9	19.15	118.01	29648	15817	6.17	13.26
郾城区	194.46	9.2	44.60	98.98	28373	15312	6.32	19.23
召陵区	284.12	8.9	44.26	87.88	27026	14861	3.86	16.62
三门峡市								
湖滨区	131.79	13.7	7.87	106.37	26146	12980	7.53	11.61
陕州区	497.60	10.6	4.24	46.00	24054	10856	14.29	23.22
南阳市								
宛城区	308.71	-6.5	-14.93	147.92	29412	13529	8.24	25.30
卧龙区	260.26	6.1	11.11	347.94	29662	13389	10.21	31.20
商丘市								
梁园区	146.23	8.8	18.62	207.42	26450	9968	9.58	31.72
睢阳区	211.87	9.5	12.84	121.05	25633	9995	9.43	30.00
信阳市								
浉河区	284.24	9.3	13.64	159.92	25380	13140	9.88	26.01
平桥区	297.97	7.3	26.97	131.89	25285	11568	6.80	28.39
周口市								
川汇区	219.18	9.7	38.91	158.81	23820	12692	4.27	13.15
驻马店市								
驿城区	210.42	6.5	23.95	174.70	26327	10215	11.83	28.73

城市经济

资料整理：赵　宝

10-1 城市社会经济主要指标

本表价值量指标均按当年价格计算。

指　　标	2015	2016
行政区域土地面积(万平方公里)	1.59	1.96
城镇登记失业人员（万人）	20.24	20.83
生产总值(亿元)	11843.16	12802.97
第一产业	460.73	492.72
第二产业	5408.69	5424.79
第三产业	5973.74	6884.72
一般公共预算收入(亿元)	1641.84	1757.81
一般公共预算支出(亿元)	2450.13	2750.28
规模以上工业企业主营业务收入(亿元)	20494.98	22037.55
利润总额(亿元)	813.07	839.61
限额以上批零贸易业商品销售总额(亿元)	8336.09	7510.94
当年实际使用外资金额(万美元)	714156	853357
人民币住户存款余额(亿元)	11577.45	13178.21
在校学生数(万人)		
#普通高等学校	157.57	162.48
普通中学	140.95	153.61
小学	196.00	212.09
医院、卫生院个数(个)	983	1041
医院、卫生院床位数(万张)	19.21	20.22
医生(万人)	7.64	8.46

10-2 省辖市市区社会

本表价值量指标均按当年价格计算。

指　　标	郑　州	开　封	洛　阳	平顶山	安　阳	鹤　壁	新　乡
年底(末)户籍人口(万人)	353.60	170.15	204.53	110.80	117.87	64.65	107.20
从业人员期末人数(城镇)(万人)	143.81	31.68	40.75	30.88	18.63	15.12	20.57
在岗职工平均人数(万人)	133.10	26.92	38.10	29.66	17.49	13.64	17.86
行政区域土地面积(平方公里)	1010	1596	879	443	534	679	431
#建成区面积	457	129	216	73	82	64	118
生产总值(亿元)	3743.85	637.10	1488.51	510.96	553.19	369.40	720.11
#第二产业	1254.58	228.95	587.66	267.02	253.12	233.98	314.14
第三产业	2478.27	337.88	882.12	237.04	291.91	123.29	397.56
一般公共收入(亿元)	774.26	62.09	181.28	64.16	63.24	40.45	70.84
一般公共支出(亿元)	960.00	128.94	253.18	96.45	108.69	69.30	110.96
规模以上工业法人企业							
主营业务收入(亿元)	5638.56	867.45	2602.41	727.70	927.89	874.76	1473.16
利润总额(亿元)	257.24	57.78	69.71	55.63	13.42	11.33	84.45
社会用电量(亿千瓦小时)	373.90	58.68	174.99		151.51	35.06	27.68
#工业用电	229.04	37.80	140.77		129.80	26.74	27.68
城乡居民生活用电	51.55		14.31		10.98	3.07	
限额以上批零贸易业商品							
销售总额(亿元)	2291.38	382.51	940.99	367.63	363.63	110.10	429.31
当年实际使用外资金额(万美元)	321436		147448	14388	27119	60760	41986
人民币住户存款余额(亿元)	4700.50	601.83	1347.53	618.36	528.00	215.74	549.31
在岗职工工资总额(亿元)	882.73	143.52	223.23	142.86	88.42	59.74	92.35
在校学生数(万人)							
普通高等学校	64.93	9.12	13.26	5.79	7.83	1.38	14.89
中等职业学校	20.65	2.87	6.84	3.07	2.15	1.97	3.37
普通中学	28.40	10.22	11.94	6.04	7.06	4.89	6.91
小学	34.60	14.62	16.95	9.71	12.27	5.82	9.98
医院、卫生院个数(个)	175	69	95	75	41	30	45
医院、卫生院床位数(万张)	5.84	0.96	2.24	0.94	0.89	0.37	1.04
医生(万人)	2.07	0.50	0.88	0.39	0.46	0.19	0.48

经济主要指标(2016年)

焦　作	濮　阳	许　昌	漯　河	三门峡	南　阳	商　丘	信　阳	周　口	驻马店
99.18	71.62	134.10	135.31	63.54	189.13	184.46	155.20	63.50	85.58
22.25	22.69	19.82	22.43	9.11	27.38	22.92	20.38	12.21	21.42
19.52	20.70	19.00	21.48	8.13	26.12	21.77	18.37	11.72	19.10
578	263	1099	1020	1927	2135	1697	3604	333	1365
113	59	108	67	49	150	63	94	70	80
473.56	387.27	660.04	647.63	385.01	716.65	430.05	536.15	211.18	332.31
208.73	181.28	365.51	407.54	172.03	264.54	184.15	243.29	104.70	153.58
258.17	186.98	268.08	187.87	187.25	401.75	176.09	222.18	97.72	150.55
61.62	43.34	67.28	58.53	40.04	72.34	42.14	48.07	24.68	43.44
92.69	77.06	108.67	115.65	79.55	152.54	123.40	110.37	77.50	85.35
1021.95	784.27	1366.78	1912.10	627.93	665.23	724.96	857.67	420.01	544.70
31.63	-122.80	100.23	172.87	11.70	-29.93	22.89	40.61	38.91	23.94
	57.99	36.94	36.68	44.75	62.10	82.92		13.44	39.55
	40.68	21.25	20.25	31.55	31.88	60.07		6.99	25.97
	9.19	8.54	8.11	3.17	15.58	11.24		2.71	5.36
234.66	139.19	280.91	304.86	152.38	503.90	384.20	291.81	158.81	174.68
21252	20802	26066	62706	47256	14881	12448	17485	10336	6988
427.40	450.36	513.21	421.40	281.73	788.52	538.39	556.23	254.56	385.14
96.79	106.91	97.26	92.85	47.07	135.99	101.89	85.04	69.81	86.11
6.17	1.12	3.83	3.08	1.40	7.74	8.53	6.77	4.23	2.40
3.20	2.00	1.37	2.39	1.00	4.09	2.37	1.68	2.59	2.33
5.59	9.60	6.64	8.16	3.34	14.23	10.86	8.64	4.36	6.73
6.92	9.21	9.70	10.82	3.94	23.97	15.37	13.00	5.91	9.30
60	33	68	58	32	93	49	61	34	23
0.87	0.80	0.70	0.84	0.55	1.64	0.73	0.69	0.49	0.63
0.36	0.35	0.32	0.43	0.24	0.68	0.34	0.29	0.26	0.23

10-3 城市建设基本情况

指　　标	2005	2010	2013	2014	2015	2016
城市个数(个)	38	38	38	38	38	38
城区面积(平方公里)		4101	4658	4663	4810	4822
建成区面积(平方公里)	1572	2014	2289	2375	2503	2544
年底供水综合生产能力(万立方米/日)	1027	1010	1047	1084	1121	1180
全年供水总量(万立方米)	183436	179122	188710	191001	196709	203936
#生活用水量		76986	82258	87246	87545	96128
平均每人每天生活用水量(升)	147.1	109.1	105.3	107.4	111.0	115.6
用水普及率(%)	91.9	91.0	92.2	93.0	93.1	93.4
公共交通标准运营车辆(标台)	12514	18912	22790	25257	27355	29615
出租汽车数(辆)			59966	60935	61555	61899
煤气家庭用量(万立方米)	12735	15420	3374	2590	1553	440
天然气家庭用量(万立方米)	18649	48243	94825	96766	109376	113076
液化石油气家庭用量(吨)	198629	201931	190221	186581	179752	178357
燃气普及率(%)		73.4	82.0	83.8	86.0	88.9
集中供热面积(万平方米)	5361	10737	15151	18993	22375	26506
道路长度(千米)	7090	9413	11235	11627	12318	13042
道路面积(万平方米)	15653	21767	26843	28017	29915	31395
排水管道长度(千米)	10201	14733	18297	19348	20467	21376
建成区绿化覆盖面积(公顷)	50822	73652	86076	90995	94345	100070
建成区绿化覆盖率(%)	32.3	36.5	37.6	38.3	37.7	39.3
公园个数(个)	272	262	290	306	327	344
公园绿地面积(公顷)		18361	22226	23834	25201	25429
人均公园绿地面积(平方米)		8.7	9.6	9.9	10.2	10.4
生活垃圾清运量(万吨)	754	694	805	833	892	915
生活垃圾无害化处理率(%)	58.1	82.5	90.0	92.8	96.0	98.7
城市污水排放量(亿吨)		14.74	16.77	16.95	19.47	18.50
城市污水处理量(亿吨)		12.91	15.24	15.68	18.22	17.78
城市污水处理厂集中处理率(%)			89.3	91.0	93.1	95.3

10-4 城市市政公用设施水平情况(2016年)

市	人口密度(人/平方公里)	人均日生活用水量(升)	用水普及率(%)	燃气普及率(%)	建成区供水管道密度(公里/平方公里)	人均城市道路面积(平方米)	建成区排水管道密度(公里/平方公里)	污水处理率(%)
全省	**5056**	**116**	**93**	**89**	**9**	**13**	**8**	**96**
郑州市	14073	88	100	95	7	9	10	100
巩义市	9075	85	97	99	6	11	7	96
荥阳市	6189	129	94	96	10	23	13	95
新密市	2058	158	93	94	10	19	5	97
新郑市	7580	161	70	93	12	16	7	90
登封市	3482	86	82	54	6	17	9	90
开封市	5469	124	93	97	11	16	8	94
洛阳市	7149	121	99	83	8	11	8	100
偃师市	8848	104	94	80	11	8	6	93
平顶山市	3654	120	98	94	17	14	7	100
舞钢市	1807	117	98	85	9	20	13	95
汝州市	2381	84	43	52	8	12	8	99
安阳市	4778	172	100	99	10	15	12	98
林州市	5455	121	99	99	11	14	10	93
鹤壁市	3620	120	97	95	9	16	7	92
新乡市	5507	172	99	99	7	15	7	92
卫辉市	3300	161	100	74	9	11	6	99
辉县市	1898	148	93	86	19	13	12	90
焦作市	5600	117	99	95	10	16	8	95
沁阳市	4238	64	95	93	9	27	13	56
孟州市	1347	91	98	92	14	21	17	94
濮阳市	3715	187	98	98	8	14	10	93
许昌市	5661	124	98	90	7	12	6	91
禹州市	8274	112	90	68	6	12	8	99
长葛市	2581	101	88	87	4	20	10	98
漯河市	5491	130	88	75	7	16	8	98
三门峡市	6942	113	94	95	6	11	4	96
义马市	1579	71	90	90	5	17	4	93
灵宝市	6403	96	98	86	5	13	6	92
南阳市	2582	112	74	73	10	12	9	99
邓州市	9208	64	88	84	18	14	13	89
商丘市	9362	104	67	82	9	10	7	79
永城市	5298	125	93	86	8	16	10	94
信阳市	2181	142	98	90	14	16	4	90
周口市	3918	171	100	97	5	21	9	93
项城市	5027	104	99	72	9	12	11	89
驻马店市	2562	133	94	95	7	25	9	97
济源市	4103	122	100	98	8	19	8	97

10-4 续表

市	人均公园绿地面积(平方米)	建成区绿化覆盖率(%)	建成区绿地率(%)	生活垃圾无害化处理率(%)	建成区面积(平方公里)
全省	**10.4**	**39.3**	**34.7**	**98.7**	**2544**
郑州市	8.4	43.6	38.4	100.0	422
巩义市	14.9	40.6	36.8	100.0	32
荥阳市	11.0	37.9	33.7	100.0	23
新密市	12.7	32.6	27.1	100.0	26
新郑市	12.3	35.8	31.0	100.0	33
登封市	11.3	40.0	35.6	91.3	24
开封市	9.3	32.2	29.8	100.0	130
洛阳市	10.5	39.7	35.2	95.4	216
偃师市	9.0	36.0	33.1	100.0	20
平顶山市	10.3	40.8	34.4	100.0	73
舞钢市	12.3	41.0	36.7	99.8	16
汝州市	14.7	36.0	31.4	100.0	37
安阳市	11.0	40.6	34.9	100.0	82
林州市	10.9	38.6	34.4	100.0	24
鹤壁市	14.6	39.6	35.4	100.0	64
新乡市	11.0	40.0	37.1	100.0	118
卫辉市	8.3	36.1	31.0	100.0	21
辉县市	7.1	35.4	31.2	98.6	22
焦作市	13.2	40.0	34.7	97.5	113
沁阳市	8.2	24.7	16.8	100.0	20
孟州市	10.8	38.4	33.7	92.2	16
濮阳市	14.3	39.0	34.4	99.8	59
许昌市	12.8	40.0	35.5	100.0	95
禹州市	9.7	37.4	32.6	100.0	46
长葛市	14.5	33.7	27.5	91.7	26
漯河市	14.9	36.2	31.0	100.0	67
三门峡市	12.0	39.8	34.9	96.7	56
义马市	11.1	33.0	27.4	83.8	18
灵宝市	10.6	35.0	30.2	100.0	23
南阳市	8.0	37.2	33.1	96.5	150
邓州市	7.7	36.1	35.4	92.7	33
商丘市	7.3	41.9	37.4	100.0	63
永城市	13.4	40.3	35.4	96.1	44
信阳市	14.1	42.5	37.0	100.0	94
周口市	13.6	38.2	33.2	99.3	70
项城市	11.3	39.5	36.4	100.0	33
驻马店市	11.2	40.4	34.5	95.5	80
济源市	12.0	40.1	36.4	100.0	55

10-5 城市供、排水情况(2016年)

市	综合生产能力(万立方米/日)	供水管道长度(公里)	供水总量(万立方米)	生产运营用水	公共服务用水	居民家庭用水	用水人口(万人)	污水排放量(万立方米)
全省	**1180**	**22234**	**203936**	**61084**	**16760**	**78649**	**2278.0**	**185413**
郑州市	191	2997	37260	1276	649	18192	596.5	35397
巩义市	12	176	1796	389	345	614	31.8	1269
荥阳市	4	227	1304	501	126	571	14.8	1230
新密市	11	253	1331	185	293	572	15.0	1296
新郑市	16	406	1390	167	251	799	18.1	1250
登封市	4	142	1042	292	240	286	16.7	910
开封市	64	1452	11775	4453	986	3471	98.1	10309
洛阳市	86	1725	16365	4146	3093	7174	233.4	16339
偃师市	8	207	1061	213	58	601	17.4	944
平顶山市	61	1217	10583	4546	274	3804	93.0	10516
舞钢市	14	142	1488	887	84	428	12.0	1090
汝州市	9	284	1096	510	112	320	14.0	1094
安阳市	86	800	10225	4099	1128	3466	73.1	7318
林州市	6	264	1336	104	105	801	20.5	998
鹤壁市	28	551	4370	1771	27	1967	45.6	3473
新乡市	62	866	14803	7249	980	3816	76.5	10802
卫辉市	6	185	1917	807	224	651	14.9	1768
辉县市	15	414	2161	776	412	692	20.5	2078
焦作市	53	1094	8272	3303	594	2708	77.8	11019
沁阳市	8	172	606	132	59	259	13.7	424
孟州市	7	219	1067	459	213	286	15.0	936
濮阳市	52	447	7413	2770	565	3256	56.0	5540
许昌市	39	633	5374	1816	414	2021	53.9	5313
禹州市	14	291	2246	430	82	1521	39.1	2216
长葛市	16	93	1579	455	186	451	17.2	1570
漯河市	34	473	8308	4368	755	1496	51.7	8219
三门峡市	19	344	3104	702	126	1836	47.4	2382
义马市	15	85	1556	1021	44	366	15.9	1089
灵宝市	8	122	2156	1345	141	497	18.2	1682
南阳市	73	1482	9594	2706	2056	2807	122.1	9256
邓州市	13	608	1413	390	183	568	32.3	990
商丘市	37	566	4335	949	138	2318	64.7	4300
永城市	14	334	3268	1163	296	1522	40.0	2306
信阳市	27	1313	4388	933	362	2513	55.6	3949
周口市	29	360	4646	571	615	1825	39.2	4411
项城市	9	313	3040	1481	127	1008	30.0	2379
驻马店市	23	524	6674	2060	205	1948	44.4	5873
济源市	11	454	3596	1661	213	1216	32.0	3478

10-6 城市天然气、石油液化气供应情况(2016年)

市	天然气					液化气		
	供气管道长度(公里)	供气总量合计(万立方米)	#居民家庭	用气人口(万人)	天然气汽车加气站(座)	供气总量合计(吨)	#居民家庭	用气人口(万人)
全省	**21182.71**	**366133**	**113076**	**1652.33**	**141**	**215099**	**178357**	**512.61**
郑州市	5885.92	112864	33813	477.53	14	60734	42181	86.17
巩义市	143.27	4941	662	25.90		4938	2500	6.52
荥阳市	191.21	1414	722	10.20	1	2251	1795	4.90
新密市	286.51	2917	1293	12.58	2	696	690	2.50
新郑市	228.54	4427	1535	18.00	3	2280	1586	6.30
登封市	115.82	3027	188	7.10	4	1354	1110	4.00
开封市	1418.71	14042	3714	78.96	17	13520	12200	22.70
洛阳市	345.03	24518	3962	167.30	11	18865	17170	29.90
偃师市	33.76	1389	1272	10.46	1	1127	1123	4.40
平顶山市	405.89	9855	3298	89.00	10			
舞钢市	63.90	912	540	10.50	2			
汝州市	332.00	744	286	14.00		2647	680	2.88
安阳市	1758.00	30598	5620	62.36	3	6255	2950	6.50
林州市	568.37	2659	2210	17.91	3	1147	1135	2.71
鹤壁市	370.43	4193	2304	40.60	2	1436	1436	4.30
新乡市	1318.65	15630	9263	73.99	8	800	800	2.00
卫辉市	85.41	1172	720	7.53	2	962	959	3.40
辉县市	195.06	4380	1399	10.05	3	2997	2987	9.01
焦作市	1524.50	19093	6626	74.48				
沁阳市	319.30	1740	400	5.23		2015	2015	8.17
孟州市	171.50	1313	1310	14.00		7090	7060	18.20
濮阳市	395.32	6659	4507	56.00		5390	5377	19.04
许昌市	231.63	6306	3420	31.30	4	5520	4500	10.50
禹州市	149.85	5961	1566	10.30	2	8510	8510	23.60
长葛市	82.02	10148	405	6.50	2	3639	3317	21.25
漯河市	326.60	2473	1539	20.40	3	2593	2577	4.96
三门峡市	218.26	11922	558	26.80	3			
义马市	92.00	549	373	10.92				
灵宝市	95.00	244	242	9.17		1390	1250	6.72
南阳市	453.15	8826	3865	72.10	12	14667	14615	49.01
邓州市	40.80	344	209	3.95	4	4523	4390	27.00
商丘市	721.89	10404	2474	31.70	5	14041	12010	47.30
永城市	257.00	1717	649	18.16	4	4192	3890	18.96
信阳市	633.77	11118	4282	31.11	8	9180	7218	20.07
周口市	495.29	8195	1366	21.83	4	4200	4200	16.18
项城市	240.35	1301	746	11.68	1	2305	2300	10.00
驻马店市	633.00	6389	3205	31.91		3570	3560	13.17
济源市	355.00	11749	2534	30.82	3	266	266	0.29

10-7 城市道路、园林和绿化情况(2016年)

市	道路长度(公里)	道路面积(万平方米)	道路照明灯盏数(盏)	安装路灯的道路长度(公里)	绿化覆盖面积(公顷)	#建成区	园林绿地面积(公顷)	公园绿地面积(公顷)	公园个数(个)
全省	**13042.05**	**31395**	**896115**	**10381**	**108676**	**100070**	**95410**	**25429**	**344**
郑州市	1931.76	5125	97020	1786	20638	18432	17628	5027	94
巩义市	118.98	352	16404	95	1317	1280	1194	487	2
荥阳市	155.50	356	9861	138	890	889	791	172	3
新密市	113.00	308	12886	112	838	834	701	204	2
新郑市	128.26	410	8718	117	1188	1187	1040	319	9
登封市	169.51	357	14540	131	965	940	847	232	9
开封市	631.85	1720	38806	481	5171	4186	4587	978	14
洛阳市	824.75	2495	76555	663	8598	8590	7627	2477	14
偃师市	93.31	157	11600	93	707	702	658	167	4
平顶山市	346.70	1283	45946	314	3226	2991	2691	981	14
舞钢市	126.23	246	3296	70	713	672	630	151	2
汝州市	165.74	402	8466	146	1335	1326	1156	479	11
安阳市	477.09	1090	31145	475	3380	3331	2867	806	11
林州市	158.92	295	22084	158	950	910	851	226	2
鹤壁市	336.08	760	19696	323	2542	2541	2280	688	9
新乡市	477.31	1149	30836	436	4733	4732	4391	848	16
卫辉市	87.14	169	7821	71	777	775	667	123	1
辉县市	127.35	285	8966	91	785	775	692	157	5
焦作市	487.40	1264	23119	417	4537	4537	3936	1035	13
沁阳市	177.89	384	8254	108	489	484	330	118	3
孟州市	97.30	325	14566	94	616	614	542	166	2
濮阳市	325.05	816	25871	324	2396	2304	2234	817	9
许昌市	346.10	685	38550	337	3805	3800	3480	705	6
禹州市	298.51	509	24086	143	1791	1706	1570	418	3
长葛市	177.47	381	10149	154	887	877	732	283	3
漯河市	376.75	909	24777	322	2550	2426	2078	873	13
三门峡市	291.19	581	29117	271	2239	2229	1964	610	7
义马市	135.90	292	4022	57	615	585	504	197	4
灵宝市	85.00	245	5246	84	806	806	710	196	1
南阳市	1427.71	2021	33397	464	7937	5582	7120	1329	10
邓州市	211.80	527	19704	155	1529	1190	1350	285	3
商丘市	400.63	944	35436	336	2665	2642	2371	707	9
永城市	268.55	682	11728	239	1865	1765	1631	578	9
信阳市	421.02	893	28565	421	5277	3991	4666	800	6
周口市	252.71	825	35251	249	3030	2683	2832	531	6
项城市	175.79	364	5472	120	1323	1303	1203	341	3
驻马店市	374.99	1185	24195	152	3259	3248	2825	532	4
济源市	240.81	603	29964	235	2306	2206	2035	385	8

10-8 城市市容环境卫生情况(2016年)

市	排水管道长度(公里)	污水处理总量(万立方米)	道路清扫保洁面积(万平方米)	生活垃圾		公共厕所(座)	市容环卫专用车辆设备总数(辆)
				清运量(万吨)	无害化处理量(万吨)		
全省	**21376**	**177826**	**32248**	**915.41**	**903.91**	**7932**	**8448**
郑州市	4065	35333	5125	223.08	223.08	966	2846
巩义市	225	1214	355	10.07	10.07	39	43
荥阳市	305	1170	471	9.15	9.15	52	65
新密市	126	1256	342	10.90	10.90	58	106
新郑市	231	1125	413	8.70	8.70	125	205
登封市	221	816	375	8.40	7.67	51	19
开封市	1002	9639	1925	30.70	30.70	971	356
洛阳市	1697	16330	2928	69.24	66.07	598	371
偃师市	114	874	220	7.80	7.80	35	23
平顶山市	548	10510	1283	29.57	29.57	400	141
舞钢市	214	1040	149	5.31	5.30	76	48
汝州市	291	1083	551	12.60	12.60	55	76
安阳市	949	7152	1090	42.08	42.08	415	341
林州市	236	924	424	10.57	10.57	49	48
鹤壁市	433	3212	875	17.89	17.89	83	49
新乡市	864	9938	1710	44.10	44.10	281	120
卫辉市	135	1748	253	7.95	7.95	23	25
辉县市	252	1870	188	7.77	7.66	46	39
焦作市	912	10468	1561	28.41	27.70	172	201
沁阳市	247	238	374	5.94	5.94	40	24
孟州市	270	882	296	4.90	4.52	17	18
濮阳市	581	5158	816	25.60	25.55	141	176
许昌市	562	4810	550	21.98	21.98	261	119
禹州市	345	2197	549	12.78	12.78	56	86
长葛市	257	1540	185	7.14	6.55	29	50
漯河市	532	8021	752	23.00	23.00	353	108
三门峡市	231	2282	411	15.96	15.44	165	82
义马市	64	1016	228	5.61	4.70	30	29
灵宝市	140	1550	245	8.23	8.23	61	20
南阳市	1424	9152	2249	49.56	47.82	670	519
邓州市	422	885	550	13.60	12.60	110	96
商丘市	464	3388	887	30.12	30.12	303	1212
永城市	452	2176	650	15.30	14.71	116	53
信阳市	352	3557	671	25.35	25.35	366	142
周口市	636	4112	618	17.00	16.88	123	67
项城市	379	2106	510	10.59	10.59	58	32
驻马店市	737	5677	907	19.16	18.29	427	405
济源市	461	3377	562	19.30	19.30	111	88

主要统计指标解释

城区面积

包括：市本级(1)街道办事处所辖地域；(2)城市公共设施、居住设施和市政公用设施等连接到的其他镇（乡）地域；（3）常住人口在3000人以上独立的工矿区、开发区、科研单位、大专院校等特殊区域。

建成区面积

城市行政区内实际已成片开发建设、市政公用设施和公共设施基本具备的区域。对核心城市，它包括集中连片的部分以及分散的若干个已经成片建设起来，市政公用设施和公共设施基本具备的地区；对一城多镇来说，它包括由几个连片开发建设起来的，市政公用设施和公共设施基本具备的地区组成。因此建成区范围，一般是指建成区外轮廓线所能包括的地区，也就是这个城市实际建设用地所达到的范围。

供水总量　指报告期供水企业（单位）供出的全部水量。包括有效供水量和漏损水量。

有效供水量指水厂将水供出厂外后，各类用户实际使用到的水量。包括售水量和免费供水量。

城市燃气　指符合《城镇燃气设计规范》的规定，供城市生产和生活作燃料使用的天然气、人工煤气和液化石油气等气体能源的统称。

供气总量　指报告期燃气企业（单位）向用户供应的燃气数量。包括销售量和损失量

集中供热面积　指从一个或多个热源通过热网向城市的热用户供给生产和生活热能，供热企业（单位）向城市各类房屋建筑物、构筑物及其附属设施供热的全部建筑面积。

道路长度　指道路长度和与道路相通的桥梁、隧道的长度，按车行道中心线计算。

道路面积　指道路实际铺装面积和与道路相通的广场、桥梁、隧道的铺装面积（统计时，将人行道面积单独统计）。

人行道面积按道路两侧面积相加计算，包括步行街和广场，不含人车混行的道路。

排水管道长度　指所有排水总管、干管、支管、检查井及连接井进出口等长度之和。计算时应按单管计算，即在同一条街道上如有两条或两条以上并排的排水管道时，应按每条排水管道的长度相加计算。

污水排放总量　指生活污水、工业废水的排放总量，包括从排水管道和排水沟（渠）排出的污水量。

污水处理量　指污水处理厂（或污水处理装置）实际处理的污水量。包括物理处理量、生物处理量和化学处理量。

其中处理本市（县）外，指污水处理厂作为区域设施，不仅处理本市（县）的污水，还处理本市（县）以外其他市、县或乡镇等的污水。这部分污水处理量单独统计，并在计算本市（县）的污水处理率时扣除。

公园绿地面积　城市中向公众开放的、以游憩为主要功能，有一定的游憩设施和服务设施，同时兼有健全生态、美化景观、防灾减灾等综合作用的绿化用地。它是城市建设用地、城市绿地系统和城市市政公用设施的重要组成部分。

生活垃圾清运量　指报告期内收集和运送到各生活垃圾处理厂(场)和生活垃圾最终消纳点的生活垃圾数量。生活垃圾指城市日常生活或为城市日常生活提供服务的活动中产生的固体废物以及法律行政规定的视为城市生活垃圾的固体废物。包括：居民生活垃圾、商业垃圾、集市贸易市场垃圾、街道清扫垃圾、公共场所垃圾和机关、学校、厂矿等单位的生活垃圾。

生活垃圾处理量　指报告期内简易处理场和各种生活垃圾无害化处理场（厂）处理生活垃圾总量。生活垃圾简易处理量指生活垃圾简易处理场所处理的生活垃圾总量。生活垃圾无害化处理量指生活垃圾无害化处理场（厂）所处理的生活垃圾总量。

全国及分省（市、区）指标

资料整理：各有关处

11-1 全国及各省市区生产总值(2016年)

地 区	生 产 总 值 (亿元)	第一产业	第二产业	第三产业	生产总值增 速 (上年=100)	第一产业	第二产业	第三产业
北 京	25669.13	129.79	4944.44	20594.90	106.8	91.3	106.3	107.0
天 津	17885.39	220.22	7571.35	10093.82	109.1	103.0	108.4	110.0
河 北	32070.45	3492.81	15256.93	13320.71	106.8	103.5	104.9	109.9
山 西	13050.41	784.78	5028.99	7236.64	104.5	102.8	101.5	106.9
内蒙古	18128.10	1637.39	8553.63	7937.08	107.2	103.0	106.9	108.3
辽 宁	22246.90	2173.06	8606.54	11467.30	97.5	95.4	92.3	102.5
吉 林	14776.80	1498.52	7004.95	6273.33	106.9	103.9	106.2	108.8
黑龙江	15386.09	2670.46	4400.69	8314.94	106.1	105.3	102.6	108.5
上 海	28178.65	109.47	8406.28	19662.90	106.9	93.4	101.2	109.6
江 苏	77388.28	4077.18	34619.50	38691.60	107.8	100.7	106.6	109.8
浙 江	47251.36	1965.18	21194.61	24091.57	107.6	102.7	105.7	109.7
安 徽	24407.62	2567.72	11821.58	10018.32	108.7	102.7	108.1	111.1
福 建	28810.58	2363.22	14093.47	12353.89	108.4	103.6	106.8	111.4
江 西	18499.00	1904.53	8829.54	7764.93	109.0	104.2	108.5	111.1
山 东	68024.49	4929.13	31343.67	31751.69	107.6	103.9	106.6	109.3
河 南	**40471.79**	**4286.21**	**19275.82**	**16909.76**	**108.1**	**104.2**	**107.3**	**110.3**
湖 北	32665.38	3659.33	14654.38	14351.67	108.1	103.9	107.8	109.5
湖 南	31551.37	3578.37	13341.17	14631.83	108.0	103.3	106.5	110.6
广 东	80854.91	3694.37	35109.66	42050.88	107.5	103.1	106.1	109.2
广 西	18317.64	2796.80	8273.66	7247.18	107.3	103.4	107.4	108.6
海 南	4053.20	948.35	905.95	2198.90	107.5	104.0	104.7	110.2
重 庆	17740.59	1303.24	7898.92	8538.43	110.7	104.6	111.3	111.0
四 川	32934.54	3929.33	13448.92	15556.29	107.8	103.8	107.6	109.2
贵 州	11776.73	1846.19	4669.53	5261.01	110.5	106.0	111.3	111.4
云 南	14788.42	2195.11	5690.16	6903.15	108.7	105.6	108.9	109.5
西 藏	1151.41	115.78	429.17	606.46	110.1	104.5	112.2	109.6
陕 西	19399.59	1693.85	9490.72	8215.02	107.6	104.0	107.3	108.8
甘 肃	7200.37	983.39	2515.56	3701.42	107.6	105.5	106.8	108.9
青 海	2572.49	221.19	1249.98	1101.32	108.0	105.4	108.5	108.0
宁 夏	3168.59	241.60	1488.44	1438.55	108.1	104.5	107.9	109.0
新 疆	9649.70	1648.97	3647.01	4353.72	107.6	105.8	106.2	109.4
河南居全国位次	**5**	**2**	**5**	**7**	**9**	**10**	**13**	**7**

注：生产总值按当年价格计算；生产总值指数按可比价格计算。

11-2 全国及各省市区主要农产品产量(2016年)

单位：万吨

地区	粮食	棉花	油料	水果	肉类	奶类	禽蛋
全国	**61625.05**	**529.95**	**3629.50**	**28351.10**	**8537.80**	**3712.10**	**3094.86**
北京	53.69	0.01	0.56	79.00	30.40	45.70	18.33
天津	196.37	2.33	1.60	61.50	45.50	68.00	20.63
河北	3460.24	29.95	156.50	2138.50	457.70	448.00	388.54
山西	1318.51	1.03	15.43	840.80	84.40	95.90	89.05
内蒙古	2780.25	0.02	220.02	316.30	258.90	741.30	58.00
辽宁	2100.63	0.02	81.33	802.30	430.90	144.20	287.60
吉林	3717.21		82.54	241.10	260.40	53.40	114.44
黑龙江	6058.50		21.75	259.90	231.20	548.60	106.25
上海	99.16	0.03	0.90	50.60	17.40	26.00	3.50
江苏	3466.01	7.38	131.93	893.00	355.60	59.00	198.50
浙江	752.20	1.65	29.09	724.30	118.10	15.30	30.85
安徽	3417.40	18.46	214.83	1043.50	411.40	32.70	139.55
福建	650.87	0.01	31.03	853.80	225.60	15.90	27.85
江西	2138.11	7.33	122.02	617.40	330.90	13.50	51.68
山东	4700.71	54.83	326.78	3255.40	777.50	276.80	440.59
河南	**5946.60**	**9.75**	**619.09**	**2871.30**	**697.00**	**336.60**	**422.50**
湖北	2554.12	18.85	329.75	1010.40	425.20	16.90	167.77
湖南	2953.20	12.27	242.87	1048.20	529.80	10.10	104.70
广东	1360.22		113.29	1717.00	415.50	13.00	33.33
广西	1521.30	0.25	68.95	1882.50	411.20	9.70	23.09
海南	177.86		11.18	395.40	76.30	0.20	4.83
重庆	1166.00		62.72	408.70	210.80	5.50	47.39
四川	3483.50	0.88	311.29	979.30	696.30	62.80	148.12
贵州	1192.38	0.12	103.43	243.90	199.30	6.40	18.30
云南	1902.89	0.01	68.50	759.10	375.60	64.10	26.44
西藏	101.91		6.21	1.50	27.70	34.70	0.48
陕西	1228.29	3.38	63.80	2017.80	111.70	189.10	59.32
甘肃	1140.59	1.99	76.02	738.00	97.30	40.70	15.06
青海	103.45		30.04	4.00	36.00	34.20	2.39
宁夏	370.60		14.65	305.80	30.90	139.50	9.66
新疆	1512.28	359.38	71.39	1790.90	161.00	164.40	36.13
河南为全国%	**9.60**	**1.8**	**17.1**	**9.9**	**8.2**	**9.1**	**13.7**
河南居全国位次	**2**	**7**	**1**	**2**	**2**	**4**	**2**

11-3 全国及各省市区分城乡居民消费、商品零售、农资价格指数(2016年)

(上年=100)

地 区	居民消费价格总指数			商品零售价格总指数			农业生产资料价格指数
	全省(市、区)	城市	农村	全省(市、区)	城市	农村	
全 国	**102.0**	**102.1**	**101.9**	**100.7**	**100.7**	**100.9**	**100.1**
北 京	101.4			98.1			
天 津	102.1			100.5			
河 北	101.5	101.5	101.5	101.2	101.1	101.3	100.0
山 西	101.1	101.1	101.1	100.5	100.5	100.4	99.8
内蒙古	101.2	101.2	101.1	100.6	100.6	100.4	96.4
辽 宁	101.6	101.5	101.8	101.0	101.0	100.9	100.4
吉 林	101.6	101.5	101.9	101.3	101.4	100.8	97.4
黑龙江	101.5	101.2	102.1	101.1	101.1	101.3	100.0
上 海	103.2			100.8			
江 苏	102.3	102.4	101.8	100.8	100.7	101.3	99.9
浙 江	101.9	102.0	101.8	101.0	101.0	101.0	99.5
安 徽	101.8	101.8	101.6	100.8	100.9	100.8	99.4
福 建	101.7	101.8	101.5	100.7	100.7	101.0	100.2
江 西	102.0	102.0	101.9	100.6	100.5	100.8	101.3
山 东	102.1	102.2	101.8	101.3	101.4	101.0	98.9
河 南	**101.9**	**101.9**	**102.0**	**100.3**	**100.3**	**100.3**	**100.8**
湖 北	102.2	102.1	102.2	100.8	100.7	100.9	100.3
湖 南	101.9	101.9	101.9	101.0	101.0	101.1	101.7
广 东	102.3	102.4	102.0	100.8	100.8	101.0	102.0
广 西	101.6	101.6	101.7	100.4	100.4	100.3	100.7
海 南	102.8	102.9	102.5	101.0	100.8	102.3	100.1
重 庆	101.8			101.3			
四 川	101.9	102.0	101.7	100.8	100.8	100.9	103.7
贵 州	101.4	101.5	101.1	100.2	100.3	100.0	103.0
云 南	101.5	101.4	101.7	100.7	100.6	101.2	102.8
西 藏	102.5	102.6	102.5	102.1	102.1	102.2	100.4
陕 西	101.3	101.3	101.2	100.3	100.3	100.7	99.7
甘 肃	101.3	101.2	101.5	100.9	100.8	101.0	99.9
青 海	101.8	101.8	101.8	100.4	100.2	101.5	101.5
宁 夏	101.5	101.6	101.2	100.7	100.7	100.0	98.3
新 疆	101.4	101.4	101.3	100.5	100.5	100.5	98.2
河南居全国位次	**10**	**11**	**5**	**29**	**24**	**25**	**8**

11-3 续表

(上年=100)

地区	居民消费价格总指数	食品烟酒	衣着	居住	生活用品及服务	交通和通信	教育文化和娱乐	医疗保健	其他用品及服务
全国	**102.0**	**103.8**	**101.4**	**101.6**	**100.5**	**98.7**	**101.6**	**103.8**	**102.8**
北京	101.4	103.0	100.2	103.7	99.2	96.6	98.3	102.6	104.3
天津	102.1	102.1	100.1	103.6	99.4	98.3	100.6	108.8	103.8
河北	101.5	102.6	101.8	100.7	100.5	98.3	101.3	104.4	103.3
山西	101.1	102.8	101.0	99.9	100.0	98.3	101.3	102.4	101.2
内蒙古	101.2	102.2	101.4	100.0	100.1	98.9	100.7	104.4	101.8
辽宁	101.6	102.5	101.4	100.5	100.7	99.8	102.8	102.5	101.6
吉林	101.6	103.2	101.8	99.7	100.5	98.7	100.6	106.1	102.2
黑龙江	101.5	102.6	101.0	100.0	100.4	100.0	101.7	103.7	102.1
上海	103.2	103.7	100.8	105.1	101.2	97.0	102.7	109.0	103.3
江苏	102.3	103.8	101.8	101.2	101.6	98.8	100.9	109.1	102.7
浙江	101.9	104.4	101.5	101.0	100.2	98.7	102.7	101.3	102.5
安徽	101.8	103.7	100.8	101.1	100.2	97.6	102.3	103.6	102.3
福建	101.7	103.9	100.3	100.7	99.8	99.4	101.2	102.9	102.5
江西	102.0	104.4	100.9	101.0	100.1	98.8	101.5	102.7	102.6
山东	102.1	103.6	101.7	100.9	100.8	99.6	101.9	104.9	102.9
河南	**101.9**	**103.2**	**100.7**	**102.2**	**100.2**	**98.3**	**102.4**	**102.8**	**103.9**
湖北	102.2	104.0	102.3	102.8	100.4	97.2	102.2	101.9	102.8
湖南	101.9	104.3	101.5	101.2	100.0	98.4	100.8	103.1	101.6
广东	102.3	104.8	102.7	101.7	100.2	98.5	101.4	102.8	102.8
广西	101.6	103.4	101.3	100.3	99.9	98.8	101.6	103.7	101.9
海南	102.8	105.1	97.9	102.6	100.8	98.5	103.0	104.4	103.6
重庆	101.8	103.6	102.4	101.1	100.6	100.6	99.5	101.8	102.6
四川	101.9	104.1	100.6	101.2	100.3	98.6	102.5	101.6	102.9
贵州	101.4	103.6	99.6	100.8	99.9	98.7	101.3	101.5	101.0
云南	101.5	103.5	100.2	101.2	100.0	99.3	100.7	102.4	101.3
西藏	102.5	104.9	103.2	100.8	101.5	99.5	101.1	102.1	103.1
陕西	101.3	103.1	101.1	100.9	99.5	98.3	100.0	102.4	102.2
甘肃	101.3	103.2	101.4	100.8	100.4	99.0	100.0	100.8	101.5
青海	101.8	102.3	101.2	105.2	100.4	97.3	100.6	102.6	102.4
宁夏	101.5	102.4	101.7	100.4	100.3	98.6	102.2	102.9	103.2
新疆	101.4	101.9	101.3	101.2	100.6	99.3	101.6	102.7	103.1
河南居全国位次	**10**	**18**	**24**	**7**	**19**	**23**	**6**	**15**	**2**

11-4 全国及各省市区主要价格指数(2016年)

(上年=100)

地 区	固定资产投资价格指数	工业生产者出厂价格指数	工业生产者购进价格指数
全 国	**99.4**	**98.6**	**98.0**
北 京	99.7	98.1	98.5
天 津	99.4	97.9	98.3
河 北	99.4	99.9	98.3
山 西	100.0	96.8	98.1
内蒙古	99.5	98.9	97.4
辽 宁	99.2	98.8	97.9
吉 林	98.7	98.4	97.8
黑龙江	99.4	95.1	96.0
上 海	99.6	98.8	97.7
江 苏	98.8	98.1	98.0
浙 江	99.5	98.3	97.8
安 徽	99.2	98.5	98.4
福 建	100.0	99.1	98.0
江 西	100.0	98.6	97.7
山 东	99.1	98.5	98.0
河 南	**99.2**	**99.0**	**99.2**
湖 北	100.1	99.0	98.3
湖 南	100.4	98.9	98.0
广 东	100.3	99.4	98.0
广 西	99.5	99.1	98.3
海 南	100.1	96.0	94.8
重 庆	98.9	98.6	98.4
四 川	99.8	98.9	98.8
贵 州	98.6	97.9	98.5
云 南	100.1	97.6	95.9
西 藏		102.9	
陕 西	99.9	97.6	95.9
甘 肃	98.7	94.9	94.6
青 海	99.6	98.5	96.2
宁 夏	99.6	99.1	96.9
新 疆	99.9	94.5	95.5
河南居全国位次	**24**	**7**	**1**

11-5 全国及各省市区分月

(上年同期=100)

地区	全年	1月	2月	3月	4月	5月
全国	**98.6**	**94.7**	**95.1**	**95.7**	**96.6**	**97.2**
北京	98.1	96.7	96.6	96.6	97.0	97.2
天津	97.9	92.0	92.2	93.4	95.0	95.8
河北	99.9	89.3	90.6	92.8	97.1	98.1
山西	96.8	83.9	84.4	86.2	89.6	92.2
内蒙古	98.9	92.6	92.5	94.1	95.0	96.5
辽宁	98.8	94.1	94.3	95.2	96.6	97.4
吉林	98.4	95.1	95.9	96.2	96.7	97.7
黑龙江	95.1	88.4	90.6	90.0	91.2	92.3
上海	98.8	96.7	97.0	97.1	97.3	97.5
江苏	98.1	95.0	95.4	95.8	96.5	96.9
浙江	98.3	96.1	96.3	96.6	97.1	97.1
安徽	98.5	93.2	93.9	94.8	96.0	96.6
福建	99.1	96.7	97.2	97.3	97.7	98.0
江西	98.6	93.6	94.7	95.4	96.3	96.7
山东	98.5	95.1	95.1	95.8	96.5	97.0
河南	**99.0**	**94.6**	**94.9**	**95.6**	**96.4**	**97.6**
湖北	99.0	96.9	96.8	97.0	97.6	98.0
湖南	98.9	95.5	96.1	96.4	97.0	97.3
广东	99.4	97.5	97.6	97.7	98.0	98.4
广西	99.1	95.4	95.8	96.1	96.9	97.1
海南	96.0	94.4	95.5	92.8	94.9	92.9
重庆	98.6	96.4	96.3	96.8	97.2	97.6
四川	98.9	96.5	96.6	97.1	97.7	98.3
贵州	97.9	94.2	94.0	94.3	94.5	95.8
云南	97.6	92.9	93.3	94.2	95.1	96.5
西藏	102.9	97.8	97.4	96.8	98.5	99.2
陕西	97.6	90.2	90.7	90.9	93.4	94.4
甘肃	94.9	85.9	87.4	87.8	91.4	91.2
青海	98.5	91.5	91.6	92.7	93.3	95.6
宁夏	99.1	94.5	94.3	94.9	95.8	96.2
新疆	94.5	83.9	87.1	87.6	89.8	91.5
河南居全国位次	**7**					

工业生产者出厂价格指数(2016年)

6月	7月	8月	9月	10月	11月	12月
96.1	**98.3**	**99.2**	**100.1**	**101.2**	**103.3**	**105.5**
97.0	98.2	98.6	98.9	99.1	99.8	100.7
94.0	97.2	98.6	100.5	102.3	104.7	108.6
94.1	99.4	101.6	104.0	105.7	110.3	116.3
88.1	94.4	97.3	101.8	107.7	117.4	120.9
94.5	97.5	99.4	101.5	104.1	108.2	110.8
95.9	98.4	99.8	100.9	101.8	103.4	106.2
96.6	98.0	98.7	99.5	100.7	101.3	103.6
90.9	93.9	94.4	99.0	101.2	102.4	106.4
97.3	98.4	99.3	99.8	100.7	101.8	102.8
96.1	97.7	98.6	99.3	100.0	101.6	103.9
96.7	98.0	98.8	99.0	99.7	100.9	103.1
95.2	97.7	99.1	100.1	102.0	105.0	107.8
97.5	99.1	99.8	100.1	100.6	101.7	103.3
95.6	98.6	99.8	100.2	100.8	104.2	107.0
96.1	98.1	99.0	99.8	100.8	103.1	104.8
96.2	**98.9**	**99.9**	**100.6**	**101.8**	**104.4**	**106.3**
97.4	98.8	99.3	99.8	100.5	101.6	103.3
96.6	98.7	99.4	100.0	100.9	102.9	105.1
98.0	99.4	100.0	100.3	100.7	101.8	103.0
96.4	98.3	99.0	100.3	101.6	104.4	107.6
93.8	93.5	95.6	96.9	98.2	100.9	104.2
97.1	98.7	99.0	99.4	100.2	101.1	102.4
97.4	98.5	99.0	99.5	100.2	102.0	103.6
94.9	97.4	98.1	99.3	100.6	103.8	107.3
94.8	97.8	98.8	99.5	100.4	102.6	104.2
98.3	102.4	103.6	105.0	107.1	111.8	116.2
92.6	97.1	97.9	99.5	103.3	108.6	111.1
89.2	94.0	96.4	98.8	101.0	105.5	111.4
93.5	97.9	99.0	99.7	103.8	108.8	113.7
95.3	97.2	98.5	100.1	103.9	108.2	110.0
88.7	94.6	96.1	99.8	101.8	104.6	108.7

11-6 全国及各省市区分月

(上年同期=100)

地 区	全年	1月	2月	3月	4月	5月
全 国	**98.0**	**93.7**	**94.2**	**94.8**	**95.6**	**96.2**
北 京	98.5	95.7	96.8	96.5	97.2	97.4
天 津	98.3	92.0	93.2	93.6	95.3	95.9
河 北	98.3	90.2	90.6	91.7	93.5	95.2
山 西	98.1	91.3	91.0	91.8	93.2	94.5
内蒙古	97.4	95.3	95.1	95.3	95.6	95.5
辽 宁	97.9	93.4	93.1	94.2	95.1	96.1
吉 林	97.8	96.2	96.7	96.5	96.8	96.9
黑龙江	96.0	89.7	90.6	91.0	92.4	94.5
上 海	97.7	91.4	91.8	92.7	94.6	94.9
江 苏	98.0	92.4	93.1	94.2	95.6	96.0
浙 江	97.8	93.3	93.4	94.1	95.2	95.8
安 徽	98.4	92.9	93.9	94.9	95.5	95.9
福 建	98.0	94.1	95.1	95.1	95.8	96.8
江 西	97.7	94.3	94.9	95.1	95.4	96.0
山 东	98.0	94.4	94.7	95.0	95.6	96.0
河 南	**99.2**	**94.9**	**95.9**	**97.1**	**97.4**	**97.9**
湖 北	98.3	94.6	94.7	95.4	96.4	96.8
湖 南	98.0	93.9	94.4	95.1	95.6	96.1
广 东	98.0	95.3	95.6	95.8	96.1	96.4
广 西	98.3	95.0	95.1	95.9	96.4	96.6
海 南	94.8	91.1	90.5	87.8	89.9	89.6
重 庆	98.4	96.3	96.2	96.7	97.0	97.4
四 川	98.8	96.2	96.4	96.2	96.8	97.2
贵 州	98.5	96.0	95.8	96.0	96.5	96.7
云 南	95.9	92.0	93.0	93.4	93.4	93.8
西 藏						
陕 西	95.9	94.4	93.9	93.7	93.8	94.6
甘 肃	94.6	85.3	88.1	89.1	88.8	91.5
青 海	96.2	92.4	91.4	92.9	93.4	94.4
宁 夏	96.9	90.8	90.7	91.3	92.8	94.0
新 疆	95.5	86.9	88.6	90.8	92.0	93.4
河南居全国位次	**1**					

工业生产者购进价格指数(2016年)

6月	7月	8月	9月	10月	11月	12月
95.2	**97.4**	**98.3**	**99.4**	**100.9**	**103.5**	**106.3**
96.8	97.5	98.3	99.6	100.3	102.4	103.7
94.4	97.9	99.4	100.9	102.3	105.2	108.9
92.8	97.1	98.4	100.7	104.3	109.7	113.9
92.8	96.2	97.6	99.7	104.3	110.3	114.2
95.5	96.4	96.7	98.3	99.9	101.9	103.8
94.8	98.0	98.7	99.7	101.1	103.3	105.7
96.7	97.3	97.6	98.3	99.2	100.3	101.5
92.2	95.7	95.8	98.6	100.6	102.4	106.5
93.6	98.4	99.5	100.0	101.0	105.5	108.2
94.5	97.3	98.6	99.9	101.3	104.5	108.2
94.7	97.3	98.4	99.5	100.8	103.4	106.9
94.9	97.7	98.8	100.1	101.7	105.4	108.6
95.7	97.8	98.4	99.4	100.3	102.1	103.9
95.3	97.2	98.5	98.5	99.7	102.4	105.1
95.4	97.3	98.3	99.3	100.8	103.0	105.5
96.9	**98.2**	**98.8**	**99.9**	**101.8**	**104.4**	**106.7**
95.8	97.2	98.1	99.3	101.1	103.6	106.5
95.2	97.2	98.2	99.4	100.7	103.3	106.0
96.0	97.5	98.2	98.9	100.2	102.0	103.6
96.0	97.8	98.6	99.6	100.9	102.7	104.5
90.5	97.6	96.9	95.5	98.9	100.6	106.2
96.9	98.2	98.6	98.9	99.7	100.9	102.5
96.7	98.0	98.6	99.4	100.8	102.9	105.9
96.4	97.4	97.6	98.1	100.2	103.4	107.2
93.2	94.8	96.1	96.8	98.2	101.4	105.4
94.2	94.9	94.9	96.2	97.8	99.8	102.1
89.3	93.8	95.8	99.3	101.7	103.3	108.4
93.4	96.3	95.9	96.7	98.8	101.1	105.8
92.3	95.9	96.1	97.9	101.6	107.3	112.1
91.1	95.6	96.3	98.4	101.4	103.3	106.3

11-7 全国70个大中城市住宅销售价格指数(2016年)

(上年=100)

地区	新建住宅销售价格指数	#新建商品住宅销售价格指数	二手住宅交易价格指数
北京	120.8	122.8	134.6
天津	115.5	116.3	115.4
石家庄	109.4	109.6	110.9
太原	102.1	102.2	102.7
呼和浩特	100.1	100.1	99.6
沈阳	101.3	101.3	101.2
大连	100.4	100.4	100.3
长春	101.1	101.1	100.1
哈尔滨	101.4	101.4	101.6
上海	127.0	132.8	130.0
南京	129.0	130.7	121.6
杭州	119.6	119.7	114.2
宁波	109.1	109.2	106.4
合肥	129.4	129.6	136.7
福州	116.7	116.9	110.1
厦门	131.5	131.8	125.8
南昌	110.0	110.2	108.1
济南	109.4	109.4	107.1
青岛	106.0	106.1	104.0
郑州	**114.4**	**114.7**	**113.9**
武汉	115.0	115.8	112.4
长沙	107.7	107.9	104.9
广州	119.0	119.1	120.8
深圳	144.0	144.6	139.1
南宁	106.5	107.2	104.0
海口	102.9	102.9	100.7
重庆	103.6	103.7	103.9
成都	104.0	104.1	103.3
贵阳	102.3	102.3	101.5
昆明	100.8	100.8	101.7
西安	102.9	103.2	97.0
兰州	102.1	102.2	100.6
西宁	99.8	99.8	99.5
银川	99.8	99.8	99.5
乌鲁木齐	98.5	98.4	99.1

注：各地年度数据是根据国家各月反馈数据进行简单平均计算得出。新建商品住宅不包含保障性住房。

11-7 续表

(上年=100)

地 区	新建住宅销售价格指数	#新建商品住宅销售价格指数	二手住宅交易价格指数
唐 山	100.0	100.0	100.0
秦皇岛	101.1	101.2	99.8
包 头	98.7	98.7	97.3
丹 东	97.6	97.6	98.2
锦 州	96.6	96.6	94.6
吉 林	100.2	100.2	100.5
牡丹江	98.3	98.2	100.1
无 锡	115.7	115.8	107.9
扬 州	103.9	103.9	101.7
徐 州	103.9	104.1	102.0
温 州	103.8	103.9	103.5
金 华	104.0	104.0	102.6
蚌 埠	102.2	102.2	101.0
安 庆	102.6	102.6	101.7
泉 州	103.3	103.4	100.8
九 江	104.5	104.5	104.3
赣 州	105.2	105.2	103.9
烟 台	102.4	102.4	100.6
济 宁	99.2	99.2	100.1
洛 阳	**100.7**	**100.7**	**100.2**
平顶山	**101.6**	**101.7**	**100.1**
宜 昌	101.7	101.7	102.1
襄 阳	99.5	99.5	99.9
岳 阳	100.5	100.5	100.5
常 德	99.9	99.9	101.0
惠 州	113.0	113.0	107.4
湛 江	101.5	101.5	98.9
韶 关	102.2	102.2	100.5
桂 林	100.4	100.4	98.2
北 海	101.4	101.5	102.5
三 亚	101.2	101.2	101.3
泸 州	101.6	101.6	102.9
南 充	99.8	99.8	101.6
遵 义	100.1	100.0	99.0
大 理	100.5	100.5	99.4

11-8　全国及各省市区固定资产投资价格指数(2016年)

(上年＝100)

地　区	固定资产投资价格指数	建筑安装工程	设备、工器具	其它费用
全　国	**99.4**	**99.4**	**98.9**	**100.5**
北　京	99.7	98.8	99.0	100.7
天　津	99.4	98.9	98.8	101.2
河　北	99.4	99.4	98.7	100.8
山　西	100.0	100.5	98.9	99.9
内蒙古	99.5	99.6	98.9	100.6
辽　宁	99.2	99.1	98.8	100.9
吉　林	98.7	98.6	98.7	100.0
黑龙江	99.4	99.4	99.0	100.7
上　海	99.6	99.3	99.7	100.2
江　苏	98.8	98.3	98.7	102.1
浙　江	99.5	99.3	98.9	100.5
安　徽	99.2	99.3	98.5	100.2
福　建	100.0	99.8	100.0	100.7
江　西	100.0	100.3	98.7	100.5
山　东	99.1	99.1	98.7	100.0
河　南	**99.2**	**99.1**	**98.6**	**100.7**
湖　北	100.1	100.2	99.1	100.7
湖　南	100.4	100.7	99.4	100.7
广　东	100.3	100.4	99.3	100.7
广　西	99.5	99.4	99.4	100.0
海　南	100.1	100.4	98.9	99.6
重　庆	98.9	98.5	98.8	100.6
四　川	99.8	100.1	98.9	99.8
贵　州	98.6	98.3	99.2	100.9
云　南	100.1	100.1	98.6	101.0
西　藏				
陕　西	99.9	99.8	98.9	101.3
甘　肃	98.7	98.5	99.4	100.4
青　海	99.6	99.6	99.1	101.0
宁　夏	99.6	99.5	99.0	100.8
新　疆	99.9	99.9	99.3	101.7
河南居全国位次	**24**	**23**	**28**	**12**

11-9 全国及各省市区城乡居民人均可支配收入和消费支出(2016年)

单位：元

地 区	全体居民		城镇常住居民		农村常住居民	
	可支配收入	人均消费支出	可支配收入	人均消费支出	可支配收入	人均消费支出
全 国	**23821**	**17111**	**33616**	**23079**	**12363**	**10130**
北 京	52530	35416	57275	38256	22310	17329
天 津	34074	26129	37110	28345	20076	15912
河 北	19725	14247	28249	19106	11919	9798
山 西	19049	12683	27352	16993	10082	8029
内蒙古	24127	18072	32975	22744	11609	11463
辽 宁	26040	19853	32876	24996	12881	9953
吉 林	19967	14773	26530	19166	12123	9521
黑龙江	19838	14446	25736	18145	11832	9424
上 海	54305	37458	57692	39857	25520	17071
江 苏	32070	22130	40152	26433	17606	14428
浙 江	38529	25527	47237	30068	22866	17359
安 徽	19998	14712	29156	19606	11720	10287
福 建	27608	20167	36014	25006	14999	12911
江 西	20110	13259	28673	17696	12138	9128
山 东	24685	15926	34012	21495	13954	9519
河 南	**18443**	**12712**	**27233**	**18088**	**11697**	**8587**
湖 北	21787	15889	29386	20040	12725	10938
湖 南	21115	15750	31284	21420	11930	10630
广 东	30296	23448	37684	28613	14512	12415
广 西	18305	12295	28324	17268	10359	8351
海 南	20653	14275	28453	19015	11843	8921
重 庆	22034	16385	29610	21031	11549	9954
四 川	18808	14839	28335	20660	11203	10192
贵 州	15121	11932	26743	19202	8090	7533
云 南	16720	11769	28611	18622	9020	7331
西 藏	13639	9319	27802	19440	9094	6070
陕 西	18874	13943	28440	19369	9396	8568
甘 肃	14670	12254	25693	19539	7457	7487
青 海	17302	14775	26757	20853	8664	9222
宁 夏	18832	14965	27153	20364	9852	9138
新 疆	18355	14066	28463	21229	10183	8277

《河南调查年鉴-2017》只读光盘介绍

《河南调查年鉴-2017》只读光盘是一张信息高度密集的资料载体。该光盘全面反映河南省经济社会发展情况的抽样调查资料，收录了全省和市、县（区）2016年经济和社会发展有关方面大量的调查统计数据，以及历史重要年份的全省主要调查统计数据。

光盘的主要内容分为11个部分，即1.综合；2.农业；3.畜牧业；4.规下工业和规下服务业；5.消费价格；6.生产价格；7.农产品价格；8.人民生活；9. 县域经济；10.城市经济；11. 全国及分省（市、区）指标。主要篇末附有《主要统计指标解释》。

《河南调查年鉴-2017》光盘（CD-ROM）操作简便、功能实用，浏览时可实现各部分内容之间的切换，并附有Html文件。

本光盘所有资料的浏览查阅和计算加工，未经许可不得用于营业性用途，否则必追究其法律责任。